葉名琛檔案

清代兩廣總督衙門殘牘

第三册（FO931/0339－0550）

劉志偉　陳玉環　主編

廣東省出版集團
廣東人民出版社
·廣州·

圖書在版編目（CIP）數據

葉名琛檔案：清代兩廣總督衙門殘牘 / 劉志偉，陳玉環主編.
—廣州：廣東人民出版社，2012.12
ISBN 978-7-218-06658-5

Ⅰ.①葉… ②清… Ⅱ.①劉… ②陳… Ⅲ.①檔案資料—中國—
清後期 Ⅳ.①K252.06

中國版本圖書館 CIP 數據核字（2010）第 025853 號

YeMingchenDang'an：Qingdai LiangguangZongduYamen Candu
葉名琛檔案：清代兩廣總督衙門殘牘
劉志偉 陳玉環 主編

出 版 人：曾 瑩

選題策劃：戴 和
責任編輯：柏 峰 張賢明 陳其偉
裝幀設計：張力平
責任技編：周 傑 黎碧霞

出版發行：廣東人民出版社
地 址：廣州市大沙頭四馬路 10 號（郵政編碼：510102）
電 話：（020）83798714（總編室）
傳 真：（020）83780199
網 址：http: //www.gdpph.com
印 刷：東莞市本色印刷有限公司
書 號：ISBN 978-7-218-06658-5
開 本：787mm × 1092mm 1/16
印 張：316.25 插頁：9 字數：6450 千
版 次：2012 年 12 月第 1 版 2012 年 12 月第 1 次印刷
定 價：4800.00 元 (全套定價)

如果發現印裝質量問題，影響閱讀，請與出版社(020-83795749)聯繫調換。
售書熱綫：（020）83790604 83791487 83797157

第三冊　目錄

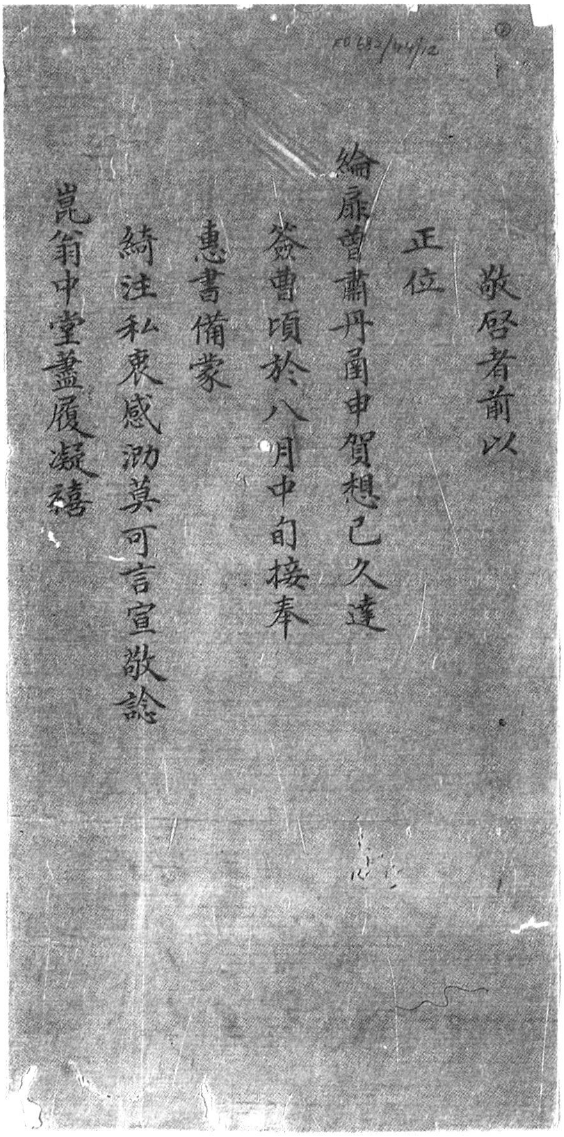
FO 682/147/12

敬啓者前以
正位
綸扉曾肅丹函申賀想已久達
簽書頃於八月中旬接奉
惠書備蒙
綺注私衷感泐莫可言宣敬誌
崑翁中堂蓋履凝禧

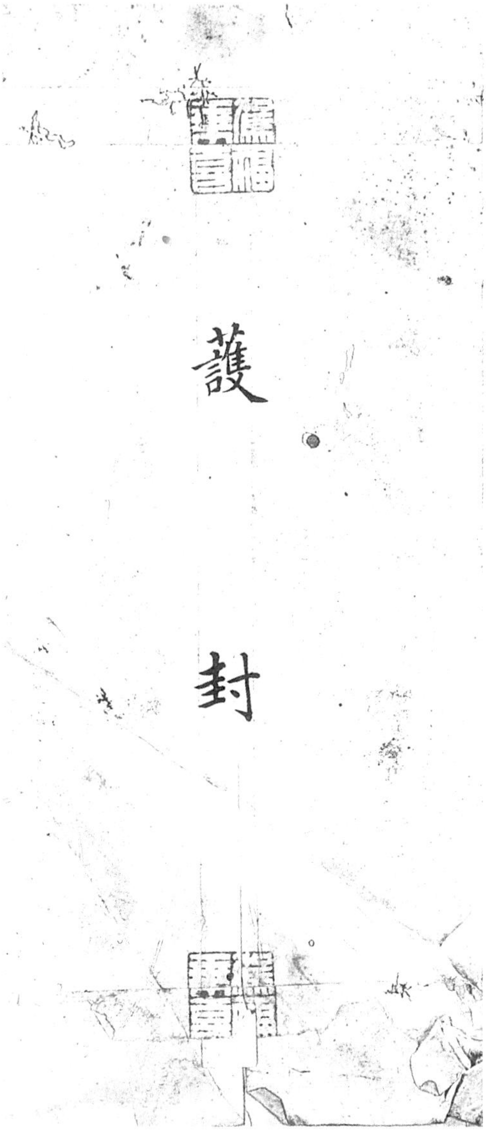

勳祺禔福
經文緯武
帝資為海國干城
宣德布威衆仰為人間
山斗翹瞻
台曜益切頌忱晚謬領夏官倏逢秋序感勞薪之如昔時
懍鵜濡愧建樹之毫無深虞蚊負所冀

箴言時錫庶幾韋佩有資肅泐布復祇請
勳綏虔頌
侍福敬璧
謙柬不宣

晚生期全慶頓首拜

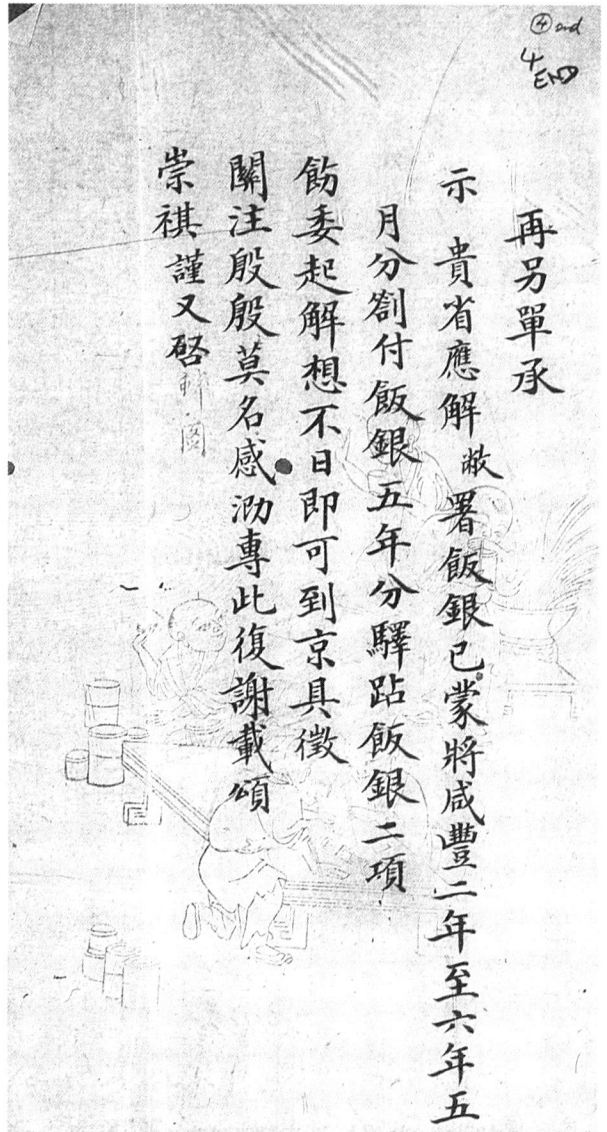

再另單承

示 貴省應解敝署飯銀已蒙將咸豐二年至六年五

月分劄付飯銀五年分驛站飯銀二項

飭委起解想不日即可到京具徵

關注殷殷莫名感泐專此復謝載頌

崇祺謹又啓

(1)

F.O. 682/68/4 (18)

送刑名稿詳稟簿

東稿房

咸豐六年正月初七日送

行司兑收電茂場解咸豐四年分場課銀兩　夹環批

飭行繳送開印什物　夹舊稿

正月　初七　日稿二件

正月初九日送

掛發潮屬各埠咸豐二年分額引水程　夹冊

札催支解春季廩工等項銀兩　夹舊稿二件

正月　初九　日稿二件

正月十五日送

署潮運同稟奉撥支過潮州軍務案内鹽課銀數及奉發批迴日期　夹摺

又稟將報解潮橋咸豐三年分七場丁課銀兩撥付興寧平鎮六年春季俸餉由

正月　十五　日批稟二件

正月十六日送

臨全等埠供商朱昌發等稟懇將借充軍餉撥抵埠餉　夾舊司詳件

四月初十日

四月十三日送

札催將應鮮元年分殘引催商赶辦　夾舊稿一件

札催報鮮夏季廩工銀兩　夾稿票三件

咨咸豐五年分各場扣回晒丁穀價銀兩照舊以銀借給　併批詳

給咨降調試用鹽知事許蔚身領費回籍候選　併批詳

四月十三日　稿四件　批詳二件

四月十六日送

委員往楚省會同查勘樂桂引地移設税卡　并批詳　夾司報文一件

兩江總督咨丁憂起復發廣鹽知事紀樹蘅擬留在南省六合縣防堵　暫緩請咨赴粵緣由

四月十六日　稿二件　批詳一件

3

四月十八日送

咨送委員章壽祺領過鮮引回粵限照　併批詳

東藩司會詳擬解貴州省鉛本委員銜名

四月　十六

日稿一件
批詳二件

四月二十日送

運司詳繳咸豐四年上半年分各場收鹽欽滋冊　併批稟

四月　廿

日批詳一件
批稟一件

四月二十四日送

西撫院咨請飭令臨全埠供商来粵設埠分銷行運司轉飭遵照

又咨西省懸埠餉税請仍責成辦事運商照舊觧繳行運司核明轉飭遵照

四月　廿四

日稿二件

五月初四日送

題廣盈庫大使丁詒穀歷俸六年三次期滿堪以保荐

五月四日

稿一件　夾舊稿

批詳件　舊詳

五月初六日送

咨明搭解各項飯銀委員職名改期起程到京各日期　併批詳

洛使補鹽知事駱昭熙病故日期　併批詳

五月六日

稿二件　夾舊稿一件

批詳二件

五月十六日送

鹽運司會詳請飭委小清場大使靳恩詒領解咸豐元年分殘引

又附稟應解元年分殘引詳委稍遲有因

五月十六日

批詳一件

稟一件

4

七月十一日送
吏部咨飭催十年俸滿白石場大使黃慶澄領咨起程赴部　夾舊稿件
吏部咨要鹽大使陸雲准其署理墩白場大使
吏部咨試用鹽知趙圻繳照逾限照例降級調用
吏部咨飭令丁憂候補鹽經歷彭策紹扶柩回籍守制
吏部咨補發飭令候補鹽大使陸慶申丁憂回籍守制
吏部咨咸豐四年秋季五年春季鹽課撥冊逾延職名應免查開

七月　十一　日　稿六件

七月十一日送
具奏奉撥貴州兵餉第三次委員解銀五萬兩起程日期一案奉到
硃批札咨欽遵　夾奏稿

七月　十一　日

(4)

七月十九日送

卸署博茂場大使姚德恒稟卑職任內已解之欵被周大使侵蝕肥已

交代刁難各緣由

七月廿九日批稟一件

七月二十三日送

題廣西梧柜局商全完咸豐三年分西税銀兩

併批詳

夾舊稿一件

咨送前署石橋場大使林威儀等交盤册結附参造册遲延職名

併批詳

票仰巡捕官前赴運司衙門守催鹽政房紙劄廩工銀兩

夾舊稿一件

七月廿七日稿三件

批詳二件

七月二十七日送

咨送上川司及各場道光三十年分加回倉穀價銀實存數目册一

併批詳

行司兑收西鹽道移解二限帶征三十年西税支給文職各官養廉銀兩

發收西鹽道移解咸豐三年分西税銀兩批迴

夾批

5

七月 廿八 日 稿三件 批詳一件

八月初二日送

君指捐分發廣東試用鹽知事洪鶴徵驗看留省補用 併批詳

札催支解新增工食銀兩夾舊稿一件

東藩司會詳繳分發廣東試用鹽知事洪鶴徵履歷冊

八月 初二 日 稿二件 批詳二件

八月初四日送

署潮州納鎮稟候與顧運同會商鹽務作何辦理隨時馳稟繳由

八月 初四 日 批稟一件

(3)

八月初八日送
将軍等咨差餉咸豐五年春季分旗营官兵盐價銀両飭行先收
札飭預借廪工銀両夹舊稿一件
八月初八日稿二件

八月十八日送
署廣粮通判稟繳本年七月二十一日起至月底止各埠盐船到関摺
虎門廠緝私委員張傳沛稟繳七月分丈量進口盐艙数目摺
八月十九日批稟二件

八月二十一日送
咨送前海甲柵委官黄叔儀交代冊結附參造冊遲延職名併批詳
盐運司詳供商李昌發等再辦樂桂埠一年仍委員督同辦理
八月廿二日稿一件 批詳二件

6

八月二十六日送

吏部咨奉

旨齡椿准其寔授廣東塩運使欽此

吏部咨奉

旨兩廣塩運司運同缺着壽元渭補授

吏部咨候補塩大使佟培性准其補授電茂場大使

户部咨奏奉撥協黔軍餉銀五萬兩委員領觧起程一案奉

硃批咨行查照

八月廿六日稿四件

八月二十八日送

署潮州訥鎮會禀潮屬各營六年秋季俸餉現任藩庫領出所有原撥潮橋

元年分秋塩課請改撥冬季俸餉

（6）

八月廿六日批禀一件

九月初二日送
鹽運司詳覆程被蟻蝕壞請補賜印發緣由 夹摺
署潮州運同稟將潮橋緝私護餉出力員弁王承宗等分別鼓勵 夹摺
九月初三日 批詳一件 批稟一件

九月初四日送
咨行勒辦搶刦連州埠地賊匪 夹舊稟一件
九月初五日 稿一件

九月初七日送
刑部咨補行虎門廠委弁黃榮亮等巡滿並無獲私亦無縱私一案
湖南撫院咨具奏酌議抽收鹽稅章程一摺奉到
硃批咨行查照
札催將潮橋咸豐三年分引餉征收依限奏銷 夹案稿一件

九月　初七　日稿三件

九月十二日送

咨送平樂等埠咸豐四年及二限帶征餘存鹽規銀兩冊　併批詳

鹽政房吏書買鹽行司轉飭運商知照夾舊稿一件

九月　十二　日稿二件　批詳一件

九月十六日送

給咨丁憂候補鹽知事何炳經起程回籍守制　併批詳

給咨丁憂候補鹽經歷彭紫綸起程回籍守制　併批詳

給咨丁憂候補鹽大使胡良杰起程回籍守制　併批詳

九月　十六　日稿三件　批詳三件

九月十九日送

虎門廠緝私委員黃德疇稟奉委到廠緝私日期

九月　十九　日　批稟一件

九月二十三日送

鹽運司詳請行知洪鶴徵係于何日驗看緣由　夾舊題示稿一件

鹽運司詳小江惠來等場柵差缺出應否准以新舊班候委一年以上人員掣簽

署廣糧通判稟繳本年八月二十一日起至月底止各埠鹽船到關清艙摺

九月　廿三　日　批詳二件　批稟一件

九月二十八日送

稟現據東藩司會詳指捐分發試用鹽經歷史積懋請驗看補用　并示稿　司冊結

九月　廿八　日　示稿一件

8

九月二十九日送

示諭紳士首事人等隨到隨見武坊各生暫停督

九月　行　日

十月初一日送

示諭安民攻剿紅匪

十月　日

十月初六日送

示諭奸民各安生業毋為奸民煽惑

十月　[illegible]　日

十月初六日送

咨覆陸路提督飭令署守備惠州府海守帶領兵勇前往車田查办匪徒

咨陸提督飭令遊擊吳陸等將新隊潮勇裁撤回潮遣散

龍門縣稟圍剿李角元逃竄就擒由

委員諸文標稟遵批裁撤舵船由

十月　日

十月初十送

給署守備傅維泰委牌

十月　日

十月十一日送

札試用府經歷胡先煒將雇到東莞壯勇交撫標記委劉智筠管帶

十月十二日　稿書件

十月二十三日送

飭審獲犯何顕羊等

飭審獲犯榮亞松

飭審獲犯黄亞四

十月廿二日

十月二十五日送

水師提標後营守備稟飭令各砲台官弁點齊兵勇圖復各台

十月廿五日

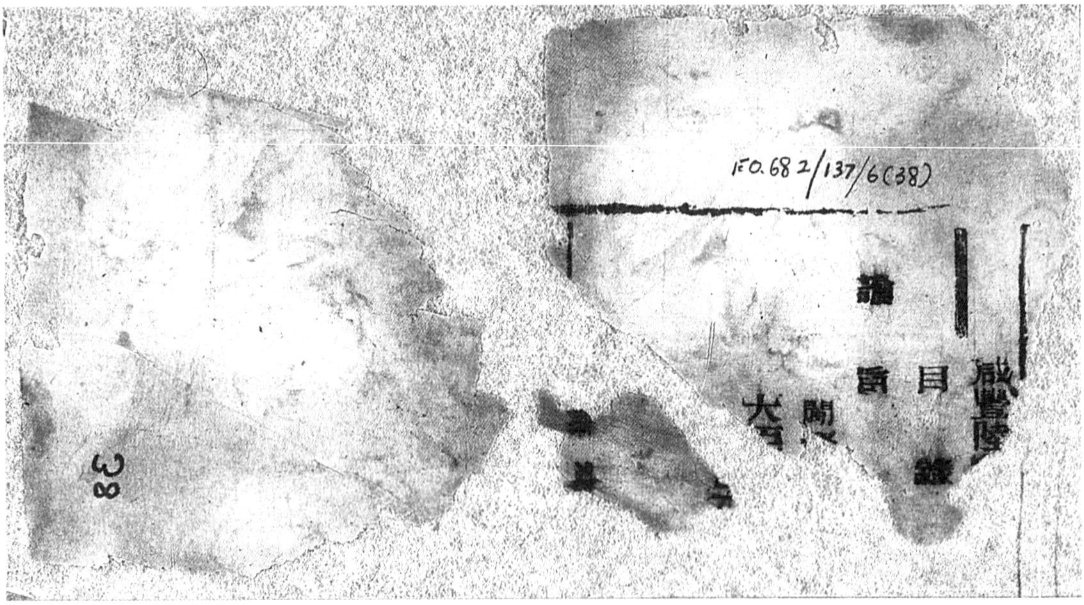
FO.682/137/6(38)
38

[redacted]

六年分

自五年九月二十六日起至三十日止計五日

共收銀一萬五千一百六十三兩三錢八分四厘

比較上年多收銀一萬四千二十三兩七錢三厘

22

咸豐六年分五年九月三十日止

共征銀一萬五千餘兩

21

加同知銜廣州府南海縣正堂[illegible]

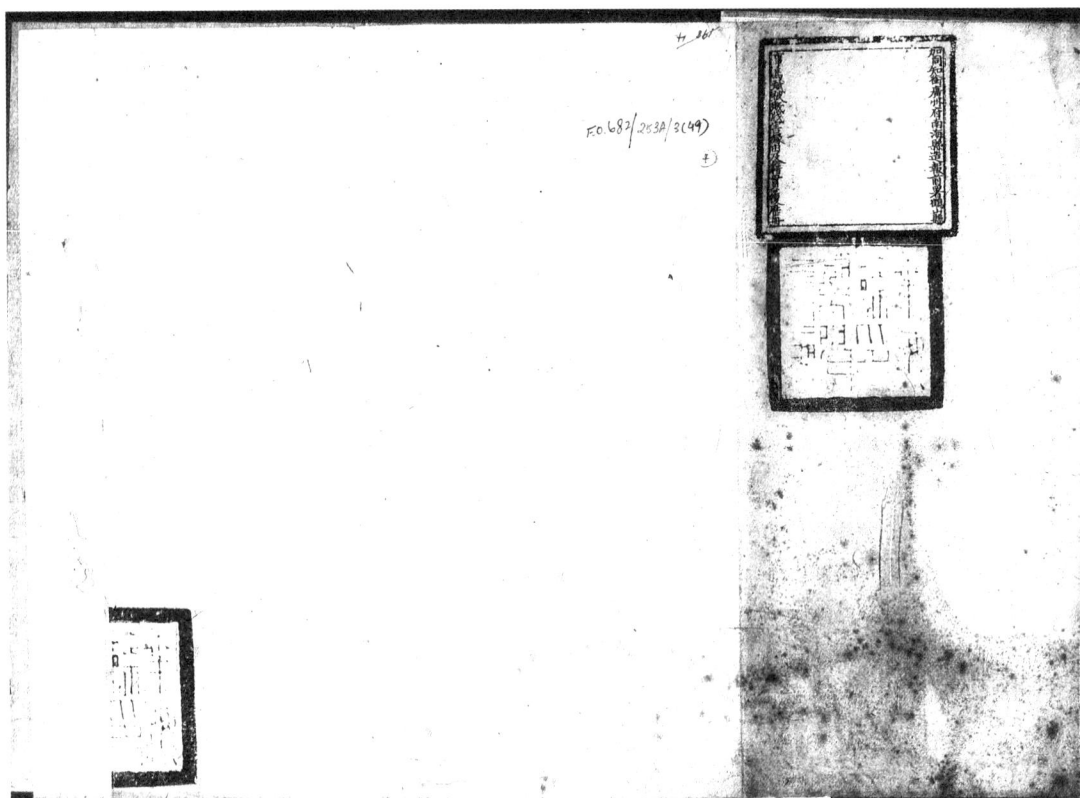

加同知銜廣州府南海縣為造報事遵將前
署鶴山縣事德慶州知州馬斌因賊匪圍攻
鶴山縣城竭力守禦城陷後罵賊不屈致被
戕害緣由及籍貫履歷逐一備開造報施行
須至冊者

計開

馬斌係浙江餘姚縣人由進士以知縣
即用簽掣廣東咸豐元年到省因剿
辦羅鏡逆匪出力保奏貳年拾貳月
拾貳日奉
上諭着免補本班以知州補用先換頂戴
欽此續蒙
題補德慶州知州先奉委署理鶴山縣

篆務于貳年捌月初貳日到任肆年
柒月内逆匪圍攻鶴山縣城連次痛
勦力竭失陷罵賊不屈致被慘害棄
屍不獲蒙
兩院憲奏明奉
上諭馬斌着交部照知州陣亡例從優議
卹隨經部議應請將該故員加贈道銜
議給雲騎尉世職襲次完時給予恩
騎尉世襲罔替等因查馬賡生係該
故員馬斌親生嫡長子例應承廕並
無假冒捏飾違碍情弊理合開造

咸豐陸年　　日知縣華廷傑

具親供馬廣生現年叁歲係浙江餘姚縣人親父馬斌由進士以知縣即用簽掣廣東咸豐元年到省因勦辦羅鏡逆匪出力保奏貳年拾貳月拾貳日奉

上諭着免補本班以知州補用先換頂戴欽此續蒙

題補德慶州知州先奉委署理鶴山縣篆務於貳年捌月初貳日到任因肆年柒月內逆匪圍攻鶴山縣城連次痛勦力竭失陷罵賊不屈致被殘害棄屍不獲蒙

兩院憲奏明奉

上諭馬斌着交部照知州陣亡例從優議卹隨經部議應請將該故員加贈道銜議給雲騎尉世職襲次完時給予恩騎尉世襲罔替奉行飭知廣生係親生嫡長子年未及

歲例應承蔭雲騎尉世職准食半俸並無假冒違碍情弊理合出具親供是實

三代

曾祖父之駉 母施氏 俱歿

祖父廷耀 母鄭氏 俱存

父斌在署鶴山縣任陣亡 母胡氏存

咸豐陸年　月　日親供

馬廣生請襲廕宗圖

曾祖父之駉生壹子

祖父廷耀生叁子

次子道傳從九品職銜

長子斌

三子右傳邑庠生

父斌在署鶴山縣任陣亡議卹加贈道銜議給雲騎尉世職襲次完時給予恩騎尉世襲罔替親生嫡長子廣生現請承襲雲騎尉世職

咸豐陸年　月　日

加同知銜廣州府南海縣今於

與結為具結事依奉結得前署鶴山縣事德慶州知州馬斌因賊匪圍攻鶴山縣城竭力守禦城陷後罵賊不屈致被戕害奉

上諭馬斌着交部照知州陣亡例從優議䘏應請將該故員加贈道銜議給雲騎尉世職襲次完時給予恩騎尉世襲罔替等因查馬廣生係該故員馬斌親生嫡長子

例應承襲並無假冒捏飾違碍情弊理合具結所結是實

咸豐陸年　月

日知縣華廷傑

擬定派差各款章程畧節

一差派各口書役領牌赴口原有清帮書二名出具切實保結
倘該口書虧欠餉平等銀惟該保書是問其奉差潮州口
書向無保書惟于領牌時自行具結聲明如有一口虧短
餉銀十二口分攤賠繳此款仍照舊辦理

一差派各口書役向無該口原書留辦或連差别口原以守
口一年期滿餉項解繳清楚公事一切妥協准予留辦或
准連差以示鼓勵查近年如甲子口口書朱丙碣石口書陶
浚江門口書詹頤沈建潮州口書劉義等各名下拖欠餉
銀數千餘两蓋因並未查明上届有無欠餉率請連差留
辦以致積欠如許之多茲擬于本年差期簽派之先諭飭
本関各書役等知照嗣後須查明上届餉平一切清楚方准
留辦本口或連差别口並責成大関經承於繕送牌諭稿内
粘稟聲明該書上届奉差某口餉項一切清楚字樣倘未
經查明徇情朦蔽一經察出並坐扶同之咎如或該口書
差滿未回餉項清楚與否大関經承無從查察准該留辦
書同口之原書或附近别口之書稟保該書上届餉項清
楚並無蒂欠並保結該留辦之書一年期滿倘有虧欠餉
平等銀該保書等甘願分賠蓋用圖記具稟到関亦准
留辦或連差别口以杜挪新掩舊之弊

一每年差派新書赴口更换舊書回轅當差該新書到口
接辦日期以及舊書交代清楚或有無虧欠餉項向由新
書具稟交舊書回轅呈進銷差歷辦在案查近年以來
有回轅銷差而無稟件者或有差滿年餘並未回轅銷差
者亦無稟案該舊書有無餉欠未清無從查察顯有規
避拖延之弊嗣後諭飭本関各書役等知照回轅各書分

別道路之遠近限以時日之久暫逾限近者停差一年逾限遠者即行斥革且新書到口交接清楚舊書倘有在口逗遛者准新書禀請提究如徇隱不禀一經察出定即一併提究或舊書有經手未清必須在口守催行欠者亦應即行禀明本関備案至該新書雖有禀明一切餉項交接清楚仍責成該總口吏書等查明據寔加具禀結仍交該舊書回轅一併呈進方准銷差至該屬總子各口書役等到齊之後着令該總口吏書等將各口新書俱已到齊某口舊書或舊役于何日給禀回轅逐一彙列總摺具禀來関以備稽核並飭令大関經承凡有舊書回轅如無該本口新書以及該總口吏書等禀件者不准銷差着將該書扣留即行禀明查辦倘該承徇情瞞隱查出一併究懲

一差派各口書役向有兼辦之案查近年以來有一書而兼兩三口者或一書而領兩口之牌且遠隔數千百里者焉能兼顧殊屬不成政體嗣後定以一口書祇准兼辦一缺責成大関經承查明所兼係同在一口或兼別口相隔在百里之內宜能兼顧並查無餉欠者方准禀請兼辦至該書領牌原有清幫書二名出具保結如有請兼辦者亦仍須另有保書二名出具切結始准給諭以昭慎重

一各屬口岸每年有分限攤賠帶繳之款應自咸豐五年分為始除瓊屬各口分限十年帶繳餉平等銀查初二兩限銀兩該瓊屬各口書役于五六年分奉差領牌時隨同預繳該年第四季餉事一併先行在省帶繳在案其餘惠潮高廉雷四屬以及瓊州總口舖前儋州等口有分五限帶繳之款五六兩年初二兩限銀兩並無先行具繳茲五年分差期届滿将及半載亦無解繳到関若俟各書役回轅再行紛紛追繳殊屬煩瑣且必致滋積壓拖延之弊查每口每年應帶繳分限之款多則數百兩少則數十兩或數兩不等着于本年簽派差期之前諭飭各書役等自本年簽

派為始于領牌之先查明該口有分限帶繳其數在一百兩以下者先行在省繳庫倘在一百兩以上及數百兩者為數較多驟難措繳着令比照瓊屬先繳餉單註明交兑日期出具切結至期不悞方准領牌倘不遵繳不准差派以杜拖延而昭核實

一瓊屬短差七口每年僅征三四個月額餉其餘月分無收亦無冊報不能扣閏而歷年俱隨各口扣閏一律

奏報前于道光二十二年間查虧一年餉平等銀八千五百餘兩虚懸無着實由短差向不扣閏所致會經

前督部堂祁　署關任內札委廣州府查明稟復咨會到

關經

前關部文　定立章程着落該短差七口自道光二十二年為始分限十年匀攤賠繳以符報解年分不致錯漏嗣後每遇有閏之年飭令該七口照舊具繳外多繳一月閏餉另款存庫留備積閏趲前塡補該年分脱空稅餉等因在案查十限完繳之後值咸豐四年閏七月自應遵照多繳一月閏餉該年適因土匪肆擾道途梗阻商客不通各屬口岸額餉尚且缺征稟求

前關部核減額餉焉能多繳該年雖有遇閏並無完繳存庫茲查下年咸豐七年閏五月現在本年簽掣九月差派各口書役係經辦七年分稅餉扣至七年九月二十五日屆滿其閏五月正在七年分期内着于本年差派瓊屬短差七口飭令遵照前定章程除照應繳額餉並帶繳各款外多繳一月閏餉方准領牌所繳存閏餉另款存庫以備填補遇閏趲前之餉俾免錯漏以符報解而昭核實

謹將
中堂自到廣東藩司任內起至今止罰俸降俸各案列摺呈
閲
計開
一咸豐元年二月二十八日准
户部咨道光二十八年分地丁錢糧督征未完不及一分之廣東巡撫
葉　照例罰俸三個月 銀三十八兩七錢五分
一元年十一月初九日准
吏部咨廣寧縣車任重等病故二案題補遲延不及一月之廣東巡撫
葉　照例罰俸兩個月 銀二十五兩八錢三分四厘
一元年十一月二十九日准
吏部咨陽山縣吳昌壽調補番禺縣廣東巡撫葉　照違例保題例罰
俸九個月銷去紀録一次抵六個月仍罰俸三個月 銀三十八兩七錢五分
一二年五月初三日准
吏部咨惠州府通判岳至瀛升補欽州與章程不符違例保題之廣東
巡撫葉　照例罰俸九個月銷去紀録一次抵六個月仍罰俸三個月 銀三十八兩七錢五分
一二年十月十七日准
吏部咨和平縣張本先升補儋州違例保題之廣東巡撫葉　照例罰俸
九個月銷去紀録一次抵六個月仍罰俸三個月 銀三十八兩七錢五分
一五年二月二十九日准
户部咨咸豐元年分地丁錢糧督征未完二分以上之前任廣東巡撫
葉　照例降俸二級 每年扣銀三十七兩五錢
一六年二月二十五日准
吏部咨曲江縣五福接到軍機處五百里　廷寄及各處六百里公文
任意延擱一案督率之兩廣總督葉　照例罰俸六個月銷去紀
録一次免其罰俸
一六年二月二十五日准
通政司咨兩廣總督葉　上年拜發慶賀　長至本章到司遲延
未能彙進相應隨本題叅奉　旨該部議處具奏欽此 現未准部議覆

[redacted]

謹將卑縣土客互鬥案實係何鄉何姓因何事起衅爭鬥各縣因何蔓延兩造互鬥幾次人數若干何造傷人最多傷斃人數多少焚刦鄉村幾處是否隨時糾衆抑或聚衆駐札各緣由以及兩造現在情形分晰列摺呈

電

一本案因何事起衅爭毆緣卑縣客民向耕土著田地每年秋收之時土著紳耆均欲照數全收若有絲毫拖欠即行當面聲斥客民畏其富强敢怒而不敢言且有客籍士子在於恩平入籍應試者又須土著廩生結保客籍廩生不得自行保結土著廩生恐客籍士子常有搶冒等弊臨場每多刁難是以年前客民歷與土著控爭廩保奉

憲審斷永遠不准客廩保結遂致客民懷恨成仇迨至咸豐四年土匪滋事肇郡失守卑縣土客各村團練勇壯客民因土民梁丑喜等為匪遂謂土著均屬匪徒即藉帮同官兵勦捕之名乘機報復前嫌致成互鬥是本案起衅之緣由也

一本案何鄉何姓首禍緣卑縣土民惟梁吳兩姓最為族大人多一切事宜多係兩姓紳耆倡舉此案亦係梁吳紳耆為首至於客民西路為首係大田之黃海東南路為首係大槐之陳鴻勲北路為首係尖石之羅鳳祥東路為首係金鷄水之湯福淮外此土客兩造不無帮護之人而為首起事者土民終以吳梁為最客民終以黃海東等四人為最是即本案兩造之首禍也

一本案各縣因何蔓延緣卑縣民人土著居其七客家居其三兩造糾鬥客家

人數不及土著之多恐衆寡不敵遂即勾通六縣客民前来帮助於是土著亦

糾新興開平土民帮同互鬨是本案互鬨之所以蔓延也

一本案兩造人數若干查年前土客互鬨實係合縣舉發並非一鄉一村兩造人

數實難悉計且客民勾通六縣往来助鬨更無確數是本案兩造人數之難計也

一本案兩造互鬨幾次傷斃若干何造傷人最多緣卑縣土客鄉民平日互相

雜處其自咸豐四年七月起事以後至五年八月卑職未經到任以前東與東

鬨西與西爭比戶連家實難悉數兩造傷斃人命究竟若干更難確計即傳

問兩造首禍之人亦不能實指其數大約土著傷者居其十之六七客民傷者

居其十之二三至於去年臘月與今年三月土著欲與客民復鬨均經卑職

會同營委各員分別禁止均未成鬨亦無傷斃人命是本案互鬨傷斃之無

從悉計也

一本案焚刦鄉村幾處查兩造鄉村上年八月卑職到任之時分赴各鄉查勘

均屬一片荒地究竟燒燬幾處亦無實數大約土著被毀者數百處客家

被毀者數十處至於今年五月開平司徒等姓土民攻打卑縣金鷄水客村

以致卑縣客民糾衆攻破恩開交界之松柏山司徒村庄一處外此更無焚刦

鄉村是本案焚毀村庄之甚多也

一本案兩造互鬨是否隨時糾衆抑係聚衆駐札查兩造鄉民有時則聚衆

防堵有時則各自潰散實屬往来無定聚散靡常並無一定駐札之地

亦無始終屯聚之事是兩造糾聚之情形也

一兩造現在情形土著怨切仇深常圖報復苐人財兩無力難復鬨客民因

敗馮梁姓土民為首起事屢作謠言欲圖攻打洩其忿恨現經卑職迭次

嚴諭致未舉發是本案兩造現在之情形也

F.O.682/253A/6(2)

謹將西滙關已放過關鹽並已請照未放關已配就未請

照各項鹽包數目開列呈

電

計開

自咸豐五年正月初四日起至十二月初十日止

西滙關共放過關鹽三十四萬三千二百三十包內

正月分並無鹽艀過關

二月分共放鹽四千八百五十包

三月分共放鹽二千八百九十五包

四月分共放鹽四千六百二十九包

五月分共放鹽七千零一十四包

六月分共放鹽二萬七千一百一十三包

七月分共放鹽五萬四千七百九十九包

八月分共放鹽九千八百三十六包

九月分共放鹽五萬三千零七十九包

十月分共放鹽六萬零四百五十三包

十一月分共放鹽七萬七千三百一十四包

十二月初一日起至初十日止共放鹽四萬一千二百四十八包

共計鹽三十四萬三千二百三十包內

正引鹽二十二萬二千六百八十五包

融引鹽六萬零六百零二包

懸餉鹽一萬七千三百一十二包

埠引鹽四萬二千六百三十一包

另有

已請照未放關鹽六千三百八十五包

已配就未請照鹽七萬八千一百六十包

竊照州縣經征地丁錢糧銀米例應將征完之項按照上下
忙期限提解不容少有延欠兹咸豐肆年分地丁銀米奏銷
因各屬地方被匪滋擾軍務未竣仰蒙
憲臺
奏奉
恩准展限至伍年拾壹月底造報已據各屬設法催征完解具有
成數惟内有廣州府屬之順德縣馬映階增城縣倪森龍門
縣喬應庚花縣程志篔韶州府屬之樂昌縣經文仁化縣劉
福蔭翁源縣陳德詮英德縣葉儁昌惠州府屬之博羅縣謝
玉漢海豐縣林芝齡潮州府吳均及該府屬之潮陽縣汪政
肇慶府屬之高要縣黄慶葭陽江縣春霖開平縣慶樟封川
縣德佑嘉應直隸州文晟南雄州屬之始興縣舒隆各該員
任内俱有征完銀米未解本司道嚴行查提據各該後任之
員及該管知府直隸州稟稱該員等征存之項未及上忙起
解之期遽因賊起或被刦磬盡或墊辦軍需並無實存倉庫
不能批解本司道等細加體察委屬實情亟宜設法追完斷
不容聽歸無著第該府州縣非剿捕未竣即善後未完而軍
需核銷亦復有需時日奏期迫屆自應先行核實造報伏查
處分則例内載州縣征收正項錢糧按照上忙下忙隨征隨
解除實欠在民並應留支各款外其征存應行解司之項如
有延緩不解違限不及壹月者罰俸叁個月壹月以上罰俸
陸個月貳月以上罰俸玖個月叁月以上罰俸壹年肆月以
上罰俸貳年伍月以上降壹級留任半年以上降貳級留任
壹年以上降叁級調用倘係設法延挨顯有虧挪情弊者叅

革治罪等語是錢糧未征諸民者應照民欠分數開叅已征
在官而不解者應照此例叅辦各有專條不容牽混今順德
等拾捌府州縣各有征存未解之項自應照例先將經征未
完各員職名據實開報一面按限分別勒追辦理以免虛懸
惟本省前於辦理道光叁拾年分奏銷案内報有樂昌長樂
貳縣征存未解銀兩奉准
部行以州縣征存錢糧必以解完司庫始准以實完奏銷如
止報征完未經解司者不得列作實完冀免處分等因嚴行
駁斥又咸豐元年奏銷案内有三水縣征存未解銀兩業已
專案奏叅仍照未完民欠例開叅奉
部覆准本司查叁拾年分奏銷彼時地方無事而樂昌等縣
征存之項延不批解亦不照例開送職名宜干
部詰元年分奏銷三水縣征項未完既已叅革又重開經督
征職名核之例案似亦未能盡洽現在順德等拾捌縣府州
征完銀米未經批解若亦照未征民欠分數開叅了事在該
員等大半以事故叅革予以處分無足輕重不特解款轉成
懸宕而以完作欠其弊滋甚且如報作民欠必開二叅各員
業經離任接征之員無可再征未免枉罹叅處况如潮陽等
縣現因民力拮据餘欠遽難征解業已另行詳請分年帶征
若不將前項已征銀米截清既屬易滋淆混異時帶征不完
按限開叅辦理尤多窒礙而究之所欠均係被賊之區實與
安常無事設法挨延者有間本司道等核案揆情似應照例
辦理爰將順德等拾捌縣府州征存未解地丁銀米正雜各
項於奏銷叙叅冊内據實開列征存未解職名造報一面按
限分別勒追完解本司道等為征項期歸有著起見合將辦
理緣由詳請
憲臺察核隨冊咨明
大部察照實為公便

1

F.O.682/327/3(43)

P.1

謹將咸豐六年廣東省司道府各官出具切實考語手繕清單恭呈

御覽

布政使江國霖

局度閎展，考察[illegible]勤明，現當庫款支絀之際，亦能盡心籌畫。

按察使周起濱

居心秉正，辦事持平，所有要案讞獄，皆能細心研鞫，期無枉縱。現因吏務未靖，訪緝奸細尤為認真。該員於上年十一月到任，至本年二月始歷三月，出考合併陳明。

鹽運使[illegible]椿

才識精細，勤於勾稽，當鹺務極疲之時，猶能設法整頓。

2 END

P.2 end

F.O.682/327/3(43)

慶遠府知府張凱嵩

年力方富，[illegible]有為，[illegible]

思恩府知府招[illegible]文蔚

該員現署平樂府篆，去[illegible]後因近省城[illegible]

泗城府知府鄒[illegible]

才具中平，近亦[illegible]知奮勉。

咸豐伍年拾貳月拾陸日

協辦大學士兩廣閣部堂葉 省發 收文 廣西換發縣韓部瀕列稟 廣西撫院

差來投文 候補府經歷王燿稟假威局 候補經府歷朱允燊稟由廣西

來緝捕委員朱用孚鄰瀕俱稟知拿獲匪記匪監等三名交臬

司臬憲沈 廣州府郭 南海縣李 番禺縣李 俱稟知處決人犯

撫憲柏 發收文 越華掌教王列餅 候補府經歷朱允燊稟由廣西來省

佐雜各官張護丁煥孫王監時諸鈞吳廷杰俱稟知查街安靖

謹將司庫正襍錢糧咸豐五年十一月三十日至十二月十三日實存銀兩數目開
列呈
閱
前存司庫銀六萬九千七百零六兩八錢八分七厘七毫九絲三忽
共收銀一十五萬一千五百四十兩零九錢四分二厘
共支銀一十一萬七千七百八十四兩零三分五厘八毫
現存銀一十萬零三千四百六十三兩七錢九分三厘九毫九絲三忽
再通省應解
五年分截至十二月十三卯已完司道庫地丁銀一十三萬五千八百一十二兩零
一分一厘內 解司銀一十萬零六千二百五十六兩零一分一厘 解道銀二萬九千五百五十六兩

未完解司道庫地丁銀七十八萬七千六百七十四兩二錢八分八厘
已完解司耗羨銀一萬四千零八十兩零八分二厘
未完解司耗羨銀一十六萬三千四百一十六兩八錢九分一厘
通省應解
四年分已完司道庫地丁銀四十五萬一千九百八十六兩一錢二分六厘內
解司銀三十二萬二千五百九十六兩四錢五分 解道銀一十二萬九千三百八十九兩六錢七分六厘
未完解司道庫地丁銀四十八萬六千二百三十六兩五錢二分八厘
已完解司耗羨銀六萬八千三百二十八兩四錢五分一厘五毫
未完解司耗羨銀一十一萬三千四百八十兩零一錢七分九厘五毫

F.O.682/137/5(13)

前存乙百卅三两

昨年冬间内津门宽京叁千两下存乙千仍存王处

支李鸿阁用项乙百六十两

年终各用乙千四百八十两

谱轴费七十两 市平

李笙宾館费八十两 市平

汤敦甫先生乙百两

共用过银乙千七百九十两下存乙千二百[illegible]十两 市平京平 容再计

第大略计

六年二月二十日寄单

總管內務府為再行劄催事廣儲司銀庫案呈咸豐三年
十月十一日本府具奏粵海關每年應交廣儲司銀庫銀三
十萬兩係供內務府支發各處經費並有專款要需近因戶部
奏撥是以庫藏頗形短絀請
旨飭下戶部無論何項要需不得指撥此款以重庫藏等因奏奉
硃批依議迅速催解不准擅自改撥截留欽此欽遵當經咨行戶部
粵海關遵照在案嗣經兩廣總督葉　粵海關監督曾
會片奏稱若照每年關期屆滿再行起解恐緩不濟急臣等
公同商酌每年應解前項銀三十萬兩自咸豐四年首季起
分為四季每屆一季滿後先行批解銀七萬五千兩一年合計
共解足銀三十萬兩等因於咸豐四年二月二十五日奏奉
硃批所議甚好照依行該衙門知道欽此欽遵查此項銀兩大半
皆係供應
內庭差務較之外省軍餉尤為緊要既據該監督奏明分季撥
解且奉有
硃批自當恪遵奏章年清年款如數撥解以符奏案而濟要需乃
自咸豐四年二月間會片奏准後迄今兩載有餘僅批解到
是年首季銀七萬五千兩其是年二三四等季及五年分四季
並未撥解前來屢經本府飛咨迄今仍未報解查咸豐四年
間該省軍興道途梗塞未能按季撥解尚得有所藉口今自
咸豐五年六月該省地方業已一律肅清何得復行觀望似此
節節延緩屢催罔應直視
內庭供應為不急之需奏定章程為可緩之事本府若將前後
情節一一聲叙奏明請
旨恐該監督實難當此重咎現在本府庫儲短絀情形較前尤甚

内庭供應錢至無項可籌且每月應行開放各旗營進班官
兵錢粮口分萬難一日延緩本府専指粵海關分撥三十萬両
一款接濟要需相應將咸豐四年二季起欠解各款另開清單
再行飛咨粵海關監督查照單開欠解各款銀両赶緊分撥
立即委員解交本府以濟急需該監督接閱此剳萬勿視為
具文再行延緩致干叅辦也並將委員起程日期先行咨報
以凴核辦可也須至剳者

咸豐六年二月二十一日

清单

粵海関欠解

咸豐三年分指費布袋用項銀二千四百両
四年分二三四季関税銀二十二萬五千両
十五両加平銀三千三百七十五両
新增歸公二十五両加平銀五千六百二十五両
指費布袋用項銀二千四百両
五年分首二三四季関税銀三十萬両
十五両加平銀四千五百両
新增歸公二十五両加平銀七千五百両
指費布袋用項銀二千四百両
又前任監督曾　移交咸豐三年八月初一日起連閏至五年
五月底止攤繳銀二萬三千両
以上共銀五十七萬六千二百両

總管內務府為劄行事廣儲司銀庫案呈本府具奏為
粵海關應交銀兩迅速催解一摺咸豐六年三月二十
日具奏奉
旨依議欽此欽遵相應抄錄原奏咨行戶部並飛咨兩廣
總督粵海關監督遵照辦理可也須至劄者
咸豐六年三月二十一日
抄錄原奏
總管內務府謹
奏為粵海關現交銀數與奏案不符嚴定限期迅速催解
事竊臣衙門現准粵海關監督恒　文稱粵海關每年
應解廣儲司銀庫銀三十萬兩本關因四五兩年關稅均已湊撥各省
軍需所有前項公用銀無款籌解茲於咸豐六年分關稅內補交批
解咸豐四年第二季廣儲司公用銀一萬兩等因據該監督派委候
補縣丞慶瑞投納前來臣等查粵海關每年應解廣儲司銀庫銀
三十萬兩前因戶部奏撥庫藏短絀於咸豐三年十一月間經臣等
奏明請
旨飭下戶部無論何項要需不得指撥此款當奉
硃批依議迅速催解不准擅自改撥截留欽此欽遵劄經兩廣總督葉
前監督曾　會片奏稱若照每年關滿恐緩不濟急公同商酌自咸
豐四年首季起分為四季每季滿後先行批解銀七萬五千兩一年
統計共解足銀三十萬兩等因於咸豐四年二月二十五日奏奉
硃批所議甚好照依行該衙門知道欽此欽遵各在案是此款銀兩既
經會片奏明分季撥解且屢次奉有
硃批該監督自當恪遵奏章如數撥解年清年款以慰
宸念而濟要需乃自咸豐四年二月會片奏准後僅於是年八月間
經前監督曾　解到首季銀七萬五千兩其是年二三四等季
及五年分四季共銀五十二萬五千兩迄今兩載未解廣省郡城
早已平靜庫中急需賴此接濟而該監督現在來文止解到銀
一萬兩其餘兩年應解五十萬兩有奇均已湊撥各省軍需且
聲稱解銀一萬兩係由六年分現征關稅內補交其以後是否隨

征隨解年清年款文內概未敘及臣等伏思近自軍興以來
各省籌撥原所難甚但既欽奉
硃批不准改撥截留且經會片奏明從中即有議及改撥者該監督
自當宣示
硃批何得藉詞軍需為重不顧內帑緩急復查粵海關此款銀
三十萬兩係臣衙門供應
內庭差務要款即如
坤寧宮
奉先殿
御茶膳房供用
自鳴鐘討領諸大端較之外省軍需尤為緊要此外復有
紫禁城內值班八旗內務府三旗官兵每日口分萬難一日延緩
倘該監督於今歲四季應解之款再不解京則前項一切要差
無款墊發實難支持臣等每思及此萬分焦急惟有請
旨飭下粵海關監督恒　恪遵
硃批及奏定章程即自咸豐六年現征首季起每季批解銀七萬
五千兩現在首季已滿應歸併二季搭解限本年六月解京三
季限本年九月解京四季限本年十二月解京其咸豐七年
首季限七年三月解京以後按季起解年清年款不得遲延
亦不得拖欠至該監督文稱解銀一萬兩係由六年分補支
一節若如所稱則是舊欠未清新欠又續以後糾纏必致難以分
季起解應仍令於今歲首二季起解時補足一萬兩以免轇
轕其此次解到者即作為咸豐四年二季內之一萬兩餘欠六
萬五千兩及是年三四兩季銀十五萬兩五年分四季銀三十萬
兩共實欠銀五十二萬五千兩雖據文稱均已湊撥各省軍需
惟此係欽奉
硃批不准改撥截留之款自難任其擅撥應仍令該監督分年代
解銀十萬兩於年終第四季解京時一併搭解統限五年全
數解完以上所定限期銀數只仍照奏章年清年款並非加數
苛派該監督實不難於辦理總期如限解京以濟急需經此次
復定章程奏明奉
旨之後倘該監督仍前延緩或逾限不解或解不足數即由臣等
嚴行參辦所有嚴催粵海關起解銀兩緣由為此據實奏
聞請
旨

申前署鶴山縣事馬斌被戕害親子廣生詳請承廕由詳文

加同知銜廣州府南海縣為詳請承廕事案照前署鶴山縣事馬斌被賊戕害親子廣生詳請承廕一案除將緣由備敘書冊外理合將繳到親供宗圖盖印造冊加結具文詳候

憲臺察核詳請咨

部承廕並咨明該員浙江原籍知照為此備由同親供宗圖冊結各柒本套具申伏乞

照詳施行須至申者

右

申

欽命廣東等處承宣布政使司布政使加十級紀錄十次江

咸豐陸年伍月初柒日知縣華廷傑

同知銜廣州府南海縣詳請未備前署

山縣事馬斌被賊戕害親子齊生由書冊

P

咸豐□□五月二四日到

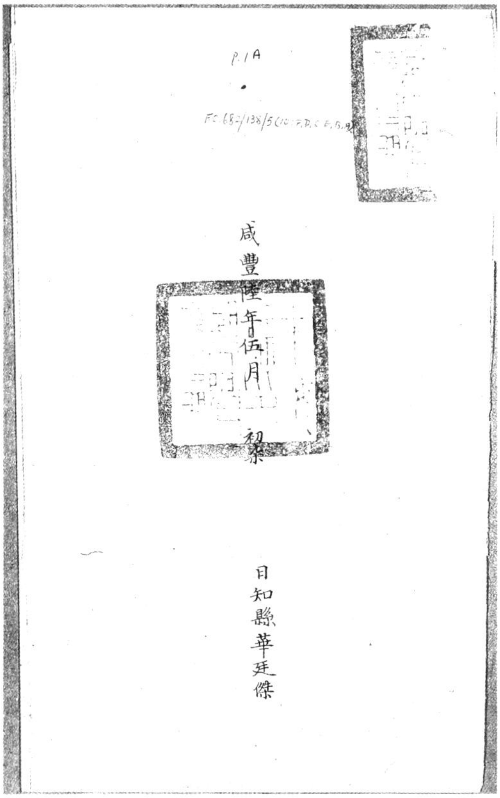

P.1A

FO 682/138/5

咸豐陸年伍月初　日知縣華廷傑

P.2

FO.682/138/5 (1C: F.D.C.E.B.A)

加同知銜廣州府南海縣為詳請承襲事案奉本
府轉奉
憲臺札開咸豐陸年正月貳拾伍日奉
太子少保兩廣爵閣督部堂葉　案驗咸豐陸年
正月拾捌日准
吏部咨驗封司案呈所有本部彙奏前事一案相
應抄单知照貴督查照并轉行各該故員原籍可
也計单壹紙等因到本爵閣部堂准此除咨
鑲白旗漢軍都統
湖北
浙江撫部院轉飭遵照外合就檄行備案仰司照依
順天府府尹
部咨粘单事理即便查照等因計粘单壹紙到司
奉此合就札飭札府行縣即便確查单開各員如
有家屬在粵分別移行遵照毋違計粘单壹紙内
開吏部謹
奏為遵
旨議卹事查例載文職陣亡人員四品官以下未入流
以上照叅領以下有頂戴官員以上議給雲騎尉
世職均襲次完時給予恩騎尉世襲罔替等語又
從優議卹人員按現任官階加一級議給世職其

P.3

FO.682/138/5 (1C: F.D.C.E.B.A)

限于例而不能越級辦理者經臣部酌議奏請比
照歿于王事人員之例各按品級給予贈銜等因
咸豐叁年拾貳月貳拾伍日奉
旨允准在案又生監隨同官兵打仗陣亡臣部例無議
給世職明文惟咸豐元年拾貳月有廣西生監梁
拱辰等隨同官兵打仗陣亡奉
旨交部從優議卹經臣部聲明請
旨嗣奉
硃批梁拱辰等均着照外委陣亡例議卹等因欽此臣
部當即遵照外委陣亡例議給雲騎尉世職以後
凡生監陣亡奉
旨交部從優議卹者均經援照梁拱辰之案辦理各在
案今據廣東等省先後將陣亡各員分別奏請議
卹從優議卹欽奉
諭旨交臣部辦理應將該故員廣東署鶴山縣事德慶
州知州馬斌等貳拾伍員分別給予世職給予贈
銜謹繕具清单恭呈
御覽至各該故員應得卹賞祭塟銀兩俟

P4

FO682/138/5(10:F.D.C,E,B,A)

命下之日臣部移咨禮兵工各部照例辦理應得贈銜
誥命例由内閣撰給所有遵
旨議卹緣由伏乞
聖鑒訓示遵行謹
奏于咸豐伍年拾月貳拾陸日奉
旨依議欽此計開廣東署鶴山縣事德慶州知州馬斌
因賊匪圍攻鶴山縣城該員竭力守禦城陷後罵賊
不屈致被戕害奉
上諭馬斌着交部照知州陣亡例從優議卹應請將該
故員加贈道銜議給雲騎尉世職襲次完時給予
恩騎尉世襲罔替各等因到縣奉此當經飭查去
後茲據該故員馬斌嫡長子馬廣生禀稱竊廣生
親父馬斌由進士以知縣即用簽掣廣東咸豐元
年到省因勦辦羅鏡逆匪出力保奏貳年拾貳月
拾貳日奉
上諭着免補本班以知州補用先換頂戴欽此續蒙
題補德慶州知州先奉委署理鶴山縣篆務于貳年
捌月初貳日到任肆年柒月內逆匪圍攻鶴山縣

P5

FO682/138/5(10:F.D.C,E,B,A)

城連次痛勦力竭失陷罵賊不屈致被慘害棄屍
不獲蒙
兩院憲奏明奉
上諭馬斌着交部照知州陣亡例從優議卹隨經部議
應請將該故員加贈道銜議給雲騎尉世職襲次
完時給予恩騎尉世襲罔替奉行飭知廣生係親
生嫡長子年未及歲例應承襲雲騎尉世職准食
半俸理合備具親供宗圖禀繳伏乞加具印結粘
連鈐印造具青皮履歷冊詳請
藩憲轉詳咨
部承襲并咨明浙江原籍知照等情到縣據此卑職
覆查無異理合將繳到親供宗圖蓋印造冊加結
具文詳候
憲臺察核詳請咨
部承襲並咨明該員浙江原籍知照為此備由同
親供宗圖冊結各柒本套具申伏乞
照詳施行須至書冊者

[redacted]

謹將司庫正襍錢粮咸豐六年六月初一日起至十四日寔存銀兩

數目開列呈

閲

前存司庫銀五萬二千二百九十二兩零一分六厘一毫三絲零七微

五忽

共收銀一十四萬零二百七十一兩二錢八分七厘

共支銀七萬九千四百四十一兩八錢八分九厘四毫

現存銀一十一萬三千一百二十一兩四錢一分三厘七毫三絲零七微五忽

再通省應觧

五年分截至六年六月十四日已完觧司道庫地丁銀五十二萬二

千八百六十三兩七錢九分八厘内

觧司銀四十二萬九千零三十九兩零一分

觧道銀九萬三千八百二十四兩七錢八分八厘

未完觧司道庫地丁銀四十萬零六百二十二兩五錢零一厘

已完觧司耗羨銀七萬九千四百八十三兩七錢一分三厘

未完觧司耗羨銀九萬八千零一十三兩二錢六分

通省應觧

四年分已完觧司道庫地丁銀五十七萬九千八百三十二兩四錢五分九

厘四毫内

觧司銀四十四萬九千一百八十五兩三錢三分五厘四毫

觧道銀一十三萬零六百四十七兩一錢二分四厘

未完觧司道庫地丁銀三十五萬八千七百一十一兩三錢九分七

厘二毫

已完觧司耗羨銀一十一萬一千一百二十二兩六錢二分

未完觧司耗羨銀七萬零六百八十六兩零一分一厘

禮部謹
奏為恭
進初喪事宜事恭照咸豐五年七月初九日
大行皇太后慈馭上賓謹按臣部則例內載初喪日內
務府會同欽天監謹擇
大行皇太后升入梓宮吉時禮部將成服事宜並
梓宮前應行陳設暨內外齊集之處具奏等語除移會
內務府會同欽天監敬謹選擇吉時外所有成
服各事宜另繕清單恭呈
御覽是否有當伏候
訓示遵行謹
奏

一
大內成服
皇帝截髮辮成服
皇子
皇孫摘冠纓成服
皇后剪髮成服
妃
嬪以下暨一
皇子福晉等但摘耳環成服
大行皇太后宮內女子內監尚茶尚膳男婦等均剪髮
截辮成服
一陳設內鑾儀衛設儀駕於門外工部設引旛於
宮門之右設九鳳帳幔於兩旁白綾帷幔於
殿內
一齊集王以下入八分公以上內大臣侍衛大學士等
在門外東旁內務府三旗官員及領催拜唐阿等在門
外東墻下未入八分公以下官員以上在東旁門外內裏行走之福
晉公主格格在
九筵殿內其餘公主福晉以下鄉君入八分公夫人以上在門內
西旁未入八分公夫人以下二品命婦兼男爵侍衛妻
以上在西旁門外內務府三旗官員等妻在侍衛妻後各排立

禮部謹
奏為恭

進禮節事恭照咸豐五年七月初九日
大行皇太后梓宮前行殷奠禮工部設丹旛於
宮門外之右內鑾儀校陳儀駕於
宮門外工部內務府官員內監等設
几筵於殿中設中設九鳳黃幔左右素帷供牀南面坐褥具
前設供案香盒鑪燈具
皇帝立殿上東旁西向哭
皇子
皇孫立丹陛西
皇后率
妃
嬪序立於黃幔內之西東向
皇子福晉等暨近支公主福晉夫人立於後王公以下官
官及福晉郡主以下命婦等齊集傳哭內務大臣命婦率尚
茶女官捧茶尚膳女官捧膳由中門入至殿前
皇帝入殿左門詣
几筵前跪衆皆跪尚茶女官跪進茶內監捧茶轉進
皇帝舉茶奠於案行一拜禮衆皆隨行禮尚茶女官撤茶次
尚膳女官揭巾羃
皇帝親上食畢執事進奠几於正中
皇帝詣

几筵前跪捧爵大臣跪進爵
皇帝奠酒三爵每奠一拜興衆隨叩興乃撤饌哭止
皇帝還奠室衆皆退嗣是朝晡日中三奠朝晡進素饌
有饌日中進果筵內外齊集均如儀為此謹具
奏
聞
謹
奏為恭
進喪儀事恭照咸豐五年七月初九日
大行皇太后慈馭上賓所有治喪一切事宜臣等詳查臣部
例案敬謹參酌繕寫清單恭呈
御覽是否有當伏候
命下臣部行文各該衙門遵照辦理為此謹
奏
一
皇帝二十七日內不辦事如有緊要及軍務事件照常
辦理二十七日內
上諭用藍筆各衙門題本文移用藍印
皇后
妃
嬪以下

皇子
皇孫及
皇子福晉以下均於二十七日大祭後釋服
一王貝勒等為子者截辮福晉等為子婦者剪髮
其餘王以下奉恩將軍以上民公侯伯以下有頂戴
官員以上各給白布成服罷斥及閑散宗室覺羅
亦准成服閑散中年老年幼不能齊集者停給孝
布公主福晉以下鄉君奉恩將軍恭人以上民公夫
人以下二品命婦兼男爵侍衛妻以上內務府三旗官
員及執事人之妻俱摘耳環給白布成服其漢官命
婦停給
一王以下官員自奉移前每日三次齊集奉移後每早
齊集一次二十七日停止公主福晉以下二品夫人以上三日
內每日三次齊集第四日每早齊集一次初祭後停
止遇祭日均照常齊集內務府三旗官員人等及妻
奉移以前每日三次齊集奉移後三旗分為三班每日
一旗二次齊集大祭後分為六班每日一班二次齊集至
百日止婦女等齊集處並設蘆棚青布步帳
一齋宿王公各於府第部院官於本衙門都統參領
佐領及散秩官於本旗衙門凡二十七日以初喪日為
始外藩王等每日齊集後各歸寓邸

一外藩王公主福晉額駙王台吉服內至京者給白布
成服成服後至京者男去冠纓女去耳環三日
一王以下文武官員及外藩台吉等公主福晉暨大臣
命婦內務府官員均於二十七日大祭後釋服
一恭理喪儀王大臣並
殯宮守衛執事官均百日除服
一王公文武大臣官員二十七日內俱服縞素皆百日不
薙髮至二十七日外至百日用素服帽綴纓緯至
大行皇太后几筵前仍摘纓緯自百日外至二十七月內仍服
青褂袍色不拘夏季帶緯帽
一專司
壇
廟
堂子
奉先殿
壽皇殿祭
神殿各
陵寢官員內監人等停給孝服免摘冠纓仍百日不薙髮
一出入王公百官齊集時由
東華門
西華門公主福晉入八分公夫人以上乘馬餘俱步行由

神武門穿孝官員人等不得在
景運門
隆宗門穿孝走
乾清門
日精門
月華門
景和門
隆福門
基化門
端則門去
坤寧宮甚近此等處太監俱不必摘纓衹穿素服其餘各
處穿孝太監准其出入
内右門及
景運門
隆宗門行走俱不准由
乾清門經過
一除
大行皇太后宮值班人員成服外其餘已經成服守衛大臣侍
衛官員護軍人等二十七日內如遇
紫禁城內值班之期均素服摘冠纓
乾清宮尚膳尚茶人員等皆停給孝服服素服摘冠
纓二十七日
一外國二十七日內來京者給布成服免齊集
一近派宗室俟二十七月後舉行嫁娶遠派宗室以
至覺羅及三品以上滿漢大臣俟期年後嫁娶日准
其作樂至尋常作樂宴會仍俟二十七月後四品以
下滿漢官員均於百日後舉行嫁娶嫁娶日准其
作樂至尋常作樂宴會仍俟期年後
一出征軍營官兵家屬摘冠纓三日免其成服及本人
父母新喪家有出痘者皆停給孝服
一在京軍民旗人等男去冠纓女去首飾穿素服二
十七日百日不薙髮百日後仍准嫁娶作樂
一直省官員於
遺詔到日成服早晚哭臨凡三日命婦去耳環首飾素服均二
十七日以文到日為始不薙髮凡百日以
宮中大事日為始不作樂不嫁娶如在京官員例督撫
等官停止進香在籍四品以上官停止來京滿漢軍
民人等一月不嫁娶百日不作樂

閩省第肆拾伍號報單

丙辰年八月初八日自潮州寄呈

2

奏為合衆國遣使伯駕禆德呈進國書文憑求為代進恭摺由四百
里具 奏仰祈
聖鑒事竊臣於本年六月十一日接據合衆國夷使伯駕禆德以會訂期
進謁臣答以各國夷酋在中華貿易如無緊要之事只准在五口
通商未便私相往來會晤隨飭管理通商事務福州府葉 前往
阻止復據該夷使並稱非無故求謁實因該國王繕有國書文憑飭
令帶來求為進呈等情臣思外國夷情叵測反覆無常若不稍予
禮貌必致有所藉口不得已於十四日辰時許其來見該夷使伯
駕禆德即帶同夷目數人來署將所帶正副國書文憑一匣計共
四封上呈臣以外國通書必須由臣先行拆閱有無違悖字樣惟
有數處書及朕字冒瀆體制未合而該夷乃係奉夷主之諭帶來
不敢更改又合衆國駐劄中國之大臣要在
輦轂之下住居並求
皇上簡派大臣亦駐劄該國華盛頓城内臣答以汪洋大海相隔甚遠
彼此均有不便且
都城内外均非夷酋駐劄之地所請恐難准行並擬將正本國書文
憑一並拆閱該夷使堅執不允内有該夷主印信在上渠斷不敢
私行代拆並以内中所叙字句與副本無異只求代為恭進維時

3

3

臣若決意要拆該夷酋必致齟齬祇有遵照萬年和約第三十一
條內載合衆國若有呈遞國書於
朝廷者應由
欽差大臣或兩廣閩浙兩江總督等大臣將原書代為恭進除將副本
抄錄咨送
御覽並繕摺由驛四百里具
奏伏乞
皇上聖鑒訓示謹 奏
大亞美理駕合衆國伯理璽天德姓壁爾名化 玲林華書名壬和
平及誼書內恭致于
大清
大皇帝陛下當耶穌一千八百四十四年七月初三日即甲辰年五月
十八日中國與本國所堅定誠實永遠友睦之條約及太平和好
貿易之章程第三十四款內載俟十二年期滿即次重行酌辦等
情本年七月初三日即唐六月初三日乃期滿之時矣前年秋間
經本大臣奏請設法欲與貴國五口督臣將干涉兩國重大要事
酌議皆不可得遂迫於北上意圖都中相見隨往天津河口迫受
盡煩難延宕諸多不便至唐九月十九日始得與

4

欽差大臣崇綸等會晤來稱公文將干繫兩國利益事欵理論至彼時
延接本國大臣之處全不合友睦之語假如貴國有
欽差大臣前來本合衆國都城者其延欵之禮斷非如是兼云
欽差崇綸不肯將　陳列各事內中數欵陳奏乃只云無權酌議因此
朕意惟有如前任伯理璽天德曾與
宣宗成皇帝所行一般詳告朕領友睦之意並我兩國必須和好切勿相
凌更不可口說友誼平行而所為則視同仇讐是以現預為保存
兩國交誼並為加增與兵隆貿易利益所必不可少之法此次重
訂條約朕意以為應須明立一欵使合衆駐劄中國之大臣得以
住居北京輦轂之下而貴國不論何時
簡派大臣亦可駐劄合衆國華盛頓都城之內惟酌在
大皇帝早簡大臣賜以便宜行事之權會同本國全權大臣姓伯駕名
禪德按第三十四欵所載悉將條約重行酌訂並以可責公議和
平法度將前此維艱與兩國所有爭端在必方酌議調停以此各
欵曾經本國大臣麥蓮於該處達和貴國大臣崇綸矣益我兩國
因地土廣大人民之蕃庶所隔者惟太平洋而是其交情貿易皆
為彼此關切於懷則一切猜疑不相信靠諸端誠願盡行蠲却而
於所有堅立初好友誼互易兩相制益各事從今以往當以膠漆

5

以不可離析之法也惟願
大皇帝福壽日臻國家殷庶長享太平
大清朝永久鞏固為朕之誠望也
耶穌一千八百五十五年九月二十九日
咸豐五年八月十九日
合衆國大學士姓馬西名術廉在華盛頓奉
大伯理璽天德命敬書　國璽

6

五月十一日會仝　將軍有　具　奏遵
旨查明福州南臺稅口並無減稅短征茶稅銀暨稽查偷漏一摺今於六
月十六日准　兵部火票遞到前摺奉
硃批知道了均照該道等所擬辦理以後情形若何順便奏聞欽此
奏英國夷酋包玲請於福州關口設立稅官現已咨粵妥為諭止一
片奉
硃批俟葉　咨覆到日再行酌量情形具奏是時斷難先行欽此

(c) 7

七月二十四日甯化縣發來信

二十四日早上白水鎮探役回縣知該逆十九日破廣昌文武各官均避至白水廣昌居民被殺千餘擄去亦有千人逆之未至也有土匪爲之先導逆之别往也有土匪搜索其餘民困如此何以聊生刻下全往南豐官員早經避往新城矣廣昌各頁現已公然回署因白水以上各鄉堵禦是以不敢内犯甯之福也

(d) 8

奏為閩省内匪外寇剿辦正在吃緊調赴江右援兵未敢驟撤籓籬
現飭分起改赴金陵力籌兼雇恭摺由驛馳　奏仰祈[redacted]
上諭向　奏賊謀内犯甚急請派閩兵助剿一摺著飭令張從龍等所
帶兵勇悉數帶赴金陵交向　調遣等因欽此遵
旨寄信前來伏查金陵鎮江軍情萬分緊急當經恭録飛行遵照一面
於無可抽調之中另調兵勇前赴江右接替防剿不致顧此失彼
惟閩省建邵汀延平等府均與江右逈近匪氛前派張從龍陳上
國統領兵勇赴江應援保衛鄰境已陸續取道邵武馳抵建昌諒
計該處閩省兵勇已有二千餘名刻下會合攻剿正在吃緊其原
調最後之啓程漳州征兵一千名分起前往先因延平順昌賊匪蠭起
暫行截留泰將陳占魁管帶漳兵五百名馳赴會剿現復接據委
辦防務督糧王道並建甯鎮府節稟順昌九龍山土匪糾合江西汀廣
奸民分股滋擾擄掠愈聚愈衆該處兵單剿辦未能得手請將守
備伍連青管帶漳州兵一並截留以資堵剿等語臣查延屬將順
沙等縣自上年秋間土匪滋事當經飭委代理延平府金　會同
文武員弁督帶兵勇分剿殲斃賊匪二百餘名地方徵安兵勇陸
續凱撤臣等會摺　奏報詎本年三月間因據報江西撫建等府
被逆攻陷閩省調募兵勇赴援上下游各屬匪徒乘機蠢動造謠

煽惑福甯府屬福安縣復有奸民王慶春等倡立紅旂名目糾夥
歛錢勢已滋蔓均經臣等督飭地方文武隨時捕獲懲辦現在順
昌逆匪竄分吃緊前據報獲奸細多名均係江逆來閩偵探勾結
業於訊明正法值此逆匪窺伺鄰近郡縣一律戒嚴必須調撥勁
旅四面圍捕立時撲滅以杜內變而攘外患尚恐前項截留漳兵
不敷兜剿且係暫時截留未便久延復經另召省標長福福甯金
門水提等營兵共一千名委護撫標右營遊擊蘇遇春海壇右營
守備胡廷升等統帶護平和營遊擊顧飛熊水提標期滿世職雲
騎尉陳鸞飛等協帶赴順圍剿仍責成督糧道王　代理府金
妥為調度至張從龍陳上國統師已進扎建昌可圖克復誠恐前
項援兵分數改赴金陵閩省籓籬頓撤此時參將舒隆阿原駐河
口一軍已由金谿進剿各該處臨口巡防兵勇本屬無多設該匪
被剿窮蹙乘虛竄闖結聯各股匪徒剿辦愈形費手而江南需兵
孔急何敢暫分畛域現經飛飭張從龍陳上國於現帶兵勇內挑
足精銳一千五百名即由署副將陳上國統帶馳赴金陵大營聽候
欽差大臣向　調遣攻剿並委弁赴催啟程其餘兵勇仍由張從龍統
領會合江右官軍並力攻剿一俟閩省另調興化等營添雇健勇
派署興化協琳統帶前署邵武城守營參將禧祿帶赴江閩交界

處所接替防剿即飭張從龍帶原調援兵續赴江南軍營俟遣第輾轉更調有需時日臣等為保衛岩疆起見目擊時艱不敢不兼籌並顧除分別咨行查照並俟取具署副將陳上國統帶閩省兵一千五百名先行馳赴金陵起程日期另摺

奏報外今將閩省内匪外寇剿辦吃緊調赴江西援剿兵勇未敢驟撤藩籬分起改赴金陵力籌兼顧緣由謹合詞恭摺由驛五百里

奏伏乞

皇上聖鑒謹

奏

(e) 11

光澤縣蔣仁瑞敬禀者探差回稱小的等探到許灣有都司成善帶兵勇駐札行到城外鄧少爺禀明係福建光澤縣差來探聽官軍剿辦賊匪情形據鄧少爺面諭連日城內逆匪竟無大隊出來惟五月二十九日有賊數百人直撲左軍等營經我營兵勇鎗砲各施奮力擊退現據自城中逃出之人供稱城内糧食僅數旬餘匪勢已漸窮蹙日內即當會集各營兵勇商議大舉攻城等語本月初一日有賊又打一仗未見勝負各軍統領探有李大人周大人俱湖南人林大人廣東人現札營盤二大座將台二十余座離撫城僅隔一河約計三里之遥河下有戰船一百餘號官兵營內糧食足備一路撞見車載銀錢絡繹不絕解送大營風聞臨江府尚有長髮賊數千小的初四日動身在路上聽得砲聲不絕各等因

又探差回稱建昌兵勇於初八日四更後在建郡東門太平橋邊用鎗砲向城轟擊傷賊數名兵勇扒城被賊開放鎗砲受傷三名相持至初九日辰時是日福建張大人會同各營官兵壯勇四面攻城詎該匪倚恃城池堅固緊守不出閩省陸挺左營兵漳州勇飛虎軍爭先登城殺斃賊匪數名被賊在城上開砲傷兵勇五名至午後各路兵勇回營又申刻賊首用紅布裹頭身穿紅衣帶有賊匪十餘人手執長矛並籐牌出城至太平橋閩兵見水過橋下

12

12

開放鳥鎗打死賊匪一名斬獲賊手二隻奪得籐牌一面泉州勇

亦偷過河裁賊（戕）見人衆逃跑進城閉門不出等因

13

二月二十八日會同福撫呂　具
奏為剿辦延平府屬匪徒殲除淨盡兵勇陸續凱撤請將剿辦妥速
之代理延平府金萬清籲懇
恩施以示獎勵一摺茲於本年五月十五日奉到
硃批另有旨欽此前接邸抄奉
上諭王　呂　奏延平府屬匪徒殲除淨盡請將出力之代理知府鼓
勵一摺福建延平府屬匪徒勾結奸民分股搶掠經該督撫飭委
代理延平府候補同知金萬清督率文武員弁妥籌剿辦三月有
餘即將將順各邑並沙縣匪徒殲除盡淨地方肅清辦理尚屬妥
速自應量予恩施以示獎勵金萬清著免補本班以知府留於福
建補用並賞戴花翎所有出力文武著該督撫查明保奏候朕施
恩毋許冒濫欽此

為飛檄飭遵事據延平代理金守仁壽賊敗被難人民陸續歸里
並拏獲要犯伍元貴等十四名訊明正法前接懷署鎮函擬統領
漳州兵由南槎進扎於仁壽砌因秦守移請在嵐下駐扎保防竄逸
起見嵐下距仁壽甚遠亟商難予會合該匪新敗之後追剿宜速
若還延必更費於上尤道路崎嶇兵不如勇且在精而不在多卑職
勇雖少氣已甚壯戰非不足第守尚無人若得驍健兵二三百人
即可敷用探聞甌邑去際鄉賊匪因懷鎮由嵐下進兵謝墩匪伏
退回順邑上源約有三四百人雄圭關亦有數百人回竄卑職本
留王三韜于大幹以防雄圭聞現移請拏捕一面亟商懷鎮請再

飭署守備曹鳴鴻將原帶建兵一百名與卑職會合後分路光擇
庶兵力不致過少單薄而賊氛可掃矣理合稟請分檄飭遵等情
到本部堂據此查順昌匪熾業經本部堂先後添委蘇遇春李瑞
安廣飛熊伍連青胡廷升等分別帶兵赴順昌王道金守調度剿
辦在案茲據稟匪退上源雄圭關等處請將守備曹鳴鴻會合金
代理守原帶兵勇嚴密探剿等情係為匪速撲滅起見應准各稟辦
理除分檄遵辦速速

(2)

15

兩院札為飭委事案照閩省上下游會匪滋事蹂躪地方内地九
府二州以及各海口必須派委幹員分赴勘辦應即派委候補知
縣楊丙生赴福州福寧二府屬前代理惠安王佑慶赴興泉永各
府州屬前署龍岩州丁加瑋赴汀漳龍各府州屬候補知縣雷瑞
先赴延建邵三府屬履勘除分檄各該員遵照束裝起程馳赴各
府州屬會同該處文武認真履勘額設營制汛防以及各海口安
兵籌辦何處應添應減何處應行改設確按地方情形開具圖報
以憑核辦毋稍捺延速速

16

六月十三日
督院王　司道府所縣俱赴　兩院稟見　清流縣曹　稟辭赴任
候補縣楊丙生稟明改委往福甯公幹　署福清場王貽椿到省
改發府經王延桂自貴州來閩　指省試用從九品婁詩觀自
京來閩俱稟到　府經姜元炎稟銷假　縣丞陳恩湛稟辭往
台差遣
十三日
撫院呂　委中軍呈一張　傳指省試用從九品朱塽　未入流
李釗俱進驗看
六月十四日
督院王　首府　福防廳　雲霄廳　閩侯縣俱稟見　署永定縣黃
光浴　卸事稟到稟假冒風　溪口州同張曾益稟往汀州提案
莆田縣典史范崧稟辭赴任
十四日
撫院呂　升堂吊　長汀等縣犯人劉逢財等五起訊供出　昨晚駟
遞到　刑部公文一角繳進隨委官赴縣監綁出崇安縣匪犯
鄭浙顏等二名押赴北郊外
十五日

督院王

武廟（天后宮）各行香畢回院　候補場韓　經禀明委辦南河工需銀兩　委署

建安縣房村巡檢吳師曾　永安縣典史孫鏡蓉俱禀謝委　從

九品許克昌禀銷假

十五日

撫院呂　府經廳王延淮禀見　指省分發試用府經廳華齊　未入

流余似相俱禀到

十六日

撫院王　出赴籥道傳守倫毓恩等十四員考驗出

十六日

撫院呂　出往　鄉紳龔　灵前行香奠祭畢回院

十七日

督院王　鹽道禀見　府經廳王柄鮮軍餉往興化回省禀到仍禀辭

往福州福寧公幹

十七日

撫院呂　從九品沈興文禀假冒風

十八日

督院王　司道　府所縣俱赴　兩院禀見　候補府馬　縣丞趙溶

俱稟明往福寧 福清各公幹 委署漳汀巡檢周城 柘洋巡檢徐雋清 興泰里巡檢周新年 羅源縣典史張禹昌 長泰縣典史馮鑣俱稟謝委

十八日

撫院呂 委中軍収呈二張 傳指省試用府經歷張世英 從九品陶綬海俱進驗看

十九日

督院王 兩院出往

大士殿行香慶賀旦辰畢回院

十九日

撫院呂 按司獄國安解洋盜首級往福清示衆回省稟到 府經廳王延稚稟假冒風

二十日

督院王 惠安縣黄琨崖 候補縣楊丙生俱稟明委往福寧公幹 從九品何士林稟明委往福寧差遣 從九品李清稟假冒風 署永安縣典史孫鏡蓉稟銷防守北庫差

二十日

撫院呂 前古田縣典史李業居稟辭委往長樂提案 前羅源縣典

史王塏自浙江服滿來閩禀到

二十一日

督院王　新選寧化縣盧蓁自山東籍來閩禀到禀假冒風　縣丞賈爾臧禀明往寧洋公幹　署房村巡檢吴師曾禀銷查夜保甲差

二十一日

撫院呂　昨午駟遞到　刑部公文二角繳進隨委官赴縣監吊出仙游縣犯婦吴林氏姦夫林惠二名　浦城縣犯人陳另山一名俱押赴北郊外斬首訖

二十二日

督院王　同知楊景濂　縣丞錢寶懿俱禀假冒風

二十二日

撫院呂　署漳汀巡檢周城　興泰里巡檢周新年　長泰縣典史馮鑣俱禀銷查西門南台祠廟試館差

二十三日

督院王　委　中軍收呈三張　司道　府廳縣俱赴　兩院禀見

晋江縣陳　候補縣楊丙生　縣丞趙溶俱禀辭往福寧　福安各公幹　通判秋曰覲往延平公幹禀到禀假冒風　縣丞劉浩署漳汀巡檢周城俱禀假冒風

20

二十三日
撫院呂　候補縣黃光浴　稟銷假　候補場韓繹稟辭解餉往南河
委署平海縣丞趙德桓　漁溪巡檢汪世炌　順昌縣典史張晉
福俱稟謝委　分發試用未入流邵世曾自京稟到
二十四日
督院王　指省分發試用縣丞樓鳳清稟到
二十四日
撫院呂　委署興化府經廳萬壽熙稟謝委
二十五日
督院王　司道　府廳縣俱赴　兩院稟見　委署福寧府馬壽祺
建寧府劉翊宸　福防廳鍾俊俱稟見　稟謝委
二十五日
撫院呂　傳倖滿浦城縣典史趙秉煦進省驗看
二十六日
督院王　兩院拜發摺子差官何陞標等賫捧上京　候補縣葉為霖
稟謝賞帶藍翎知照　府經廳王廷淮稟銷假　浦城典史趙秉煦
稟辭回任　署長泰縣典史馮鑣稟假冒風
二十六日

撫院呂　候補縣俞林　王修通俱稟明奉鹽道委二書院收卷　分
發試用府經廳高維翰自京稟到
二十七日
督院王　候補縣王修通稟假冒風　分發試用縣丞錢錫恩稟到
從九品童延齡　延建邵催粮米稟到　出往拜賀　按司官太太
壽旦畢順往拜　福甯府馬　建甯府劉　福防廳鍾　畢回院
二十七日
撫院呂　拜本上京　出往拜　督院會叙回院
二十八日
督院王　司道府廳縣赴　兩院稟見　海澄楊　候補縣俞黄　西河
闗黄　稟鹽道署省卷　同知段　縣丞費爾熾　陳農祥稟往
延邵古田甯洋公幹　通判秋　甯化盧　按經沈英　未入王
旋稟銷假　委署五虎巡檢許克昌　平和典史童延齡俱謝委
縣丞陳其璜解餉往延平回省稟銷差冒風　試用從九錢慶辰稟
到　從九品李清稟銷假　稟往漁溪提匪犯
二十八日
撫院呂　委中軍收呈三張　傳試用府經華岳　縣丞朱榮未入命
仍相俱進驗出

二十九日

督院王　拜本上京　本府稟見　通判秋　稟鹽道署看卷　候補縣梁源觧餉往邵稟回省　潯美場長存稟往仙游提案　署務村巡檢吳師曾　稟赴任

二十九日

撫院呂　從九品吳其斌　朱鏞　陶緩海俱稟在九府二州催當稅未入流國昌　稟謝留用知照

三十日

督院王　平海縣丞趙德恒稟假冒風　從九朱鏞稟委往延建邵汀公幹　從九品何士林稟委往福甯差遣

三十日

撫院呂　出拜　鄉紳郭　官太太壽旦畢回院

七月初一日
督院王　兩院出徃
文廟各行香畢回院　同知楊　稟銷假　通判哈初先自京稟到　府
天后
經李顏藻奉　糧道委來省請餉稟到　從九陶毅海　陳錦霞
鄭祖培俱稟徃泉永延平公幹　從九品委詩覲稟解硝磺赴廣
吏目唐世禾稟胃風
初一日
撫院吕　傳新選廣西潯州府經王昌泰進驗出
初二日
督院王　福防劉　未入李寶芝稟假胃風　出拜　將軍敘回
初二日
撫院吕　從九品吳其斌稟委徃福州甯典化公幹　永定典史費啟
元稟到　將樂典史吳芳祚卸事回稟到
初三日
督院王　兩院委中軍狀呈一四張　司道府廳縣赴　兩院稟見　李
府葉　謝以道員候選　通判秋　海澄陽　候補俞　黃　西
河関黃　稟銷省叅差　委署　瑪廳秋　稟謝委　通判王澍
自順昌公幹回省稟到委辦善後局事　海澄陽　候補沈　葉

24
END

從九鄭　稟委往延建興泉永府各公幹　將樂縣　稟銷假

初三日

撫院呂　准補漳浦朱美陂卸平和事稟到　興府經萬壽五虎巡檢

許　稟赴任　分發試用楊國采自京稟到　縣丞曾鎰謝留用

知照　府司承發榜　縣丞朱仁稟冒風

初四日

督院王　出往

城隍廟行香畢又往拜　按司畢回院　興化府梁熙稟銷假　海澄縣

陽椿稟謝加同知銜知照

初四日

撫院呂　潯美場長存稟辭奉委往仙游公幹　縣丞梁廷錫解餉往

廣東回省稟到　署和溪巡檢李鵬　自邵武公幹回省稟到

署源縣典史張禹昌稟辭赴任

1

閒有第肆拾捌號報單

丙辰六年九月初六日到[illegible]

奉

上諭江蘇巡撫吉爾杭阿由郎中揀發江蘇道員屢立戰功起擢巡撫上年克復上海懋著勳勤賞加頭品頂戴法施善巴圖魯名號並令幫辦江南軍務自圍攻鎮江以來一切布置頗合機宜本年擊剿金陵內竄賊匪盡力籌防不辭勞瘁方冀恢復堅城正資倚畀乃據向　德興阿等同日奏到該撫因剿賊烟墩山登高瞭望中鎗殉難深堪憫惜吉爾杭阿著追贈總督即以總督陣亡例賜卹賞給一等輕車都尉世襲罔替並准其入城治喪任內一切處分悉予開復應得卹典該衙門查例具奏伊子戶部筆帖式文鈺著俟百日孝滿後由該旂帶領引見用示朕褒加忠藎至意欽此

3

3

據督粮道王　稟據邵武縣稟稱賊匪已至順轄扁嶺地方朱坊墟民心震動由縣督率兵勇前往追捕賊衆我寡未能取勝稟請撥兵應援當經飭撥太寧縣防兵六十名並抽撥光澤縣訊汛兵四十名又由府撥勇助劉嗣據拿口巡檢許恩綬報七月十六日有賊二三百名直入邵轄朱坊地方放火焚燒該村居屋兵民未能取勝致被竄踞現本縣移札拿口迅即大兵往剿並據邵武孫令稟扁嶺突來大股賊匪約千餘人在彼佔踞沿村擄掠經附近桂嶺村紳民請撥官兵並蒙本府訪聞飭令折回朱坊堵剿卑職親督壯勇於十六日抵朱坊是日邵武右營千總麥澐亦帶兵前來與賊接仗追殺又有賊匪分十餘路而來抄襲我軍之後乘虛竄入焚燒房屋卑職等衆寡不敵現扎駐拿口堵禦由職道派撥署桐山守備林琚原帶桐山兵八十名一面飛移陸參將顧遊擊各撥兵一百名派弁帶赴拿口會同攻剿並著邵軍廳郭應辰馳赴調度剿辦復飭隨營委員按經廳項建綸從九韓賜前往會同辦理茲查琳潤統領兵勇到邵職道與琳潤晤商所有兵勇軍裝因各路乏夫支應均由水路趕運尚需時日方到一俟頭起兵勇並軍裝到齊即速赴建援剿職道查兵勇軍械既未到齊在郡城暫候不若先其所

4

急暫留兵勇二百名派往應援俟陸參將顧遊擊派撥兵丁馳赴拿口即將該兵勇撤回赴建歸伍等情具禀

5

新授興泉永道保大人由院奏請留署塩法道暫緩飭赴新任
前委尤溪縣查勘城工之委員王澍大老爺現奉 制憲調其
辦理海關事務其尤溪事件改委前建甯縣王師儉太爺前往
查辦
新任汀漳龍道英樸大人飭赴新任於十七日起身赴任
學憲吳大人自下游考試完竣於十七日到省
將軍有公爺會同學憲吳大人會審縣丞秦維根太爺控興化
協石棣大人一案現經提集各人証俟會審完結後再行定期
北上
都統國大人接到家書云 二大少爺在京授四等侍衛並兼巴圖
魯名號

奉

上諭葉　柏　奏監督捐輸紅单船經費並捐辦硝磺懇請奬勵

一摺粤海關監督恒裕著賞加布政使銜欽此

奉

上諭余萬清著補授雲南鶴麗鎮総兵仍留鎮江統帶官兵督辦

防剿事宜欽此

7

八月初四日

督院王　兩院分往

南北壇備湯猪羊行香致祭畢回院

初四日

撫院呂　未入流孫棨稟銷假　指省分發試用未入流李世恩稟到

八月初五日

督院王　撫台拜祝壽　文武各官稟祝壽　署泉州府經廳錢寶

懿稟辭赴任　縣丞楊國榮往興化公幹回省稟銷差

初五日

撫院呂　傳新選湖南衡山縣典史傅步漢　指省試用未入流趙

德堅俱進驗看出　兩院出往拜賀鹽道官太太壽旦畢回院

八月初六日

督院王　各憲拜賀壽　文武各官稟賀壽

初六日

撫憲呂　未入流孫棨稟明奉委往漳州廳用

八月初七日

督院王　出往

文昌祠備祭品行香致祭畢又往拜　各憲　司道　府廳縣　各營

8

將各鄉紳　各師爺畢田院

初七日

撫院呂　候補府經廳華岳往古田公幹稟到　未入流余伋相稟

明往漳州聽用

八月初八日

督院王　拜海關本上京　往

龍神廟備豬羊致祭畢回　兩院委　中軍收呈五六張　署漳州府王

肇謙卸事回稟到冒風　閩縣稟假冒風　代理古田馬驤稟到

初八日

撫院呂　候補府經廳華岳謝留用知照　拜本上京　府經廳姜

元燮稟建陽公幹　未入流孫棨稟銷查夜並祠廟聯甲差

八月初九日

督院王　兩院請　忌辰牌安供大堂

初九日

撫院呂　候補縣丞趙溶稟銷假　縣丞梁廷錫稟明奉委往汀州

辦永豐分局事務

八月初十日

督院王　司道　府廳縣俱赴　兩院稟見　候補府王　閩縣俱

9

稟銷假　署雲霄廳陵　噶瑪廳秋　古田縣馬　俱稟辭各赴
任回任　候補縣王師儉　府經廳姜元熒　縣丞陳農祥俱稟
辭奉委往尤溪　建陽　大湖各公幹　邵武縣典史陸誠稟謝
飭知赴任
初十日
撫院呂　署平海縣丞秦維榕　莆田縣典史章德淳俱卸事回省
稟到
八月十一日
督院王　兩院請　忌辰牌安供大堂　候補吏目唐世永稟明奉
委解餉往延平
十一日
撫院呂　建甯府經廳邵廷燮　從九品胡祖蔭俱稟銷假
八月十二日
督院王　首府稟見　福防廳鍾　稟明往羅星塔驗收軍裝　六
品頂戴監生李性自廣東觧軍裝稟到　出往拜　按察司　候
補府王　畢回院
十二日
撫院呂　汀漳龍道英　稟見　稟謝飭知赴任　卅堂吊　閩縣

10

等縣犯人王木桂等三起訊供出

八月十三日

督院王　出往

天后宮備湯猪羊行香致祭畢回院　兩院委中軍收呈各二張

汀漳龍道英　稟辭赴任　候補府王謇謙稟明奉委往順昌幇辦軍務

十三日

撫院呂　文武各官稟祝　官太太壽旦

八月十四日

督院王　出往

火神廟備祭品行香致祭畢回院　將樂縣盧　稟明往福州福甯查驛站　府經廳張世英稟謝留閩補用知照　府經廳張徵庸稟辭解餉往邵武

十四日

撫院呂　文武各官稟賀　官太太壽旦

八月十五日

督院王　出往

武廟備猪牛羊行香致祭畢回院　文武各官赴　兩院稟賀節

縣丞魯銓稟辭解餉往邵武　邵武縣典史陸誠稟辭赴任

十五日

撫院呂　出往回拜　各憲　司道　府廳縣　各營將　各鄉紳

畢回院

八月十六日

督院王　出往

風神廟備豬羊行香致祭畢回院　候補府王　將樂縣盧　俱稟見

稟辭奉委往順昌　福甯各公幹

十六日

撫院呂　福防廳　理事廳俱往羅星塔收軍裝回省稟到　署峽

陽縣丞汪星耀卸事回省稟到

八月十七日

督院王　兩院出往南台茶亭會接

學院進城畢回院

十七日

撫院呂　未入流余伋相稟辭奉委往政和公幹

[redacted]

謹將潮州塩務及地方情形並查探江西軍務繕具密摺恭呈

憲鑒

計開

一潮州各場産塩甚少九月十四夜又逢大雨近來汀贛各埠皆可疏銷甚於無塩接濟至承欠元年分餉銀伍萬伍千餘両除先已報撥潮鎮十一營冬季俸餉銀貳萬壹千両尚欠銀叁萬肆千餘両准於十月内報撥清楚之外再報撥二年分塩餉壹萬両

一潮屬九縣捐輸竟無成效九月十五日准伊守面稱澄海縣屬之沙汕頭

東隴等處生意最大該兩處首事二人不知現往何處以致各行店皆不肯出來認捐等語

一揭陽縣屬李厝寮鄉戕官一案理應飛速委員代理縣缺並諭令該鄉交出兇首分別良歹以安人心如果玩抗然後痛加剿辦乃伊守輕聽劣員潘銘憲之言不必委員代理縣缺即委該員作爲委員前往剿辦該員自願報効勇壯壹千名其餘貳千名應動公項且必須將附近之二十一鄉全行圍剿斷不可分別良歹並請鎮府統帶兵勇先駐揭陽縣城再行移駐棉湖以壯聲勢請派丁憂縣丞何泉裕支應糧餉所辦全屬乖方不特花費軍餉且恐激生他變若使張道在潮斷不若此之毫無把握任聽妄行也

一探得崇安縣報稱鉛山弋陽貴溪三縣賊匪俱已退出惟多有擄奪船隻分竄廣信府大有窺伺浙江之意又稱江西會匪俱附入長髮賊黨以致賊勢愈多兵勇聞風膽怯

一探得崇安縣報稱順昌土匪已入南槎地方官兵接仗不能取勝建陽縣

符令已退守建陽縣城

咸豐六年九月　十六　日署潮州運同顧炳章謹呈

咸豐六年十一月初一日內閣奉

上諭欽惟我

皇考宣宗成皇帝體元立極纘

緒延庥

臨御三十年時幾宵密夙夜不敢康

敬

天

法

祖

勤政

愛民

聖德日新

治功丕冒

齋心

壇

廟

祇謁

橋山蒞陪都而擴追遠之誠奉

慈闈而謹

問安之節

孝思不匱

家法永垂洎乎勘定西陲生擒巨憝

皇威震疊遠屆窮荒

武功既炳耀寰區

郅治更光昭日月所其無逸悉本
宵衣旰食之深衷煥乎有文寔賅帝典王謨之大旨普
湛恩於阨溢賦稅頻蠲仰
儉德於
宮庭珍奇弗御式瞻
遺訓益知
聖慮之謙沖緬想
隆規莫罄史臣之揚厲朕以涼德仰荷
恩慈簡畀元良誕膺
付託伏見
聖德
神功扇巍顯翼爰於嗣位之初命大學士等督率官員

敬謹纂修
實錄編年紀事一歸簡質共成書四百七十六卷又續經
恭輯
聖訓一百三十卷
盛德大業震古鑠今茲者全書告成百僚共慶
顯謨承烈億禩為昭金鐀尊藏紹聞彌切館臣等六
載以來悉心編勘妥速竣功允宜優加甄敘以彰
鉅典而獎勤勞監修總裁官正副總裁官暨提調纂
校收掌繙譯等員與執事人員作何議敘之處著
該部查照舊例斟酌妥議具奏其筵宴賞賚亦
著該部查例具奏欽此

正稿房　撫錢糧房　撫副稿房

稟遵將　中堂大人自道光二十七年二月到藩司任起至今止先後
接准咨行分賠各案銀兩數目開列清單送
閱

道光二十七年二月十一日准
戶部咨前任山西雁平道葉　應分賠故員李思綸虧短米穀銀五百一十九兩一錢六分六毫已全完彙解廣西軍需之用

道光三十年七月十二日准
陝甘督院咨廣東撫院葉　前在甘肅藩司任內應分賠參員蔣蘩捐補虧缺四分之一銀二千四百四十五兩已全完彙解廣西軍需之用

咸豐元年九月初一日准
湖北撫院咨廣東撫院葉　前在湖南藩司任內應分賠屬員王渭等虧短穀價銀二百六十一兩四錢三分七厘已全完造入咸豐二年秋季冊內報撥

咸豐二年六月十三日准
湖北撫院咨廣東撫院葉　前在甘肅藩司任內應分賠前任撫彝通判何貴孚等虧短糧價二成銀二百四十六兩五錢六分九厘五毫三忽已全完造入咸豐三年秋季冊內報撥

咸豐四年二月二十九日准
爵閣督部堂衙門咨准
湖北撫院咨兩廣督院葉　前在甘肅藩司任內分賠屬員已故知縣崇勳清查案內著賠伏羌縣倉庫無着一成銀二十五兩三錢七分六厘已全完造入咸豐四年秋季冊內報撥

咸豐五年三月初八日准
爵閣督部堂衙門咨准
陝甘督院咨兩廣督院葉　前在甘肅藩司任內分賠屬員已故知縣趙之𨱎清查案內著賠徽縣倉庫無著一成銀六十六兩三錢一分六厘三毫已全完造入咸豐五年秋季冊內報撥

咸豐五年八月二十七日准
爵閣督部堂衙門咨准
戶部咨甘肅藩庫清款內查出歷任藩司因公支借各款改議追賠銀兩案內前任甘肅布政使葉　道光二十三年閏七月二十九十二月十九等日借支過督憲衙門各房書吏口食已成無著分賠一半銀一百八十七兩五錢又應追道光二十三年十月二十三日支過皋蘭縣領道光二十三年省城貧民隆冬粥廠無著銀九十一兩共追賠銀二百七十八兩五錢已全完造入咸豐六年春季冊內報撥

咸豐六年二月初三日准
爵閣督部堂衙門咨准
陝甘督院咨兩廣督院葉　前在甘肅藩司任內應賠屬員張金詰虧挪無著一成銀二十六兩四錢九分一厘六毫又應賠屬員金坤一清查案內著賠無著一成銀八兩一錢八分七厘五毫已行司在於六年二月分養廉銀內照數扣存司庫造入季冊報撥在案現尚未據造報

F.O.682/279A/2(2)

[redacted]

樂桂行銷本省曲江樂桂乳源三埠湖南臨武藍山嘉禾桂陽郴州宜章永興
興甯八埠共餉雜十三萬餘兩甲於通綱四分之一即價款亦有十萬上年
業已商疲埠懸蒙責成委員督同原商辦理廣招水客折引十六萬包
所有咸豐三年應完餉雜四款將已全完而價款雖欠至十餘萬現存公
鹽幾及一萬水客鹽八萬餘包每包餉價一兩一錢亦足敷抵滿擬今春
赶銷完竣開辦四年之餉不意二月間楚撫設卡收厘每包至四錢有
餘樂桂每包正餉不過六錢竟須加征至三分之二且於粵中引地宜章
郴州牛頭汾良田水口擅自設卡按包查收以至停運不銷水客阻足蒙
大憲飭委幹員顧炳章前往議辦已允裁撤今接楚移大翻前議來
咨首引五年六月

部奏仿明臣王守仁立廠抽稅之法以粵鹽入楚無論商民均許自行販
鬻什一抽稅減正課五分給照放行一條為言查王文成公因兵餉不足
其時粵鹽許行南贛二府不准行至袁臨吉三郡文成公請以三府併食粵鹽
收其餉銀以資軍費其時粵中尚未分界定額所以奏內有用資於餉賦省
於民之語
本朝雍正年間定例場灶所產鹽斤顆粒歸官不許私賣招商充埠定額征收
丁晒如敢私鬻即問以販私之罪場官失於覺察即加以叅革之條安有所謂
入楚鹽斤次引咸豐三年西撫臣勞所議抽收夾帶鹽稅一條當時
部議即有該省本食粵鹽於餉項有無窒碍之語西撫亦未經聲復毅然
設廠抽厘奏內尚有西省懸埠甚多征稅之後亦可彌補東省無著餉額
亦並未准令於粵東行鹽引地加抽餉稅後粵東應征西稅無項可完於本年
春間即經西撫奏請停止此不能於額鹽引地加賦私抽之明驗也至咸豐五
年戶部奏稅鹽章程久未定議一節其時楚地淮鹽絕跡江西粵東借運遲
滯所以奏明川粵鹽引入楚時無論商民均許自行販鬻部文亦未有准
於川粵引餉所行之地設卡收稅之文不知

本朝盐法與前朝大相徑庭各埠無無餉之盐民間無自鬻之制似不
能顯違
國制重征額外之厘查樂桂埠共行正引一十一萬三千二十餘包每年完
餉十二萬三千六百一十兩現已照數全完認餉不為不重食地不為
不寬辦盐不為不多今該省忽欲於行銷引盐之郴州宜章牛
頭汾良田水口委員設卡抽收商人成本愈重正引不行正餉無出
咸豐四年應完二十三萬餘兩之餉價從何而出必致貽悞本年
奏銷所關甚重可否移咨楚省會奏將粤地所辦楚省八縣引盐改歸楚
省招商承辦粤中即將此八縣引餉扣除歸楚報完實為兩便
國家公事總須先顧大局而在楚地官引不行自應設卡收稅在粤省
平時辦盐完餉之地不能再行設卡重征所謂粤餉楚厘兩無
所碍其引明臣黃佐之議每正盐一引許帶餘盐六引一條其時商人
之盐到楚完稅正盐一引抽銀五分餘盐一引抽銀一錢是未經定額
行盐之制令樂桂埠每盐一包完餉六七錢豈可援引明時舊例
本朝顆粒歸官本無所謂餘盐是以歷來功令

部文有嚴禁改正作餘之令定有處分盐法志
戶部則例分載甚明今欲先顧楚匣以
國家正引改作餘盐是則化官為私楚省多收六包之匣
國家少收六包之餉現在
國用緊迫斷不能扶同作弊洛內有言宜章臨武牛頭汾良田水口為楚粵
商船起卸馬頭粵省私盐由此而止正所謂嚴地界以定官私楚省私販
由此而杜如果於楚省境界首嚴行查拏責令完稅粵省私盐自不能任意
越銷也又來洛有設界抽稅以來從未有粵商裝運官盐到埠亦並未收過
官盐之稅叚該商有預為借引行私地步蓋粵盐水客自二月間該省設
卡以來每包收稅七百文抽收已久樂昌已運水客盐亦數萬包而來文尚
有未經抽厘為言可知私抽之厘分肥飽槖而於
國用全無所補也謹議

[redacted]

伏查西省統計六十六埠現在有商者祗桂林全州富川賀縣百色永安永福昭平蒼梧修仁荔浦雒容柳城武緣西林西隆凌雲平樂十八埠其歇業懸宕無商者已四十八埠之多每至奏銷無著餉稅均歸粵東大埠各商籌融墊完至十三萬兩之多不勝疲困今奉

憲牌該省欲照楚省在梧州設立關廠派員收稅每包四錢五分一稅之後任至懸埠引地銷售固為該省收稅濟用之計但廣東收鹽各場僻居海濱離省自一千七百餘里至二三百里不等國家

定制凡有場鹽均須顆粒歸堆聽候各商雇船領程赴場配運不得絲毫販鬻有則作為私鹽論法制明備其餘到省之後每百包抽滇鹽三包以為滇鹽土司旅鹽之用所有預備滷耗之溢鹽准商人帶運除滷耗外如有盈餘亦須作正開配民間不得私收且

部例恐其以正作餘定限不得過三成嚴立課程無許私買作為定例不許走漏顆粒載於則例鹽法志者又甚明久行無弊則東西各場收取鹽斤無非官鹽並無所謂餘鹽名目今如准民人赴場收買餘鹽實即收買私鹽於國制大有違碍況此例一行海上私梟羣萃而起名為採買餘鹽實屬藉端走私隨買隨賣無以稽查正運日虧私鹽日暢一千數百里之海面從何稽查則數百年

所守之運務頃刻而壞此其窒碍一也再粵鹽自場至虎門橫門等六門進口由省至封富皆中櫃商人完餉引地自封富至梧州皆西櫃商人完餉引地若令民人販私赴梧開門揖盜沿途肆賣何所禁止私鹽日灌正引不銷此等掐之甚易去之甚難各商被

衙必致倒敗餉課懸虛東省每年奏銷五十九萬餘兩現在粵西
懸埠每年籌補已十三萬餘兩之多廣西稅羨盐規又五萬餘兩
之多皆係東商捐墊餘盐一行西場十八埠遍地皆私必至淪胥
及溺而中櫃二十餘埠不得不隨同倒歇不但西省之埠餉全虧
東省之餉亦傷其半全綱奏銷作何辦法此其窒碍二也臨全等
埠每盐一包完餉至一兩有餘資本數十萬常常脫節今准民人
販運祇收稅四錢五分一稅之後任赴懸埠地方私售安能不保
其肆充有商之埠若多銷一包四錢五分之私盐撥補二錢有餘
之餉即少每包一兩有餘之官餉每包即缺餉七錢有餘埠餉過
重抽稅過輕私盐之稅輕而易銷商引之餉重而難賣勢必被其
衝賺非逃即革商既倒敗餉從何出是因抽稅致敗粵綱大凡此
等民人平日無非私梟若有業之人果欲辦盐何妨充埠一聞此
令放膽赶運資本極薄斷無力量可以常運至梧即在東西兩省
內河販賣往來其間中途盜賣便乎抑必欲至梧關完稅便乎恐

所望梧關之稅未收而東省之綱已敗其時又將如何此其窒碍者三也再該省動稱明臣每正引一包帶運餘引四包六包不等見楚地有收稅之說亦欲倣而行之殊不知前明之辦法迄今已四百餘年情形迥異前明鹽法極為糢糊所以正引少而餘引多可以收稅濟用不知本朝法令嚴明乾隆三十三年早將餘鹽改作引目凡有餘鹽悉令歸堆受配交商行運認課完餉不許絲毫偷賣到省溢鹽作正開銷無許升合存留無論在場在埠實無所謂有餘鹽名目又安所謂聽民赴場配運其一包正引帶運餘引一說實不知運務情形妄談利弊其窒碍者四也再現在所完西稅秤羨鹽規皆當時官辦不行改歸商運留此羨餘補苴西省公用各官私規今在各商報完稅羨鹽規已覺過重復行稅上加稅此必不行而民人販賣之鹽收其一稅四錢五分殊不知私鹽多運一包官引少運一包相提並論已覺有損無益何況此鹽萬萬不能到梧其勢顯而易見何也刻下西省可運商鹽者祇在府河一

帶其餘南潯太湖桮等處雖無大賊土匪打单或數十人或百人或數百人官不過問商盐一包如運至埠地打单一二十處是以商本不敷商運歇手試問官引尚不能行餘盐豈能輕過伊等如不能過必至沿途出賣其時安所謂不准賣給有商埠地之令乎

總之如果地方各官各出各力撫卹民人嚴分涇渭善者勸其歸農不善者芟其醜類使皆感恩畏法何難化梟為良匪類一除認真緝私官引亦能暢運今臨全富賀去年秋冬似尚旺銷將來西省稍為安靜其四十八埠或可引誘新商漸來充辦可望仍復舊規今欲誘私梟入境不特新商更為阻跡而有商之十八埠危乎殆哉則收稅之利尚無影響而受充之害已如剝膚設西省之餉因衝無着則正餉二十六萬西稅坐平盐規秤羡等銀九萬此三十五萬之餉本年奏銷西省能否肩承况此等無根之民運盐至西萬一盐銷之後花費無餘又多一股匪類此即去年艇匪所由來此其窒碍者五也再其所稱定地行盐應令在東省請照聲明

欲赴某地銷售但無商懸宕之埠悉聽赴銷給照之後如何設法
按船跟踪恐其買到私鹽即行沿途販賣不待到關之時已遂其

借端行私之計竟可將鹽賣畢銷燬執照放空回東關稅仍有名
無實蓋商人行運官鹽可以給照者因其各有身家易於稽查今
令民間販賣無從根究向來配鹽之後發照驗行祗以
大憲照票為憑祗有商運正引並無所謂民運餘鹽今該省所謂餘鹽
者即場中曬丁走漏之私鹽
大憲亦不便遽給照票此其窒碍者六也總之該省局員於鹽法志並
未細查兩國家之鹽法場產之典章埠銷之利害商辦之委曲國
餉之關係又未全知並不稟請移行專管之
大憲籌計萬全以似是而非之議論窒碍萬分之浮辭貿然入
告實於鹽務萬不可行事關兩粵全綱之要害不得不據實直陳謹議

咸豐五年分

共征銀三十四萬二千餘兩

除撥解銀三萬二千兩

銀號扣存應還前借合成等號銀二十四萬六千三百五兩八錢五分一厘

尚欠合成等號銀三萬八百一兩一錢二分九厘

支銷銀二萬九千餘兩

現存庫銀一千餘兩

未請牌銀三萬三千餘兩

17

設立庫收并酌定各口繳餉及月季各件期限各節

一擬設庫收以杜挪掩之弊

查本關向定每逢三八卯期開庫如各口有繳餉以及公項銀両到關不值庫期着交庫房收存呈明庫廳知到該房先出具收字登明数目註明某卯上庫日期交該口收執俟儲庫後由庫廳換發庫收如繳銀单者亦發庫房掛號登明数目銀期該房亦先出具收字俟届期將銀单發交值日頭役赴該銀號飭繳上庫再由庫廳換給庫收該庫廳責有專司須按月稽查以杜庫書挪掩之弊如庫書私自挪用庫廳失察

罰庫廳伙足將庫書革退以昭核實而免推諉

一擬各口稅銀月冊請飭遵照舊章並定限以杜遲延之弊

廣属各口每月稅銀限于月滿後十日内按月觧繳大關儲庫

每月月冊及印簿限于月滿後十日内觧繳

每年年總冊及征收總数摺限于滿関後十五日内觧繳

責成庫房每届月滿後即行催繳稅銀上庫如有逾限不繳者該房據實指禀着追并罰該口書役一月應有冊支伙足銀兩提繳関庫以充公用而示薄懲倘再遲延定行撤究並責成留関委員按月稽查如有逾限者該委員據實具禀以憑核辦倘狥情不禀罰該委員伙足一月咨督記過該書役逾限一月罰伙足一個月逾限兩個月罰伙足三個月逾限三個月斥革追繳

惠屬各口每季稅銀并扣平銀兩限于季滿後三個月内解繳
到關
每月月冊限于月滿後二十日内解到
每年征収總摺限于滿關後二十日内解到
每年年總冊限于滿關後三十日内解到
又各印簿限于滿關後六十日内解到
潮屬各口每年首季分稅銀并扣平等銀限于該年滿關期内解
繳到關其第四季分稅平等銀限于該年滿關後六個月内
解繳到關
每月月冊限于月滿後三十日内解到
每年征収總摺限于滿關後二十五日内解到

每年年總冊限于滿關後四十日內觧到

又各印簿限于滿關後六十日內觧到

均札各屬管關委員嚴催如有逾限者照前章程辦理

查惠潮高雷廉瓊五屬總口各派外口書吏一名原有專司稽查總子各口征收稅數並督催稅銀月冊印簿彙觧大關之責嗣後諭飭各屬書吏遵照各欵定限嚴催各子口觧總依限彙繳大關不得延悞倘有遲逾惟該吏是問如月冊遲延罰該吏一月伙足銀两如稅銀及年總冊摺並印簿各件遲延不到者罰該吏三個月伙足銀両提繳大關入庫以充公用如逾限两月即將該吏提究倘各子口口書抗違不遵亦許該吏稟明以憑撤究另派妥書前往接辦以警疲玩並諭飭庫冊二房查照辦理如某口稅銀逾限不到責成庫房隨時稟明

查辦如月冊年總冊摺印簿各件逾限不到責成冊房隨時
稟明查辦倘各該房疎忽遺漏不稟亦罰該房一月伙足銀
兩入庫充公如有徇情隱瞞不稟一經察出與該口書一併懲
究不貸

一各口欠交各款銀兩應斥革勒限比追以清庫欵
查　國課錢糧絲毫為重乃該書役等蒂欠歷年竟累至鉅萬
寔屬因循疲玩不成事體若不定法嚴追將來庫欵必至虛
懸無着所有前欠各款着該委員等查明予限勒追倘到
限仍不交納即派頭役鎖拿來署比追如頭役奉差拿人
賣放者即將該頭役一併比追倘再抗不交納即行送縣監
追不貸

一各口如有回轅交納餉銀者各該外口書吏即將已滿書役何日回

轅到省應交某款若干詳細稟明倘該外口書吏延一月不報明即罰該吏伙足銀一個月遲延兩月不報明罰伙足銀三個月遲延三月不報明提省究辦并責成各管關委員實力稽查現在籌撥各省軍需錢粮緊要之際自應破除積習竭力催追如該委員催追不力扶同隱徇並爲吏役具稟以伊等延宕爲是理仍循故套設詞開脫停送薪水銀一半咨

督題叅若果催追得力各口依期將餉銀等件解繳清楚亦即咨

督記功以示奬勵

一各口舉代書役應行查明簽掣之書役與舉代之書役名下寔無欠款方准舉代查各處鉅欠皆由本身已有欠餉後復舉代別人代辦以致各口累成鉅萬嗣後如有欠餉書役不准舉代赴口

一嗣後書役欠款宜嚴定章程以免積壓

查各書役差派各口岸概以錢糧爲私囊所收餉項任意花用浪費以致稅餉脫空到交納時延不措繳實屬疲玩殊堪髮指以後各口書役回轅交納餉項者限　月交納如逾限期即行鎖拿來轅比追倘再抗不交納送縣監追不貸并將原保各書一併斥革追繳

香山縣屬小欖鄉情形節畧咸豐六年九月至七年正月

一山票為害去年九月鄉内劣紳串同香山司署内人等在欖鄉赤松園地方建廠開局投山被正人指斥不果十月閒吏匪滋事各鄉正當戒嚴乃劣輩復糾黨在司屬之古鎮鄉林家祠開投山票嘯聚匪徒擾攘爭鬧由小欖村邊雜進更有逆黨蔣十二等百十成羣在小欖古鎮交界處所以攔截山票為名肆行搶掠行人被刼不可勝計圍

局練丁到緝即竄逃外鄉無從圍捕賴鄉内巡緝緊嚴幸得無事山票由劣紳及司署
人等受了重規無人敢控後因收票日少自行散局匪黨又圖開刱門賭具
一花會為害去年底古鎮山票既罷劣輩又開設花會與香山司署串同分肥以至投花會者
徧及婦孺收花會者分列街衢自武舉李錫齡等輩出而新廠舊廠紛紛鬧事正月
中旬正紳集公約標紅禁止其風稍戢但匪黨專圖射利罔知法紀日與司署人等
設計誘賭收規實為通鄉之蠹自應設法永絶根株
一打劫宜懲十二月二十六夜忽有賊匪數十人各裹紅巾明火持械向村内鎮塘地方打
劫盧作綱家拒傷盧家婦女是日縣主在鄉徵糧甫開船而賊旋發圍局各紳率
勇往救無如數月以來業户公費不交已將練丁減少僅十數人勢難制敵而公約巡船
館與被劫之家係屬坊鄰巡役聞喊不救顯有串同情弊因巡役由約紳保舉事

素不敢指控

一　巡卡宜換前數年公約紳士李光琛等所用卡丁巡役俱以賄進咸豐四年倡亂豎旗俱由巡役收復後將頭目盧靈飛黄亞四朱亞華等拿辦此外多著名巨匪復賄舊紳李光琛串合新充約紳李策勳包庇復充如李結章曾社李潮盧貴盛等最著其餘丁役約二百名逆匪十居八九着伊緝捕通犯潛逃刀鎗砲械俱在其手加以約紳袒護局紳力難遽辦是以姑勿深求以俟機會前馬委員駐鄉日久知之頗悉商及此事深為惋歎惟地方官曾經發札令伊團練不肯認真拿辦無可如何倘官肯辦賊紳士隨同設處亦不難悉數殲除此鄉人所引領望之以為庶愜輿情者也

1857?

[redacted]

謹將丁巳年各處書院延請掌教職名開列清摺呈

電

肇慶端溪書院　　脩金銀五百兩

史穆堂太史淳　　每月伙食銀十六兩二錢

潮州韓山書院　　脩金銀二百四十兩

陶蕉生太守澐

惠州豐湖書院　　脩金銀三百兩

順德鳳山書院　　脩金銀四百圓

單藻林農部 興詩
順德梯雲書院　脩金銀一百六十兩
單藻林農部 興詩
東莞龍溪書院　脩金銀二百四十兩
蔣太史 理祥　伙食銀五十六兩
東莞寶安書院　脩金銀三百兩
張子明比部 金鑑

以上各書院山長俱在院主講所有脩金向係由各該府
縣經送山長

連州書院　脩金銀一百兩
劉涵齋孝廉 鴻
番禺禺山書院　脩金銀一百兩
徐子鵠明經 翀祥
新會景賢書院　脩金銀二百四十兩
冼樵雲水部 斌

香山豐山書院　脩金銀一百四十両
蘓松龕太守學健
香山欖山書院　脩金銀一百四十両
易中翰堂俊
新甯書院　脩金銀一百二十両
龔孝廉國鈞
花縣花峯義學　脩金銀一百二十両
宋沃臣比部蔚謙

樂昌昌山書院　脩金銀一百二十両
宋西園孝廉廷桂
王子若明經義溥
新興書院　脩金銀一百二十両
羅六湖觀察天池
開平蒼城書院　脩金銀一百二十両
陳惺齋孝廉穀旦
海豐書院　脩金銀一百二十両

張南山司馬 維屏
海陽城南書院　脩金銀一百四十兩
張庚垣明經 觀煒
海陽龍湖書院　脩金銀一百二十兩
張新田孝廉 觀疇
潮陽棉陽書院　脩金銀二百四十兩
顏夏廷侍御 培瑚
揭陽榕江書院　脩金二百兩
劉子良主政 惠人
澄海景韓書院　脩金銀一百二十兩
葉蓉史孝廉 其英
電白書院　脩金銀一百二十兩
姚筠洲廣文 華黼
興甯墨池書院　脩金銀一百二十兩
冼樵雲水部 斌
以上各書院脩金俱係乾修按季寄交　甲府轉送

[illegible]
增城冲霄書院　脩金銀一百兩
蕭松龕太守學健
[illegible]
增城鳴皐書院　脩金銀一百二十兩
黃香石中翰培芳
以上兩處書院脩金向分三節寄交郡府轉送
南雄道南書院
紳士自延
南澳書院
紳士自延
化州書院
紳士自延
恩平書院
紳士自延

[redacted]

賞借帑本銀貳拾叁萬零貳百肆拾伍兩貳錢伍分肆厘內係雍正
柒捌年內准支藩庫錢粮銀壹拾萬兩給商營運至雍正
拾年餘存息銀叁萬兩　前督部堂郛　奏准歸運司
衙門借商生息又　奏准于乾隆貳年將各營陸續解到
運庫息銀壹萬叁千柒百兩并將運庫花紅鹽羨撥銀
伍千伍百兩共銀壹拾肆萬玖千貳百兩俱借商營運又
乾隆拾捌年准于原解存藩庫各標營餘息銀壹萬肆
千貳百零捌兩柒錢陸分壹厘又　將軍解交藩庫八旂餘
息銀柒百伍拾肆兩陸錢又運庫積存餘息銀壹萬玖千零
叁拾陸兩陸錢叁分玖厘共銀叁萬肆千兩一併借商營運

又雍正柒年動支藩庫銀貳萬兩交旗營自行營運迨雍正
拾貳年　前督部堂鄂　將軍柏　會　奏將原本銀并
收存息銀貳千伍百兩統歸運司衙門借商生息又　奏于
乾隆貳年在運庫花紅塩羨撥銀柒千伍百兩共銀叁萬
兩一併借商生息又雍正拾貳年准左右貳司將領回八旗息
及節年共存銀伍千兩將軍錫　奏准移交借商生息又湖廣
省撥粵歸補帑本銀肆千壹百壹拾叁兩捌錢壹分伍釐
又湖廣省撥粵歸補帑本銀貳千肆百叁拾壹兩肆錢叁
分玖釐又廣西省解東歸補帑本銀伍千伍百兩均借商生
息每兩每月壹分伍釐輸息嗣于乾隆叁拾肆年玖月奉
准　部咨改為賞借款項每年該息銀肆萬壹千肆百
肆拾肆兩壹錢肆分陸釐遇閏照增征收全完移解藩
庫報撥充餉

查自道光陸年起至咸豐柒年止共實欠解藩庫息銀捌拾叁萬
零貳百伍拾玖兩伍錢陸分

[redacted]

1

令將南海等縣已解未解地丁銀兩数目開列呈
電
咸豐六年分
三水縣應解司地丁銀壹萬玖千玖百壹拾弍兩九錢捌
分三厘內
六年十月十九日解地丁銀四千兩

十二月初三日解地丁銀伍千陸百六十弍兩玖錢六分三厘
十二月二十六日解地丁銀叁千兩
除完外尚未完地丁銀柒千弍百五十兩零弍分
順德縣應解司地丁銀貳萬伍千八百九十九兩弍錢七
分九厘內
六年十一月初六日解地丁銀伍千兩
十二月十三日解地丁銀伍千兩
除完外尚未完地丁銀壹萬五千八百九十九兩弍錢七分
九厘
從化縣應解司地丁銀叁千三百陸十兩零五錢弍分弍厘內
全完
花縣應解司地丁銀陸千九百零四兩五錢一分七厘內

六年十月初九日觧地丁銀弍千零九十两
十一月二十三日觧地丁銀貳千两
十二月十六日觧地丁銀貳千两
除完外尚未完地丁銀八百一十四两五錢一分七厘
南海縣應觧司地丁銀叁萬四千零壹拾五两五錢九分
弍厘内
六年十二月初九日觧地丁銀伍千两
十二月十六日觧地丁銀伍千两
十二月二十三日觧地丁銀四千零叁拾弍两弍錢零六厘
除完外尚未完地丁銀壹萬玖千玖百八十三两三錢八分
陸厘
新會縣應觧司地丁銀貳萬七千零弍十七两陸錢七分

一厘内
六年十二月初三日觧地丁銀叁千四百两
十二月十三日觧地丁銀伍千貳百两
十二月二十三日觧地丁銀叁千三百九十八两六錢
除完外尚未完地丁銀壹萬五千零弍十九两零七分一厘

F.O.682/112/4(34)

內稟

管帶新安
陳勇鈐記

咸豐陸年拾貳月貳拾捌日申

點驗

內

管帶新安陳勇鈴記

申

兵部候補主事

管帶新安陳勇鈴記

封

太子少保體仁閣大學士兵部尚書兼都察院右都御史總督廣東廣西等處地方兼理糧餉世襲一等男爵葉

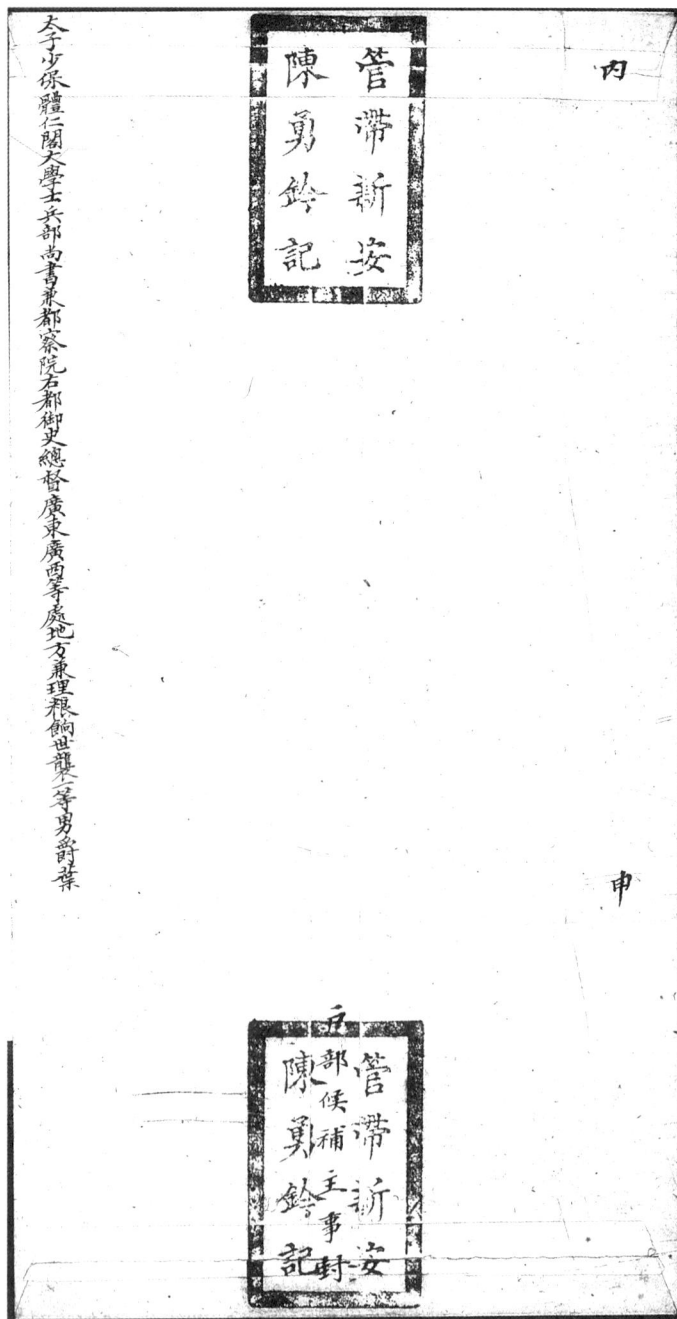

F.O. 682/68/3 (4)

奏為恭謝
天恩事仰祈
聖鑒事臣恭接閲邸鈔咸豐七年閏五月十一日奉
上諭內閣侍讀着葉　補授欽此跽聆之下感悚
交深竊臣世受
國恩家承儒業遺經夙守漫云弓冶相傳
異數頻叨敢冀壎篪迭和臣弟　倖登桂籍濫廁
薇垣雁序之行早懷鵷鷺之懽仙班而度
趨○秘閣而檢奉瑤函甫邀
寵晉升銜
鴻慈逾格
異命
仰承○○恩渥
異命　雁序　伏念內閣地處森嚴侍讀職
司票擬要領當年溯臣祖策名畫省遷除未陟於華資今日

臣
弟儤直
鑾坡清要遽膺乎
渥遇忝三世紆青之貴列登朝備沐永戴
恩波
殊施慰八旬垂白之親舉家常依更銘
壽寓
大造詠棣華而交勉惟幸昆季兄弟相矢以慎勤覲侍綸草敉蕆以
分榮同深倍頃誠庶夙夜稍酬夫
高厚所有微臣感激下忱理合恭叩謹繕摺恭謝
天恩伏乞
皇上聖鑒謹
奏

丁巳七月十一日午刻

柳真君曰 元師弟吅、

師乎

兩師尚未回壇也恭吅

呂帝君飛昇表文着於十二日戌刻預祝焚化可也恭賀

地官表文仍着於十四日戌刻預祝焚之 元師弟邇來起居果順適否

前所服之符頗覺應驗否如覺應驗不妨多服數十帖也洋烟之

害人也深矣子不能遽斷由漸而戒可也何妨將 靜子 之藥方而

P.3. 2-9

3 END

一試之耶果能斷了烟癮大地逍遥無拘無束真乃快樂仙也吾
不嫌苦口再三勸子子其由漸而戒斷了此癮吾之心甚快矣來月
十五日加冠約有數子子居酒派須備美酒以敬
兩師也不多贅止乩

2C

大清安粥廠總數

謹将大清安粥廠報銷總數開列呈

核

一開除六年十二月初一日起至三十日止

共賣粥壹千肆伯零貳桶 每桶用米捌觔

共用米壹萬壹千貳伯壹拾陸觔 每百斤價銀貳兩貳錢正

共計銀貳伯肆拾陸兩柒錢伍分貳厘

共用柴壹萬捌千伍伯捌拾觔 每百斤價銀貳錢肆分五厘

共計銀肆拾伍兩伍錢貳分壹厘

一開除七年正月初二日起至二十九日止
共賣粥壹千肆伯陸拾貳桶 每桶用米捌斤
共用米壹萬壹千陸伯玖拾陸觔 每百斤價銀貳兩貳錢正
共計銀貳伯伍拾柒兩叁錢壹分貳厘
共用柴壹萬柒千伍伯五拾觔 每百斤價銀貳錢壹分正
共計銀叁拾陸兩捌錢五分五厘
一開除七年二月初一日起至二十九日止
共賣粥貳千貳伯叁拾陸桶 每桶用米捌斤
共用米壹萬柒千捌伯捌拾捌觔
除領
中堂葉發下穗昌米柒拾石共重捌千伍伯肆拾觔
實買米玖千叁伯肆拾捌觔 每百斤價銀貳兩肆錢正
共計銀貳伯貳拾肆兩叁錢伍分貳厘
共用柴貳萬陸千玖百觔 每百斤價銀貳錢壹分正
共計銀伍拾陸兩肆錢玖分正
一開除七年三月初一日起至二十九日止

共賣粥貳千伍伯陸拾玖桶 每桶用米捌斤
共用米貳萬零伍伯伍拾貳觔 每百斤價銀貳兩捌錢正
共計銀伍伯柒拾伍兩肆錢五分陸厘
共用柴叁萬零捌伯伍拾觔 每百斤價銀壹錢捌分五厘
共計銀伍拾柒兩零柒分貳厘
一開除七年四月初一日起至二十九日止
共賣粥貳千伍伯柒拾桶 每桶用米捌斤
共用米貳萬零伍伯陸拾觔 每百斤價銀叁兩五錢正
共計銀柒伯壹拾玖兩陸錢正
共用柴叁萬壹千觔 每百斤價銀壹錢陸分五厘
共計銀伍拾壹兩壹錢五分正
一開除七年五月初一日起至三十日止
共賣粥叁千伍伯玖拾肆桶 每桶用米捌斤
共用米貳萬捌千柒伯伍拾貳觔 每百斤價銀叁兩柒錢壹分五厘
共計銀壹千零陸拾捌兩壹錢叁分柒厘
共用柴肆萬貳千捌伯叁拾觔 每百斤價銀壹錢陸分五厘

共計銀柒拾両零陸錢陸分玖厘

一開除七年閏五月初一日起至二十九日止

共賣粥叁千貳伯捌拾貳桶 每桶用米捌斤

共用米貳萬陸千貳伯伍拾陸觔 每百斤價銀貳両五錢捌分正

共計銀陸伯柒拾柒両肆錢零五厘

共用柴叁萬玖千柒伯觔 每百斤價銀壹錢陸分正

共計銀陸拾叁両伍錢貳分正

一開除七年六月初一日起至三十日止

共賣粥叁千壹伯壹拾捌桶 每桶用米捌斤

共用米貳萬肆千玖伯肆拾肆觔 每百斤價銀貳両叁錢貳分正

共計銀伍伯柒拾捌両柒錢正

共用柴叁萬柒千肆伯觔 每百斤價銀壹錢陸分正

共計銀伍拾玖両捌錢肆分正

合計賣粥貳萬零貳伯叁拾叁桶

合計用米壹拾陸萬壹千捌伯陸拾肆觔

合計用柴貳拾肆萬肆千捌伯壹拾觔

合計用銀肆千柒伯捌拾捌兩捌錢叁分壹厘

一開除買薑鹽共計用銀伍拾捌兩壹錢叁分正

一開除買粥桶等鉄鍋椰瓢打灶共計用銀玖拾叁兩柒錢肆分貳厘

一開除搭篷廠共計用銀肆拾柒兩捌錢正

一開除人夫工食（每日十三名每名銀捌分五厘 統計叁千零陸拾捌工）共計用銀貳伯陸拾兩零柒錢捌分正

連柴米統計用銀伍千貳伯肆拾玖兩貳錢捌分肆厘

統共收入賣籌錢叁千叁伯玖拾伍千零陸拾陸文（每千賣銀伍錢貳分正）

計銀壹千柒伯陸拾伍兩肆錢叁分肆厘

除收賣籌錢銀外

實計用銀叁千肆伯捌拾叁兩捌錢伍分正

謹将貢院粥廠報銷銀數開列呈

電

一開除六年十二月初一日起至三十日止

共賣粥壹千壹百貳拾壹桶 每桶用米捌斤

共用米捌千玖百陸拾捌斤 每百斤價銀貳兩貳錢正

共計銀壹百玖拾柒兩貳錢九分六厘

共用柴壹萬肆千陸百七十斤 每百斤價銀貳錢肆分五厘

共計銀叁拾五兩九錢四分壹厘
一開除七年正月初四日起至二十九日止
共賣粥壹千貳百玖拾肆桶 每桶用米捌斤
共用米壹萬零叁百五十貳斤 每百斤價銀貳兩貳錢正
共計銀貳百貳拾柒兩柒錢四分四厘
共用柴壹萬陸千捌伯陸拾斤 每百斤價銀貳錢壹分
共計銀叁拾五兩四錢零陸厘
一開除七年二月初一日起至三十日止
共賣粥貳千零肆拾桶 每桶用米八斤
共用米壹萬陸千叁百貳拾斤
除領
中堂葉發下穗昌米伍拾石共重陸千壹百斤
實買米壹萬零貳百貳拾斤 每百斤價銀貳兩四錢正
共計銀貳百肆拾五兩貳錢捌分
共用柴貳萬叁千貳百六十斤 每百斤價銀貳錢壹分
共計銀肆拾捌兩捌錢肆分陸厘

一開除七年三月初一日起至二十九日止
共賣粥貳千貳百柒拾六桶 每桶用米捌斤
共用米壹萬捌千貳百零捌斤 每百斤價銀貳両捌錢正
共計銀伍百零玖両捌錢貳分四厘
共用柴貳萬伍千捌伯柒拾斤 每百斤價銀壹錢捌分五厘
共計銀肆拾柒両捌錢陸分
一開除七年四月初一日起至二十九日止
共賣粥貳千肆百陸拾陸桶 每桶用米捌觔
共用米壹萬玖千柒百貳拾捌斤
除領
総局發下天源米壹百貳拾斤
實買米壹萬玖千陸百零捌斤 每百斤價銀叁両五錢正
共計銀陸百捌拾陸両貳錢捌分
共用柴貳萬捌千貳伯柒拾斤 每百斤價銀壹錢陸分五厘
共計銀肆拾陸両陸錢肆分五厘
一開除七年五月初一日起至三十日止

共賣粥叁千零玖拾貳桶　每桶用米八斤
共用米貳萬肆千柒百叁拾陸斤　每百斤價銀叁兩柒錢壹分五厘
共計銀玖百壹拾捌兩玖錢四分貳厘
共用柴叁萬伍千柒伯柒拾斤　每百斤價銀壹錢陸分五厘
共計銀伍拾玖兩零貳分
一開除七年閏五月初一日起至二十九日止
共賣粥貳千陸百零捌桶　每桶用米八斤
共用米貳萬零捌百陸拾肆斤　每百斤價銀貳兩五錢捌分正
共計銀伍百叁拾捌兩貳錢玖分壹厘
共用柴叁萬壹千伍百五拾斤　每百斤價銀壹錢陸分
共計銀伍拾兩零肆錢捌分正
一開除七年六月初一日起至二十五日止
共賣粥貳千壹百叁拾陸桶　每桶用米八斤
共用米壹萬柒千零捌拾捌斤　每百斤價銀貳兩叁錢貳分
共計銀叁伯玖拾陸兩肆錢肆分壹厘
共用柴貳萬柒千陸百肆拾斤　每百斤價銀壹錢陸分

共計銀肆拾肆兩貳錢貳分四厘

合計賣粥壹萬柒千零叁拾叁桶

合計用米壹拾叁萬陸千貳百陸拾肆觔

合計用柴貳拾萬零叁千捌百玖拾斤

合計用銀肆千零捌拾捌兩五錢貳分正

一開除買薑鹽共計用銀肆拾捌兩柒錢捌分正

一開除買粥桶籌鉄鍋椰瓢打灶共計用銀柒拾壹兩柒錢陸分五厘

一開除搭篷廠共計用銀壹拾兩零五錢

一開除人夫工食每日十名每名銀八分五厘統共貳千叁百壹拾工共計用銀壹百玖拾陸兩叁錢五分正

連柴米統計用銀肆千肆百壹拾五兩玖錢壹分五厘

統共收入賣籌錢貳千玖百壹拾玖千陸百零五文每千賣銀五錢貳分正

計銀壹千伍百壹拾捌兩壹錢玖分五厘

除收賣籌錢銀外

實計用銀貳仟捌伯玖拾柒兩柒錢貳分正

醫靈廟粥廠總數

謹將城北醫靈廟復改設小北較場兩處粥廠報銷總數開列呈

電

一開除六年十一月十五日起至二十九日止

共賣粥叁百叁拾壹桶　每桶用米捌觔

共用米貳千陸百肆拾捌觔　每百觔價銀貳兩壹錢

共計銀伍拾伍兩陸錢零捌厘

共用柴肆千叁百貳拾觔　每百觔價銀貳錢伍分

共計銀壹拾兩零捌錢

一開除六年十二月初一日起至三十日止

共賣粥壹千零肆拾柒桶　每桶用米捌觔

共用米捌千叁百柒拾陸觔　每百觔價錢貳兩貳錢

共計銀壹百捌拾肆兩貳錢柒分貳厘

共用柴壹萬貳千柒百捌拾觔　每百觔價銀貳錢肆分伍厘

共計銀叁拾壹兩叁錢壹分壹厘

一開除七年正月初四日起至二十九日止

共賣粥壹千零貳拾捌桶　每桶用米捌觔

共用米捌千貳百貳拾肆觔　每百觔價銀貳兩貳錢

共計銀壹百捌拾兩零玖錢貳分捌厘

共用柴壹萬貳千柒百陸拾觔　每百觔價銀貳錢壹分

共計銀貳拾陸兩柒錢玖分陸厘

一開除七年二月初一日起至二十九日止
共賣粥壹千陸百陸拾捌桶　每桶用米捌觔
共用米壹萬叁千叁百肆拾肆觔
除領
中堂葉發下穗昌米肆拾石共重肆千捌百捌拾觔
實買米捌千肆百陸拾肆觔　每百觔價銀貳兩肆錢
共計銀貳百零叁兩壹錢叁分陸厘
共用柴貳萬零壹百貳拾觔　每百觔價銀貳錢壹分
共計銀肆拾貳兩貳錢伍分貳厘

一開除七年三月初一日起至二十九日止
共賣粥壹千伍百零伍桶　每桶用米捌觔

共用米壹萬貳千零肆拾觔　每百觔價銀貳兩捌錢

共計銀叁百叁拾柒兩壹錢貳分

共用柴壹萬捌千壹百觔　每百觔價銀壹錢捌分伍厘

共計銀叁拾叁兩肆錢捌分伍厘

一開除七年四月初一日起至二十九日止

共賣粥壹千柒百陸拾捌桶　每桶用米捌觔

共用米壹萬肆千壹百肆拾肆觔

除領

總局發下天源米壹百貳拾觔

實買米壹萬肆千零貳拾肆觔　每百觔價銀叁兩伍錢

共計銀肆百玖拾兩零捌錢肆分

共用柴貳萬壹千壹百叁拾觔　每百觔價銀壹錢陸分伍厘

共計銀叁拾肆兩捌錢陸分肆厘

一開除七年五月初一日起至三十日止
共賣粥壹千叁百壹拾叁桶　每桶用米捌觔
共用米壹萬零伍百零肆觔　每百觔價銀叁兩柒錢壹分伍厘
共計銀叁百玖拾兩零貳錢貳分肆厘
共用柴壹萬伍千柒百捌拾觔　每百觔價銀壹錢陸分伍厘
共計銀貳拾陸兩零叁分柒厘
一開除閏五月初一日起至六月初二日止
共賣粥玖百叁拾捌桶　每桶用米捌觔
共用米柒千伍百零肆觔　每百觔價銀貳兩伍錢捌分
共計銀壹百玖拾叁兩陸錢零叁厘
共用柴壹萬壹千貳百肆拾觔　每百觔價銀壹錢陸分
共計銀壹拾柒兩玖錢捌分肆厘

合計賣粥玖千伍百玖拾捌桶

合計用米柒萬陸千柒百捌拾肆觔

合計用柴壹拾壹萬陸千貳百叁拾觔

合計用銀貳千貳百伍拾玖兩貳錢陸分

一開除買薑鹽共計用銀貳拾柒兩陸錢

一開除買粥桶籌鐵鍋椰瓢打灶共計用銀陸拾叁兩叁錢貳分

一開除搭篷厰共計用銀貳拾壹兩伍錢叁分

一開除人夫工食（每日八名每名銀八分五厘 統計一千七百七十六工）共計用銀壹百伍拾兩零玖錢陸分

連柴米統計用銀貳千伍百貳拾貳兩陸錢柒分

統共收入賣籌錢壹千陸百肆拾玖千壹百文 每千賣銀伍錢貳分

計銀捌百伍拾柒兩伍錢叁分貳厘

除收賣籌錢銀外

實計用銀壹千陸百陸拾伍兩壹錢叁分捌厘

F.O.682/1971/4d

三廠實辦總數

謹將大清安、貢院、醫靈廟叁處粥廠總數開列呈

電

大清安共賣粥貳萬零貳百叁拾叁桶 每桶用米捌觔

共用米壹拾陸萬壹千捌百陸拾肆觔 除領

中堂發下穗昌米柒拾石共重捌千五百肆拾觔

實買米壹拾五萬叁千叁百貳拾肆觔

計文銀肆千叁百肆拾柒兩柒錢壹分肆厘

共用柴貳拾肆萬肆千捌百壹拾觔

計文銀肆百肆拾壹兩壹錢壹分柒厘

另支薑塩搭蓬厰置桶鍋灶人夫工食共計銀肆百陸拾兩零肆錢五分叁厘

合計文銀五千貳百肆拾玖兩貳錢捌分肆厘

共收入貢籌錢叁千叁百玖拾五千零陸拾陸文糾折銀壹千柒百陸拾五兩肆錢叁分肆厘

除收貢籌錢銀外實計文銀叁千肆百捌拾叁兩捌錢五分

貢院厰共貢粥壹萬柒千零叁拾叁桶 每桶用米捌觔

共用米壹拾叁萬陸千貳百陸拾肆觔 除領

中堂發下穂昌米伍拾石共重陸千壹百觔總局發天源米壹百貳拾觔

實買米壹拾叁萬零零肆拾肆觔

計文銀叁千柒百貳拾兩零零玖分捌厘

共用柴貳拾萬零叁千捌百玖拾觔

計支銀叁百陸拾捌両肆錢貳分貳厘

另支薑塩搭蓬敞置桶鍋灶人夫工食共計銀叁百貳拾柒両叁錢玖分五厘

合計支銀肆千肆百壹拾五両玖錢壹分五厘

共收入賣籌錢貳千玖百壹拾玖千陸百零五文列折銀壹千五百壹拾捌両壹錢玖分五厘

除收賣籌錢銀外實計用銀貳千捌百玖拾柒両柒錢貳分

醫靈廟小北較塲共賣粥玖千五百玖拾捌桶　每桶用米捌觔

共用米柒萬陸千柒百捌拾肆觔　除領

中堂發穗昌米肆拾石共重肆千捌百捌拾觔　總局發天源米壹百貳拾觔

實買米柒萬壹千柒百捌拾肆觔

計支銀貳千零叁拾五両柒錢叁分壹厘

共用柴壹拾壹萬陸千貳百叁拾觔

計支銀貳百貳拾叁两五錢貳分玖厘

另支薑塩搭篷厰置桶鍋灶人夫工食共計銀貳百陸拾叁両肆錢壹分

合計支銀貳千五百貳拾貳両陸錢柒分

共收入賣籌錢壹千陸百肆拾玖千壹百文列折銀捌百五拾柒両五錢叁分貳厘

除收賣籌錢銀外實計用銀壹千陸百陸拾五両壹錢叁分捌厘

叁厰統計賣粥肆萬陸千捌百陸拾肆桶 每桶用米捌觔

共用米叁拾柒萬肆千玖百壹拾貳觔 除領

中堂發穗昌米壹百陸拾石共重壹萬玖千五百貳拾觔 總局發天源米貳百肆拾觔

實買米叁拾五萬五千壹百五拾貳觔

共計銀壹萬零壹百零叁两五錢肆分叁厘

共用柴五拾陸萬肆千玖百叁拾觔

共計支銀壹千零叁拾叁両零陸分捌厘

共計買薑鹽等梢鍋打灶人夫工食共用銀壹千零五拾壹兩貳錢五分捌厘

另支肆廠委員薪水共銀壹百貳拾陸兩正

統計用銀壹萬貳千叁百壹拾叁兩捌錢陸分玖厘

統計收入貢籌錢柒千玖百陸拾叁千柒百柒拾壹文例折銀肆千壹百肆拾壹兩壹錢陸分壹厘

除收貢籌錢銀外統計用銀捌千壹百柒拾貳兩柒錢零捌厘

統計收捐廠各項銀捌千陸百壹拾柒兩肆錢肆分

除支之外實計存銀肆百肆拾肆兩柒錢叁分貳厘

如数繳總局收訖

另繳般輔捐銀壹拾員原封

[redacted]

謹将捐輸粥廠經費銀數開列呈

核

中堂葉　拾貳月初拾日發銀壹百両
貳拾叁日發銀貳百両

藩憲江　拾壹月拾陸日捐銀叁拾両
拾貳月拾壹日捐銀叁拾両
拾捌日捐銀陸拾両
正月貳拾玖日捐銀叁拾両

臬憲周　拾貳月初伍日捐銀貳拾両
拾伍日捐銀肆拾両
正月貳拾陸日捐銀貳拾両
貳月叁拾日捐銀貳拾両
叁月貳拾捌日捐銀貳拾両
伍月初叁日捐銀叁拾両

運憲齡　拾壹月拾柒日捐銀叁拾両
拾貳月初拾日捐銀叁拾両
拾貳月貳拾貳日捐銀陸拾両
叁月初叁日捐銀叁拾両

糧憲王　拾壹月拾伍日捐銀叁拾両
拾貳月拾叁日捐銀叁拾両
拾捌日捐銀叁拾両
正月貳拾貳日捐銀叁拾両
叁月初叁日捐銀叁拾両
拾肆日另捐銀叁拾両
伍月拾捌日捐銀貳百壹拾両

肇羅道張　拾壹月拾伍日捐銀貳拾両
拾貳月初拾日捐銀貳拾両
拾貳月貳拾肆日捐銀肆拾両

署肇羅道蔡　拾壹月貳拾柒日捐銀貳拾両
拾貳月貳拾叁日捐銀貳拾両

粵海關恒　拾壹月貳拾柒日捐銀叁拾両
拾貳月貳拾日捐銀陸拾両
貳拾叁日捐銀叁拾両
叁月初拾日捐銀叁拾両

廣州府郭　拾壹月拾伍日捐銀叁拾両
拾貳月拾肆日捐銀陸拾両
貳拾壹日捐銀叁拾両
叁月初伍日捐銀叁拾両
肆月貳拾壹日捐銀叁拾両

理事同知清　拾壹月貳拾捌日捐銀拾両
拾貳月拾伍日捐銀貳拾両
貳拾伍日捐銀拾両
叁月初陸日捐銀拾両
肆月貳拾伍日捐銀拾両

署廣粮通判程　拾壹月拾柒日捐銀拾兩
拾貳月拾伍日捐銀叁拾兩
叁月初捌日捐銀拾兩
肆月貳拾叁日捐銀拾兩
羅定州壽　拾壹月拾柒日捐銀伍兩
拾貳月貳拾肆日捐銀伍兩
南海縣華　拾壹月貳拾捌日捐銀叁拾兩
拾貳月貳拾日捐銀玖拾兩
貳月貳拾伍日捐銀陸拾兩
叁月拾陸日捐銀叁拾兩
伍月拾玖日捐銀叁拾兩
番禺縣李　拾壹月貳拾捌日捐銀叁拾兩
拾貳月貳拾陸日捐銀陸拾兩
叁月初貳日捐銀叁拾兩
肆月初壹日捐銀叁拾兩
伍月初肆日捐銀叁拾兩
卸南海縣李　拾壹月貳拾柒日捐銀貳拾兩
拾貳月拾陸日捐銀肆拾兩
貳拾伍日捐銀貳拾兩
叁月拾叁日捐銀柒兩
吕樹梶　捐銀陸員肆兩壹錢柒分
又捐銀捌兩肆錢
陳彬　捐銀拾元柒兩壹錢柒分
丁貽穀　捐銀拾元陸兩零捌分
李衡　捐銀貳元壹兩肆錢肆分
李逢謌　捐銀肆元貳兩柒錢捌分

俞思益　捐銀貳元壹兩肆錢肆分
馮明煒　捐銀拾元陸兩壹錢伍分
許文琛　捐銀拾元柒兩
俞旭照　捐銀貳元壹兩肆錢
汪秉健　捐銀肆元貳兩捌錢捌分
徐溥文　捐銀肆元貳兩捌錢捌分
曾鑑衡　捐銀拾元柒兩
陶鏊　捐銀貳元壹兩肆錢肆分
倪衡　捐銀肆元貳兩捌錢柒分
倪承烈　捐銀貳元壹兩肆錢肆分
沈維熊　捐銀貳元壹兩肆錢叁分
胡竹洲　捐銀壹元柒錢貳分
錢壎　捐銀肆元貳兩捌錢捌分
又捐銀捌元伍兩陸錢
馮寶封　捐銀貳兩
章勉基　捐銀壹元柒錢貳分
俞安福　捐銀壹元柒錢貳分
孫長恩　捐銀壹元柒錢貳分
陶復馨　捐銀壹元柒錢貳分
朱夏　捐銀肆元貳兩柒錢伍分
張樹蕃　捐銀拾元柒兩壹錢柒分
孫福田　捐銀肆元貳兩捌錢肆分
顧侃　捐銀貳元壹兩肆錢
世賢堂　捐銀肆元貳兩捌錢捌分
張福基　捐銀肆元貳兩捌錢捌分
須申保　捐銀貳元壹兩肆錢肆分

問心堂　捐銀拾元柒兩
張錫餘　捐銀肆元貳兩捌錢肆分
謝如熊　捐銀壹元柒錢貳分
友恭堂　捐銀陸元肆兩貳錢貳分
石排營　捐銀伍兩伍錢陸分
保壘台　捐銀壹兩肆錢肆分
蘇應祥
鍾鎮邦　二共捐銀肆兩叁錢叁分
吴邦英　捐銀柒兩
黄瀚齋　捐銀拾叁兩柒錢陸分
易　昭　捐銀貳兩柒錢捌分
方功惠　捐銀貳兩捌錢捌分
祝慶符　捐銀貳兩捌錢捌分
史　杰　捐銀貳兩捌錢捌分
孫德立　捐銀貳兩柒錢捌分
陸慶中　捐銀貳兩捌錢捌分
張長庚
陳玉森
張　釗　三共捐銀伍兩壹錢貳分
無名氏　捐銀肆兩壹錢陸分
劉崇善　捐銀貳兩捌錢
以上共收捐廉銀貳千肆百零肆兩肆錢肆分
藩憲江　六年拾貳月貳拾伍日發銀肆百拾叁兩正
七年貳月初陸日發銀叁百兩正
肆月初壹日發銀陸百兩正
共發銀壹千叁百拾叁兩正

糧憲王　柒年肆月拾壹日發銀壹千兩（除撥交斗姥宮厰叁百兩）實領銀柒百兩
廣州府郭發義倉銀叁千兩（除撥交斗姥宮厰捌百兩）實領銀貳千貳百兩
軍需總局　閏伍月初陸日發銀肆百兩正
拾肆日發銀貳百兩正
拾陸日發銀貳百兩正
貳拾壹日發銀貳百兩正
陸月初叁日發銀貳百兩正
初柒日發銀貳百兩正
拾伍日發銀貳百兩正
柒月初捌日發銀肆百兩正
共發銀貳千兩正
連上捐題共計收入銀捌千陸百壹拾柒兩肆錢肆分

一支大清安粥厰除收賣籌錢銀外寔計用銀叁千肆百捌拾叁兩捌錢伍分
一支貢院粥厰除收賣籌錢銀外寔計用銀貳千捌百玖拾柒兩柒錢貳分
一支脊靈廟小北較場粥厰除收賣籌錢銀外寔計用銀壹千陸百陸拾伍兩壹錢叁分捌厘
一支小北較場粥厰委員孫顧言（伍月半起至閏伍月底止）薪水銀貳拾壹兩
一支大清安粥厰委員余書勳（伍月半起陸月底止）薪水銀叁拾伍兩
一支貢院粥厰委員李琮（伍月半起陸月底止）薪水銀叁拾伍兩
一支斗姥宮粥厰委員謝如熊（伍月半起陸月底止）薪水銀叁拾伍兩
統計支用銀捌千壹百柒拾貳兩柒錢零捌厘
除支用外寔計存銀肆百肆拾肆兩柒錢叁分貳厘
如數繳總局收訖
另繳般輔捐銀壹拾員原封

一

謹將司庫正襍錢糧咸豐七年十月初一日起至十四日實存銀両數目開列呈

閱

前存司庫銀九千零一十九両六錢零七毫七絲七忽一微五僉

共收銀七萬四千五百九十四両九錢三分二厘

共支銀六萬六千八百一十一両七錢二分八厘三毫

現存銀一萬六千八百零二兩八錢零四厘四毫七絲七忽一微五塵

再通省應解

六年分地丁正耗此半月內共寔收銀三萬零三百九十九兩九錢零一厘

通計截至本年十月十四日止

已完解司道庫地丁正銀七十萬零四千零七十八兩八錢四分四厘內

解司銀五十六萬九千四百五十兩零二錢九分
解道銀一十三萬四千六百二十八兩五錢五分四厘

未完解司道庫地丁正銀二十一萬九千四百一十一兩八錢五分

已完解司耗羨銀一十三萬二千五百一十六兩五錢零五厘

未完解司耗羨銀四萬四千九百八十一兩一錢八分

正耗並計已完七分五厘九毫八絲五忽

通省應解

五年分地丁正耗此半月內並無收完通計前已完解道庫地丁正銀

七十三萬一千一百七十六兩一錢一分八厘內

解司銀五十九萬八千八百零五兩三錢六分

解道銀十三萬二千三百七十兩零七錢五分八厘

未完解司道庫地丁正銀一十九萬三千三百九十兩零三錢六分二厘

已完解司耗羨銀一十三萬七千六百六十七兩四錢五分九厘

未完解司耗羨銀三萬九千八百二十九兩五錢一分四厘

正耗並計已完七分八厘三毫二絲七忽

道省應解

四年分地丁正耗此半月內並無收完通計前已完解司道庫地丁正銀六

十五萬七千七百一十八兩三錢六分六厘三毫內

解司銀五十二萬三千四百二十兩零九錢六分六釐三毫
解道銀一十三萬四千二百九十七兩四錢

未完解司道庫地丁正銀二十七萬三千六百二十五兩五錢四分零三毫

已完解司耗羨銀一十三萬三千六百四十二兩八錢六分七釐四毫

未完解司耗羨銀四萬八千一百六十五兩七錢六分三釐六毫

正耗並計已完八分零一毫二絲六忽

而咸豐[illegible]四年地丁共完銀六十五萬七千七百一十八兩三錢六分六釐三毫內有因奏請預入作完銀一萬三千一百五十七兩五錢一分二釐一毫定已解銀六十三萬四千五百六十兩零八錢五分四釐二毫又完耗羨銀一十三萬三千六百四十二兩八錢六分七釐四毫內有因奏請預入作完銀一萬零三百八十八兩八錢七分一釐三毫定已解銀一十二萬二千二百五十三兩九錢九分六釐四毫合併粘單聲明謹奏

敬禀者茲卑職照錄閩省第陸拾伍號報单謹呈

宮保爵中堂留覽肅此具禀恭請

福安伏祈

鈞鑒卑職炳章謹禀

計禀繳閩報壹本

丁巳年十月二十八日申

3

1857

閩省第陸拾伍號報單

丁巳年十月二十八日自潮州寄至

3

奉

上諭廣東博茂場盐大使着葉欬洛補授欽此

奉

上諭胡林翼奏請將籌餉出力人員鼓勵等語湖北委員張慶華着免選知縣並免補同知直隷州以知府不論雙单月遇缺即選欽此

4

前署延建邵道王廧謙八月二十九日病故　歸化縣慶麟因
案撤回其缺委新選福安縣余佐淮署理　興粮廳張銓慶患
病請假其缺委前署福安縣張燾代理　石牛巡檢張溥捐升
縣丞其缺委從九品薛𤏵署理　閩清縣典史范繼光病故其
缺委從九品陳濂署理　署安砂巡檢麻祖欣委辦硝差其缺
委從九品謝開業署理　連城縣典史陳貽貴在任聞訃其缺
委從九品朱瑞堂署理　署建甯府經歷杜淦病故其缺委候
補縣丞劉振榮署理　全其渭咨補五虎巡檢　全麒咨補柘
洋巡檢　陶定年咨補霍童巡檢　章德淳咨補北鄉巡檢
王浚調補彰化縣典史均奉部覆准　署福甯府馬壽祺調省
差遣其缺委候補同知章琮署理　興粮廳張銓慶因病請假
其缺委前署福安縣張燾代理因張燾因案暫行恭革其缺改
委連江縣謝翊南代理其遺缺委南台主簿陸坎署理　壽甯
縣何允恭調省差遣其缺委開復知縣楊文煒署理　屏南縣
吳廷選調省差遣其缺委候補縣葉為霖署理

七年九月初五日報

5

八月二十日

督院王　建甯府秦金鑑稟謝委署福州府事　通判鄭學鴻

縣丞王福玠　董文時　徐楷　各往延平　汀龍　安溪

建甯各公幹回省稟到　西河關王　主簿周世駿俱稟辭往

福甯　延平各公幹　分發試用按司獄蔡敏稟到　委署迎

仙巡檢錢慶辰稟謝委

二十日

撫院慶　出往

火神廟備猪牛羊行香致祭畢回院

八月二十一日

督院王　分發試用縣丞何煒　從九品章霖　譚學洙　未入

流劉溥方　嚴嘉禾俱自京來閩稟到　未入流沈茂蔭往政

和公幹回省稟到　未入流陳文炳稟銷假　院内設席請府

廳縣進會叙出

二十一日

撫院慶　出往

風神廟備猪羊行香致祭畢回院　福州府秦金鑑稟見

八月二十二日

6

督院王　分發試用布照磨顏志勳從九品佘琯起俱禀到

二十二日

撫院慶　候選縣丞徐楷禀辭回延平

八月二十三日

督院王　兩院請　忌辰牌安供大堂　司道府廳縣俱赴

兩院禀見　詔安縣郭　禀冒風　布經卞士杰　吏目戴鴻鈞　縣丞蔣麟昌　從九姚書誠　各自長泰　延平　邵武政和公幹回省禀到

二十三日

撫院慶　委中軍収呈二張　布經王景成　縣丞戴景賢　從九徐榕俱禀辭往金沙　福清　南平各公幹　府經廳長有禀明往洪山橋查冒充壯勇

八月二十四日

督院王　福州府秦金鑑禀任事　鍾　禀卸事　龍溪縣朱善驥丁憂卸事回省禀到　布經薛翔雲禀銷假　分發試用按司獄孫元壽禀到

二十四日

撫院慶　從九施曾太　陳駒各往古田邵武回省禀到

7

八月二十五日

督院王　司道府廳縣赴　兩院稟見　署南安縣張　迎仙巡檢錢慶辰　長汀縣典史李驕俱稟辭赴任　縣丞徐星煌稟謝加理問銜　府照磨葉紫來　從九王汝梅　華廷錫俱稟辭往厦門　台灣聽用　署光澤縣典史陳長庚稟辭往上猶公幹　按照磨趙得淳　縣丞錢冠仁　府照磨張維新　從九陳廉各自順昌　洋口　建甯回省稟到

二十五日

撫院慶　委署峡陽縣丞黃慶瀚　瞿石巡檢董鍾麟稟謝委

傳從九王卓驗看出

八月二十六日

督院王　邵武府周　稟辭往平和公幹　沙縣王金鏞　連城典史陳貽貴俱稟到　州同丁杰　未入流葉兆豫俱稟銷假　府經楊輔宜　縣丞姚枚稟辭赴邵聽用　吏目戴鴻鈞稟辭回延　從九魏椿稟明委辦軍硝副員

二十六日

撫院慶　拜發進賀

皇上長至表文一通差承差高連福等賫捧上京

8

八月二十七日
督院王　拜發進賀
皇上長至表文一通並　將軍　水陸提鎮寄搭表文一總封差承
差林福等賫捧上京
二十七日
撫院慶　候補縣張兆鼎　知州邵滿各往興化　延平公幹回
省稟到稟冒風　從九品趙廷瑞稟銷假
八月二十八日
督院王　委中軍收呈四張　司道　府廳縣赴　兩院稟見
候補府經稟明總辦各局事　同知陶　德化縣陳　甯德縣
周　州同丁　江陽場吳　石碼關張　俱稟明撫署看卷
通判孔廣徵稟辭赴浙措資　縣丞葉本禎稟辭往汀州聽用
委署竹崎巡檢方觀海稟謝委
二十八日
撫院慶　布經廳張　稟辭往廈門公幹　委署大方寨巡檢曹
學偉自福甯公幹回省稟到稟謝委　署游溪典史陳　卸事
回省稟到
八月二十九日

9

督院王　縣丞方燾稟辭解邵武府鈐記　委署下庄巡檢梁儒

珍往南靖公幹回省稟謝委　未入流婁淇往華封公幹回省

稟到稟謝委辦督轅文巡捕　典史婁昭往海澄公幹回省稟

到　從九品韓鈞稟丁父憂　升堂吊革員鍾孝臣一名訊供

二十九日

撫院慶　出往

朱子祠備湯猪羊行香致祭畢回院

八月三十日

督院王　侯官縣秦　稟冒風　候補府經歷楊福濟稟明丁父憂

八月三十日

撫院慶　潯美場長存　署長汀典史李鑄俱稟辭往上游　汀

漳龍公幹

九月初一日

督院王　兩院出往

文廟　天后廟各行香畢回院　同知陶　德化縣陳　甯德縣周　州同

丁　石碼關張　江陽場吳　俱稟銷　撫署看奏差

初一日

10

撫院慶　府經廳王其煥稟辭往福甯公幹　拏口巡檢宋幹稟

11

10 END

辭赴任　縣丞潘　自同安公幹回省禀到禀冒風

九月初二日

督院王　候補縣同　縣丞蔣麟昌　未入流嚴嘉杰俱禀銷假

候補縣雷　禀謝保舉留閩補用　分發試用縣丞張鳳翰

江西縣丞張國經俱禀到　縣丞金光照往松溪公幹回省禀到

初二日

撫院慶　從九品婁詩觀禀辭往羅源公幹

兩院牌示初十日換戴煖帽

九月初三日

督院王　委中軍收呈二張　司道　府廳縣赴

兩院禀見　委署興粮廳張燾　北園巡檢鄺炳烇俱禀謝委

署甯洋縣慶　下庄巡檢梁儒珍　北鄉巡檢姜世清俱禀辭

赴任　通判郭　候補縣鮑　各禀銷北路練勇督丈巡差

興隆里康森齡禀辭赴任并解台餉　典史平國楨往龍巖公

幹回省禀到　未入流徐思謙禀謝留閩補用

九月初三日

撫院慶　傳布照磨鄭建中　縣丞潘敦善　韋儲　從九趙秉

榮　孫樹霖　進驗看出

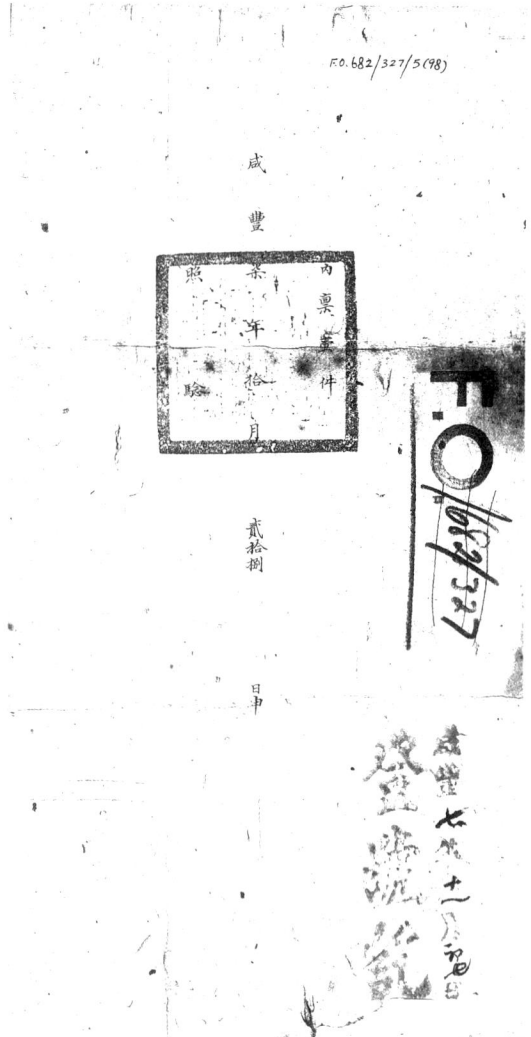

咸豐柒年拾月貳拾捌日申

內稟壹件

照驗

咸豐七年十一月初四日

登號訖

內

太子少保體仁閣大學士兵部尚書兼都察院右都御史總督廣東廣西等處地方軍務兼理糧餉世襲一等男爵葉

申

署廣東潮州運同

謹將本標端陽橙子兩貢自廣河起程至京及回粵沿途需用銀兩數目開列呈

電

計開

端陽貢

備帶紙料旗幟車繩車板蒲席牛燭及碎用等物共需銀七十兩

廣河船價銀需七十四兩

南雄住行過山賞犒共需銀二十五兩

南安至江西船二隻價銀需八十四兩
江西至揚州江船一隻需銀一百一十兩
揚州至清江用蘆蓬船二隻共需銀四十兩

清江過壩至王家營需銀二十兩
王家營僱車至京大車二輛每輛銀六十兩共銀一百二十兩
轎車一輛需銀一十八兩
彰儀門蘆溝橋各人役使費需銀四十兩
崇文門稅務上稅銀三百五十兩補平銀五十二兩五錢

禮物需計銀三十兩
戶內書吏門號房兌房各人役使費銀七十五兩
內外撞夫銀七十二兩
奏事大人八位共銀一百四十四兩委員二位銀二十兩跟人二名銀四兩

天福館銀八両

收貢總管太監需銀二十両

司足頭太監銀四十両

司香房太監銀需二十両

司香串端硯房太監銀二十両

司鼻煙太監銀需四十両

廣河至王家營飯食銀需四十両

王家營至京飯食銀需四十両

沿途關口上稅需銀四十両

大姑塘船稅需銀二十五両

護貢至南安戈什哈四名飯食銀每名十両共四十両

護貢至南安兵丁四名飯食銀每名五兩共二十兩
催撿拾貢物匠人一名至京工銀四十兩
往京往來車價及回粵車價船價沿途飯食共需銀一百四十兩
以上通共用銀一千八百八十一兩五錢

橙子貢
紙料旗幟絛帶車繩車板籮筐蒲席牛燭及碎用等物共需銀八十五兩
廣河船價需銀七十四兩
南雄往行過山賞犒需銀三十二兩
南安至江西省用船四隻需共銀一百六十兩
江西至揚州江船一隻需銀一百三十兩
揚州駁船至清江用蘆蓬船二隻需銀四十兩
清江過壩需銀二十四兩

王家營至京僱大車四輛每輛需銀六十兩共二百四十兩

轎車一輛需銀一十八兩

彰儀門蘆溝橋各人役使費需共銀四十兩

崇文門稅務銀二百五十兩另補平銀三十七兩五錢

禮物共需銀三十兩

戶内書吏門號房兑房各人役使費共銀七十五兩

内外撻夫銀八十六兩

奏事大人八位共銀一百四十四兩委員二位共銀二十兩委員跟人二名共銀四兩

天福館報門二人共銀一十二兩

收貢總管太監銀二十兩

茶房太監銀二十兩

乾菓房太監銀二十兩

藥房太監銀十五兩
擺殿太監銀二十兩 檳榔荳蔻
南華菇膳房太監銀二十兩
廣河至王家營飯食需共銀四十兩
沿途闗口上稅需銀三十兩
大菇塘船稅需銀三十兩
王家營至京飯食銀共需四十兩
在廣偹買橙子一百担需銀一百一十兩
護貢至南安武什哈四名每名飯食銀十兩共銀四十兩
護貢至南安兵丁六名每名飯食銀五兩共銀三十兩
催沿途撿拾貢橙匠人二名每名工銀四十兩共銀八十兩
住京來往車費及出京車價船價及沿途飯食共需銀一百四十兩
以上通共用銀二千一百五十六兩五錢

今将北柜各埠已請照未發照盐包数目開列呈
電

計開

連陽埠商金際亨八月十一日請照盐三千令二十包未發照

又九月初一日請照盐六百二十六包未發照

連陽埠商沈晴午八月二十七日請照盐一千六百七十四包未發照

初九加完什欵

連陽埠商陳兆興八月二十七日請照鹽一千九百五十包未發照
連陽埠商沈泰來八月二十七日請照鹽二千二百一十包未發照
樂桂埠商李昌發 霍升隆八月二十七日請照鹽四千二百一十包未發照
雄贛埠商馮逸林七月二十二日請照鹽九百三十包未發照
又八月初七日請照鹽一千零七十包未發照
又八月初七日請照鹽一千二百八十包未發照
雄贛埠商齊接興八月十四日請照鹽二千零五十二包未發照
雄贛埠商齊接興又八月二十七日請照鹽一千零六十五包未發照
雄贛埠商齊接興八月初四日請照鹽二千一百七十包未發照
雄贛埠商朱東泉八月十四日請照鹽一千三百七十包未發照
雄贛埠商成受昌八月二十四日請照鹽二千零二十包未發照
雄贛埠商梁泰昌 龔錫安八月二十七日請照鹽三千六百九十八包未發照
雄贛埠商咸怡安上年七月十一日請照鹽二千二百三十二包未發照

氤氳天地、萬古一今、皎皎明月、悠悠我心、老樹倚雲栽、根深葉不摧、在山多古意、出世即良材、樑棟因時用、風霜鍊骨來、宗工般造就、廣厦萬間開、鳥去鳥來無意、花開花落關心、晝永儘教鸎聽、宵深但聽龍吟、空明宛在鏡中居、波影澄清月影虛、十丈紅塵飛不到、憑欄無事且觀魚、

錄舊作四首

半日新晴半日陰、城南有約此登臨、懸崖點雪留鴻爪、高樹來雲淡鶴心、雙桂舊分天上種、一溪長送古時音、同人大醉吟眸豁、山色青青月滿林

Return of Salt junks October

九月一個月共來塩船柒指畫名

8 Encl

九月初二日到

黃保與載朴壹千担船主亞保伴十八人 龍船湖歸善人

彭順利載塩壹千担船主亞順伴十八人 龍船湖歸善人

初三日到

李義和載塩四百担船主亞義伴十人 稔山歸善人

歐合利載塩四百担船主亞合伴十人 龍船湖歸善人

李三利載塩六百担船主亞三伴十四人 平海歸善人

初四日到

王同勝載塩三百担船主亞同伴八人 稔山歸善人

林工與載塩四百担船主亞工伴十六人 平海歸善人

何進昌載塩三百担船主亞進伴八人 大舟歸善人

李源利載塩四百担船主亞源伴十二人 大舟歸善人

初五日到

李昌利載塩六百担船主亞昌伴十四人 龍船湖歸善人

7

蔡發利載鹽壹千担船主亜發伴十八人 龍船湖歸善人

何萬利載鹽四百担船主亜萬伴十人 大舟歸善人

初六日到

蘇義盛載鹽六百担船主亜義伴十四人 龍船湖歸善人

何振利載鹽二百担船主亜振伴六人 大舟歸善人

蘇順利載鹽二百担船主亜順伴五人 稔山歸善人

林球利載鹽四百担船主亜球伴十六人 大舟歸善人

初七日到

王順合載鹽六百担船主亜順伴十三人 平海歸善人

初八日到

何昌利載鹽四百担船主亜昌伴十二人 大舟歸善人

王才利載鹽六百担船主亜才伴十四人 龍船湖歸善人

初九日到

陳義勝載鹽三百担船主亜義伴七人 大舟歸善人

6

廖義盛載鹽二百担船主亜義伴六人 大舟歸善人

吴有利載鹽壹千担船主亜有伴十八人 龍船湖歸善人

初十日未到

十一日未到

十二日

何福利載鹽六百担船主亜福伴十二人 平海歸善人

李義孚載鹽二百担船主亜義伴六人 龍船湖歸善人

十三日到

何萬盛載鹽八百担船主亜萬伴十四人 龍船湖歸善人

陳茂利載鹽四百担船主亜茂伴十弍人 大舟歸善人

十四日到

王丙興載鹽弍百担船主亜亮伴六人 泉基陸豐人

李開利載鹽叁百担船主亜開伴八人 龍船湖歸善人

王發利載鹽四百担船主亜發伴十人 大舟歸善人

十五日到

歐福利載塩壹千担　船主亞福　伴十八人　平海归善人

何萬利載塩四百担　船主亞萬　伴十人　大舟归善人

十六日到

曾發利載塩三百担　船主亞發　伴八人　龍船湖归善人

陳義和載塩四百担　船主亞義　伴十二人　大舟归善人

蘇興利載塩弍百担　船主亞興　伴六人　龍船湖归善人

十七日到

林亞成載塩叁百担　船主亞六　伴八人　泉基陸豐人

李孝利載塩四百担　船主亞孝　伴十弍人　龍船湖归善人

蘇裕盛載塩壹千担　船主亞裕　伴十八人　平海归善人

十八日到

傅順利載塩六百担　船主亞順　伴十四人　龍船湖归善人

陳林順載塩弍百担　船主亞林　伴六人　泉基陸豐人

十九日到

陳順利載塩叁百担　船主亞興　伴八人　大舟归善人

李昌利載塩六百担　船主亞昌　伴十四人　龍船湖归善人

廖義順載塩叁百担　船主亞義　伴七人　大舟归善人

二十日到

傅泗合載塩四百担　船主亞泗　伴十人　龍船湖归善人

林太利載塩三百担　船主亞太　伴八人　泉基陸豐人

何進昌載塩三百担　船主亞進　伴八人　大舟归善人

二十一日到

李義孚載塩弍百担　船主亞義　伴六人　龍船湖归善人

李松利載塩六百担　船主亞松　伴十五人　龍船湖归善人

三合利載塩六百担　船主亞三　伴十六人　大舟归善人

二十弍日到

李萬合載塩二百担　船主亞萬　伴六人　大舟归善人

3

二十三日到
蔡泗和載鹽壹千担船主亞泗伴十八人 龍船湖归善人
陳茂興載鹽六百担船主亞茂伴十四人 大舟归善人
李尚利載鹽二百担船主亞尚伴六人 平海归善人
二十四日到
嚴祥發載鹽六百担船主亞祥伴十五人 平海归善人
嚴元興載鹽八百担船主亞元伴十六人 泉基陸豐人
二十五日到
邱東利載鹽六百担船主亞東伴十弍人 稔山归善人
胡新勝載鹽六百担船主亞新伴十四人 龍船湖归善人
利福利載鹽二百担船主亞福伴七人 平海归善人
李善合載鹽壹千担船主亞善伴十八人 龍船湖归善人
二十六日到
蔡發利載鹽壹千担船主亞發伴十八人 龍船湖归善人

2

蔡岳合載鹽壹千担船主亞岳伴十八人 平海归善人
傅順記載鹽二百担船主亞順伴五人 平海归善人
二十七日到
李華利載鹽四百担船主亞華伴八人 龍船湖归善人
龔振利載鹽二百担船主亞振伴六人 龍船湖归善人
二十八日未到
二十九日到
李東利載鹽七百担船主亞東伴十五人 大舟归善人
田勝記載鹽四百担船主亞勝伴十人 平海归善人
田勝吉載鹽六百担船主亞吉伴十三人 平海归善人
卅日到
陳良合載鹽二百担船主亞良伴五人 泉基陸豐人
何有利載鹽二百担船主亞有伴六人 平海归善人
曾發利載鹽二百担船主亞發伴六人 龍船湖归善人

王彩合載鹽八百担 船主亞彩伴十四人 龍船湖归壹人

陳連興載鹽三百担 船主亞連伴八人 大舟归壹人

已上壹月共來鹽船柒拾壹號 俱一齊清

共計載鹽三萬四千七百担 齊清

[redacted]

傳聞托情人

張兆熙　史澐　梁國璔　梁春祺

以上四名俱番禺縣監生

傳聞賄賂人

陳國英新會縣生員

順德縣連姓

香山縣劉姓

香山縣劉姓監生四名

劉韻瓊卽伍家姑爺

劉承芬　劉垂勳　劉仁俊

以上三名聞俱劉韻瓊化身遺才有名

香山縣劉姓生員九名跡涉疑似留以備酌

劉如福　劉元桐　劉麟侶　劉元貞　劉定麟

劉慎穆　劉蓬州　劉廷貞　劉溥

聲名昭著生監

伍紹常　伍元超　伍雲藻　伍長紳　伍長樾

以上五名俱南海縣監生

許祿光　許祖光　許祥光之弟

謝鴻恩　謝有仁之子生員

潘彭齡　潘仕成之子　潘慶齡　潘仕成之姪

前案俱用別名取進商學今將監名入場

以上五名俱番禺縣生監

再今科題目士子出場以前外間並無所聞傳聞走卷之徒此次雖千金亦不敢接外間積慣鎗手如陳梅价楊懋琨等均各退手不敢代作又聞順德龍姓與府學梁姓打連號書辦亦畏嚴肅不敢承辦積弊一清寒士戴德無涯矣

科場舞弊各款開列

一題目紙宜核實分派也向來分派題目紙均在三四更時候昏夜中題紙每易傳遞出外弊端即從此而生或於是晚先刷題目百餘紙按東西文場各號首粘貼一紙傳知號內士子到號首看題俟天曉後覈計各號所繳清單人數若干應給題紙若干交巡綽官照数均派庶免混淆而杜傳遞至三場策題字数較多傳遞亦少發題仍照舊例似無碍也

一每場放飯粥及汲水時宜嚴加查察也聞傳遞由外至者名曰走生由東西號互相飛遞者名曰走對多於派粥飯時為之水夫不時汲水尤易傳遞其走生者由大廚房包攬而出應請早晚粥飯先挑集至公堂前廝役人等逐一搜撿始令各就東西分派事畢即散毋許越界行走片刻逗遛其走對者多由水夫經手間有用油紙将文字由水槽流入水甕者自應定以汲水時刻仍委官監視日間令各號貯水滿足不許夜間再汲查每號首水缸向本二個今已增二個共四個如恐水不敷用再加添二個共六個所費無幾

一巡綽官及廝役宜防也文場舞弊多端防弊總在供事得人如巡綽官留心稽查於屯丁廝役人等無所容其私則弊端似亦可少擬於初八早将巡綽官概行關禁一處不許外出初八九日五所委員尚無公事可令其代辦頭場至二三

場無關緊要矣其廝役人等可減則減可對換則對換可關禁則關禁至初九日無妨矣

一搜檢夾帶宜嚴防也凡帶藍本者往往交巡綽武弁隨役先行帶入俟點至龍門見面看過卷面字號即隨該生入號舍交收其有自行夾帶者係預日與搜檢之兵丁認識身上復帶有暗號俟搜檢時會意偽為搜過放進又有將刻本書籍先數日用油紙封固交泥水匠帶入該匠預挖號尾地坎將紙包埋藏其下到號軍點入後初七日晚乘夜各按起出初八早即有應試生入號巡綽官不便逐號向搜此等夾藏之件俱係坊間印板三場應用文字緣號軍例用屯兵由有屯各州縣撥送充當實皆臨時在省城代雇給領號牌點進頭役各管一號自雇餘役此輩多窮苦覓食視為尋常買賣預向書坊賒取刻板藍本臨時加數倍售賣然不過一看即了騰寫實慮雷同故此項無關緊要聞從前有對調號軍致彼此均失藏件因而自盡者擬於初八日扃門後士子歸號未封柵前猝令號軍對調或可絕弊

一東西夾墻宜嚴查也夾墻向派兵弁巡查但恐奉行不力反致通同舞弊查貢院原砌有號尾夾墻該生預請能文之人在場外附近屋間場中題目一出將題紙私竊出外至初九晚上燈時候號軍將瓦片繫繩拋懸墻外傳遞者身入夾墻認明記號即知某人在某號將外間傳遞之文仍繫在繩索號軍見繩動即收文按交其通入夾墻處聞租賃一屋挖通地道鑽進其鑽出小孔用板加草鋪盖（或於初六七日派幹員在夾墻中細查地道形跡）即巡入夾墻亦驟難看見倘夾墻巡查一嚴容則轉在號前由水夫交頭牌號軍按交

粵東位居南方。每多火患。皆因世人不知宣洩補救之法。亦緣人烟稠密。街道逼窄。鋪戶毗連之故。又以人心不古。每貪口腹。不惜物命之過。是以偶患此災。延連多家。深堪嘆惜。而失事後人又皆推歸之曰天數。獨不思修省人事。亦可以挽回天意也。惟願衆心堅持善念。可能宣洩造化之機。今者查古來有設立太平水倉之法。盡善盡美。利便民生無窮。各街各坊均可倣照而行之。不但能宣洩火氣。且能疏通火路。又得貯備救火器具。兼可作爲防虞公所。巡役工人又可棲避風雨。是爲一舉而衆益。費少而利溥。何樂而不爲之。若街道長者。隨宜設立三五倉。街短者亦可建立一二倉。則是有備無患。處處照行。永遠脫離此禍矣。而今洩露造化之權。各宜正心修身。多行善事。以補還造化之功。即能轉禍基爲福基矣。

太平水倉法式

建立太平水倉。無論地段大小深淺。照式倣造。處處可立。即街頭巷尾亦可爲之。須要各街值事籌議。公項倡買一吉舖。折通只蓋一門面並數尺門廳可矣。切不可多蓋房舍。總要多留通天地段。疏其火路。因地制宜。或開一二井。或開三五井。多備太平桶缸。平時貯滿清水。夜間則交本街巡役看守。遇事則大開倉門。任便取水。水足火消。自然之理。況又疏通火路。不致延連。人心安定。器具齊備。宵小何敢窺伺。防虞之法。善莫善於此矣。至於有備之後。倘再不細之店戶失事。罰地罰項。應由各街坊嚴議章程。以垂永久。則各家自警自戒。守衛不嚴而自嚴矣。

再查夷性貪利，惟以通商為主，懋遷有無，斷不能舍內地百姓別圖交易，尚不敢顯與民抗，惟驕縱之餘，彌形狡黠，往往以必不可行之事挾制地方官，強民依從，使官與民為難，迨勢將決裂，彼轉託於知難而退，反欲見好於民而歸怨於官，彼愈得逞其桀驁。查廣東民情原屬浮動，全在地方官平日固結聯為一體，無事則安民以撫夷，有事則用民以防夷，方為正辦。至於瑣屑細故，亦不得不量為變通，藉示羈縻，固不可失之操切，致啟釁端，亦不可過於俯從，有損

國體。謹將臣到任以來體察民夷實在情形，據實密陳，伏乞

愛吾鼎齋

P.2 end

2 END

聖鑒謹

奏

愛吾鼎齋

卑職謹将奉委守催增城龍門從化花縣
稅羨銀兩完解數目列摺呈
電須至摺者

計開

一增城縣已解銀伍百两
一龍門縣已解銀柒百柒拾兩零壹錢捌分捌厘
一從化縣已解銀壹千零壹拾叁兩零壹分叁
厘
一花縣已解銀壹千壹百零柒兩捌錢肆分柒厘
以上四縣共完解銀叁千叁百玖拾壹兩零肆
分捌厘

經昌泰共存茶一萬五千五百二十二件
按茶務公局單開應存茶七千零二十三件
多存茶八千四百九十九件 未報茶務公局顯
係瞞隱走私

案查本關于四月初間據線人具報經昌泰號存寄
塩步簡家祠內茶葉有走私情弊當經派委協家
人帶差前往該處按照
爵閣督部堂來咨內粘抄茶務公局清單數目眼
同核對多有不符情真據確彼時並無可爭辯又
詢訪土人皆云彼處所存茶葉時常夜晚見有茶
葉多件由簡家祠內搬運小艇過大扒裝運絡繹
出口自係接濟夷人等語隨即赴該祠盤問該棧管賬
之人曾姓言語支吾再四搜查索得經手賬簿單件
回署呈繳細核亦與咨內粘抄單據更屬參差懸
殊其走漏確情顯然易見業將曾姓帶船伊等恐
其供出實情喝率該祠人等聚衆恃强登即搶回
此等舉動若係本分買賣之人決不為此隨札本關
庫大使神安司巡檢帶同關役前往查封在案并差
傳該棧司事譚恩到案亦躲匿不出伏思經昌泰
號如果是安分營生毫無弊竇譚恩何難即時

赴案質對明係畏綫人確証賬簿實據情虧而懼究
也乃事延一月之久始遣抱告呈訴而訊詰抱告又係買
出之人種種詭譎罪實難逭且細閲禀詞一味脱卸不
惟不肯自認犯法反敢遽請揭封其中不免無主持
唆使恃符帮訟之徒當已嚴行批飭揭示着令譚恩魁
日赴案質訊以便供出經昌泰同夥司頭嚴加懲辦不
致枉縱又延一月有餘仍復匿不到案現經訪得經昌泰
司頭同夥甚多即差傳陸姓李姓馮姓等均皆畏究
潛踪走私接濟毫無疑義近日走私愈出愈奇奸
商竟可勾串逆夷用淺水船接交私貨夷人關炮私
貨栗勢鬧身巷議街談人所共見此等走私罪不容
誅及公正之商亦為之切齒若稍鬆勁將來關征時
茶葉無幾餉以何項可恃各處軍需如何籌解大局
攸關不得不嚴行懲辦以儆效尤誠能如此辦法庶可保全
國課無損大局且冀早日關征尚可漸次裕稅也

F.O.682/112/5(8)

謹將潮州府屬勸捐運本銀兩出力委員紳士分別內外奬勵開具清摺

恭呈

憲鑒

計開

勸捐出力委員

潮陽縣吉安司巡檢候補縣丞王皆春請俟補縣丞後以應升之缺升用

咨補流溪司巡檢陳坤請加縣丞銜

候補未入流鄭錫琦請儘先補用
以上三員應請　奏獎
署南澳同知崖州知州宜慶請儘先委署同知通判一次
准補夜護司巡檢邵大鏞請調補繁缺巡檢
以上二員請由外鼓勵
勸捐出力紳士
前任甘肅秦安縣知縣邱步瓊請加知州銜
雙月選用訓導唐際虞請歸部不論雙單月揀班間選
候委訓導劉于山請歸部不論雙单月遇缺即選
州同銜遇缺即選訓導陳作舟前因拏獲黃悟空案内出力賞加州同
銜今請加五品銜
州同銜貢生揚珂前因拏獲黃悟空案内出力賞加州同銜今請加五
品銜
以上紳士五名應請　奏獎

(1)

謹将本月初八日告狀人姓名事由列摺呈
閱

余英 係南海縣人 告李廣居贃渡 舊案

張勝廣 係東莞縣人 抱告盧道昭 告蔡邦吉賄押 新案

(2)

張源和 係香山縣人 抱告張清 告林成[illegible]瞞承 舊案

黄業香 係靈山縣人 抱告黄長禮 告施和等誣兇 新案

當商黄三有 係南海縣人 抱告黄安 乞准改發帑項 舊案

楊子中 係香山縣人 抱告楊得 乞飭追[illegible]坦價 舊案

監生周士昌 係順德縣人 抱告周清 告林大成揑控 舊案

林英貴 係南海縣人 呈明報陞沙坦 新案

FO.682/1218/7 (20)

[redacted]

謹繕列公所司事聯街值事等分別請獎名次清摺呈

電

恩賞九品 陳顯秀
俊秀 胡瑞芳
從九銜 淩平康
俊秀 譚松齡
俊秀 岑鴻海
從九銜 阮容川
恩賞九品 陳斯盛
恩賞九品 何榮茂
恩賞九品 李懷新

恩賞九品 陳應超
從九銜 徐光栢
從九銜 黃淳和
恩賞九銜 林有麒
從九銜 譚耀新
未入流銜 孔廣聰
俊秀 羅方鳴
從九銜 蔡培芳
恩賞九品 黃瑞
恩賞九品 陳德潤
從九銜 黃兆祥
恩賞七品 李仕昭
俊秀 陳世昌
恩賞八品 林有程
從九銜 唐德瑞
監生 方子彬
俊秀 馮宏祿
從九銜 劉振朝

監生 梁暢廷
俊秀 梁仕榮
恩賞九品 文榮光
俊秀 陳　謙
恩賞九品 何寶賢
監生 趙廷禮
恩賞九品 黃銓朝
俊秀 葉榮南
恩賞七品 梁鼎安
監生 蘇法賢
恩賞九品 葉信行
恩賞八品 容　詠
俊秀 陳良俊
恩賞九品 劉顯秀
監生 周龢生
從九銜 張紹賢
俊秀 夏名卓
恩賞七品 李成文

從九銜 吳景賢
職監 鄒國樑
俊秀 麥子森
恩賞九品 陳國基
俊秀 葉占春
恩賞九品 胡智忠
恩賞九品 葉文卿
監生 梁國安
恩賞九品 胡世傑
俊秀 伍元修
恩賞九品 潘佐顯
監生 胡　鎔
俊秀 李其昌
監生 黎樹勳
恩賞九品 周榮新
從九銜 岑樂林
俊秀 黎懷泉
恩賞九品 何浩源

✓

監生 洗輝顯
恩賞九品 黎廣馨
恩賞九品 陳渭川
從九銜 劉彥卿
恩賞九品 林韶輝
從九銜 劉慶雲
俊秀 區燕昌
恩賞九品 梁序和
恩賞九品 盧文連
俊秀 陳秉華
俊秀 陸階平
從九銜 梁兆吉
從九銜 黃錫恩
從九銜 凌杰亭
監生 謝丕藩
俊秀 馮觀海
監生 謝騰芳
恩賞九品 謝佩申

監生 馮毓[illegible]
俊秀 胡履謙
從九銜 梁耀宗
恩賞九品 施英良
恩賞九品 梁殿榮
俊秀 林裘美
恩賞九品 梁定安
恩賞九品 馮元燦
從九銜 易佐清
俊秀 周兆熊
恩賞九品 趙卓英
恩賞九品 關俊良
監生 區定邦
恩賞九品 梁栢祥
從九銜 廖金泉
恩賞九品 易剛杰
從九銜 楊遇青
監生 關蔚堂

恩賞九品 陳明遠
從九銜 馮懋祺
恩賞九品 姚秉高
從九銜 楊景星
俊秀 孔繼爵
俊秀 廖晋勲
恩賞九品 劉景雲
俊秀 文殿華
以上擬請
賞給六品頂戴
張嘉玉
阮廣基
葉　源
崔良珍
譚卓義
譚永年
譚銘新

譚舜華
黄述賢
黄佐才
魯家榮
馮廷彪
葉秀榮
楊茂階
梁弼亭
邱能毅
葉祥斌
呂炳蘭
呂　儉
黄雲光
周夢熊
梁家韶
黄達材
黎藻蘭
霍岐南

陳廷英
黃朝康
陸活英
譚寶輝
葉信通
黃廷璋
呂賢英
江贊勳
孔廣漢
黃家彥
呂長榮
黎彬馨
余漢壁
馮輝顯
鍾燦然
周榮縕
劉廷傑
易炳章

梁佐純
梁斯明
梁仕華
梁國安
梁國樞
梁斯立
張啟良
程驤
張懷珍
張日升
鄭祥聯
崔峻昭
陳子雋
張蘭芳
禤大魁
禤大昇
鄭廷樟
黎鳴球

周麟祥
何其睿
以上擬請
賞給七品頂戴
馮炳光
何應林
梁耀南
陳萬田
黄振儒
蔡朝英
林　瑜
盧書亭
趙卓邦
梁　棋
林盛光
陳兆翎
馮鳳池
張清仁

張福基
陳　岳
蘇章賢
林華茂
胡日南
脱大章
楊華漢
郭意融
梁英材
譚景禧
鄭培聯
何汝樑
袁應良
區文耀
梁泰祥
江日昇
潘焕祥
黄鴻芳

崔彰裕
黎文浩
以上擬請
賞給八品頂戴
伍廷彪
何文標
曾順通
潘澤芳
鄭延經
梁成芳
黃彩成
馮國材
高俊良
鄺瑤光
陳燦賢
周信忠
林瑞良
戴文華

談餘春
張錫開
廖祥安
老祥瑞
崔英師
李雲祥
崔容聲
鄒可昌
王孔昭
以上擬請
賞給九品頂戴

敬稟者查得自廣東省城至安南竹山埠頭順風約九天逆風無定至龍瀨埠頭順風約二十八天逆風無定至東京埠頭順風約十五天逆風無定至暹邏約五十天以上各國俱在廣東省城之西南方暹邏南多西少安南西多南少俱係出米之處惟去年東京豐熟較各埠頭米略多理合稟

聞

16

署開平縣錢其敬接收金瑛交代一案未據造冊結報

署台浦縣張起鵾接收漆象曾交代一案未據造冊結報

代理西寧縣陶應榮接收胡宗政交代一案未據造冊結報

署長寧縣謝玉漢接收宋佩經交代一案未據造冊結報

署始興縣彭卿雲接收袁銘泰交代一案未據造冊結報

署澄海縣宋佩經接收郭汝誠交代一案未據造冊結報

代理歸善縣江肇恩接收王際棻交代一案未據造冊結報

陽江縣袁銘泰接收倪森交代一案未據造冊結報

署感恩縣潘祐之接收李甲傳及刁汝元統任交代一案未據造冊結報

署澄邁縣孫宗禮接收彭昌祚交代一案未據造冊結報

署南澳同知陳含光接收宜慶及張廷杰統任交代一案未據造冊結報

代理昌化縣夏雲和接收李甲傳及刁汝元統任交代一案未據造冊結報

署曲江縣廖文燿接收夏承煜交代一案未據造冊結報

代理吳川縣甘槐接收李時棠交代一案未據造冊結報

代理陵水縣張協和接收翁起鳳交代一案未據造冊結報

梁月洲　富成店　彩華店　梁富號
寬信棧　義隆店　德和店　廣全店
全興店　信記店　富源店　合昌店
廣恒店　怡順店　元昌店　泰興店
順成店　兩益店　永成店　榮合店
廣安店　德源店　合興店　聯合店
順昌店　兩利店　富昌店　已上共四十七間

萬福里內
熊宅　蘇宅　和記　簡宅
董宅　沙宅　何宅　徐宅

紫薇洞內
陳宅　李宅　劉宅　秦宅
何宅

百子里內
岑宅　秦宅　杜宅　陸宅
黎宅

閱

遵將梧州設卡收稅自黃泉司于六月下旬起至今十一月止共呈報收過上下水船稅務數目開列送

計開收過稅務數目

七月十九日黃泉司報繳收過六月下旬上水貨船稅銀二百五十三兩九錢一分下水貨船稅銀一千七百三十三兩三錢七分五厘　以上六月分下旬共收上下水貨銀一千九百八十七兩二錢八分五厘

七月二十一日黃泉司報繳七月上旬收過上水貨船銀四十三兩五錢二分下水貨船銀二千四百七十九兩八錢一分九厘

八月初二日黃泉司報繳七月中旬收過上水貨船銀一百一十一兩七錢二分下水貨船銀一千二百一十六兩九錢二分七厘

八月二十九日黃泉司報繳七月下旬收過上水貨船銀九十五兩三錢四分下水貨船銀一千零零六兩六錢一分一厘

以上七月分共收上下水貨銀四千九百五十三兩九錢三分七厘

八月二十九日黃泉司報繳八月上旬收過上水貨船銀九兩九錢九分下水貨船銀一百八十四兩七錢六分三厘

九月初二日黃泉司報八月中旬收過上水貨船銀一百五十七兩八錢八分下水貨船銀四百八十七兩九錢零六厘

九月初十日黃泉司報八月下旬收過上水貨船銀三百一十六兩九錢七分下水貨船銀一千八百七十八兩四錢一分三厘

以上八月分共收上下水貨銀三千零三十五兩九錢二分二厘

九月十九日黃臬司報九月上旬收過上水貨船銀三百一十五兩六錢下水貨船銀
八百七十四兩二錢五分二厘
九月二十九日黃臬司報九月中旬收過上水貨船銀七百八十五兩四錢九分下水貨船
銀一千二百四十四兩八錢八分六厘
十月初十日黃臬司報九月下旬收過上水貨船銀一千一百四十七兩零二分下水貨船
銀一千五百七十五兩八錢零八厘
以上九月分共收上下水貨銀五千九百四十三兩零五分六厘
十月二十五日黃臬司報十月上旬收過上水貨船銀七百五十二兩九錢八分下水貨
船銀二千一百七十一兩九錢二分五厘
十月二十九日黃臬司報十月中旬收過上水貨船銀一千一百九十五兩五錢七分下水貨
船銀一千七百六十四兩三錢六分一厘
十一月十一日黃臬司報十月下旬收過上水貨船銀一千三百一十八兩四錢下水貨船銀一千
一百一十八兩三錢九分二厘
以上十月分共收上水下水貨船銀八千三百二十一兩六錢二分八厘
十一月二十一日黃臬司報十一月上旬收過上水貨船銀三百六十六兩一錢一分下水貨船
銀一千四百六十五兩三錢九分三厘
以上十一月分上旬共收上下水貨銀一千八百三十一兩五錢零三厘
以上自黃臬司六月下旬接收廠稅起至十一月上旬止共計收過稅務銀二萬六千
零七十七兩九錢九分三厘

再將黃臬司自六月下旬接支廠務起至十月分止支過各數目
銀數開列送
核
計開
七月十九日黃臬司报六月分經費廠支過數目艮六百七十二两
九錢五分五厘
八月二十八日黃臬司报七月分經費廠支過數目艮五百四十二两
四錢九分二厘五毛
九月初十日黃臬司报八月分經費廠支過艮五百六十六两二錢
五分五厘
十月初十日黃臬司报九月分經費廠支過艮六百五十二两四錢
五分五厘
十一月十一日黃臬司报十月分經費廠支過艮五百六十一两零五
分五厘
以上自六月下旬起至十月分止黃臬司共計据支艮二千三百四十
一两七錢五分七厘五毛，係屬报支各項雜數及廠內役食等
艮項至于除支外尚存艮二萬三千七百三十七两二錢三分五厘
五毛或解往各處營盤或支給兵勇口粮未據黃臬司分
晰呈报合稟明

P.2
incomplete

F.O.682/137/6(48-49)

屈榮焜

P.1

F.O.682/137/6(48-49)

蘭箴之頻逮沕布祇請

台安。

雅照。

弟名正具

稟

遵查核算廣東省每年額銷引鹽四十三萬四千七百六十六道零
至每引一道行鹽二百三十五斤合稟

謹將省河潮橋各埠每年額銷引鹽數目開列送
閱

計開

南海縣

神安埠
每年額銷引三千壹百二十一道零

三江埠
每年額銷引二千零四十七道零

金利埠
每年額銷引二千五百三十四道一分八厘零

五斗埠
每年額銷引四千零九十八道六分零

黃鼎埠
每年額銷引四千七百七十七道四分一厘零

江浦埠
每年額銷引五千九百六十八道五分七厘零

番禺縣

沙灣埠
每年額銷引二千五百五十八道六分三厘零

鹿步埠
每年額銷引一千二百一十八道五分零

游魚埠
每年額銷引五百二十四道八厘零

蜆塘埠
每年額銷引九百一十七道一分五厘零

茭塘埠
每年額銷引一千一百六十六道九厘零

大朗埠
每年額銷引一千七百七十一道五分六厘零

湴湖埠
每年額銷引一千八百五十一道九分七厘零

七門埠
每年額銷引四千三百八十六道三分零

東莞埠
每年額銷引九千七百零三道五分零

順德埠
每年額銷引一萬一千零二十八道七分七厘零

新會埠
每年額銷引六千六百零二道零六絲
香山埠
每年額銷引六千零四十六道一分八厘零
增城埠
每年額銷引四千三百六十一道八分零
新安埠
每年額銷引六千一百四十八道六分八厘零
新寧埠
每年額銷引九百八十九道七分一厘零
龍門埠
每年額銷引三千零三十九道七分一厘零
從化埠
每年額銷引四千零六十四道六分六厘零
三水埠
每年額銷引五千八百二十六道四分一厘零
清遠埠
每年額銷引七千九百七十九道零四厘
花縣埠
每年額銷引二千八百八十四道四分二厘零
連州埠
每年額銷引九千三百八十二道二分四厘
陽山埠
每年額銷引七千五百九十九道二分七厘零
連山埠
每年額銷引五千三百八十三道四分九厘

高要埠
每年額銷引六千四百八十一道三分九厘零
高明埠
每年額銷引二千七百六十五道零三厘零
四會埠
每年額銷引三千九百五十九道六分一厘零
陽江埠
每年額銷引二千零五十三道三分三厘零
新興埠
每年額銷引一千七百九十三道一分六厘零
陽春埠
每年額銷引三千一百四十四道一厘零
廣寧埠
每年額銷引二千一百四十五道二分七厘零
恩平埠
每年額銷引九百五十九道一分三厘零
開平埠
每年額銷引二千五百八十一道五分九厘零
鶴山埠
每年額銷引二千六百八十三道八分五厘零
德慶埠
每年額銷引二千八百零三道三分一厘零
封川埠
每年額銷引四千七百六十九道二分零
開建埠

每年額銷引三千七百九十九道六分三厘零
羅定埠
每年額銷引四千六百五十五道四厘零
東安埠
每年額銷引三千一百八十四道四分一厘零
西甯埠
每年額銷引三千一百二十三道一分七厘零
曲江埠
每年額銷引九千四百零二道七分六厘零
樂昌埠
每年額銷引一萬六千三百六十八道一分五厘零
仁化埠
每年額銷引一萬六千一百一十五道七分零
乳源埠
每年額銷引四千七百一十六道七分六厘零
翁源埠
每年額銷引八千四百七十九道一分八厘零
英德埠
每年額銷引七千二百八十二道三分七厘零
歸善埠
每年額銷引七千八百八十道二分六厘零
海豐埠
每年額銷引五千九百四十九道八分七厘零
陸豐埠

每年額銷引二千四百零九道三分一厘零
博羅埠
每年額銷引三千二百零五道六分六厘
河源埠
每年額銷引三千六百七十一道六分六厘
長甯埠
每年額銷引三千七百二十八道六分三厘零
和平埠
每年額銷引五千四百八十三道三分四厘零
龍川埠
每年額銷引五千四百四十三道九分六厘零
連平埠
每年額銷引五千零四十九道七分九厘零
永安埠
每年額銷引一千道
南雄州埠
每年額銷引一萬一千四百五十三道五厘零
始興埠
每年額銷引八千三百道二分二厘零
茂名埠
每年額銷引一千七百二十九道三分九厘零
電白埠
每年額銷引四百四十七道八分二厘零
信宜埠
每年額銷引五千八百一十七道八厘零

化州埠
每年額銷引三千七百二十一道七分七厘零
吴川埠
每年額銷引四百九十八道二分一厘零
石城埠
每年額銷引一千零九十二道八分六厘零
海康埠
每年額銷引五百二十七道七分八厘零
遂溪埠
每年額銷引四百二十二道七分八厘零
徐聞埠
每年額銷引四百三十二道六分一厘
合浦埠
每年額銷引二千七百四十二道六分八厘零
欽州埠
每年額銷引一千二百三十二道九分九厘零
靈山埠
每年額銷引四千零四十九道四分八厘零
嘉應州屬州屬各埠係運同管轄
嘉應州埠
每年額銷引一萬二千三百七十二道五分三厘零
興寧埠
每年額銷引一萬六千九百四十九道三厘零

長樂埠
每年額銷引四千一百三十七道二分五厘零
平遠埠
每年額銷引三萬四千二百五十八道五分八厘零
鎮平埠
每年額銷引七千六百六十道七分二厘零
潮州府屬各埠係運同管轄
海陽埠
每年額銷引四千二百五十五道一分零
潮陽埠
每年額銷引二千一百八十七道二分三厘
揭陽埠
每年額銷引二千五百三十六道四分八厘零
饒平埠
每年額銷引五千五百八十八道五分七厘
惠來埠
每年額銷引二千五百七十七道三分三厘
澄海埠
每年額銷引一千八百四拾道零九分五厘零
普寧埠
每年額銷引一千一百二十六道四分八厘
豐順埠
每年額銷引三千六百八十四道九分五厘
大埔埠
每年額銷引八千四百七十五道九分八厘零

廣西全省六十六埠
臨桂埠
每年額銷引一萬一千五百六十一道
靈川埠
每年額銷引二千四百道
興安埠
每年額銷引一千六百道
陽朔埠
每年額銷引一千六百六十九道七分一厘
永甯埠
每年額銷引一千五百零二道一分七厘
永福埠
每年額銷引一千八百七十五道
義甯埠
每年額銷引八百道
全州埠
每年額銷引一萬二千七百四十八道八分厘零
灌陽埠
每年額銷引三千七百一十一道七分八厘
龍勝埠
每年額銷引一千零三十四道四分九厘
平樂埠
每年額銷引二千零六十五道一分三厘零
永安埠
每年額銷引六百九十八道

恭城埠
每年額銷引二千三百九十二道九分四厘
修仁埠
每年額銷引八百二十道四分八厘
荔浦埠
每年額銷引一千四百四十九道八分八厘
昭平埠
每年額銷引一千四百九十一道四分五厘
富川埠
每年額銷引三千七百二十道九分八厘
賀縣埠
每年額銷引二千零十二道一分九厘零
蒼梧埠
每年額銷引八千零九十三道九分二厘零
藤縣埠
每年額銷引二千六百三十二道一分零
懷集埠
每年額銷引六千七百七十道四分七厘零
容縣埠
每年額銷引二千五百八十一道四分二厘零
岑溪埠
每年額銷引二千六百六十道五分七厘零
鬱林埠
每年額銷引二千五百九十八道七分二厘零
博白埠
每年額銷引一千八百六十四道八分二厘零

北流埠
每年額銷引二千零七十五道一分一厘零
陸川埠
每年額銷引一千一百三十六道四分四厘零
興業埠
每年額銷引一千三百四十一道
桂平埠
每年額銷引二千九百八十一道二分四厘零
平南埠
每年額銷引一千五百五十三道九分四厘零
貴縣埠
每年額銷引二千九百零五道九分九厘零
武宣埠
每年額銷引一千一百七十二道七分一厘零
宣化埠
每年額銷引三千零五十道
隆安埠
每年額銷引一千五百一十六道
橫州埠
每年額銷引八百五十七道
永淳埠
每年額銷引一千二百九十七道
新寧州埠
每年額銷引六百三十八道三分
上思州埠
每年額銷引二百二十六道七分零四毛

崇善埠
每年額銷引三千九百八十八道七分二厘零
左州埠
每年額銷引九百六十道二分七厘零
養利埠
每年額銷引七百四十五道
永康埠
每年額銷引四百九十道
寧明埠
每年額銷引八百道
馬平埠
每年額銷引四千零二十道九分九厘零
雒容埠
每年額銷引六百五十三道
柳城埠
每年額銷引七百六十三道
羅城埠
每年額銷引八百八十九道
融縣埠
每年額銷引二千零八十八道
懷遠埠
每年額銷引二千四百五十六道
來賓埠
每年額銷引一千五百四十七道四分九厘
象州埠

每年額銷引二千一百二十六道六分六厘
宜山埠
每年額銷引二千七百七十七道一分七厘
天河埠
每年額銷引一千零三十二道
河池埠
每年額銷引七百零六道
思恩埠
每年額銷引一千三百二十五道八分九厘零
武緣埠
每年額銷引二千六百道
百色埠
每年額銷引三千五百九十二道八分五厘零
賓州埠
每年額銷引一千二百六十一道四分九厘
遷江埠
每年額銷引一千四百七十一道二分九厘零
上林埠
每年額銷引一千三百二十道
凌雲埠
每年額銷引五百道
西隆埠
每年額銷引五百道
西林埠
每年額銷引六百道

天保埠
每年額銷引二千二百八十道五分四厘零
歸順埠
每年額銷引二千九百道
奉議埠
每年額銷引一千八百道
湖南桂陽郴州二州屬共八州縣埠
桂陽埠
每年額銷引九千四百三十六道六分九厘零
臨武埠
每年額銷引九千二百四十三道六分四厘
藍山埠
每年額銷引五千三百七十二道六分零
嘉禾埠
每年額銷引六千七百零五道五分八厘零
郴州埠
每年額銷引一萬一千四百九十二道四分二厘
宜章埠
每年額銷引六千九百八十三道八分九厘零
興寧埠
每年額銷引七千三百道七分二厘零
永興埠
每年額銷引九千五百六十四道二分一厘
福建汀州一府共八縣埠 係運同管轄
長汀埠
每年額銷引二萬八千八百八十二道九分四厘零

寧化埠
每年額銷引一萬零六百七十七道九分七厘零
清流埠
每年額銷引七千零二十八道二分一厘零
歸化埠
每年額銷引一千三百二十七道七分四重零
連城埠
每年額銷引四千零五十九道三分二厘六毫
上杭埠
每年額銷引一萬四千零二十六道二分三厘
武平埠
每年額銷引五千六百六十六道四分八厘零
永定埠
每年額銷引四千五百八十三道九分零
江西南贛二府寧都一州共十六州縣埠 內九埠係運省河鹽七埠係運潮桥鹽
大庾埠 省河
每年額銷引三千七百零五道七分九厘零
南康埠 省河
每年額銷引二千七百六十七道五分零
上猶埠 省河
每年額銷引二千九百八十四道二分三厘零
崇義埠 省河
每年額銷引二千九百六十五道
贛縣埠 省河
每年額銷引九千五百六十七道零四厘

雩都埠 潮橋
每年額銷引四千二百道
興國埠 潮橋
每年額銷引二千三百道
安遠埠 省河
每年額銷引四千零七十八道零一重
會昌埠 潮橋
每年額銷引一千二百道
江西長寧埠
每年額銷引一千道
信豐埠 省河
每年額銷引六千零二十三道零一厘
龍南埠 省河
每年額銷引四千二百二十八道零一厘
定南埠 省河
每年額銷引三千二百零三道零一厘
寧都埠 潮橋
每年額銷引五千七百道
瑞金埠 潮橋
每年額銷引一千七百七十六道九分九厘
江西石城埠 潮桥
每年額銷引一千七百七十六道九分九厘
貴州古州一埠
古州埠 省河
每年額銷引七千六百二十一道五分七厘零

謹將鹽運司管轄各場柵每年額收鹽數列摺送

閱

計

上川司鹽巡檢

額收熟鹽一萬二千一百五十八包零三十五斤

各場柵逓年產鹽旺淡不同

未能酌定每屆年終由運司通

考覈分別額外多收額內少收

冊詳請

合併稟明謹稟

F.O. 682/137/8(2)

上在各場應收額鹽向來只計斤

奉有以前數計者因各場無拆

鹽之實所收鹽包亦只供各埠艇戶

私販年終報逓多少均無一定合併

稟明

五 淡水場

額收生鹽一十二萬六千二百一十四包零二十二斤

二 大洲場

額收生鹽一十七萬六千七百四十四包

四 墩白場

額收生鹽一十四萬四千零六包零七十六斤

六 石橋場

額收生鹽九萬三千九百七十四包零二十五斤

小靖場

即將運司所發各場（暮場）每年產鹽若干
具明大小場摺一手摺又將各埠每年銷鹽
若干逐一查清並大小埠開具手摺　并分

上川司盐巡檢
額收熟盐一萬二千一百五十八包零三十五斤

沒水場
額收生盐一十二萬六千二百一十四包零二十二斤

五　F.O.682/137/8(2)

各場柵逓年產盐旺淡不同
寮廠定每屆年終由運司通
考覈分別額外多收額內少収
冊詳請
合併稟明謹稟

以上共鹽若干除擔貳百玖千伍百肆擔色四百壹擔
配于杜引若干　觔引若干

四　場
額收生盐一十四萬四千零六包零七十六斤

石橋場
額收生盐九萬三千九百七十四包零二十五斤

六
小靖場

一上查各場應收額盐向來只計斤
並未有以引數計者因各場無拆
盐之責亦係盐色亦只供各埠船户
赴配并給配遇多少均無一定合併
稟明

額收生塩五萬三千五百零五包

電茂場

額收生塩一十五萬九千一百九十六包

博茂場

額收生塩二十萬零二千二百六十九包

茂暉場

額收生塩一萬零六百包

白石東場

額收熟塩二萬一千四百零四包一百四十斤

招收場

額收生塩八萬三千七百九十三包

隆井場

額收生塩三萬包

東界場

九　額收生塩八萬一千一百五十包

　漨恩場

　　額收生塩四萬一千三百三十三包

　碧甲柵

十　額收生塩六萬八千九百六十一包

　海甲柵

十一　額收生塩七萬包零一百斤

　小靖外三廠

　　額收生塩五萬一千六百四十八包

　白石西場

　　額收熟塩一萬零七百九十一包零六十斤

　河西柵

七

額收生塩九萬三千七百八十五包

惠來柵

額收生塩二萬九千六百四十包

海山場

額收生塩四萬三千七百四十包

小江場

額收生塩二萬四千包

F.O.682/138/5(1)

運庫報單

六月初三日收
正餉銀二千五百一十七兩一錢七分八厘
襍款銀五十六兩一錢九分四厘
奉行扣平銀六錢在支嬰堂委員薪水扣留
共收銀二千五百七十三兩九錢七分二厘

支
憲臺賞需銀二千二百兩
嬰堂婦嬰工食銀一千九百四十三兩一錢三分五厘
又委員薪水銀三十兩除扣平銀六錢實銀二十九兩四錢
各單色價銀四百四十三兩二錢四分一厘
共支銀四千六百一十六兩三錢七分六厘

實存銀三萬二千一百四十二兩七錢七分一厘

十二月十六日收

正餉銀七千九百五十九兩零一分九重

鉄稅銀三十五兩一錢八分五重

襍欵銀一千七百一十七兩四錢四分三重

越華息銀一百五十四兩在撥補省河懸餉借入湊支之項

共收銀九千八百六十五兩六錢四分七重

支

省河懸餉銀一百五十四兩借入越華息項下用

肇慶普育二堂經費銀四百兩

越華書院蔬薪銀一百六十兩令八錢

憲臺備用銀二千二百兩

辦事運商以為本年十一十二月辦公經費銀三千兩　運署公費在白鹽加價支

共支銀五千九百一十四兩八錢

寔存銀七千零七十兩令四錢零八重

13

謹將督標端陽橙子兩貢自廣河起程至京及回粵沿途需用銀兩數目開列呈

電

計開

端陽貢

倫帶紙料旗幟車繩車板蒲蓆牛燭及碎用等物共需銀七十兩

廣河船價共需銀七十四兩

南雄住行過山賞犒共需銀二十五兩

南安至江西省船一隻共需價銀八十四兩

江西至揚州江船一隻需價銀一百一十兩

揚州至清江用蘆蓬船二隻共需價銀四十兩

清江過壩至王家營需銀二十兩

王家營僱車至京大車二輛每輛需銀六十兩共銀一百二十兩

轎車一輛需銀一十八兩

彰儀門蘆溝橋各人役使費需銀四十兩

崇文門稅務需銀三百五十兩補平銀五十二兩五錢

禮物需銀三十兩

戶內書吏門號房見房各人役使費需銀七十五兩

內外撞夫銀七十二兩

奏事大人八位共銀一百四十四兩

委員二位銀二十兩

跟人二名銀四兩

天福館銀八兩

收貢總管太監銀二十兩

司疋頭太監銀四十兩

司香房太監銀二十兩

司扇房太監銀十二兩

司鼻烟太監銀四十兩

廣河至王家營飯食銀四十兩
王家營至京飯食銀四十兩
沿途關口使費共需銀四十兩
大姑塘船料税需銀二十五兩
護貢至南安戌什哈四名每名飯食銀十兩共銀四十兩
護貢至南安兵丁四名每名飯食銀五兩共銀二十兩
僱工人一名至京工銀四十兩
住京來往車價及回粤車價船價沿途飯食共需銀一百四十兩
以上通共用銀一千八百七十三兩五錢

橙子貢

備帶紙料旗幟車繩車板籮筐蒲席牛燭及碎用等物共需銀八十五兩
廣河船價共需銀七十四兩
南雄住行過山賞犒共需銀三十二兩
南安至江西省船四隻共需銀一百六十兩
江西至揚州江船一隻需銀一百三十兩
揚州至清江用蘆蓬船二隻共需價銀四十兩
清江過壩至王家營需銀二十四兩
王家營僱車至京大車四輛每輛需銀六十兩共銀二百四十兩
轎車一輛需銀一十八兩
彰儀門蘆溝橋各人役使費共需銀四十兩
崇文門稅務需銀二百五十兩另補平銀三十七兩五錢
禮物需銀三十兩
户內書吏門號房兑房各人役使費共需銀七十五兩
內外撞夫銀八十六兩
奏事大人八位共銀一百四十四兩
委員二位共銀二十兩
委員跟人二名共銀四兩
天福館銀一十二兩
收貢總管太監銀二十兩
茶房太監銀二十兩
乾菓房太監銀二十兩
葯房太監銀一十五兩

廣河至王家營飯食銀四十兩

王家營至京飯食銀四十兩

沿途關口使費銀三十兩

大姑塘船料稅需銀三十兩

在廣備買橙子一百担需銀一百一十兩

護貢至南安戌什哈四名每名飯食銀十兩共銀四十兩

護貢至南安兵丁六名每名飯食銀五兩共銀三十兩

僱工人二名進京每名工銀四十兩共銀八十兩

住京來往車費及回粵車價船價沿途飯食共約銀一百四十兩

以上通共用銀二千一百一十六兩五錢

七月　　日呈

稟 撫憲請領餉項及報銷各款 起段

竊職道痛維自古天下之亂不亂於亂之日必有所由起亂而不已且幾至於不可救藥亦必有故焉其理難更僕終而出納之事其一端也職道冒昧而陳之願

大人垂聽焉夫古大人以為不善理財雖堯舜之聖不能一日治天下也故曾子論平天下之道以生財為急務而周禮一書言理財之事至詳且密職道竊深求其故熟審其理若有獨得之秘而又不忍不為

大人獻之者蓋古人之所謂善理財者以能用人為大本而審出入其末也以善用財為要圖而矜言節省其淺也不知大本而徒務其末則計較錙銖刻薄寡恩司出入之人即名亂以耗財之人雖雨粟雨金有不堪其枉費者況財源有限而又自窒之也不知要圖而專務其淺將今日當用之什一而分文吝明日枉用之千萬而泥沙棄之夫明日枉用之千萬非即今日吝當用之什一者之所致乎奈之何不以泥沙視分文而竟以分文視泥沙也況乎不善厥初者復不圖厥終既不得不棄若泥沙矣而用之可有補救者仍分文吝之惟用愈多而事愈壞者則曰事已至此勢不得不棄若泥沙也嗚乎

謹將東滙關到船配盐及存河盐船各数開列旬摺呈

電 另巳未放關盐数附後

計開

九月上旬共到船五隻計程盐二千二百八十包

本年六月至此共到船九十六隻計程盐四萬五千二百九十五包

九月上旬共配盐二萬三千三百一十四包計清艙船二十八隻

本年四月至此共配盐一十六萬一千三百四十一包計清艙船一百八十三隻

舊管八月下旬存河船五十八隻

新收九月上旬到關船五隻

開除九月上旬清艙船二十八隻

實在存下河未清艙船三十五隻

另附西滙關已未放關盐数

舊管八月下旬未放關盐九萬八千二百八十八包

新收九月上旬共配盐二萬三千三百一十四包

開除九月上旬放關盐八千零八十七包 北柜六船中柜四船共放船十隻合註明

實在已配未放關盐一十一萬三千五百一十五包 已未請照均在其內合註明

七月十五日奉

上諭惠親王綿愉等奏酌議在京民人等嫁娶作樂日期等語著照所請所有在京民人等准其於一月後嫁娶作樂仍著百日不薙髮並准其百日後尋常宴會作樂欽此

F.O.682/253A/3(2)

同日奉

上諭前以大行皇太后百日後朕應用服色諭令惠親王等會同禮部議奏茲據集議具奏自應仰體大行皇太后慈愛之心於百日除服即照廿七日釋服禮舉行梓宮暫安綺春園朕仍御青褂尋常袍俟奉移山陵後一切服色其未經奉移山陵以前所有壇廟祭祀齋戒以及載會典禮服色即釋服後常例服用王臣工以下著該部再行核議具奏欽此

七月廿七日奉

上諭禮部奏齋戒期內服色援案請旨等語八月初八日社稷壇大祀先期致齋三日初五日尚在大行皇太后大事廿七日期內朕御素服冠綴纓緯帶齋戒牌初六日大祭後及初七初八日朕俱御常服帶纓帽其省牲視牲及陪祀執事各員初五日齋戒期內俱著素服冠綴纓緯初六日大祭後及初七初八日均常緯帽常服不掛朝珠其無執事人員有赴園奏事當差及在紫禁城內當差者俱著照執事人員服色欽此

八月初九日奉

上諭本日已屆大行皇太后初滿月祭祀嗣後王公官員等服色俱著照百日後之例穿尋常袍青褂並帶緯帽其在京兵丁旗人等前經禮部奏請照民人之例于一月後嫁娶兵丁旗人與軍民人等既准嫁娶並著一月後一體薙髮欽此

八月十五日軍機大臣面奉

諭旨嗣後朔望日期及逢五逢十日並齋戒日期均著常服褂朝珠如齋戒期內遇朔望及逢五逢十之日並著穿補褂掛朝珠欽此

八月廿五日奉

上諭前據禮部奏查議臣工服色並酌擬嫁娶宴會期各等語當將原摺留覽除百日內臣工服色及兵丁旗人嫁娶期限業經降旨遵行外其百日以後王公大臣文武官員均著穿常服不掛朝珠至几筵前仍穿青袍褂帽摘纓緯凡遇祭祀齋戒執事人員以及朝會各典禮照例均用吉服所有本年十月廿五日仍用常服掛朝珠自奉移山陵後服色一切照常至官員嫁娶期限應諭近派宗室覺羅以及滿漢文武官員均著于百日後准其嫁娶作樂俟奉移山陵後准其尋常宴會作樂欽此

督憲

謹將卑縣各屬被水沖決圍基分別頂沖次沖酌給
基費銀兩數目開列清摺呈候
憲核
計開
九江主簿屬
大槎圍決口二處共寬二十三丈深一丈二尺及一丈
六尺不等該圍沖要酌給基費銀三百兩
三江司屬
箭箕尻圍決口一處寬四十六丈深一丈一二尺及二
丈八九尺不等該圍頂沖酌給基費銀五百兩
蘆荻塘圍決口四處共寬三十四丈三尺深一丈五尺
及八尺不等該圍頂沖酌給基費銀五百兩

黃鼎司屬
鼎安圍決口一處寬二十二丈深三丈三尺該圍頂
沖酌給基費銀四百兩
荻洲頭圍決口一處寬二十四丈深四丈四尺該圍頂
沖酌給基費銀四百兩
花角圍決口一處寬一十八丈深一丈三尺該圍次沖
酌給基費銀二百五十兩
荻洲鉄圍決口一處寬一十一丈深九尺該圍次沖
酌給基費銀二百五十兩
荻洲沙圍決口一處寬一十一丈五尺深一丈二尺該
圍並非沖要酌給基費銀二百兩
肚窩圍決口一處寬八丈二尺深二丈該圍並非沖要
酌給基費銀一百兩
射洲圍決口一處寬七丈深二丈該圍並非沖要酌
給基費銀一百兩
永安圍決口一處寬六丈五尺深九尺該圍並非沖
要酌給基費銀一百兩

江浦司屬

蚬壳圍決口二處共寬一十九丈五尺深一丈二尺及七尺不等該圍次沖酌給基費銀二百兩

渡滘圍決口二處共寬一十七丈三尺深一丈三尺及一丈八尺不等該圍次沖酌給基費銀二百兩

琴沙圍決口一處寬一十五丈深二丈三尺該圍沖要酌給基費銀二百五十兩

大有圍決口一處寬一十三丈深二丈五尺該圍沖要酌給基費銀二百五十兩

大栅圍小決口九處每口寬深一丈一二尺及八九尺不等該圍次沖酌給基費銀三百兩

大良圍決口一處寬六丈五尺深一丈二尺該圍次沖酌給基費銀二百兩

巾子圍決口一處寬四丈五尺深八尺該圍並非沖要酌給基費銀一百兩

桑園圍東基先被沖卸數處經紳士基總搶築完好未被沖決該圍係屬頂沖仍須培築高厚酌給基費銀三百兩

仙跡閘門二圍均未沖決圍基僅被水漫溢淹浸基身俱有浮鬆坍卸之處亦應一律培築高厚該二圍並非沖要每圍酌給銀五十兩共給基費銀一百兩

以上二十一圍共酌給基費銀五千兩正

計開荼子花墻做法清单将墇打夯素土一步灰土弍步碼
磉碎磚攙灰泥砌灌桃花漿成做台邦漏明大沙滚子磚三
層一丁一恒灰砌灰抅灌桃花漿成做下堿五層大沙滚子磚灰砌
灰抅灌桃花漿成做上砌桃荼子花五路大沙滚子磚灰砌上披簷
子斧尒磚（墁）頂灰砌灰抅筒瓦扣脊花墻連頂子共高六尺學
壹丁磚成做　栅欄壹合柱子弍根底墊石一分馬尾江擦叁分

本廟瓦作工料单

大房一座。裡口面進深二丈四尺。面寬一丈五尺。地平至氷盤簷子。高一丈四尺。週圍磐磚
墻框。並無桅柱。脊上用大梁一件。方椽二搭。硬山成做。前面留大門口一個。寬五尺。
高七尺二寸。一伏一圈。圈臉安西洋大蝴草花樣成做。兩山上留窓戶口二個。
寬四尺。高五尺。一伏一圈。素做。山尖下安隊山花二塊。前後素氷盤簷。撓頭
弓筒瓦。排山脊成做。地基週圍刨墇深三尺。寬五尺。打夯素土一步。灰土四步。週
圍台幫。外皮大新様磚三順一丁。灰砌灰抅。內裡泥砌碎磚。灌桃花漿。露明高一尺六寸。

墻厚三尺。週圍尺二条石押面一層。厚四寸。下堿裡外用二新樣三順一丁。灰砌灰抅。高十三層。內裡填餡泥砌碎磚。灌花花漿。上身外皮用大沙滾磚。三順一丁。灰砌灰抅。裡皮泥砌碎磚到頂。抹飾大蔴刀白灰二層。前後做氷盤簷四層。灌漿成做。兩山掛尺四方磚大博縫細做。上頂鋪望板一層。苫麦奐泥背二層。大蔴刀灰背一層。調卷棚脊一道。兩山調排山脊二道。砌頭号筒瓦。勾滴斉言成做。屋內地面用尺二方磚糙墁。門口外安石頭大踏跺一分。連边五汲。週圍散水斧刃磚墁。立磚栽牙。

瓦作工料

大新樣磚　大沙滾子磚　尺四方磚　尺二方磚
斧刃磚　碎磚　青白灰　蔴刀
麦奐子　筩瓦　勾滴瓦　天板瓦
瓦匠工　壯夫工　夯作工　条石
石作工　繩杆　架木　車脚

木作工料

松木樑一根 長二丈四尺六 大一尺二寸　方椽子四十根 大四寸五分 長一丈一尺
望板六丈 厚四分　攢边門二扇 高七尺五寸 寬二尺八寸
上下枚框四根 大六寸 厚三寸　窗户四扇 一馬三件成做
石門枕一付　釘鉄　木作工
花墻共十八丈　柵欄門一座

FO.682/253A/5(28)

張化龍年叁拾肆歲身中面白無鬚係湖南長沙府長沙縣人由俊秀捐米叁百伍拾叁石折耗銀壹百零伍兩玖錢核與捐米章程相符所捐銀米業已分別收庫收倉請准作監生以從九品分發指省江西試用

一三代

曾祖尚交殁　祖祈峋殁　父再荃存

張虎臣年貳拾陸歲身中面白無鬚係湖南長沙府長沙縣人由俊秀捐米壹百壹拾玖石折耗銀叁拾伍兩柒錢核與捐米章程相符所捐銀米業已分別收庫收倉請准作監生以未入流雙月選用

一三代

曾祖尚交殁　祖祈峋殁　父再荃存

682/253A/5 28

F.O.682/253A/5(32)

勝菱項大帥 閣下

廣信來二月初十日始到封川

川信是二月十二日所發今日到廣

弟 陳亞遠 書

緣髮尾眉不充兩睹情緣

貴工匯屬崚哭周首上長鄧四帽兩文信到川詢問伊於初二初

旬羣達甘霸復問伊來相厚者據云伊擬起甘旭服如

秋剡正君剡信甘提往入都矣那因無定向是以將鄧付

寄回令將原鄧四帽並信着人親自送還帥部兩服

貴工大人是安此復

順祉

十四日

謹將東滙關到船配盐及存河盐船各數開列旬摺呈

電 另已未請放關聯照各數附後

計開

七月下旬共到船四隻計程盐二千二百包

本月上旬至此共到船三十五隻計程盐二萬零四百七十包

本年正月上旬至此共到船四百八十五隻計程盐二十九萬八千五百八十四包

七月下旬共配盐三萬一千四百四十包計清艙船二十隻

本月上旬至此共配盐六萬四千七百包計清艙船五十二隻

本年正月上旬至此共配盐四十九萬八千九百六十一包計清艙船四百七十五隻

舊管七月中旬存上河船七十五隻

新收七月下旬到関船四隻

開除七月下旬清艙船二十隻

寔在存下河未清艙船五十九隻除配兑外尚存程盐四萬五千八百四十包

另附已未請放関聯照各数

舊管七月中旬存未請放關聯照盐一十一萬三千四百七十二包

新收七月下旬共配盐三萬一千四百四十包

開除七月下旬已請放関聯照盐四萬零零六十四包

寔在存已配未請放関聯照盐一十萬零四千八百四十八包

[redacted]

謹將本年年內可徵秋餉開列呈

電

臨全埠約可完銀二萬兩

樂桂埠約可完銀二萬兩

連陽埠約可完銀一萬五千兩

雄贛埠約可完銀一萬兩

封富埠約可完銀五千兩

中櫃各埠約可完銀一萬兩

謹將省河三廠應行條款列摺呈

電

計開

一鹽船到關顆粒俱歸官配毋得絲毫走漏其掃艙餘鹽亦俱儘

數配兌毋得存留以杜影射

一東滙關及督配艇各巡役水手人等向有打取更鹽准該船戶

按照賣價隨時折銀交給以資津貼工食不准顆粒取鹽

一埠艇配鹽人役向來每五百包抽鹽樣一包亦照該埠買價隨

時折銀交給作為幫補飯食不准取鹽

一南倉艇簰艇各行人役只領工食概不准藉端取鹽以杜流弊

一蝦春向係船戶自雇每包工銀三厘半已屬不少足資工食不准另索鹽觔如違拏究

一南倉滇鹽照例每正引一百包准抽三包不得多取

一各廠巡役務須晝夜查緝毋稍疎懈每日輪流派往看秤如有飛籌打斗及爬夜水等弊惟該值日看秤並各巡丁是問如有賄縱情弊立即革役嚴辦

一上河船配足鹽包之後迅即請照過關不准在沙罅沙頭等處開駁逗遛致滋夾私之弊

以上各款應請由運司示諭三廠東關嚴飭各行丁役一體遵照實力奉行倘敢視為具文陽奉陰違仍有藉端勒索等弊許該船戶人等指名具稟隨時究辦

謹將八月十一日至二十日止各埠共配盐一萬九千
零五十六包數目開列呈
電
連陽埠共配盐七千三百二十八包
封富埠共配盐三千一百八十二包
樂桂埠共配盐二千二百十五包
雄贛埠共配盐二千五百二十包
修荔埠共配盐九百五十包
中江各埠共配盐二千八百六十一包
存河盐船三十三號
約正耗盐四萬五千餘包

[redacted]

謹將查勘過三水清遠南海三縣圍基被水冲決寬深丈尺開列呈

電

三水縣

長洲社圍

清塘圍 兩圍共決口寬七十五丈深二丈六尺

魁岡圍 決口寬二十八丈五尺深二丈五尺

高豐圍 決口寬十四丈深八尺

石阪圍 決口寬十三丈六尺深二丈四尺

永豐圍

上梅埗圍

下梅埗圍

大良圍

鯰涌圍

鴉鵲圍

新村圍

古竈圍

白木灣圍

禾涌圍

大塱圍

樂塘圍

以上十二圍均被潦水漫溢

清遠縣

石角圍 下淩洲第十一段被水冲決寬四十一丈六尺深三丈八尺

南海縣

鼎安圍 附近塘口村之子竇決口寬一十丈一尺五寸深三丈五尺

射洲圍 東南角決口寬五丈三尺深七尺五寸西南決口寬一丈八尺深六尺一寸 東北決口寬五丈一尺深八尺西北決口寬九丈六尺深九尺五寸

琴沙圍 土名狗仔灣決口寬一十五丈深一丈一尺

仙跡圍 土名搖塘逕決口寬一十二丈深一丈現已堵築水基完好

豐岡圍 土名鳳岡村前基決口寬二十二丈深三丈

[redacted]

謹將奉委查勘桑園圍基段應修處所開列呈

電

計開

九江堡

榆岸圍基冲決十四丈

趙涌南頭圍基冲決二十七丈餘

龍津堡

岡頭涌五鄉基段冲決崩卸二十丈餘

簡村堡

二十七戶等基坍卸八十一丈餘內分元黃月盈暑字號

西湖村基坍卸四十餘丈

先登堡

飛鵝岡公基左右二翼冲卸三十九丈餘

甘竹堡

金花廟大沙村前獅頷口崩裂滲漏二十餘丈

麻州岡長洲下基雞公基卸裂單薄滲漏共二十

餘丈

以上各基段均係本年潦漲被冲危險圍衆俱用椿木

坭籮搶救暫資衛護現須翻築工程洵屬浩大此外

各堡基段多有應修處所亦飭令該紳士確實一

律估修理合註明

F.O. 682/279A/6(5)

P.1

各房承辦事宜開列於後

計開

吏房

一承辦

大人到任咨報到任日期行取二十四州縣各官履歷憲綱總書

一承辦三年一

大計取具各屬履歷事實冊填註考語會同直督具題

一承辦三年一

P.2

京察取具府屬各官履歷事實冊填註考語分別去留分

送吏部吏科都察院京畿道查核

一承辦欽奉

恩詔通行各州縣請領

封典

一承辦官員題陞調補主稿會同辦理

一承辦大宛兩縣正佐各官三年俸滿

一承辦捐納人員行查赴選

一承辦恩拔歲副各貢生驗看就職就教
一承辦舉人進士截取起文候選
一承辦選員給發文憑
一承辦
恩蔭人員查取册結送部
一承辦捐職人員行取清白册結驗照換限咨部
一承辦官員復姓歸宗丁憂告病起復等事
一承辦各衙門供事書吏行查取結著役

一各官承辦
陵工各差
恩詔加級紀錄老民一切事宜

戶田科

一承辦

耕耤典禮

一承辦具奏大宛等二十四州縣雨雪情形

一承辦奏報京城糧錢價值

一承辦大興宛平通州三河武清寶坻薊州寧河等

八州縣一切倉庫正雜錢糧

一承辦大宛等二十四州縣并遵化豐潤玉田三州縣召募

各壇廟夫役

一承辦大宛等二十四州縣并遵化豐潤玉田三州縣

採買各壇廟祭祀黑牛

一承辦大宛二縣供應經費橋道與工房會辦

一承辦大宛等八州縣在府控爭家產併旗民一切地畝事件

一承辦行查八旗失迷人口

一承辦咨追倉庫虧缺銀兩

一承辦大宛并東路六州縣一切入官房地各案

一承辦蝗蝻事件

戶鹽科

一承辦

上諭特交事件

一承辦各省咨查鹽法事件以及順屬二十四州縣鹽法事件

一承辦北路昌平順義懷柔密雲平谷五州縣鹹穀雜稅

并咨查家產出旗為民災賑蝗蝻事件

一承辦北路各州縣爭控戶婚田土呈詞事件

一承辦北路各州縣承追事件

P9

户糧科

一承辦恭遇

皇差准部轉行供應馬駝草束

一承辦涿州良鄉房山香河四屬錢糧併入官房地

一承辦大宛五城平糶米麥豆石併查禁興販囤積

一承辦查禁順屬二十四州縣踹麯私燒囤積米麥

一承辦各衙門召募各商併各行戶取結送部

一承辦太常寺募送菓行

P10

一經管在京各牙行經紀併在府接理事件

一經管在京錢行十二名

一承辦光祿寺等處召募供應

內庭豬鵝鷄行戶

一承追核減糧石等案

一承辦涿州良鄉房山香河四州縣各查家產災賑

蝗蝻并互控田產事件

一承辦內務府咨訪雜糧併武備院領趕皮張等項

P.11

時價

一承辦餧象稻草苫蓆堆垛價值等項銀兩咨部
支領給發商人備辦

一承辦巡查五閘漕粮并派委員帶役稽查偷竊

P.12

户雜科

一承辦本府各官俸銀俸米養廉併選員借支養廉

一承辦本府儒學滿漢廩膳生員廩粮米石

一承辦本府堂齋各衙役月粮銀兩

一承辦文會試供給銀兩事竣題銷

一承辦
皇差併軍需等差車輛

一承辦兩縣併錢行經紀具報錢價低昂長落事務

一承辦兩縣徵收行當稅銀編審奏銷與戶田科分辦

一承辦稽查南路七州縣錢穀事務

一承辦承追俸薪養廉銅鉛錢債等項

一承辦開採礦廠事務

一承辦違禁取利及誆騙等案

一承辦開設錢舖并關閉給發錢文一切官規與戶田分辦

禮房

一承辦鄉會試一切事件

一承辦進

呈春座一應事件

一承辦鄉飲事件

一承辦

題旌節孝事件

一承辦祈雨事件

一承辦普濟育嬰二堂事件
一承辦各州縣僧道陰醫等官事件
一承辦舉貢生監丁憂起復等事
一承辦舉貢生監詞訟等事
一承辦各壇廟一應祭祀造冊送部
一承辦各州縣新捐貢監取結驗照並按季取冊送部
一承辦各州縣起送太監并緝拏逃走太監

兵房

一承辦武鄉會試一切事宜
一承辦府屬快皂并各州縣快皂等役承充等項事宜
一承辦順屬驛遞奏銷錢糧
一承辦武職人員投供赴選并丁憂起復各項事宜
一承辦緝拏脫逃兵丁馬匹
一承辦四路廳捕盜千把外委兵丁選拔黜革等事宜
一承辦通州二十二州縣府考武童等事宜

P.17

一承辦稽查大宛通州等州縣各鋪司每月逐日遞送
公文有無遲悞

一承辦陣亡官員承襲難廕卹賞等事宜

P.18

刑房

一承辦遞發一切軍流徒犯

一承辦各項追贓案件

一承辦支領報銷府監囚糧煤炭

一承辦失火延燒各案

一承辦命盜賭博酗酒鬭毆等呈詞

一承辦訛詐婪贓受賄現審各案

一承辦通緝案緝逃人逃犯

P.19

一承辦軍流徒犯告孤留養各事宜
一承辦軍流徒犯捐贖罪名事宜
一承辦查封抄沒家產各事宜

P.20

工房

一承辦順屬預備
皇差沿途橋道火營柴炭冰䃌管押抬夫
一承辦大宛供應經費橋道與户田科合辦
一承辦耤田耆老
一承辦鑾儀衛校尉
一承辦咨追城工銀兩
一承辦每月三次報工部灰價

一承辦入官煤窯每月收課及招商開採事件
一承辦煤窯在府控理事件
一承辦本府及府內各官借廉修理衙署
一承辦修理府內溝渠並監獄房屋墻垣棘茨
一承辦提取歲修銀兩每年修葺府署
一承辦文武鄉會試修理貢院傢伙號舍搭蓋棚座等
項報部動用銀兩
一承辦在京各項祭祀應需蘆葦清理地面

一承辦本府及府屬領過部庫銀兩應行刷卷事件

工本房

一承辦繕寫題奏事件

一承辦領取本府應用新紅紙張

一承辦文武鄉試試卷用印

南北承發科

一承辦一切錢債現審案件

一承辦文武鄉試試卷用印

一承辦各舖戶買賣賬目不清

一承辦一切債務

一承辦捐欠租項增租奪佃

一承辦鄉試試卷印

一凡指物押借銀錢

p.25

值堂房

一承辦接收各處公文登號每日呈送

晝到

一承辦文武鄉試試卷用印

謹將四城門領發各處燈油數目開列呈
閱
計開
大北樓燈九盞
大北門燈九盞
小北樓燈九盞
小北門燈九盞
粵秀東台

粵秀西台
神安台　三共燈四十五盞
鑲白旂　鑲紅旂
正藍旂　鑲藍旂　每旂燈七十七盞
以上共燈三百八十九盞　每盞燈用油四両
每日統共用油九十七斤四両
三日一領共生油二百九十一斤十二両

歸德樓燈九盞
歸德門燈九盞
大南樓燈九盞
大南門燈九盞
文明門燈九盞
正黃旂燈三十五盞
正白旂燈三十四盞
正紅旂燈三十四盞
正藍旂燈三十四盞

鑲黄旂燈三十五盞
鑲白旂燈三十五盞
鑲紅旂燈三十五盞
鑲藍旂燈三十四盞
以上共燈三百二十一盞　每盞燈用油四両
每日共用油八十斤零四両
三日一領統共生油二百四十斤十二両
東城樓燈十三盞
東城門燈九盞
小南樓燈十三盞
小南門燈九盞
鑲黄旂　正白旂　每旂燈六十九盞

正黄旂　正紅旂　每旂燈七十四盞
以上共燈三百三十盞　每盞燈用油四両
每日共用油八十二斤八両
三日一領統共用生油二百四十七斤八両
西城樓燈一十一盞
西城門燈九盞
東西配樓
梓城樓　共燈一十三盞
四旂團練燈四十八盞
水師八段燈一百一十三盞
砲房十座燈十盞
以上共燈二百零四盞　每盞用油四両
每日共用油五十一斤
三日一領統共用生油一百五十三斤

運庫報单

八月二十九日收

正餉銀三百零八两二錢六分

襍欵銀九百九十四两二錢七分九厘

信宜縣觧鉄税等銀三十三两九錢三分八厘

奉行和平銀一十七两四錢在支西盐各房紙劄等項扣留

共收銀一千三百五十三两八錢七分七厘

支

憲台西盐各房紙劄等銀二百九十两除和平銀一十七两四錢外尚銀二百七十二两六錢

寔存銀一千八百两零六錢零九厘

運庫報单

七月二十三日收

正餉銀八百八十七两六錢六分四厘

襍欵銀九百一十三两一錢六分五厘

共收銀一千八百两零八錢二分九厘

寔存銀三千三百一十五两四錢七分三厘内

上任移交銀一千五百一十四两六錢四分四厘

御製詩

青陽序肇始兆庶力田疇藏種篘籠貯隔年堅粟收清香滿盈盎佳實浸汀洲三日秧針起從茲東作修

臣裕恩敬書

FO682/279B/3

御製詩

衣裳始工古教織自西陵考禮婦功重浴蚕績事興化生喜溫暖澣濯避嚴凝盈漾柴灰水勻齊時可乘

臣裕恩敬書

2

署按察使司理刑廳為移交事今將應領廉俸各款經

管各項公事書役姓名逐一備造清冊移送

查核施行須至冊者

計開

一衙內各樣器具均係自備向來惟有木炕床

一張舊印架一個公案一張公坐椅一張係歷

任流交餘無別物

一每年額設俸銀三十兩五錢二分係赴

藩憲請領 每兩領費銀七分按文即須扣辦

一每年額設養廉銀六十兩係赴

藩憲請領

一每年添撥公費銀三百二十兩按四季赴

本司請領每季計銀八十兩自二十三年 卸任

借修衙署銀三百兩稟准按季扣還銀七兩五
錢八扣平四兩八錢 每次號房送來給銀一元
一每月領給監內燈油銀六兩係按月赴 本司請領
一本監囚犯棉衣于九月間詳請 本司發銀十兩製造
一每年海豐縣移解充公租谷四十二石三斗五升三合六
勺折銀三十八兩九錢七分一厘接濟監犯口粮之
用向於七八月間備文移取
一額設提牢書辦一名發香山花縣兩縣工食銀給
為飯食紙筆之用
一額設督學一名工食自行請領另每年由各府
批解 本司轉發加增藥餌共銀一十二兩五錢隨
到隨給
一額設禁役十六名每年共領工食銀九十六兩

按四季預于季前具領由 本司移送 藩憲請
領每季僅發銀六兩
一額設皂役二名每名每月工食銀五錢隨同養廉
赴 藩憲請領
一本監犯人口粮每月赴南海縣移取
一本監內外安置大小太平水桶各十個每于九月間
赴南番二縣移取
一本監倉內外每月發燈油錢三千文
一向來隆冬捐大木水桶十個或二十個安置衙門
內外左右
一額設更夫十名在衙署內支更又南番二縣額
派更夫四十名在監倉內外支更三節每名賞錢
三十文
一額設廣協兵丁十五名至監上宿

5

一流交銀票一紙本銀八百七十一兩六錢一分五厘發交四家銀號生息按月支取盐課息銀十三兩零不准提本並無案卷票存内

一流交收取生息銀簿一本存内

一流交按月赴南海縣支監犯口糧米簿一本

一前藩憲何捐銀一千元詳明院憲移交建憲轉發商生息每年生息銀銀一百二十元酌議定犯人進監每日恤給口粮盐菜銀一分如有年老貧病者加賞銀三錢五分或七錢或一兩每年秉于秋審後造冊申領每領銀一兩給書辦紙筆銀三分

4

一每年秋審本司委員預提秋犯順供時每犯賞錢一百文委員亦賞

一每年秋審畢本司發銀四十兩管監家人及書後兵丁人等俱有賞封號房送來給銀三錢五分

一南海等三十州縣遞年解給代雇羈守司監禁役工食銀四百四十八兩九錢二分按季移解每季銀數

南海縣四兩八錢 無閏 存内

番禺縣四兩四錢 無閏 存内

東莞縣六兩 無閏 李陞領三兩餘存内

順德縣七兩四錢 無閏 劉昌領三兩餘存内

香山縣六兩六錢 閏加二兩二錢 提牢領

新會縣六兩 無閏 李彰載光同領

新安縣三兩 閏加一兩 存内

增城縣六兩 閏加二兩 徐江潘德同領

從化縣六兩 閏加二兩 何成領三兩餘存内

清遠縣六兩 閏加二兩 蔡福領四兩五錢餘存内

三水縣五兩四錢閏加一兩六錢六分 黄雄領四兩五錢餘存内
龍門縣三兩閏加一兩 存内
花縣五兩三錢八分閏加一兩八錢 提平領
新寧縣三兩閏加一兩 存内
連州三兩閏加一兩 梁佑領
陽山縣三兩閏加一兩 許升領
合浦縣二兩閏加六錢六分七厘 何成領一兩五錢 餘存内
化州二兩無閏 存内
欽州三兩閏加一兩 存内
5
靈山縣二兩閏加六錢六分七厘 存内
南雄州三兩閏加一兩 存内
始興縣三兩閏加一兩 存内
茂名縣三兩閏加一兩 梁佑徐分領
信宜縣二兩閏加六錢六分七厘 存内

徐聞縣二兩閏加六錢六分七厘 存内
遂溪縣二兩閏加六錢六分七厘 存内
海康縣二兩閏加六錢六分七厘 存内
石城縣二兩閏加六錢六分七厘 存内
吳川縣二兩閏加六錢六分七厘 存内
電白縣三兩閏加一兩 劉昌許升同領

一署内使用官封稟帖等項俱係自備

一新任及封印署内對聯發銀三錢六分本衙頭儀門堂柱監倉内外各處對聯發銀五錢俱交書辦買紙寫備給役粘貼

一新任及封印印箱布敕書花紅及頭門綵門布發銀五錢交書辦辦理

一每年三節賞書辦銀二元號房銀二元聽事銀二元頭門看役銀一元把衙銀一元其餘各役每

6

名俱賞銀三錢

一號房每日添給飯食錢六十文

一本衙東邉搭蓋舖屋一連四間每年收地租銀四元銅錢二千四百文以脩 福神功德之用

一本衙後墻有住屋七間每月共收租錢二千九百文發監倉燈油之用向交聽事收支

一本衙大轎班四名每月共發工食銀 十二元

三節賞銀二元

一每年七月半起度功德 內捐銀八元此欵自嘆吏滋事時免

一本衙二月 福神誕 內捐銀四元即将舖租支發

一監道羣房四十八間除厠所及倒塌外寔四十六間

內除獄神福神灯油二間 監倉盤香掃把收封臘燭等用一間兵丁二間南番更頭二間書辦三間

禁役二十二間寔存繳十四間計

東面巷羣房十一間內

南頭起第一間租錢一百五十文 梁佑收繳

第七間租錢一百五十文 戴光收繳

南面巷羣房十二間內

東頭第十八間租錢二百五十文 黃椎收繳

西面巷羣房十間內

南頭起第二間租錢一百五十文 徐江收繳

第三間租錢一百五十文 潘德收繳

第四間租錢一百五十文 蔡福收繳

第五間租錢一百五十文 何成收繳

第七間租錢一百五十文 劉昌收繳

北面巷羣房十三間內
東頭起第二間租錢二百五十文　許升收繳
第六間租錢二百五十文　潘德收繳
第八間租錢二百五十文　潘德收繳
第九間租錢二百五十文　何成收繳
第十間租錢二百五十文　黄椎收繳
第十三間租錢二百五十文　劉昌收繳
一每年九十月間　本司委查監獄積案差使二次俱與經廳分辦向章經廳分廣肇等屬本衙分潮連并屬二十六處約可收銀三百餘元
一每年三節南海番禺東莞順德香山新會增城新安新寧清遠三水從化龍門花縣海陽潮陽澄海羅定東安西寧高要開平新興恩平鶴山歸善海豊永安博羅嘉應乳源茂名并州縣向有節禮致送近來每節約收銀二百餘元
一年節與經廳公送　本司水禮十色不收帶送門禮收四色小封各約二元
一年節賞封兩院值堂各一元茶號各三錢頭儀門把衙各二錢　藩憲茶號把衙各三錢門房儀門各二錢　本司茶號把各一元門房頭儀門各三錢　運道茶號各三錢門房把衙儀門各二錢至接印到任喜慶事宜每次號封一百文止　督撫藩臬運糧道六處其餘俱不須給

一三節坐省處送各州縣禮及差使程儀每元
給力錢十文南番派家人送南海四錢番禺三錢
一本司衙門二月福神誕五月關帝誕均與經廳公
祭演戲每次約派銀八元零
一南門老將地保舖司每節各賞錢一百文

8 EHD

署按察司理刑廳今將本衙書役姓名逐一開列移送
查核施行
計開
提牢書辦一名
馮和
禁卒十一名

劉昌
蔡福
黄雄
李彰
戴光
梁佑
何成
許陞
徐江
潘德
李陞

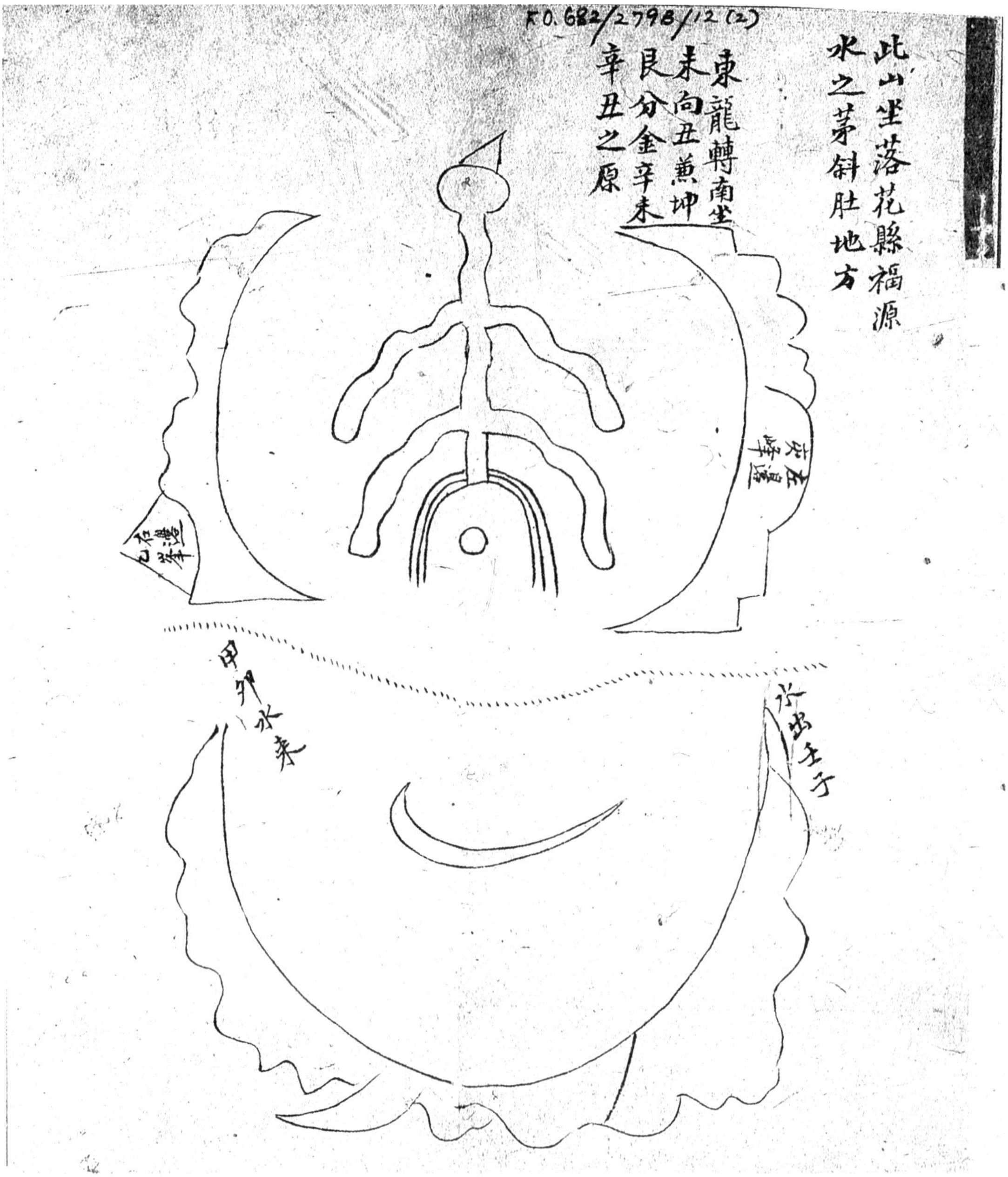
FO.682/2798/12(2)
此山坐落花縣福源水之茅斜肚地方
東龍轉南坐未向丑兼坤艮分金辛未辛丑之原
左邊亥峯
右邊巳峯
甲卯水來
流出壬子

F.O. 682/289/5(11)

逕啓者昨右
貴署相晤提及鹽務一節本大臣擬將來文送回
親覽
以期尊酌謹承
貴大臣依議合將
來文一件按約送回希
貴大臣查照爲幸此請
日祉
名另具 六月初十日
文大人

一運司衙門收捐潮橋鉠餉及自行加捐各欵未能核實彌補溯查道光拾玖年拾壹月內奏准更定潮橋鹽法考成設法補苴案內運司每年將應解藩庫作為地方公用銀肆千餘兩又白鹽加價項內提出捌拾兩撥補鉠餉此外再應加捐銀肆千貳百兩又應收通省鹽務埸員匀攤捐補銀壹萬叁千餘兩合共遞年應歸運司衙門籌補鉠餉正雜銀貳萬壹千貳百捌拾餘兩今運司每年祇將應解地方公用銀肆千零零貳兩有零又提白鹽加價銀捌拾兩二共銀肆千零捌拾餘兩移解藩庫指定年分湊解潮橋鉠餉其潮橋柒埸每年應解匀攤捐補銀約叁千餘兩向由運司就近在於應給晒價項內按包扣收留補支發廒工雜欵外其餘每年收捐及運司加捐共銀壹萬肆千貳百餘兩並未撥補潮橋鉠餉究竟作為何項開銷未奉明文可否由

[redacted]

謹将本月十一日起至二十日止各埠共配盐三萬
八千七百六十五包清数開列
呈
電
西柜 臨全埠共配盐五千七百三十一包
北柜 雄贛埠共配盐一萬五千五百七十一包
連陽埠共配盐一萬一千九百十一包
西柜 百色埠共配盐二千八百七十包
修荔埠共配盐一千零五十包
中柜 封富開賀埠共配盐一千六百三十二包
存河盐船四十三號
約正耗盐六萬八千餘包

標下廣州城守副將濟山敬稟者十一月十七日據署右營守備孫東暘稟據署千總屈大光稟
據記委鄭國芳稟稱十七日申刻時候聞清水濠吽喊登即督兵上前截獲搶犯俞亞照一名
玻璃小鏡一個銅錢一百文等情到署千總當詢據該犯自認行至清水濠地方見搬遷各物起
意搶奪玻璃鏡一個銅錢一百文不諱合將該犯連鏡錢等物稟解等由轉解到 卑職 據此
除將該犯俞亞照一名連玻璃鏡銅錢等物解交總局查收飭審并令該員弁仍加緊偵緝務
期有犯必獲外合照轉稟伏候
憲臺察核謹稟

十一月 六 日稟

謹將本月初三日告狀人姓名事由列摺呈
閱

監生賴天宝	係寉山縣人 抱告陳三	告徐六等盜契	新案
鄉賓卯材	係番禺縣人 抱告卯清	告黃璿等佔坦	舊案
李華英	係開平縣人	告李棹英等霸業	新案
舉人盧文威	係新会縣人 抱告馬诚	告陳廣慶翻控	舊案
曾和逸	係南海縣人	告梅瑞賢欺隱	舊案
渡夫黃建友	係寉山縣人	告易餞[illegible][illegible]充	舊案
監生梁敏修	係高明縣人 抱告梁勝	告朱士聰推築	舊案
職員徐元薰	係和平縣人 抱告徐忠	叩乞委員辦賊	新案
何杜氏	係東莞縣人 抱告何福	告何西園挾陷	新案
職員霍永昌	係南海縣人 抱告霍安	告黃希聖霸陂	舊案
職員李大雄	係從化縣人 抱告李義	告張亜文踞耕	新案

謹將東滙關到船配盐及存河盐船各數開列旬摺呈

電

計開

八月下旬共到船四十隻計程盐一萬七千八百七十包

本月上旬至此共到船五十六隻計程盐二萬五千二百六十包

本年六月至此共到船九十一隻計程盐四萬三千一百一十五包

八月下旬共配盐二萬八千六百零八包　計清艙船二十七隻

本月上旬至此共配盐六萬二千七百六十六包　計清艙船五十八隻

本年四月至此共配盐一十三萬八千零二十七包　計清艙船一百七十七隻

舊管上旬下河存船四十五隻

新收本旬到關船四十隻

開除本旬清艙船二十七隻

實在存下河未青艙船五十八隻

謹將西柜各埠已請照未發照塩包數目開列呈

電

計開

臨全埠商李聯發等八月十二日請照塩九千九百廿六包未發照

百色埠商石友村九月初四日請照塩一千七百包未發照

謹將各屬溢坦初次起租稅数分别列摺呈

電

計開

南海縣共溢坦稅一頃五十四畝五分四厘四毫一絲八忽內

每畝初次由四錢起租共稅五十四畝

由二錢以上起租共稅一頃零五分四厘四毫一絲八忽

番禺縣共溢坦稅五十五頃二十一畝四分七厘六毫內

每畝初次由二錢起租共稅二頃

由一錢起租共稅五十三頃二十一畝四分七厘六毫

東莞縣屬共溢坦稅一百三十五頃四十一畝六分六厘內

每畝初次由四錢起租共稅四十五頃二十五畝

由二錢起租共稅五十一頃六十六畝六分六厘

由一錢起租共稅三十八頃五十畝

香山縣共溢坦稅一千二百一十五頃七十二畝二分七厘九毫六絲五忽三微內

每畝初次由四錢以上起租共稅一百零六頃一十三畝九分三厘一毫六絲三忽三微

由二錢起租共稅二百一十三頃一十八畝五分五厘六毫八絲

由一錢起租共稅八百九十六頃三十九畝七分九厘一毫二絲二忽

新會縣共溢坦稅二百六十三頃九十八畝五分三厘一毫六絲四忽三微內

每畝初次由二錢起租共稅八頃六十九畝零六厘八毫

由一錢起租共稅二百五十五頃二十九畝四分六厘三毫六絲四忽三微

新甯縣共溢坦稅二百三十九頃三十七畝七分四厘四毫零七忽五微俱係每畝初次由一錢以上起租永為定額

以上每畝由四錢以上起租共該稅一百五十一頃九十二畝九分三厘一毫六絲三忽三微

二錢以上起租共該稅二百七十六頃五十四畝八分二厘八毫九絲八忽

一錢以上起租共該稅一千四百八十二頃七十八畝四分七厘四毫九絲三忽八微

大共該溢坦稅一千九百一十一頃二十六畝二分三厘五毫五絲五忽一微

呈 臬憲稟
進清摺恭照
錄一分送上
察覽合附稟明

稟 臬憲摺稟錄 呈

三水縣近無案件該縣巳晉省 高要縣河面近今間亦無失事
大案 新興朱令到任後雇壯勇三十名此項壯勇歷任未設今
該令雇募似係整頓捕務起見惟查十一月初二日天光土人云天光者即黎明時也
離城三十里之迴龍圩葉姓福順當舖被賊多人搶掠得贓事
主喊全村家追捕不及即出花紅每名送獲給錢五十千文聞巳獲
犯八九名內一犯古姓巳認得贓四百兩餘亦有認有不認該圩係陸
路與新會東安高要恩平連界故易逃竄難以全獲陽春
水路無港汊分歧賊匪托足之患陸地亦無聞失事 陽江水路洋海
居多有無失事一時難以查詢得寔陸路青湖至電白五篮

地方行走二日半未聞盜警該縣朱令開在府城莫交代尾
款嗣事竣於十一月廿四日由府回縣　電白縣有無案件容
再查明另報　再一路如新興陽春陽江電白等邑有小
標館見於店鋪中然數目輸贏開止數百文而止與前禁省
中標廠不同

又夾單稟

敬稟者卑職奉
藩憲委赴高雷廉所屬守催交代赴
轅叩辭面奉
大人鈞諭飭令卑職順道查訪各地方有無失事能否安
靜列摺稟覆將稟件封入
藩憲申文內轉達等因卑職遵即在省起行於沿途
停船住歇時留心查訪起早行走日向店鋪諸人
查問茲將大概列摺呈
電此外各邑容到後查詢另稟再交代事宜如電白
一縣已造冊結報矣合并稟
聞專此云云

FO.682/327/3(46)

謹將卑府所屬州縣未結交代逐案查明已算未算及現辦情形連到任後
催據結報各案開列簡明清摺呈
電
四會縣朱旬霖接收馬庚生交代一案已據會同監盤算清除馬令自認已解税羨
及本缺彌補外尚有馬令自認解大興等圍耔種基賓費共銀四千九百七十

餘兩至今未解又短交銀一千四百餘兩亦未交還函札頻催馬令雖稟稱赶
為清楚仍屬延宕致未結報
陽春縣陳鼎接收丁曰生交代一案此案先已參辦因丁令家產盡絕無可着追已
由前府撥項及現署縣設法彌補倉庫雖已有着惟有應解
部款尚未清解現在勒催措解結報
陽春縣吳炳接收陳鼎交代一案此案參後全完先經結報因越任駁回容催令挨次結報
陽春縣陳其昌接收吳炳交代一案因前案未結致未來郡會算詢據陳令面稟
業已算明現飭催交收挨次結報
鶴山縣徐良梅接收趙萬年交代一案已經算明因趙令認解短交共銀三千餘兩
尚未清楚未能結報要札飭勒催交清至今未完
鶴山縣謝萬齡接收徐良梅交代一案徐令奉委解餉致未會算其庫摺彼此簽
商未有定數現面催謝令與該家屬算明昨據監盤面稟其兩處友人均定于
月初到郡會算自可赶緊算結
新興縣孫成彥接收夏承煜交代一案業已算明據稟夏令尚短交銀五千一百七十

餘兩至今未清札函頻催夏令欲將高明任內豁免民欠之欵劃分作抵為浥彼

注兹之計周折不清意存延諉後應當請札調來郡會算查高明豁免一

項先批監盤議將捐存銀一千三百七十五兩零給遞夏令抵充新興交款惟給遞

夏令則許令交代欠欵又屬虛懸無着必俟高明各案核清方能定議合註明

陽江縣朱庭桂接收李銘交代一案會算已久批稟李令短交庫項銀六千九百餘兩札

函頻催李令在省置之不理朱令利其未清藉詞推宕一切應解之欵久不完解

現因別案札調朱令來郡亦不來郡

高明縣許振身接收夏承煜交代一案業已會算交清尚有認解銀四百三十八兩

五錢未批完解又有捐存豁免民欠一欵夏令屢次爭執先經監盤核議劃分

銀一千餘兩而夏令猶為不足以此抵制新興交案周折不清惟有稟請札調

夏令來郡算明

高明縣張書壐接收許振身交代一案庫項已算明短銀八千餘兩倉穀亦已盤

竣計鈌穀一百一十九石五斗照交代章程折價併入庫摺總算再許令高明交

代短交之銀內有豁免民欠府米一項原可儘數彌補無如夏令固欲多分以抵

制新興交代，即張令亦因自虧不少，意圖劃分補苴，現已札調張令來郡另行核算。

高明縣王文鼎接收張書塈交代一案，因前案積壓，尚未會算，現已札調張令俟其來郡會同王令及監盤算明，催令赶緊交清結報。

以上未結交代共十案

高要縣趙亨衢接收許振身交代一案，現已算明，出具總結，即可造送册結。

恩平縣陳泰接收汪南培交代一案，於本年七月十八日結報到府，即於二十一日核明申繳。

陽春縣丁日生接收吳炳交代一案，於本年六月初六日由現縣造冊結報到府，即於初八日核轉。

德慶州萬時喆接收馮晋恩交代一案，於本年六月十五日結報到府，即於十九日核明申繳。

開平縣冒芬接收梅占元交代一案，於本年七月十一日結報到府，即於十四日核明申繳。

廣寧縣馬映階接收童光晋交代一案，業已算明，交收清楚，出具總結呈繳，現飭催將應解 部款赶繳，造冊申送。

開建縣鍾斷敬接收金琛交代一案，業已算清，出具總結，現飭催造送冊結，詢之鍾令，據稱並無未清 部款。

以上七案均 卑府 抵任後催批交收清楚，結報核轉。

另高要縣許振身接收瑞寶交代一案
鶴山縣趙萬年接收徐良梅交代一案
以上二案冊結已由前府核轉因
部款未清致未詳咨現已飭催完解
再查高要許瑞兩令交代許令已受虧不少此外瑞令任内有應解税羨耗米
盈餘銀五千三百餘兩係瑞令自行認解並未列交乃瑞令丁憂將前項移交
南海史令代解未及批解交卸移交現任張令至今未解以致本案交代雖已
結報因部款不清致稽詳咨理合登明

FO.682/327/5(35)

家殷實方許承辦非同別埠之有五商保結即可承充在曾商人承辦時
六總商既已具有保結此時伊有虧欠責其代償未嘗不順且平櫃係公所之埠
如公所趕際召有商人固屬妙事否則飭令六商公捐資本邀友代辦不許
其將此埠歸入懸蕩為地方起見在公所亦難推諉如公所既不能召商復
不能自辦則惟求運憲飭令行銷平櫃埠引之州縣各召各之土人試
辦或一年或二三年俟有成效再行承商如此分辦似易為力

不齊難以預料至於食物之事但需用有或豐或儉
之時物價有或長或落之別且食物有或有或無之
際以此更難先為擬奪惟車轎夫役等價亦恐值
道路之雨雪價值之增減以及適遇大兵過境之時
車轎夫役均屬無暇以致預備不週此事有敝州
主大老爺派役管理非 住持所能措辦且事事以
銀易錢而敝州之銀價亦係每日街市錢商現行作
價是以礙難預定統俟

P.1

再啓者何大令慶齡渥荷
提撕疊遷令秩感何如之尚希
恩始恩終一枝之棲早得緣渠尚有老
親景況蕭條得隴望蜀當荷
鑒原又啓

P.2 end

度支者抱切杞憂也賴孱軀猶適
如常精神亦仗耐勞足紓
注念肅請
台安並頌
春禧不宣

友生文慶頓首

F.O. 682/327/9(2)

東莞大人升

內函印呈

應銳田頓緘

華十月初八日壽

F.O.682/327/9(2)

書籍歸數因而裝書目共若干本造成一薄送

電鑒君籍淵川

閱歷法書七奉（飛雲閣刻本）

聞覽請　應龍留而存

葉十一月初旬有未到呼

對安　錄好書意

附呈清單什物單書籍若一紙

馨元生前王此處同收

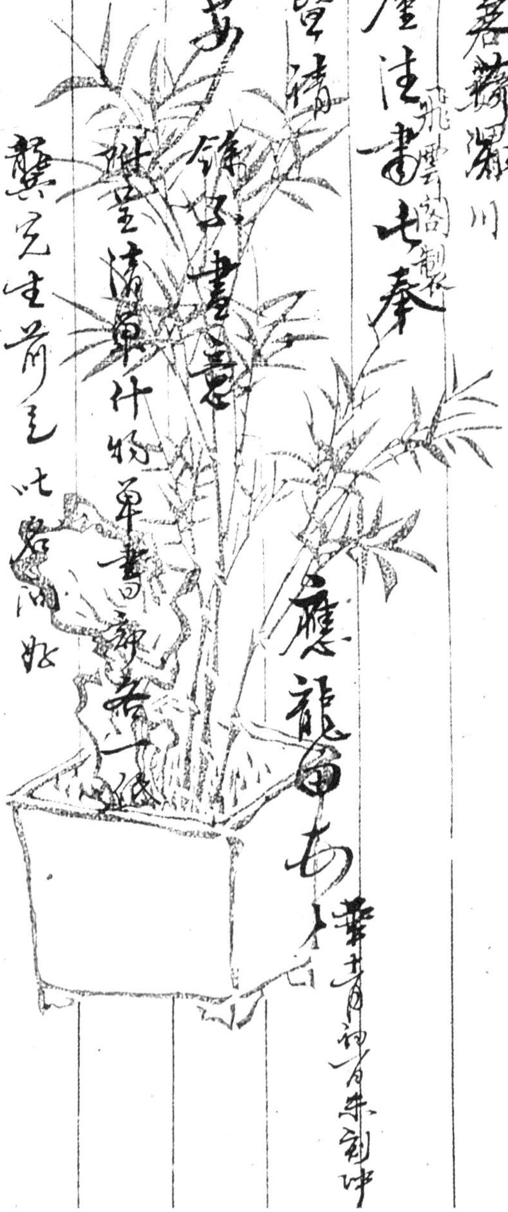

1

F.O.682/327/9(3)

竹簡五通

蘭儀遠隔正深依系接奉

訃函驚悉

年伯母大人僊馭離塵殊為駭惋素諗

琢如仁兄年大人夙秉義方驟膺大故劬勞追念哀

痛倍常惟是

P.1

年伯母大人壽享稀齡躬膺

寵誥況

2

仁兄年大人樞垣贊績

楓陛承恩

F.O.682/327/9(3)

P.2

晉擢方隆

顯揚未艾務冀

節情以禮毋過感傷曷勝切禱弟遠羈職守親醊

未能欵仄之私筆難盡罄謹具賻儀二十金聊

展辦香之敬惟希請陳。
靈右是荷專泐布唁
孝履諸祈
珍衛
囑致各信當即分別交寄矣統惟
詧照不備
年愚弟葉名琛拜啓

P.3 end

丙辰
壬辰
庚辰
甲申

惠函備承
唯注藉悉
崐臣中堂勲崇節鉞
望重股肱
元老壯猷樂
金甌之譽協
長城奏績拜
玉陛之

謹將本月十八日告狀人姓名事由列摺呈
閱

屍母黃亦氏	係番禺縣人 抱告黃·升	告陳超色訟	新案
監生鄒耀高	係龍川縣人 抱告鄒松壽	告許亞声播弄	新案
監生譚文開	係從化縣人 抱告譚昌	告梁殿卿私墾	舊案
李余氏	係澄海縣人 抱告李七	告蔡龍搗揑	舊案
生員梁兆麒	係高要縣人 抱告梁忠	告陳超元誆搶	舊案
當商黃復興	係番禺縣人	叩乞註銷當照	新案
監生余德立	係新寧縣人 抱告余興	叩乞俯准退佃	新案
麥瓞廣	係順德縣人	告黃同興揑陷	新案
職員彭蔭堂	係三水縣人 抱告彭清	告黃直氏匿審	舊案

豐年歌

聖朝天子重農桑丹鳳銜書到海疆擁節大臣宣德
意耤田開處麗春陽
六合清寧時雨暘龍旂晨正驗農祥碧畦綉甸東郊
暖勸勸春耕答九閶
先農壇畔集鸞凰擇日占風禮數詳北望三推親歷
畝青旂高拂五雲光
春原小隊肅分行粵秀山前草木芳翻起一犂香土
歎田歌傳入水雲鄉
成羣簑笠盡村庄布穀春中曉氣涼看罷九推歸去
早好乘新雨插新秧
種戒乘時芟柞忙村村饁婦競提筐來年率育勤農
事試誦豳風七月章
珠海潮生滿碧塘溉田早卜歲豐穰水車秧馬時收
拾會見秧禾壓隴長
和風甘雨潤炎方紫荔紅蕉六月香瑞穀生來多九

穗先春玉粒貢神倉
逢年爭祝滿倉箱萬寶乘時好築場飽喫田中新熟
稻大家擊壤詠陶唐
聖朝鉅典重農桑擊鼓吹豳遍遠方犂雨耕雲田畯
喜芃芃行見黍苗芳
肅肅春郊翠幕張東風萬里布春陽海疆同愜深耕
願早向先農炷瓣香
悠揚鼓吹出東方父老讙呼擁道旁乍見青紘躬耒
耜預占綠野富倉箱
獵獵青旂繞綠楊珠瓔寶馬自成行手携嘉種從容
布還似神仙跨五羊
短笠青蓑映曉光耕夫齊擁出犂旁一尊勞酒同沾
醉遙望大田雨露香
杏花菖葉漫匆忙海上班春別有方時雨一犂新社
後木棉花赤荔花香
潮來春水漲橫塘榕樹村中短犢忙趁此炎方禾再
熟新茶未出早分秧
海濱生計重開荒儘把勤勞答上蒼遍鑿蘆洲成沃
土魚遊鶴影水中央
勸農恩禮倍尋常竚見郊原歲歲穰南陌東阡催社
鼓畢羔朋酒頌無疆

廣州府學

蕭龍韜　葉如南　陸平章　袁萬年

何兆魁　陳清榮　盧殿棱　盧殿傳

關崇韜

南海縣學

潘鴻光　黎嘉榮　陳夢熊

番禺縣學

李彤書　衛佐清　孔繼忠

東莞縣學

李子濃　袁岐鳳　陳榮建

李治芳　劉兆元　王懋寅　尹應元

順德縣學

麥龍安　梁元彪　何超　何步瀛

歐陽　何朝安　關兆麟　歐陽俊

歐陽安　何朝光

香山縣學

鄭國祥　吳鎮中　陸朝安　鄭榮彪

何志光　賓元棟　麥殿祥　高騰驤

高楨祥　趙鎮邦　李沾春　李國安

黃椿榮　黃國光　關世忠　韓榮恩

新會縣學

林驥　李朝林　容義蓀　李子超

何士安　陳龍光

增城縣學

陳俊章　茹晃

新寧縣學

甘憲章　蔡燦江

新安縣學

鄭炳曜　麥大鵬　陳錦泉　黃啟文

清遠縣學

陳龍芳　宋智光

花縣學

畢騰驤　丁錫獎　溫廷彪
惠州府學
陳治昇　蕭冠超
歸善縣學
邱德龍
博羅縣學
姚鳳章
河源縣學
陳連威
潮州府學
方保邦
海陽縣學
姚玉衡
潮陽縣學
鄭秉鈞
揭陽縣學

林步瀛　許捷元　孫廷科
澄海縣學
陳靄龍
饒平縣學
王三重
肇慶府學
李雄韜　何連元　歐龍驤　鄺其炳
高要縣學
何永貞
陽江縣學
林拔元
新興縣學
陳泰祿　歐定邦
高明縣學
伍滄然
四會縣學

黃馨芳

開平縣學

何飛熊 司徒騤 關漢騫 關其表

關飛鵬

恩平縣學

馮保鏐 梁和鈞

電白縣學

謝赴元

雷州府學

王錫鋼

瓊山縣學

陳丹心

文昌縣學

韓薇

羅定州學

唐連超

連州學

馬雄陞

嘉應州學

李林森 王龍光 徐應龍 張佐邦

徐鵬飛 陳經元 陳嘉言 廖鴻烈

熊琛

長樂縣學

魏佐邦 廖勇夫

平遠縣學

林少棠

鎮平縣學

賴登龍

旂籍

倪鳳詔 曾明高 陳淦 張金玉

張煜 王開喜 韓能源 都遠龔

江興瑞 孔荷維 許朝霖 存英

富克精阿 伊勒敦布 恩永 國亮

毛殿槐

朝審勾到名單

朝審新事服制一起一名

廣東司

一起絞犯疊歷海照三鈺　違犯教令致母自盡

朝審舊事常犯六起九名

浙江司

一起斬犯常受　比依偷窃大内乘輿服物

陝西司

一起絞犯閆兆登　搶奪逾貫

山西司

一起絞犯曾雩即詠旺　盜内府財物

雲南司

一起斬犯秀崑、惠淋、鈺來、松凌　均監守盜倉庫錢糧

山西司

一起絞犯城鈺　宮闕失火延燒

一起斬犯崇淇　照監守盜倉庫錢糧

朝審新事常犯三起三名

浙江司

一起絞犯王洪覓即王大　奪犯傷差

陝西司

一起斬犯李得岐　謀殺

山東司

一起絞犯姚金官　誘姦十二歲幼童已成

總共十起人犯十三名

閱

謹將本月初八日告狀人姓名事由列摺呈

生員黃國梁	係新寧縣人 抱告黃〻	告馬應宿翻案	舊案
監生羅著勳	係長寧県人 抱告羅安	告鄧毓軒謀奪	新案
渡手余英	係南海県人	告周友順搀渡	舊案
[illegible]麥行方	係順德県人	告蕭秀再跳欠	舊案
㐌佃鄭台	係香山県人	告李逢春踞田	新案
巡丰李毓	係東莞県人	告盧煥跳欠	新案
舖兵林廷雲	係長樂県人	告陳而清短給	新案
孀婦黎馮氏	係順德県人 抱告馮清	告黎榮斯栽陷	新案
堡正呂濟清	係新会県人 抱告鄧升	告乞提釋撤封	舊案
鄉丞吳以選	係新会県人 抱告黃福	告潘範堂誣控	舊案

謹將本月十三日告狀人姓名事由列摺呈
閱

孀婦陳葉氏　係南海縣人抱告葉光　叩乞詳咨銷餉　舊案

黃敬齋　係龍門縣人抱告黃亞明　告葉耀棠圖佔　新案

生員鄭玉燁　係福鼎縣人抱告李帷春　告崔正義謀吞　新案

關成龍　係開平縣人抱告關良　告司徒開簡擺控　舊案

翁忠正　係惠來縣人抱告翁順　告林阿遇盜賣　新案

候委訓導葉自觀　係合浦縣人抱告張和　告夏健聳陷　舊案

監生任善　係平樂縣人抱告任安　告劉景秀吞欠　舊案

孀婦王張氏　係上虞縣人抱告余福　告蔡文綱負欠　舊案

謹將本月初三日告狀人姓名事由列摺呈

閱

職員練必達　係歸善縣人　抱告練福　叩乞飭縣集訊　舊案

生員謝俊　係番禺縣人　抱告謝福　告卯材等佔坦　舊案

職員馬順祥　係順德縣人　抱告崔陞　告鄒之玉抗欠　舊案

鄉賓卯材　係番禺縣人　抱告卯清　告黃墻等佔坦　舊案

蛋户彭廷漢　係德慶州人　抱告彭安　告謝緝全佔埗　新案

賴仁端　係英德縣人　告謝家麟佔山　新案

張廷光　係陸豐縣烏坎鄉粵海關稅廠內管事人

查陸豐縣民人控告各案開列於後

五月初八日

據謝陳氏呈稱伊夫謝亞桃被烏坎鄉張廷光主令擄捉

酷勒一案

又據林亞八呈報伊姪林亞港被烏坎鄉張廷光等截途

強搶一案

五月二十三日

據徐陳氏呈稱伊子徐亞鑑被烏坎鄉張廷光主令擄勒坐

地分贓一案

又據新墟衿耆鄭毓敏等聯呈公稱被烏坎鄉張德威

即廷光主令擄刦一案

七月初一日

據李林氏呈報伊男李日深被烏坎鄉張廷光鳴鑼主

令碎屍一案

[redacted]

試用藩照磨陶復馨係試用藩經歷陶復譓之同祖
堂弟向不迴避嗣奉行定章應迴避同府陶復譓于
服闋起復文內聲明奉
部以該員等同衙門令陶復馨迴避改掣他省該員
復馨因資斧尚未措就致未請咨改發令奉行新例
內開胞兄弟同官一省除統轄全省之道員仍應迴
避外其餘道府以下各員子弟准其一體捐免迴避
仍不准補同屬之缺及在同屬當差等因其共祖弟
兄舊例應迴避同屬者並未議及按舉重賅輕之義
胞兄弟既准同官一省則堂兄弟儘可同在一屬當
差查藩經與藩照雖同衙門並無考核糾參之責與
統轄之道員不同況該員與堂兄陶復譓均係試用
人員補缺無期本班又係孤缺委署不易粵省委署
章程向與府經縣丞合班輪用委署府經縣丞等官
即謂舊例應迴避同府新例無捐免明文似不妨于
委補到班時令官小者迴避同屬之缺以符舊制而
免向隅應否仍准該員陶復馨留粵試用抑或咨請
部示之處
恩出
憲裁

接充會隆行時是我加保他虧欠餉銀并積欠夷人銀两我都知
道的至鄭崇謙怎樣聽從夷人吳士琼代辦行務我不知道
我實因總理不善以致虧欠又並無有不法别情現蒙查封家
產也沒有隐匿寄頓的事求開恩
據吳士琼即吳亞成供年三十八歲香山縣人父親吳仲年六十四歲母
親韋氏年五十三歲弟兄二人我居長有妻鮑氏兒子三個名喚
亞平亞青亞佐女孩二口我畧曉夷語嘉慶三年有夷人味吐
哈顧我帮工嘉慶九年又有夷人喝啉吱顧我帮工至十二年
我用吳士琼名字由俊秀在本省报捐監生十四年十二月内有嘆
咭唎喇咈大班因會隆行商鄭崇謙欠賬過多又不會經理
恐其不能清還情愿代本銀商同鄭崇謙邀我代鄭崇
謙管理行務仍用會隆行名收賣貨物扣得用銀每年
給我工銀三百員每月給鄭崇謙火食二百五十元餘銀陸續
扣還舊欠俟舊欠扣清仍把會隆行交還鄭崇謙管理
我應允到行替他管事另刻盛記字號圖章十五年二三月喇咈
給我番銀三萬八千餘两定買安徽茶客洪全泰松蘿茶八千
五百箱又給我嗶叽三萬四千疋作番銀廿二萬餘两定買福建
江西茶葉四萬零八百箱都立有定单就盖用我刻的字記
約十月内茶葉到扣除定銀找清價銭喇咈又給過我番銀
三千餘两做行中零用不想就被訪聞拿獲解來的當日夷
人喇咈們因鄭崇謙積欠過多恐他們欠項無着又因我曾
受顧帮工說我誠實故此愿出本銀商同鄭崇謙邀我代
管行務希圖扣清積欠那夷船出入有海關盤查嚴密寔沒
有串同收買違禁貨物并走私漏稅的事求開恩

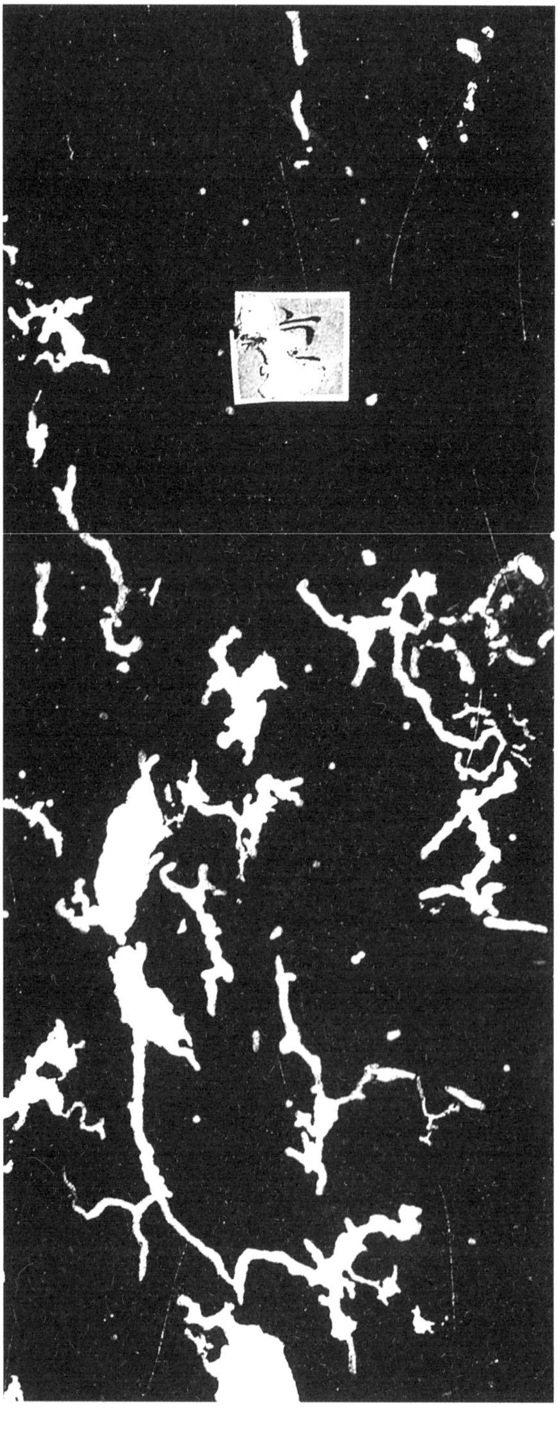

具禀嘆咭唎國夷商喇咈等禀請
兩廣總督大人萬福金安敬禀者十三行夷館外近有華人款
在行門外蓋搭篷寮擺賣什物原向來未有誠恐
來省與其招事及防惹火危貨在行內還恐這些必
有匪人偷盜等情前經面禀
廣州府憲　南海縣主未蒙准辦再者有澳門挑
夫自秉權取無節之工錢如夷不順之即亂進行鬧
起來現本公司夷商搬屋自用館內工人搬運後忽有
澳門挑夫直與該夷討取工銀夷忖館內工人搬運何以
挑夫强行討索又非向例未有給發詎料挑夫恃頑
入該夷屋將打之如此强行索勒甚非守法必有關係
未便夷等禀請香山縣未蒙查察原此此微

之事杰不敢瀆稟
大人懷柔外內惟誠恐違闕[illegible][illegible][illegible]力在伯出情形幸
矣現只得歷稟白求為轉飭察辦俾商等獲[illegible]之
安則感
恩德不淺矣為此再起
兩廣總督大人臺[illegible]察奪方[illegible]
行

嘉慶廿五年二月初 日稟

F.O.682/68/1(7)

暎咭利國大班嚂嘩咂稟請

兩廣總督大人萬福金安切嚂等於九月初一日接奉

大人鈞諭隨於初二日業已稟覆惟至今未曾見批下止係　香山縣左堂

周太爺到咪呧喇咈家裡要同咪呧喇咈言及嚂等所具

大人之稟帖但咪呧喇咈見身居二班之分不敢自言及該稟之理所有

諭批皆應傳到大班寓所纔合規矩於十月初一日嚂浼洋行商代稟

海關大人求批牌給咪呧喇咈等上省惟　海關大人不准出牌緣

大人不准故也嚂於九月初二日具之稟稱及十五年會隆達成兩間行者無非

欲

大人明見當時的章程並非有不好處以為

大人無有不准咪呧喇咈上省之理但未曾蒙此恩故現再稟其事並將

嘉慶十五年六月初一日進　撫臺韓大人之稟與六月二十一日進　制臺百

伏人之稟除此兩稟外尚有餘稟存留今僅將進　韓百大人之兩稟稿

恭呈臺前懇

大人施恩電鑒便知當時設章程之寔故吳當時的章程爲衆洋行商

所知而允肯的又前任　海關常大人接衆商面稟是情亦蒙允准去

辦又我們已將該事之詳細本末稟明本國大憲後接奉回文言我

們所辦那些事爲狠是的味吔喇咈與大班及英吉利公司各位一

體奉本國大憲之命理我們在粵東的貿易味吔喇咈與大班應同協

辦不得分開彼此若是

大人不准味吔喇咈或公司容辦身分之事即是不准大班辦身分之事

一個理兒俾息兩國往來貿易爲無奈何之處是否本國大憲自應分

派在粵代公班衙辦貿易之人嗌不敢論此一條理嗌原不想勞

大人的心惟萬望

大人照看現在呈上之稟稿可見無甚妨碍即便施恩允准批牌俾

味唓喇咈早日上省仍照常料理貿易不致阻滯辦事感激靡

既爲此稟赴

兩廣總督大人臺前察奪施行

J. F. Elphinstone

嘉慶十八年十月

十二

日稟

F.O. 682/145/1

1

嘉慶二十一年分

兩廣總督蔣 任內

辦理夷務事宜

共一萬七千九百

2

兼署兩廣總督廣東巡撫臣董
粵海關監督臣祥 跪

奏再溯查乾隆五十八年嘆咭唎國貢使曾在京
呈請於直隸天津浙江寧波等處貿易並懇賞
給附近珠山小海島一處及附近廣東省城地
方一處又嘉慶七年嘆咭唎國有兵船數隻停
泊雞頸洋面逗遛數月又嘉慶十三年嘆咭唎
國藉保護西洋人為名帶兵七百餘名赴澳門
居住均經先後馭飭驅逐該夷懷
德畏
威旋即開帆回國此次因該國太子攝政納貢輸誠
情詞極為恭順萬不至有他虞惟該國夷人貪
狡牟利業已歷有明徵
天朝撫綏萬邦於懷柔之中仍寓防閑之意臣董
於接見該夷使之時先飭城門街道各守卡
弁兵務須加倍整齊嚴肅並飭督撫標將弁督
率兵丁排列隊伍以崇
國體一面密飭附近夷船出入口岸之東莞香山
等縣留心稽查防範一面諄囑水師提臣童

平安館

3

密飭巡洋各舟師於空濶海岸及島嶼各處
不動聲色周密搜巡因夷稟內有由浙江舟山
洋面經過之語舟山音與珠山相近嘆咭唎貢
船是否由該處洋面駛過曾否停泊現已專差
飛致浙江撫臣孫 速飭查探妥為駕馭並
分札切致濱海各督撫臣一體嚴密巡防總期
有備無患至嘆咭唎夷人與中華言語不通天
津浙江口岸諒無熟悉夷情之人臣等現飭洋
商慎選諳曉夷語夷字之誠實可信者二人酌
委幹員分送直隸浙江督撫衙門投收以備繙
譯之用所需往返盤費即由臣祥 捐給毋庸
動項是否有當臣等謹附片密陳伏乞
睿鑒訓示謹
奏
嘉慶二十一年五月十一日奏

平安館

4

兼署兩廣總督廣東巡撫臣董
粵海關監督臣祥　跪

奏再夷商啁嚁唻曾於上年春間奉
旨飭查該夷商在澳門是否妥協經督臣蔣　會
同臣等逐細訪查該夷啁嚁唻粗通漢話兼識
漢字凡外夷在粵貿易多年能通漢話識漢字
者亦不止啁嚁唻一人啁嚁唻前後在澳數年
尚無不妥亦無教唆勾通款蹟等情恭摺覆
奏在案茲唊咭唎國王以啁嚁唻曾經入都諳習
天朝禮節諭令充當副貢使進京此係該國王敬事
之誠非啁嚁唻所能自主且啁嚁唻於乾隆五
十八年隨同貢船進京之時年僅十二三歲尚
屬童稚於天津浙江口岸未必熟悉惟既通漢
話並識漢字自應嚴禁與漢人交接往來以杜
勾串教誘之漸臣董　現復飛致直隸浙江
督撫及天津鹽政加意防範直隸督臣那
浙江撫臣孫　均曾任廣東督撫素悉夷情
辦理詳能周密臣等謹附片陳
奏伏乞

平安館

5

睿訓謹
奏
嘉慶二十一年六月十九日奏

平安館

四

十六

硃 硃 硃

6

兩廣總督臣蔣
廣東巡撫臣董 跪

奏為詳查𡅏咭唎入貢情形恭摺密陳仰祈

聖鑒事竊照𡅏咭唎遣使入貢經由海道前赴天津並呞噹𠻗充當副貢使及貢船經過粵洋各緣由業經臣教增節次奏明在案臣等伏查粵洋貿易始自前明各國貨船載有礮械雲集於距省六十里黃埔地方華夷雜處本非善政即西洋國人賃居澳門一區蓋造房屋租與各國夷商居住其西洋船貨到澳徑上夷樓不納稅課

平安館

俟內地商民來買貨物始行報稅幸其人尚柔順貨亦有限是以日久相沿姑仍其舊而私傳天主教夾帶鴉片煙之弊已難禁絕至𡅏咭唎貪狡性成向與中土不通其進貢而求廣貿易（是其本心）本欲效法西洋人所為以圖壟斷網利前次到（此亦何更其來有素）天津時不肯學習叩拜頗為桀驁近年與咈嘣（可恨）哂搆兵不休並恃其船堅礮利在外洋攔阻各國貨船赴粵惟該國國王之祖家船二十餘隻及國人之港脚船如期而至自上年各國貨船

五

硃 硃 硃

7

漸有到粵傳聞與𡅏咭唎講和始能無阻從前西洋人恐其侵佔甚為畏懼今與之轉相和好必另有勾結之故（是）現在臣等嚴密訪查妥為駕馭再查嘉慶十三年該國兵船駛入內港求居澳門一案係其帶兵官與咈嘣哂戰敗欲藉此為邀功之地國王並不知情聞驅逐回國時曾加以譴責今據稱國王年老太子攝政誠恐奸夷慫恿故智復萌藉貢進京又有干請我

朝德威遠被外藩莫不來王如琉球由福建暹羅由廣東越南由廣西緬甸由雲南皆就近登岸入貢況𡅏咭唎兩次進貢其貢船均曾由粵洋（此論甚是）經過何得舍近就遠不避艱險徑赴天津顯有熟悉海道之人為之接引若此後援以為例於（所論甚是）內地洋面來往自如任意停泊殊有關係再查各國派人在粵經理貿易有大班二班等名目其更換向不稟報呞噹𠻗現充該國大班今特令充副貢使並帶同能通漢話之夷商噦咂等五人入都自因其狡黠能言便於祈請或此舉

平安館

六

硃 硃 硃 硃 硃 硃 硃 硃 硃 硃

竟係該黠夷等主使亦未可定在
聖主民胞物與廣大
如天雖該夷納費輸誠情詞極順惟中外之體宜崇
邊防之道必慎此次該貢使抵京應否
欽派大臣董理其事格外示之森嚴庶潛消其貪妄
其護貢兵船飭令停泊外洋隨從多人暫留天
津妥為安頓不得一概赴京並可否
勅諭該國王以該國距京遥遠無須跋涉貢獻即有
必須入貢之事當照琉球等國定例就近由廣
東北上不可冒風濤之險遠赴他處收口嗣後
若不恪守章程船到天津不准登岸並不接收
貢物即粵東貿易亦可停止該貢使回程時咭
唎哦及由澳門帶去之人似當由陸路逐程派
員伴送來粵其餘貢使人等仍由海道原船回
國均不許沿途逗遛俾臣等仰仗
天威得以隨時飭禁而該黠夷無所覬覦從此不復
妄有干求於
懷柔之中亦防閑之準似於海疆邊防較有裨益

平安館

臣等愚昧之見是否有當恭摺密陳伏乞
皇上睿鑒訓示謹
奏
嘉慶二十一年閏六月二十三日奏
嘉慶二十一年九月十五日奉到
硃批君臣同心所論無一事不合可恨者朕誤用無
能之臣以致不成政體另有旨欽此

平安館

硃添 硃改　　硃添

10

嘉慶二十一年八月二十六日准
兵部火票遞到
軍機大臣　字寄
兩廣總督蔣　廣東巡撫董　嘉慶二十一年
八月初六日奉
上諭蔣　等奏詳查嘆咭唎國入貢情形一摺朕覽
奏甚為欣悅該督等於數千里外所論事理與朕
前後飭辦情形無一不相符合實能深知朕心遇
事能見其大可嘉之至現在嘆咭唎貢使已由內　九
不必問及京中之事若有干求總以正言杜絕不可姑息　平安館
地回粵該督即遵前旨派員接護示以整肅仍照
例筵宴一次令其乘坐原船回國並諭知該正使
以嘆咭唎既在粵充當大班即不應派充副貢使
本係爾國錯誤嘆咭唎此次既已派充貢使則不
應復令留粵即令該正使帶回本國永遠不准再
來澳門至嘆咭等五人該督查明如係夷人（遠處）令該北
貢使等一併帶回若係內地商人即分別安置他
處不許仍在澳門居住並諭知該使臣等現在天（後）
津口岸已奉大皇帝諭旨不許爾國船隻再至該

11

處收泊如有違禁到彼者該處官吏必立即驅逐
不准登岸爾國船隻總應照向例在粵洋收口以
遵定制將該貢使等禮遣回國如一二年後該國
王復遣使來貢該督總遵昨降諭旨將表貢據情
轉奏由粵送京頒賞之件亦由京發往其貢使令
其在粵守候由彼筵宴遣回毋庸令其復來京師
至貿易一事此時且勿與言及該督仍遵前旨將
粵海關稅課額數情形詳細查明是否停止嘆咭　十
唎一國貿易不至大有窒礙據實密奏候朕飭遵
平安館
將此諭令知之欽此遵
旨寄信前來

12

嘉慶二十一年七月二十七日准
兵部火票遞到
軍機大臣　字寄
直隸山東江蘇浙江福建廣東各督撫嘉慶二
十一年七月初八日奉
上諭此次嘆咭唎國遣使入貢該使臣等到天津時
朕特派蘇楞額廣惠前往賞給筵宴蘇楞額帶領
該貢使謝宴該貢使即不遵行三跪九叩之禮比
至通州又派和世泰穆克登額前往責問並令演
習跪叩儀節據和世泰等奏稱該使臣等起跪尚
平安館
堪成禮於初六日帶至海淀公館當經降旨令於
初七日帶領瞻覲屆期該貢使等已到宮門正貢
使忽患重病不能行動朕諭以正使患病即名副
使進見其副使復稱患病不能進見該貢使等如
此狡詐無禮不能仰承恩賚是以降旨將該貢使
等即日遣回派令廣惠沿途伴送由直隸山東江
南安徽江西廣東水陸程途遞送至澳門登舟回
國其貢船五隻前由天津私自開行南去即經諭

十一

13

知江南浙江廣東各督撫如該貢船駛至海口即
飭令開行不准一人上岸不許寄碇逗遛並令蔣
祥　俟該貢船抵粵即將其羈留飭令守候
貢使等到粵仍乘原船歸國本日據陳預奏稱閏
六月二十三日早間嘆咭唎貢船一隻到登州剛
兒嘴寄碇未刻開至廟島外洋暫泊等候後船四
隻於二十五日開行由榮成成山一帶駛赴江南
交界洋面等語嘆咭唎夷船已由山東放洋南去
不日即可駛至粵東該督撫等自各遵照前旨辦
平安館
理該貢使等此次不能成禮致令駁遣回國倘夷
性罔知法度潛於沿邊海口窺伺著直隸山東江
蘇浙江福建廣東各督撫飭知沿海文武員弁各
將水師礮械勤加訓練並留心察探此後如有嘆
咭唎國夷船駛近海口即行驅逐不許寄碇停泊
亦不准其一人登岸倘該夷船不遵約束竟有搶
掠情事即痛加勦殺或用礮轟擊不可稍存姑息
將此各諭令知之欽此遵
旨寄信前來

十二

嘉慶二十一年七月二十七日准

軍機大臣 字寄

兩廣總督蔣 嘉慶二十一年七月初八日

奉

上諭此次暎咭唎貢使到京於瞻覲時正副使臣俱患病不能行禮業已降旨即日遣回令廣惠伴送赴粵前有旨令蔣攸銛等將該貢使原船羈留計彼時該國原貢船自已早抵澳門該使臣等到粵後蔣攸銛仍遵照前旨令臬司明山同派出之總兵沿途照料彈壓令其安靜下船所有頒給該國王勅諭一道隨後由驛發往該督接收暫存俟該使臣等到日即交令恭賫回國至該副使哃嘮嘜久住澳門通曉內地語言人本譎詐此次該使臣等反覆狡獪料必係伊從中播弄哃嘮嘜到粵時即飭令同該正使等一併回國勿許停留伊若請於回國後仍來澳門充當大班亦嚴詞飭禁斷不許其再來並諭知各洋行勿許私自容留違者治罪再粵海關徵收稅課舊通貿易各國每年共約

平安館

收稅銀若干兩暎咭唎一國每年計約收稅銀若干兩如將暎咭唎國停止貿易是否可行著該督詳細查明酌議具奏候旨飭遵將此諭令知之欽

此遵

旨寄信前來

平安館

兩廣總督奴才蔣　跪

奏為遵

聖訓事本年七月二十七日准軍機大臣字寄七月

初八日欽奉

上諭此次暎咭唎貢使到京瞻覲時正副使臣俱患
病不能行禮業已降旨即日遣回令廣惠伴送赴
粵前有旨令蔣　等將該貢使原船羈留計彼
時該國原貢船自已早抵澳門該使臣到粵後蔣

平安館

仍遵照前旨令臬司明山同派出之總兵沿
途照料彈壓令其安靜下船所有頒給該國王勅
諭一道隨後由驛發往該督接收暫存俟該使臣
等到日即交令恭賫回國至該副使吗嘈哷久住
澳門通曉內地語言人本譎詐此次該使臣等反
覆狡獪料必係伊從中播弄吗嘈哷到粵時即飭
令同該正使等一併回國勿許逗遛伊若請於回
國後仍來澳門充當大班亦嚴詞飭禁斷不許其
再來並諭知各洋行勿許私自容留違者治罪再
粵海關徵收稅課舊通貿易各國每年共約收稅
銀若干兩暎咭唎一國每年計約收稅銀若干兩
如將暎咭唎國停止貿易是否可行著該督詳細
查明酌議具奏欽此仰見

睿慮周詳無微不至奴才跪誦之下欽服彌深查粵洋
現已駛回該國貢船一隻護送貢船之兵船二
隻業經奴才會同撫臣董　將辦理防範情形
另摺具

奏並由奴才派委南韶連鎮總兵何君佐一俟貢使

平安館

將次抵粵即飭會同

欽派之臬司明山馳往交界處所接護來省計該貢
使等由山東江蘇安徽江西水陸路行走總須
九十月間始能抵粵其貢船不
催令乘坐原船由虎
門出口回國不使逗遛所有

頒給該國王

勅諭恭候

頒到敬謹存貯俟貢使到日交給恭賫回國至

18

曉內地語言非正
貢使等初到內地者可比乃亦拘於夷俗不能
行禮自應謹遵
諭旨飭令偕同該正使等一併回國並不許其再來
澳門充當大班並諭知洋行商人勿許私自容
留違者重治其罪再查粵海關徵收夷商稅課
舊通貿易者有大西洋咪唎㗳荷蘭呂宋等國
及該暎咭唎國每年統計約收稅銀一百二三
十萬兩暎咭唎一國約收稅銀九十餘萬兩是

平安館

居各國稅銀十分之七八在
天朝國帑充盈原不在此區區數十萬兩之稅而該
國習與水居每年所到之祖家船係載運國王
貿易之貨港脚船係載運國人貿易之貨是暎
咭唎　　　　貿易為生若粵東
省遏行停其貿易誠恐該國貨船既兩次經歷
中華海道或冒充各處夷商與沿海奸民私相
買賣轉難稽核而別國貨船載茶葉等物難保
無攔截搶奪之事倘別滋事端竟需堵剿我

十七

19

原不過示以羈縻遠勞兵力殊屬不值且暎
咭唎地處極西與俄羅斯相近其人貪狡多疑
較之越南暹羅各國稟奉正朔稍知禮義者不
同此次該國貢使愚妄無知尚非該國王所能
逆料可否
敕諭該國王以遣使不慎殊失敬事之誠是以不收
表貢並當停止貿易姑念其咎究在使臣非該
國王意料所及且羽呢鐘表中國儘可不用茶

平安館

葉絲觔該國在所必需
皇上怙冒如天不欲以一二人獲咎累及通國姑准
照常貿易此係
格外　　　　慎選誠實可靠之人來
粵經理貿易事件如吲嚐唓等愚昧狡猾斷不
許復行來粵該國距京遙遠無須跋踄貢獻即
或必須進獻表文當查照乾隆六十年嘉慶十
三年成案由廣東代為呈進不得徑赴天津倘
恪　章程或任聽無知夷人來粵貿易有

十八

20

違
天朝制度不特不准貢獻並即停止貿易如此明白
曉諭該國王自必感激
聖恩益深敬畏而於防邊裕課之道兩有裨益奴管
窺之見是否有當謹將遵
旨查辦酌議緣由恭摺附驛密
奏伏乞
皇上睿鑒訓示謹
奏

嘉慶二十一年八月初一日奏
平安館
嘉慶二十一年九月十六日奉到
硃批即有旨欽此

嘉慶二十一年七月二十九日

21

兩廣總督臣蔣
廣東巡撫臣董　跪
奏為恭奉
諭旨欽遵辦理及查有嘆咭唎貢船駛抵粵洋現在
核辦緣由恭摺奏請
聖訓事竊照嘆咭唎國王敬遣使臣賫貢方物節經
臣等將查辦情形先後奏蒙
睿鑒本年七月十八日准軍機大臣字寄閏六月二
十八日欽奉
上諭嘆咭唎國貢船於本月初間行抵天津海口貢
使人等陸續登岸赴津其原貢船五隻並船內官
平安館
役水手等五百八十餘人並未報明忽於二十日
放洋東去可惡已極著蔣　董　祥不時
差探一俟該貢船抵粵即派委妥員將其船隻羈
留飭令安靜守候貢使等到粵仍乘原船歸國切
勿疏懈欽此臣等遵即會同海關監督臣祥　移
行沿海文武周密查探嗣據香山縣知縣馬德
滋等先後稟報七月二十二日探有嘆咭唎國
大夷船一隻船名唫吶嚧據稱即正貢船駛回

粵東伶仃外洋灣泊又是月二十四日有暎咭唎原護送貢船之兵船二隻一名唎哺一名噤喇咈駛抵粵東九灣角外洋寄椗等情臣等正在委員查辦間又於七月二十七日准軍機大臣字寄七月初八日欽奉

上諭暎咭唎國貢使到天津時朕特派蘇楞額廣惠前往賞給筵宴該貢使謝宴時即不遵行三跪九叩之禮比至通州又派和世泰穆克登額前往責問並令演習跪叩儀節降旨於初七日帶領瞻覲

屆期該貢使等已到宮門正貢使忽患重病不能行動副貢使復稱患病不能進見該貢使等如此狡詐無禮不能仰承恩賚是以降旨將該貢使等即日遣回派令廣惠沿途伴送由直隸山東江南安徽江西廣東水陸程途遞送登舟回國其貢船五隻前由天津私自開行即經諭知蔣　祥俟該貢船抵粵將其羈留飭令守候貢使等到粵仍乘原船歸國本日據陳預奏稱閏六月二十三日早間暎咭唎貢船一隻到登州剛兒嘴寄椗未

刻開至廟島外洋等候後船四隻於二十五日開行赴江南交界等語暎咭唎夷船已由山東放洋南去不日可至粵東該督撫等自各遵照前旨辦理該貢使等此次不能成禮致令駁遣回國倘因知法度潛於沿邊海口窺伺著各督撫飭知沿海文武各將水師礮械勤加訓練並留心察探此後如有暎咭唎國夷船駛近海口即行驅逐不許停泊亦不准一人登岸倘夷船不遵約束竟有搶掠情事即痛加勦殺或用礮轟擊不可稍存姑息欽

此並准禮部恭錄

諭旨以該貢使等已到宮門忽俱患病竟係無福承受天朝恩賚著即日遣回該國王表文亦不呈覽其貢使回國入廣東境著派明山並著蔣　派總兵一員帶領兵役接護等因咨行到粵臣等伏查暎咭唎國夷俗本不諳跪叩之禮其行禮時僅係去帽點首或以手加額即為恭敬儀節惟貢使囉咡啊㗻吐嚜等既經該國王敬遣入

貢並荷

硃

24

特派大臣率令演習跪叩禮文乃該貢使等已至宮
門忽俱患病不能成禮誠如
聖諭竟係無福承受
天朝恩賚優蒙
聖主如天之德不加嚴譴並
勑伴送赴粵乘坐原船回國仰見
天威震懾之中仍寓懷柔體恤之意臣等循環跪誦
欽服難名現在據報該國貢船一隻及護送貢
船之兵船二隻駛回粵洋其兵船應照定例停
泊雞頸外洋不許駛近內洋各海口岸其貢船

甚是

平安館

即係貨船現飭委員確查如係駛赴天津原船
即撥引水並遴委水師將備將該船押赴內洋
停泊謹遵
諭旨飭令安靜守候貢使到粵乘坐回國查該國貨
船向係灣泊黃埔該國經理貿易夷商向係賃
居澳門該二處口岸各國夷商錯雜現到貢船
未便令其停泊以免別滋事端從前乾隆五十
八年貢船抵粵灣泊蠔墪內洋該處與黃埔澳

廿三

25

門均不毘連此次由津駛回之貢船俱可倣照
成案辦理並派文武員弁多帶巡船彈壓巡邏
不准一人登岸及與外人私相交接以杜勾串
之弊一俟貢使有抵粵信息即飭臬司明山會
同南韶連總兵何君佐馳赴交界處所督帶兵
役接護到粵諭令該貢使等迅速乘坐原船回
國不使藉詞逗遛至附近省垣之虎門海口為
各國夷船出入要隘其香山新安等縣所屬洋
面島嶼紛歧而澳門為西洋人聚處之所誠恐
該嘆咭唎國夷情狡詐或私行往來或乘間登

平安館

岸不可不防其漸臣等現已酌調舟師扼要防
守分頭梭巡其沿口礮臺亦各酌添弁兵留心
瞭探務使旗械一律明淬並不時演放鎗礮以
壯聲威該嘆咭唎國夷人在粵貿易多年藉資
生計懷
德畏
威斷不至有搶掠情事倘竟不遵約束臣等當遵
旨痛加懲創不敢稍有姑息以仰副

26

聖主垂廑海疆有備無患之至意臣等謹合詞恭摺
由驛覆
奏伏乞
皇上睿鑒訓示謹
奏
嘉慶二十一年八月初一日奏
嘉慶二十一年九月十六奉到
硃批懷遠以德仍按舊例賜宴遣歸為正辦使臣無
大咎皆膚臣和世泰一人之咎殊深憤懣欽此

平安館

嘉慶二十一年七月二十九日

27

奏再檢查各國進貢其貢船所載貨物俱得邀
恩免其納稅即唊咭唎國於乾隆五十八年進貢該
船帶來鐘表等物照例上稅其兑換回國之絲
觔茶葉優予免稅此次該國貢船五隻在天津
私自放洋貢使等已到宮門又因患病不能成
禮似此愚昧無知凡該國貢船攜帶貨物自應
不准免稅第思該貢使不能成禮據稱由於患
病一經
嚴旨詰責該貢使自已惶悚無地籲懇
天恩即或該貢使始終蒙昧而該國王遠在數萬里
以外事難逆料可否將貢使種種愚妄所以不
收表貢之處
勅諭該國王自行譴責並俯念該國王梯航納賮實
出至誠仍照向例將其貢船兑換回國之茶絲
等物免其納稅以堅其向化之忱抑以該貢使
愚昧無知不准免稅以示懲儆臣等未敢擅便
謹附片密陳請

平安館

28

旨遵行伏乞
睿鑒訓示謹
奏
嘉慶二十一年九月十六日奉到
硃批另有旨欽此

平安館

29

嘉慶二十一年九月十六日准
軍機大臣 字寄
兩廣總督蔣 嘉慶二十一年八月二十五
日奉
上諭蔣 等奏暎咭唎貢船駛抵粵洋遵旨核辦
一摺暎咭唎夷人向不習中國跪叩禮儀朕預行
計及是以於該貢使到津後兩次派員前往察看
情形如實不能跪叩原令不必來京納其貢獻賞
賚遣回於詞甚順乃蘇楞額和世泰俱不欽遵辦
理將該貢使連夜帶至宮門和世泰又不以實奏
以致不能成禮該貢使之咎本輕至該國王於數
萬里外輸誠納貢極為恭順其使臣不能恪恭將
命非其國王所能逆料是以仍擇其貢物之輕者
賞收數件頒予珍品以示厚往薄來之意此次該
貢使抵粵後該督接見時其在京失禮之處不必
一語提及仍照乾隆五十八年之例給予筵宴亦
不必強其跪叩謝宴其允換回國之茶絲等物仍
照向例免稅懷遠以德總當以禮遣歸方為正辦

平安館

30

至該督另摺覆奏酌議貿易一事所見甚是頒賜
該國王勅諭昨已由驛發交該督轉交該使臣賫
回此時未便再與勅諭著該督即以己意檄諭該
國王以貴國王遠慕天朝聲教遣使來庭大皇帝
深為嘉悅惟所遣使臣不能恪恭將事以致不能
成禮此使臣等無福承受天朝寵賚大皇帝既不
名見使臣即不便納收表貢然猶念貴國王遠隔
重洋使臣失禮非貴國王意料所及仍擇收貢物
數件優頒珍品以示懷柔此乃大皇帝高厚鴻恩
平安館
貴國王當知欽感至使臣等既有失禮之咎本應
示以罰懲停止爾國貿易大皇帝仍念爾國貨船
來粵貿易有年若遽行飭停恐爾國缺少茶葉絲
觔艱於生計大皇帝不肯以一二人之咎罰及舉
國仍播仁恩准通貿易惟是外藩屬國凡來中國
貿易進貢者俱有一定處所如俄羅斯在哈克圖
琉球在福建暹羅在廣東越南在廣西緬甸在雲
南若非例定處所概行拒絕爾國向在黃埔貿易
乾隆六十年嘉慶十三年爾國來貢亦俱在黃埔

31

收泊嗣後爾國貿易船隻總遵照定例前來粵東
不准駛至他省即再來進貢亦應至澳門報明廣
東督撫轉奏候旨若徑赴天津彼處文武官員恪
遵諭旨斷不敢令爾國貢船收泊仍必驅回廣東
豈非徒勞跋涉其爾國遣來粵東經理貿易事件
亦必慎選誠實之人方可任用如吗嚐唻之狡猾
愚昧不知禮體者斷不可令其復來粵省貴國王
務當恪守章程勿稍違越以上各情節該督查照
與該國向來檄文成式飭知遵照庶該國王備知
此事原委亦必知感知畏也將此諭令知之欽此
平安館
遵
旨寄信前來

硃添

32

嘉慶二十一年八月初五日准
軍機大臣 字寄
兩廣總督蔣 廣東巡撫董 嘉慶二十一年
七月十五日奉
上諭此次暎咭唎國貢使到天津時謝筵不遵禮節
至通州已稱叩跪必能如儀迨至御園猝將次陞
殿正副使臣俱托病不能瞻覲是以降旨即日遣
回但念該使臣雖有失禮之愆該國王萬里重洋
輸失字樣之意
奉表納貢其意至為恭順未便絕之已甚因將該
國王貢品內擇其至輕微者地理圖四張畫像二
張銅板印畫九十五張加恩賞收仍賞給該國王
白玉如意一枝翡翠玉朝珠一盤大荷包二對小
荷包八個交該貢使領賫回國以示厚往薄來之
意該貢使等領到賞件極為欣感亦頗形悔懼現
已自通州啓行俟到粵後著蔣 等仍照例給
與筵宴一次並善為撫慰諭以爾等福分淺薄已
至宮門不能瞻仰天顏大皇帝憐念爾國王慕化
輸誠仍酌收貢件並賞爾國王貴重品物爾等應

平安館

卅

㤄

33

感激天恩迅速回國俾爾國王敬悉恩意其未收
貢件均妥為照料上船勿令損失倘曉諭之後該
貢使等復將未收貢件懇乞賞收總以業經奏有
明旨不敢瀆請正言拒絕至該國表文未經進呈
有無祈請事件無從知悉倘該貢使將其祈請之
事求該督等代奏即諭以爾等並未瞻覲大皇帝
爾國所請之事我等斷不敢奏嚴詞斥駁該督等
仍一面將其所求何事密行奏聞若該貢使等無
所乞請亦不必導之使言也其副使吗嘴哰前在
澳門充當大班最為狡譎此次到粵即令與正貢
使等一同回國不許逗遛回國後亦不准其再來
該國使臣此次未能成禮而還倘一二年後該國
王又遣人奉表謝罪納貢著該督等存記屆時據
情先將表文貢單馳奏其貢使留於粵省暫住俟
有旨將其貢物賞收即將頒賞之件發往粵東由
彼交來使祇領禮遣回國總不可令其再來京師
以省煩瀆再粵海關徵收稅課暎咭唎一國每年
約收其稅銀若干可否停其貿易著該督等遵照

平安館

卅二

㤄

前旨確查妥議迅速覆奏將此諭令知之欽此遵
旨寄信前來

平安館

兩廣總督臣蔣
廣東巡撫臣董　跪
奏為欽奉
諭旨恭摺覆奏仰祈
聖鑒事竊照暎咭唎國貢船一隻護貢兵船二隻由
天津駛抵粵洋及暎咭唎一國貨船每年納稅
若干各緣由業經臣等分摺由驛陳
奏茲於八月初五日承准軍機大臣字寄嘉慶二
十一年七月十五日奉
上諭此次暎咭唎國貢使到天津時謝筵不遵禮節
至通州已稱叩跪必能如儀迨至御園朕將次陞
殿正副使臣俱託病不能瞻覲是以降旨即日遣
回但念該使臣雖有失禮之愆該國王萬里重洋
奉表納貢其意至為恭順未便絕之已甚轉失字
小之意因將該國王貢品內擇其至輕微者地理
圖四張畫像二張銅板印畫九十五張加恩賞收
仍賞給該國王白玉如意一枝翡翠玉朝珠一盤
大荷包二對小荷包八箇交該貢使領賫回國以
示厚往薄來之意該貢使等領到賞件極為欣感

平安館

36

亦頗形悔懼現已自通州啓行俟到粵後著蔣
等仍照例給與筵宴一次並善為撫慰諭以爾
等福分淺海已至宮門不能瞻仰天顏大皇帝憐
念爾國王慕化輸誠仍酌收貢件並賞爾國王貴
重品物爾等應感激天恩迅速回國俾爾國王敬
悉恩意其未收貢件均妥為照料上船勿令損失
倘曉諭之後該貢使等復將未收貢件懇乞賞收
總以業經奉有明旨不敢瀆請正言拒絕至該國
表文未經進呈有無祈請事件無從知悉倘該貢
使將其祈請之事求該督等代奏即諭以爾等並
未瞻覲大皇帝爾國所請之事我等斷不敢奏瀆
詞亦駁該督等仍一面將其所求何事密行奏聞
若該貢使等無所乞請亦不必導之使言也其副
使咽嚟哴前在澳門充當大班最為狡譎此次到
粵即令與正貢使等一同回國不許逗遛回國後
亦不准其再來該國使臣此次未能成禮而還倘
一二年後該國王又遣人奉表謝罪納貢著該督
等存記屆時據情先將表文貢單馳奏其貢使留

平安館

37

於粵省暫住俟有旨將其貢物賞收即將頒賞之
件發往粵東由彼交來使祇領禮遣回國總不可
令其再來京師以省煩瀆再粵海關徵收稅課暎
咭唎一國每年約收其稅銀若干可否停其貿易
著該督等遵照前旨確查妥議迅速覆奏欽此又
於八月十八日准軍機處知會
頒發
勅諭暎咭唎國王
詔書一道敬謹捧誦仰見
聖主撫馭遠夷權衡悉當臣等不勝欽服之至除將
頒到勅諭謹封存貯俟該國貢使抵粵轉交恭賫回
國外其粵海關徵收暎咭唎國貨稅每年約收
銀九十餘萬兩該國君民專藉與內地貿易為
生目前情形似未便遽停貿易業經臣攸銛查
明酌議恭摺密陳
睿鑒在案該國貢船五隻前於七月二十二二十四
等日有貢船一隻護貢兵船二隻由天津駛回
粵洋現在貢船進泊蠔墪內洋兵船照例停泊

平安館

外洋在船夷人俱極安靜守法其貢船一隻該
國代辦大班嘎咖喃稟請裝載茶葉已飭令俟
奉到
諭旨遵行尚有未到二船係與現到三船同日在天
津開駛現船到粵已經一月未到之船是否因
風漂泊他省臣等已飛咨江浙等省一體查探
催令迅駛來粵候載貢使歸國約計貢使行程
總須九十月間始能抵粵彼時原貢船隻自已
到齊或有未到之船該國在粵貿易船隻甚多
儘可分載回國不使藉詞逗遛一俟貢使到粵

平安館

臣等當謹遵
諭旨照例給與筵宴善為撫慰並宣布
聖主恩威使之知感知懼所有未收貢件妥為照料
上船勿令損失該貢使如將未收貢件懇請代
奏賞收自當正言拒絕或別有祈請尤當嚴詞斥
駁一面將所求何事密行奏
聞一面將
勅諭轉給該貢使收領恭齎回國其副使㖊嘈哰即

令一同回國不許復行來澳充當大班倘一二
年後該國王又遣使奉表謝罪納貢臣等屆時
當先將表文貢單馳
奏其貢使留於粵省暫住恭俟奉到
諭旨即將使臣由粵禮遣回國俾免跋涉而省煩瀆
再該國貢船曾兩次徑由彼國駛赴天津誠恐
將來復萌故智可否
勅下沿海各督撫臣存記如有暎咭唎國船隻駛至
諭以該國在粵貿易應照例駛回粵東由粵辦
理以仰副

平安館

皇上懷柔遠人慎重邊防之至意臣等謹合詞恭摺
由驛覆
奏伏乞
皇上睿鑒訓示謹
奏
嘉慶二十一年八月二十三日奏
嘉慶二十一年十月初四日奉到
硃批另有旨欽此

臣蔣
臣董　跪

奏再該副使咭嘧唎人固狡獪第到京患病不能成禮係正副使臣三人同得之咎恐咭嘧唎不肯獨任其過惟咭嘧唎曾於乾隆五十八年隨同貢使入都嗣復來粵貿易多年習知

天朝禮節非其餘二人初至中華者可比獨加責備無辭解免現奉

勅諭該國王文內未經提及臣等自當恭錄前奉

諭旨飭令咭嘧唎隨同貢船回國不許再行來粵該夷回國後或隱匿已過造言生事亦難保其必無臣等現擬明白易曉之示諭發交廣州府刊刷蓋用府印無論該國貿易祖家港脚各船及各國貿易之船出口時均發給一張俾各傳布稱述凡海隅日出莫不共仰

德威益堅其向化之誠而咭嘧唎無喙可置並足泯狡詐之計謹將所擬示諭底稿錄呈

御覽伏乞

睿鑒訓示謹

平安館

奏

嘉慶二十一年八月二十二日奏

嘉慶二十一年十月初四日奉到

硃批另有旨欽此

平安館

嘉慶二十一年十月初四日准
軍機大臣　字寄
兩廣總督蔣　嘉慶二十一年九月十四日
奉
上諭蔣　等奏接奉諭旨並頒發暎咭唎國王勅
諭俟貢使抵粵後遵旨辦理一摺暎咭唎國貢使
回抵粵省時一切衛送禮遣事宜屢經降旨諭知
該督祇遵辦理該督前後所奏亦俱允協俟該貢
使等到粵仍照例給予筵宴其回船稟請裝載茶
葉絲觔俱准其置買並優予免税此次遣令回國
後或一二年該國王又遣使入貢總令在粵暫住
該督等先將表文貢單馳奏候旨遵辦不准其駛
往各省及天津口岸以昭定制至咽嘈嗹當嚴詞
責以伊曾在粵充當大班熟知中國禮節又非他
貢使之比此次既不能成禮而返將來斷不准再
令來粵仍充大班惟該督另片所奏刊刷示諭徧
給該國祖家港脚各船及各國貿易之船一節殊
可不必咽嘈嗹既遣回國其如何造言文飾已過

平安館

皆可存而不論若刊示宣諭徧及各國轉不足以
彰天朝之大此次遣回該夷使恩威並濟厚往薄
來處置已為允當該督仍遵前旨於所頒勅諭外
再以己意檄諭該國王俾知其曲在彼自當懷德
畏威也將此諭令知之欽此遵
旨寄信前來

平安館

44

奏為遵
旨辦理恭摺覆奏仰祈
聖鑒事本年八月二十六日承准軍機大臣字寄奉
上諭蔣　　等奏詳查嘆咭唎國入貢情形一摺朕
覽奏甚為欣悅該督等於數千里外所論事理與
朕前後飭辦情形無一不相符合實能深知朕心
遇事能見其大可嘉之至現在嘆咭唎貢使已由
內地回粵該督即遵前旨派員接護不必問及京
中之事若有干求總以正言杜絕不可姑息示以
整肅仍照例筵宴一次令其乘坐原船回國並諭
知該正使以啁嘈陳既在粵充當大班即不應派
充副貢使本係爾國錯悞啁嘈陳此次既已承充
貢使則不應復令留粵即令該正使帶回本國永
遠不准再來澳門至啵咺等五人該督查明如係
夷人令該貢使等一併帶回若係內地商人即分
別遠處安置此後不許仍在澳門居住並諭知該
使臣等現在天津口岸已奉大皇帝諭旨不許爾

平安館

四十三

45

國船隻再至該處收泊如有違禁到彼者該處官
吏必立即驅逐不准登岸爾國船隻總應照向例
在粵洋收口以遵定制將該貢使等禮遣回國如
一二年後該國王復遣使來貢該督總遵昨降諭
旨將表貢據情轉奏由粵送京頒賞之件亦由京
發往其貢使令其在粵守候由彼筵宴遣回毋庸
令其復來京師等因欽此伏念臣等識淺才庸仰
蒙
簡畀海疆重寄凡遇外夷交涉事件防範中不可驟
啓其疑羈縻之尤須預杜其漸仍時時凜遵
聖訓慎密持循以冀辦理得臻妥協迺以管蠡之數
陳特蒙
綸綍之褒獎寸忱縷感彌切慚惶遵查嘆咭唎國駛
往天津貢船五隻業有三隻駛回粵洋並該國
貨船每年在海關納稅數目及酌議辦理各緣
由均經臣等先後具摺奏蒙
睿鑒現聞未到二船遭風漂泊呂宋如果屬實約計
九月內該二船亦可駛回粵洋尚在貢使未到

平安館

四十四

朱批

粵之前可飭隨同回國臬司明山南韶連鎮總
兵何君佐現已遵
旨前赴與江西交界之南雄州接護貢使臣等札飭
沿途營汛弁兵甲仗務須一律整肅以壯聲威
而崇體制倘貢使到粵後妄有干求臣等定當
嚴詞杜絕斷不姑息查粵省向來筵宴暹羅國
貢使係於未入宴之先臣等會同將軍都統海
關監督率同司道等在巡撫衙門大堂帶領該
貢使行三跪九叩之禮望
闕謝
恩然後入宴茲嘆咭唎國貢使在天津筵宴時謝宴
已不能如儀且查乾隆五十八年粵東並未給
予筵宴應遵 甚是
旨頒賞使臣筵席三桌仍照例賞給牛羊等物以廣
皇仁至該國來粵管理貿易大班係該國王選派數
年一換向不知會粵省該國夷情貪詐如從前
充當大班之喇咈嗑吪咟吗嚕啉及現在代辦
之嘅咖喃等數人內惟嗑吪咟人稍誠實餘俱

平安館

性情詭譎大率恃其船堅礮利貨衆稅多誇耀
於在粵貿易之各國而又妄思干請以圖遂其
壟斷牟利之心凡夷商來粵貿易多年每有能
通漢語粗識漢字者隨從吗嚕啉入都之哝咟
等五人均係夷人內嗎嚧嚦一名係其書記該
該五人俱不過隨侍之人無足重輕非吗嚕啉
可比若概責令貢使一併帶同回國轉恐滋其
疑懼此時該貢使或將五人一起帶回或留一
二人隨後回國似可聽從其便更足以昭
覆幬之仁蓋夷情多詐而復多疑駕馭在經權並用
國體宜崇而尤宜慎措置宜寬猛兼施臣等惟有
隨時隨事悉心籌度期歸妥善以仰副
聖主諄諄垂訓之至意所有遵奉
諭旨辦理緣由臣等謹繕摺由驛覆
奏伏乞
皇上睿鑒訓示謹
奏 嘉慶二十一年九月初七奏十月十六奉
朱批另有旨欽此

平安館

48

奏再嘆咭唎國大班哃嚧崠曾隨同前次貢使入
都又在粵年久習知
天朝禮節乃此次奉使到京不克成禮欽奉
諭旨飭令隨同正使一并回國經臣等擬具曉諭各
國夷商示稿密陳
聖鑒恭俟奉到
硃批並將哃嚧崠回國之後再將告示給發曉諭頃閱
邸抄恭讀
上諭以此次嘆咭唎國貢使至天津筵宴謝宴不能
如式又將原船私行駛去係蘇楞額廣惠之咎
其至通州不能演禮追行至宮門復藉詞延宕
不克成禮係和世泰穆克登額奏對未明之咎
交部嚴議通行中外仰見
聖明至公無私中外一體之至意第夷人愚昧無知
萬一誤會
綸音轉疑咎在大臣陳奏不明竟以朝服未到為口
實而臣等節次所奉

平安館

49

諭旨並未明發恐其藉詞延宕彼時再行奏明請
旨往返須遲至月餘辦理不無窒礙蓋嘆咭唎夷人
固屬狡悍不知禮義其是非之心亦未盡泯如
果直揭其非正言駁詰未嘗不理屈詞窮可否
仰懇
天恩再行
頒發
明諭以粵海關貿易之事係
天朝懷遠恩施內地無須外洋之貨稅外洋必資內
地之物用百餘年來深仁厚澤各國均沾而嘆
咭唎船隻較多受恩更渥該使臣等在天津謝
宴不能如式行至通州不肯演禮追至宮門又
復藉詞延挨不克成禮種種愚昧無福是以不
收表貢嗣念貢使等雖有失禮之愆該國王重
洋納賮極為恭順仍賞收國畫至輕之物三件
並頒給白玉如意貴重等物四件將使臣等禮
遣回國以示懷柔至副使哃嚧崠在粵年久習
知禮節較之正使囉啤啊嘆吐噫等初至中華

平安館

50

者吏屬不合現在因
欽派大臣不能教習貢使演禮各予議處則該副使
咭嚕㖒亦應令其隨同正使回國聽該國王自
行查辦嗣後該國貨船姑准其仍在廣東貿易
不得駛往他處致干驅逐
天朝為萬國共主凡朝貢諸國恪恭將事者莫不渥
承
恩澤倘有失儀者亦即加之屏斥
國法一本至公不獨於唊咭唎一國為然也如此明
白宣諭令臣等轉發行該貢使知照不特伊等
無可置喙而各國共凜然於
朝儀不可稍紊益生其敬畏之誠臣等因事關控制
外夷管窺所及不敢不密陳於
聖主之前計貢使十月初旬始可行抵粵省裝載貢
物及置買茶葉尚有旬日躭擱至速亦須十月
望間放洋回國如蒙
俞允仰祈
聖恩頒發

平安館

51

諭旨勅部由驛五百里遞發到粵尚不為遲俟貢使
由虎門出口後謹將
上諭刊布曉諭各國夷商一體遵照臣等即無庸另
發告示為此附片密陳伏乞
睿鑒訓示謹
奏
嘉慶二十一年九月初七日奏十月十六日奉
硃批另有旨欽此

平安館

52

嘉慶二十一年十月十六日准
軍機大臣　字寄　嘉慶二十一年十月初一
日奉
上諭蔣　等奏遵旨覆奏辦理㖓咭唎貢使到粵
回國事宜一摺㖓咭唎國貢使不能行謝宴禮儀
乾隆五十八年到粵時並未給與筵宴此次自無
庸强令入宴行禮該督等所奏頒賞使臣筵席三
桌仍賞給牛羊等物所辦甚是至另片所請再行
頒發諭旨宣明該貢使等失禮之咎令該國王自

平安館

行查辦殊可不必前該督所奏刊刷告示發給該
國來粵貿易各船朕即諭以六合之外存而不論
降旨飭令停止該督尚未接到復為此奏總之此
事蘇楞額一誤於前和世泰再誤於後朕權衡裁
度恩威並濟厚往薄來辦理已為允協此後毋庸
多煩詞說該貢使如此狡詐即頒發諭旨伊歸國
後亦豈不能隱匿捏造虛詞以自文其過竟當置
之不論較為得體俟該貢使到粵該督於接見時
當堂堂正正諭以此次爾等奉國王之命來天朝

五十一

臨

53

納貢不能成禮即屬爾等之咎仰荷大皇帝深仁
大度不加譴罰仍賞收爾國王貢物頒賞珍品此
乃天高地厚之恩爾等回國不可不知感激至爾
國向在粵東貿易即係爾國一定口岸倘將來再
有進貢之事總須在粵東收泊候督撫具奏請旨
遵辦毋得徑往天津即駛至彼處該官吏亦必遵
旨駁回爾等豈非徒勞跋涉如此明白宣諭伊等
自當畏威懷德不必與之辯論曲直也朕又思㖓
咭唎國於乾隆五十八年入貢時懇請在浙江寧

平安館

波貿易此次該國貢船來往經過浙洋並未寄椗
其意似專欲來天津貿易以遂其壟斷之謀該督
總當設法將伊國來津之意嚴行杜絕使之不萌
此念即來亦不能徑達方為妥善至㖓咭等五人
既均係夷商現在仍准該國在粵貿易自不必全
行驅逐致啟其疑即聽從其便可也將此由四百
里諭令知之欽此遵
旨寄信前來

五十二

臨八

兩廣總督臣蔣
廣東巡撫臣董　跪

奏爲奉到
諭旨欽遵辦理恭摺密陳
聖鑒事竊照臣等具奏嘆咭唎貢船駛抵粵洋並酌議貿易事宜摺茲於九月十六日准軍機大臣
字寄奉
上諭嘆咭唎夷人向不習中國跪叩禮儀朕預行計及該貢使到津後兩次派員前往察看乃蘇楞額和世泰俱不欽遵辦理和世泰又不以實奏以致不能成禮此次貢使抵粵其在京失禮之處不必一語提及仍照乾隆五十八年之例給與筵宴其允換回國之茶絲等物仍照向例免稅以禮遣歸至頒賜該國王勅諭昨已由驛發交此時未便再與勅諭着該督即以己意查照與該國向來檄文成式飭知遵照等因欽此仰見
聖明指示周詳震疊懷柔並行不悖之意臣等伏思嘆咭唎貢使到京不能成禮雖由於䭾舌之語
奏達參差而在天津未曾謝宴至通州不肯演禮迨至宮門復藉詞延宕其曲究在該國使臣將來該使臣到粵自當以禮遣歸如果安靜守法迅速回國可不提其在京失禮之處倘藉詞支吾逗遛或別有祈請臣等當欽遵
頒發
勅諭該國王文内情節正言駁斥使之理屈詞窮不致有所藉口查臣等衙門向止飭諭嘆咭唎大班從無與該國王檄文成式且已奉有
勅諭若檄文内語句與
勅諭不相符合彼必疑而不信似未便再由臣等另發檄文本月初七日臣等曾附片密陳請
旨計十月望間定可奉到
諭旨臣等當即刊布曉諭各國夷商一體遵照俾各
國共凜
天朝法度尊嚴益生敬畏而嘆咭唎貢使自知其曲在彼亦復無可置喙庶辦理可期妥善蓋嘆咭唎夷情臣測如乾隆五十八年遣使入貢六十
年齎貢由粵呈

平安館

56

進而嘉慶七年即有兵船數隻駛來粤洋停泊覬
望驅之始去嘉慶十年復備貢表齎粤轉
進而嘉慶十三年又有兵船駛至澳門希圖佔據
嗣經絕其水米窮蹙始遁雖其國遠隔重洋五
萬餘里且以貿易為資生之計諒不至有他虞
第犬羊之性難以推誠駕馭防閑不可稍懈此
後是否不別生事端亦難逆料臣等惟有嚴查
漢奸密為防範以杜其覬覦嘗試之漸再查
乾隆五十八年暎咭唎貢使成禮來粤並未筵
宴此次應遵
旨賞給筵席三桌並另賞牛羊等物以符舊制又該
國駛赴天津原船五隻前已駛到貢船一隻護
貢兵船兩隻茲據香山營縣具報本月十三日
又駛到護貢巡船二隻現飭巡船與兵船俱停
泊外洋聽候貢船出口護送回國其貢船一隻
前令灣泊螺墪現奉
恩旨准其兌換茶絲回國照例免稅查該國貿易船
隻向在黃埔裝載貨物茲貢船稟請裝載茶葉

平安館

57

自應准其一體駛赴黃埔次第卸貨上貨飭令
靜候貢使到日乘坐回帆仍俟貢使到粤後臣
等將免稅
諭旨敬謹宣布以昭我
皇上懷遠恩施有加無已之至意臣等謹密摺覆
奏伏乞
皇上睿鑒訓示謹
奏
嘉慶二十一年九月二十日奏
嘉慶二十一年十一月初二日奉到
硃批另有旨欽此

平安館

嘉慶二十一年十一月初二日准
軍機大臣　字寄
兩廣總督蔣　廣東巡撫董　嘉慶二十
一年十月十三日奉
上諭蔣　等奏請俟𠸄咭唎國貢使到粵後欽遵
勅諭該國王文內情節正言曉諭貢使等使之理
屈詞窮不致有所藉口等語此次𠸄咭唎國入貢
當其在粵稟報時正值蔣攸銛來京陛見董教增
不查照嘉慶十年舊例令其將表貢齎至粵省奏
明候旨輒准令該貢使等乘船徑赴天津辦理已
屬錯誤迨該貢使等駛至天津朕特派蘇楞額等
前往察看原頒計該貢使等不習中國禮儀即令
由彼遣回本國乃蘇楞額和世泰等兩次辦理外
謬以致行抵宮門不能成禮而還朕念該國王萬
里輸誠該貢使等失禮與該國王無涉降旨納其
圖畫厚頒珍品後派員沿途護送優給廩餼天朝
以大字小之義固已明白昭著至事之曲直何必
與之辨論彼自知其失與不自知其失皆無足重

平安館

五十七

輕若嘵嘵以口舌相爭豈非蛇足乎此時蔣攸銛
等亦不必另行發給檄文俟該貢使到粵時該督
等但遵照前旨賞給筵席牛羊等物並諭以爾國
向在粵東貿易即係爾國一定口岸將來如再進
貢總須在粵東收泊聽候奏明請旨不得再至天
津此次爾等至天津時係用內地船隻撥渡若再
至天津內地不撥船隻爾等即不能登岸豈非徒
勞跋涉如此曉諭倘該貢使等別有祈請該督等
惟有正言拒絕以此次爾等進京如能朝見大皇
帝或有祈請大皇帝俯允與否我等亦不敢仰測
今爾等既未能瞻覲所有祈請之事我等斷不敢
具奏即飭令如期回國以絕其覬覦之心該督等
一面將其祈請之事密行奏聞可也將此諭令知
之欽此遵
旨寄信前來

平安館

五十八

硃批

60

奏再查暎咭唎國曾於乾隆六十年嘉慶十年兩
次齎貢由粵呈
進奴才於八月初一日密陳暎咭唎貿易情形摺內
將嘉慶十年誤寫作十三年誠恐軍機處抄存
檔冊流傳舛錯謹據實檢舉所有奴才繕寫踈忽
之處請
旨交部察議又香山縣澳門地方祇准西洋國貨船
停泊其餘各國貨船均由東莞縣虎門口出入

平安館

向不准入澳門外十字門口以示限制應請
敕下軍機處一并存記備查臣謹附片陳明伏乞
睿鑒謹
奏
嘉慶二十一年九月二十日奏
嘉慶二十一年十一月初二日奉到
硃批知道了欽此

五十九

61

兩廣總督臣蔣
廣東巡撫臣董　跪
奏再臣等節奉
諭旨以暎咭唎國如再進貢總須在粵東收泊聽候
奏明請
旨不得再至天津倘貢使等別有祈請該督等正言
拒絕一面將祈請之事密行奏
聞等因欽此現在該貢使等甫經抵粵情形頗為安
靜尚未言及再來進貢及別有祈請之事惟夷
性狡猾遲疑須徐徐與之理說俟其懇求再來

平安館

進貢臣等當欽遵
頒給該國王
敕諭內旨意先諭以該國遠隔重洋
大皇帝視中外為一體只須該國王傾心効順不必
航海貢琛倘該貢使再三懇求臣等再諭以如
該國遇必須入貢之時應照乾隆六十年嘉慶
十年成案將
表貢齎送到粵由督撫代為呈進不必專遣貢使
遠來如必求貢使偕來亦須減少隨從人等齎

62

帶輕便方物總須在粵東收泊聽候請
旨辦理若徑赴天津彼處亦必駁回豈非徒勞跋涉
至該貢使若另有祈請臣等定當正言拒絶一
面催令回帆一面將祈請之事密行陳
奏臣等惟有相度機宜妥協辦理崇
國體而示懷柔以冀仰紓
宸廑理合附片陳明伏乞
睿鑒訓示謹
奏

嘉慶二十一年十一月二十日奏
嘉慶二十二年正月初一日奉到
硃批甚是永遠遵行欽此

平安館

硃批

63

兩廣總督臣蔣
廣東巡撫臣董　跪
奏爲體察夷情恭摺密陳仰祈
聖訓事竊照暎咭唎貢使回國一事臣等節奉
諭旨以貢使抵粵其在京失禮之處不必一語提及
若貢使別有祈請正言拒絶一面將祈請之事密
行奏聞其副使哃嘽喨應令隨同正使回國啵唖
等五人均係夷商不必全行驅逐各等因欽此遵
查該貢使抵粵預囑通事以在京不得體面求
勿提及亦無另有祈請之事臣等遵
旨亦不一語向詢現在哃嘽喨偕同正使回國其餘
由澳赴京之書記嗎嚦噫醫生啵唖等五人聽
其與現充大班之哾咖喲留粵不必驅之偕去
該貢使等在粵居住兩旬極爲安靜惟哃嘽喨
密向洋商告知在京由通州坐車趕至（皆係實情想是粉飾之詞）
宮門一夜無眠次日未經洗面朝服未到不敢
朝見維時漢夷通事俱未趕到不知如何傳説系
差未能仰瞻
大皇帝天顔等語該貢使恭賚

平安館

64

敕諭回國倘該國王向使臣詰責該貢使等必飾詞
文過此係外夷君臣辯論之事誠如
聖諭六合之外存而不論萬一該國王心疑使臣文
飾之詞奉表懇請
訓示臣等自當將原表呈
進如備文交給該國貿易大班赴臣等衙門致詢
臣等擬仍欽遵
勅諭內旨意致覆並將原文覆文奏請
欽定然後繕發至該國貢船徑達天津溯查乾隆五
十八年貢使回國時前督臣長麟
奏明准其再來進貢並無不准徑赴天津之語嗣
乾隆六十年嘉慶十年兩次恭進
貢表均係由該國貿易大班齎呈督撫代為呈
進並無貢使貢船來粵與乾隆五十八年及本年
該國王一面遣使來粵具稟一面即將貢船由
彼國徑駛天津之情形不同此次吲嚐唎同充
貢使是以船隻暫泊粵洋若由彼國駛赴天津
可從粵閩等省黑水深洋徑過臣浸渺茫無從

平安館

65

攔阻此後該國王如再懇求遣使進貢臣等當
諭令將貢船收泊粵洋聽候具
奏但恐又將貢船駛往天津應請
勅下直隸總督長蘆鹽政存記請
旨遵行查該國全藉與內地貿易資生而懋遷各物
內以閩茶為至要之貨閩茶產武彝山與江西
連界向由江省鉛山縣河口鎮水路運茶至粵
路途極順若在閩浙海口俱甚迂遠該國貿易
斷不能舍粵東而赴別處其奉表進
貢係欲仰邀
恩眷誇耀諸夷或別有祈求以遂其壟斷牟利之計
此番希榮未遂而冀倖之心恐難盡泯夷情叵
測一二年間或竟如嘉慶七年十三年擅將兵
船駛入澳門及附近海島希冀要求事難逆料
雖該國遠隔重洋斷不能久停貿易自絕生路
而邊禁海疆不可不預籌防範臣等現在查勘
海口礮臺及各島嶼情形督率司道熟籌妥議
容俟議定章程另摺奏請

平安館

66

聖裁所有現在體察夷情臣等謹先恭摺密陳伏乞
皇上睿鑒訓示謹
奏
嘉慶二十一年十二月十四日奏
嘉慶二十二年正月二十六日奉到
硃批覽有旨欽此

平安館

67

嘉慶二十二年正月二十六日准
軍機大臣 字寄
兩廣總督蔣 廣東巡撫董 嘉慶二十
二年正月初七日奉
上諭蔣 等奏密陳夷情一摺暎咭唎貢使業已
乘坐原船回國甚為安靜其呞嚐陳向洋商告知
由通州坐車至海淀行走竟夜始到宮門未經洗
面朝服俱未趕到不能朝見等語原係實情此皆
和世泰之咎至該貢使回國之後向該國王如何
飾詞文過原難逆料天朝不能預為禁止亦不值
再降勅書與之辯論倘該國王一二年後有表請
訓示或備文詢問該督撫等之處彼時即行奏明
候旨飭遵其天津海口早已諭知直隸總督鹽政
等勿許該國夷船收泊至粵東為海疆重地毗連
外洋所有海口礮臺及各島嶼原應嚴密防範以
昭慎重該督等相度情形妥協辦理可也將此諭
令知之欽此遵
旨寄信前來

平安館

68

兩廣總督臣蔣 跪

奏為會籌粵東海口島嶼添設礮臺垛牆營房并
派撥巡防官弁兵丁酌立章程密陳
聖鑒事竊照暎咭唎貢使由粵歸國仰蒙
皇上睿謨廣運
威德兼敷該貢使等咸知
聖明在上
天朝法度森嚴一切凜奉約束安靜回帆惟夷性狡
譎反覆靡常海口要隘必當格外修防為預備

平安館

不虞之計臣蔣 與撫臣董 前於密陳
體察情形摺內奏明
聖鑒欽奉
諭旨廣東為海疆重地毘連外洋所有礮臺及各島
嶼原應嚴密防範以昭慎重等因欽此臣於撫臣
董 尚未起程之前會同商確茲復札商水
師提督并與司道等再四熟籌謹酌定六條敬
為我
皇上陳之

69

一新安縣屬大嶼山孤懸海外為各夷船必經之
處應添建汛房分駐弁兵以資巡防也查該山
四面皆海內有大澳東涌海汊二處可以收口
泊船并各有居民數百戶聞乾隆五十八年暎
咭唎貢使在京求賞廣東小地方即思此處為
屯貨之地其東涌口向無汛房惟大澳口額設
守兵十三名又山上有雞翼礮臺一所向派大
鵬營千總一員帶兵四十八名添駐防守但山
勢寬廣與東涌大澳口雖屬一處而地形相距
遙遠不能兼顧應請在於東涌口添建汛房八

平安館

間圍牆五十丈即在大鵬營內抽撥外委一員
兵丁二十名分駐防守並在大澳口西面左右
村莊二處各建垛牆四十丈北面汛房後建垛
牆四十丈以備隨時添兵架礮之用現委留粵
候補知府彭昭麟會同地方官確估興建其工
料銀兩在外籌款捐辦毋庸開銷至該山一帶
巡洋舟師亦應酌為變通擬派大鵬營叅將專
巡其附近洋面各礮臺並由該叅將查察演放

70

以專責成
一香山縣澳門地方華夷雜處距省遥遠宜加嚴密也查該處駐居之大西洋夷人男婦不下數千名口澳內所建礮臺六座臺踞內地礮向外洋極為堅固得勢然向來止聽該夷目各派番兵一二十名自行防守既久嚴密亦未足以專責成應令香山協副將澳門同知隨時監察其香山縣洋面各礮臺亦令該副將稽查演放再澳內有粵海關所設稅口雖有將軍衙門委員一人彈壓難周請照海關各府稅口派丞倅就近稽查之例令澳門同知會同將軍衙門委員實力督率查報以杜透漏勾結之弊並查有香山縣丞周飛熊住劄澳門該員本係獲盜引見以知縣陞用之員素習海洋緝捕事宜即飭隨同澳門同知籌辦一切以收實效
一東莞縣虎門寨為省城中路門戶係夷船出入總口應修整礮臺歸提督就近督查以杜疎懈也查該處為水師提督駐劄之所附近各島嶼

平安館

六十九

71

建有南山橫檔二礮臺及新建之鎮遠礮臺控馭形勢得力橫檔礮臺歷年久遠當修現委東莞縣知縣仲振履帶同熟諳工程之試用從九品馮章趕緊估報修理所需工料銀兩查有糧道庫內積存普濟堂經費閒款可以動支至各礮臺安放礮位有無銹損並火藥礮子均關緊要應由提督就近專司查驗按期演放以重海防
一鎮遠南山礮臺附近寬潤處所應建立營房派撥官兵駐守以助聲勢也查虎門寨距校椅灣海口尚有二十餘里僅藉礮臺上弁兵聲勢尚不能聯絡水師提督駐劄虎門本標雖有五營其左營游擊分駐新安縣前後營皆內河水師遠在東莞新塘分駐祇有中軍參將右營遊擊與提督同城且須輪帶巡船難以移駐應請於南山礮臺後面寬潤之處建立土城酌設營房於督標提標征兵內各派二百名分上下半年前往貼防酌派幹練之參遊都守帶往駐劄操

平安館

七十

72

演以助礮臺之聲勢而臺兵亦可就近稽查此
項工程亦委候補知府彭昭麟會同地方官估
辦其工料銀兩亦在外籌款辦理惟弁兵遠涉
駐守不能裹糧而行未便枵腹從事查現在陸
路各卡兵已漸次裁撤仍請照卡兵口糧於留
粵捕盜經費項內支給
一番禺縣屬獵德汛為各夷赴省來往總路應中
權扼要也查外夷貨船進口之後灣泊黃埔用
三板小船運至省城夷館必由該汛經過近因
該汛河中突起沙埂分南北兩道南河水淺北
河潮漲時水深二丈四五尺可以行駛大船是
該汛實為中權要隘今擬於此處設立四方礮
臺一座以資控制擬派在粵年久之候補通判
吉安會同地方官辦理所需經費於捕盜船
變價銀內動支報銷
一粵東中路東莞新安香山等三縣統巡應暫為
變通也查該三縣海口洋面向以香山協副將
為上半年統巡大鵬營參將為下半年統巡惟

平安館

七十一

73

現在副將管轄之香山縣澳門洋面參將管轄
之新安縣大嶼山洋面均為夷船收泊往來緊
要之處應各令專巡未便兼顧東莞轉致遠離
疎悞查東莞洋面本有水師提標中軍參將及
水師提標右營遊擊分班出洋總巡所有該三
縣洋面應以駐劄虎門之水師提督作為統巡
察看情形帶領兵船赴三縣洋面抽查巡察不
必常川在洋至提督出巡之時虎門地方留中
軍參將或右營遊擊駐營防守如此暫為變通
均免顧此失彼之虞
以上各條俱係因時因地扼要制宜俾聲勢聯
絡而捍衛益臻嚴密所有各項工程現在即一
面估計一面趕緊興建督飭承辦各員務使工
程悉皆堅固以仰副
聖主綏靖海疆有備無患之至意仍俟欽奉
批旨後將派撥官弁兵丁及估用工料經費祇以更
易海防事理名目照例分別
題咨以符體制謹將應辦事宜先行恭摺密

平安館

七十二

74

奏伏乞
皇上睿鑒訓示再廣東巡撫現係努兼署毋庸會銜
合并聲明謹
奏
嘉慶二十二年二月初十日奏
嘉慶二十二年四月二十二日奉到
硃批依議欽此

平安館

七十三

75 2

F.O.682/145/1

道光二十三年分

76

目錄

一件奏 上諭酌定善後條約茲據覈議分晰具
奏著照所議
一件遵 旨速議酌定善後條約事宜
一件片奏前據暎夷呈請向各洋行租賃棧房居住
一件片奏奉 上諭暎夷已准通商所有咪唎㗆
等國應准一體通商著照議妥辦
一件片奏體察各夷隱微及辦理緣由
一件片奏虎門砲台業已興工修築繪圖進呈并官紳
捐輸銀項足敷修築工價
一件奏遵議礮架船式
一件奏遂次奉 旨到粵會晤夷酋宣示告知妥
為辦理
一件奏接晤夷酋光景似不致驟生枝節
一件奉 上諭赴臺查辦
一件片奏咪夷稟陳貿易事宜會同籌議
一件奉 上諭渡臺查辦及各國商販并所奏稅
額妥籌定議

平安館

77

一件片奏廣州將軍伊 因病出缺
一件奏預籌給夷銀兩請由粵省彙交以歸簡便
一件片奏給夷銀兩仍以按年籌款清交方為正辦
一件奏敬陳原辦通商善後案內寔在情形

平安館

十九

78

道光二十三年十月初七日曲江舟次承准
軍機大臣　字寄
欽差大臣耆　兩廣總督祁　廣東巡撫程　傳諭
粵海關監督文　道光二十三年九月二十四
日奉
上諭前據耆　等奏酌定善後條約當交軍機大臣
速議具奏茲據覆議各條分晰具奏俱著照所議
行惟香港通市一節最關緊要該處為售貨置貨
之總匯課稅盈絀全繫乎此而出口進口之牌照
若僅責成九龍巡檢會同唊官隨時稽查恐辦理
稍疎即不免有偷越之弊其應如何設法嚴查之
處著耆　等再行悉心妥議具奏其各處出海船
隻仍著嚴飭各海口文武員弁實力稽查至五處
通商口岸並著一體知照各該省加意防範毋任
商船任意出入以防偷漏而裕課稅原摺著鈔給
閱看將此諭知耆　祁　程　並傳諭文　知之
欽此遵
旨寄信前來

平安館

79

臣穆　等跪
奏為遵
旨速議具奏事本年九月十六日耆　等奏酌定善
後條約一摺奉
硃批軍機大臣速議具奏單併發欽此臣等公同商
榷將該大臣等原奏各條悉心參覈逐一分晰
錄呈
御覽恭候
欽定
一原單內稱鈐印稅則例冊及鈐印貿易章程嗣
後五港均奉為式二條現在通商馬頭既分有
廣州福州廈門寧波上海五口所有稅例及一
切貿易新章自應一律辦理應如所議各口均
奉為式
一原單內稱貨船進口報關一款內所罰銀兩及
查鈔之貨物應歸中華
國帑以充公用一條此項銀貨既係罰款及查鈔
入官之項應如所議歸公充用

平安館

一原單內稱開關後㗎商只准在五港口貿易不准赴他處港口亦不許華民在他處港口串同貿易一條現在通商馬頭既有議定五口自不准其再有越界私相交易應如所議嗣後㗎商如有擅往他處港口游奕販賣即將船貨一併鈔取入官㗎官不得爭論倘係華民私串即將串同之華民從嚴懲辦

一原單內稱嗣後華商欠㗎商或㗎商欠華商之債均由華㗎該管官從公處結彼此著追均不

平安館

保償一條華商所欠㗎商之債前經議定官不保交並不得仍執洋行代賠之例請賠其代為著追一節亦必須實係人在產存方准追給若已逃匿無蹤及家產盡絕者不得因此藉口仍致嘵嘵瀆懇至㗎商所欠華商之債應即照所議由㗎官代為著追不代保償

一原單內稱五港口㗎商不可妄到鄉閒並不可遠入內地貿易一條各口既准㗎商居住往來自應議定界址庶彼此日久相安所有㗎船水手及船上人等應俟管事官與地方官立定禁約後方准上岸如有不遵禁約擅至內地遠遊者不論係何品級應聽該地方民人捉拿送辦惟所稱由民人交㗎國管事處罪似未允協應令送交地方官轉交辦理免滋事端至上岸㗎人該民人既不得擅自毆打傷害設㗎人不服捉拿以致互鬬或民人毆傷㗎人或㗎人毆傷民人其如何辦理平允之處應令再為詳議

一原單內稱㗎人攜眷赴五港口居住或租賃房

平安館

屋或租基地建屋一條㗎人與家屬所住房屋准於何處租賃何處建造尤應各就地方民情先行議定彼此出於兩願方可相安其租價高下應即照現在五港口所值為準不許華民勒索亦不許㗎商強租其每年租屋若干所建屋若干間即由㗎國管事官通報地方官轉報立案至房屋增減現在雖難預定額數惟㗎人居住既有議定界址其與家屬所居房屋即將來人數增添自不得於界址外別有租賃別有蓋

82

造應再與切實要約
一原單内稱西洋各外國商人如准其一體赴各
口貿易即與暎人無異將來設有
新恩施及各國應准暎人一體均沾一條各外國商
人向止准其在廣東貿易現既准赴福州廈門
寧波上海各口通市即係
大皇帝新恩暎國與各國一體均沾且稅則及一切
章程現已議定頒行各口暎國及各國均當一
律恪遵不得妄有請求以昭信守

平安館

一原單内稱華民因犯法逃至香港或潛往暎國
官船貨船避匿及暎國水手兵丁或别項暎人
等逃至中國地方藏匿一條應照所議凡此等
逃匿之人華民由暎官交與華官按法處治暎
人由華官捉拏監禁交給近地暎官收辦均不
得庇護隱匿
一原單内稱通商港口必泊有暎國官船一隻以
資約束其官船將去必另有一船接代該港口
管事官等應先具報中國地方官一條此等接

83

代官船到中國時自應由港口管事等官先行
具報以免生疑中國兵船自不致有所攔阻其
官船既不載貨自應免納船鈔
一原單内稱定海古浪嶼退地後凡有暎官居住
房屋及棧房兵房不得拆毁亦不請追修造價
值一條應照議俟退出後即交與華官轉交各
業戶管理
一原單内稱暎商串通華商偷漏除該國出示嚴
禁暎商並通報中國地方官捉拏外本地方官

平安館

亦應將串同偷漏之華商等查辦一條應如所
議嗣後暎國偷漏商船一經地方官拏獲其貨
無論價值品類全數查鈔入官其串同偷漏之
華商及庇護分肥之衙役應責成地方官嚴密
訪查照例懲辦
一原單内稱華民欲帶貨往香港銷售者先在廣
州福州廈門寧波上海各關口完納稅銀由各
海關給發牌照前往其欲赴香港置貨者亦准
其向廣州福州廈門寧波上海各華官衙門請

84

牌於運貨進口之日交税其在香港置貨之船即在香港請領牌照出口一條應如所議嗣後欲往香港售貨及在香港置貨華商於出口時均照此給與牌照以憑稽查每來往一次即將原領牌照呈繳華官查銷其非五口互市之處均不准擅請牌照往來香港惟此項牌照據稱責成九龍巡檢會同暎官隨時稽查通報香港地懸海外帆檣處處可通若五口售貨置貨之商畢集於此其船貨有無偷漏所恃止有牌照

平安館

九龍地方是否來往咽喉不致偷越巡檢一官是否足資查驗應令再行詳議

一原單內稱香港必須特派暎官一員凡遇華船赴彼售貨置貨者將牌照嚴行稽查一條香港並未設有華官凡往彼售貨置貨之商其經各海關給與牌照者出口進口尚可由華官查驗其有未經請領牌照或有牌照而非五口所給者若私向香港往來華官無從過問其稽查之職全在暎官一人設非公正嚴明即有奸商偷

85

越未必視為已事應令暎國選擇可靠之員認真查驗如有未請牌照及牌照不符商船前往香港貿易者應不許其在彼通商並將情由具報華官備案查辦

一原單內稱華商在香港拖欠各債及暎商在港口拖欠賬目一條華商在香港所欠暎商之債自應由暎官就近清理其已逃出香港者如係暎商未經查明行保被其假託誆騙華官自無從追究若實係潛回原籍人存産在者應准其

平安館

官為勒追其暎商在港口拖欠華商賬目若華官將清單及各憑據通報暎官暎官亦即照新章第五條所議代為著追以昭平允

一原單內稱各港口海關按月將所發牌照等具報粵海關粵海關轉為通知香港暎官暎官照式具報一條應如所議嗣後各港口海關每月將所發牌照若干張及船隻字號商人姓名並貨物品類數目或由香港運至各港口或由各港口運至香港逐一具報粵海關轉行暎官暎

官即將往來各商之船號商名貨物數目報明粵海關由粵海關通行各海關查核辦理

一原單內稱暎國二枝桅或一枝桅三板划艇等小船向不輸鈔今議定各船及搭客附帶書信行李仍照舊免輸外倘載有貨物即按噸輸納

一條此等小船或由香港赴省或由省赴澳所載貨物自應按噸納鈔所稱最小者以七十五噸為率最大者以一百五十噸為率每進口一次按噸納鈔一錢其不及七十五噸者仍照七十五噸計算倘已逾一百五十噸即作大洋船論每噸輸鈔五錢此等小船往來自不便與大洋船一體納鈔而運載貨物則同今大船輸鈔五錢小船輸鈔一錢相去懸殊難保不避多就少所有小船每月進口數次應再酌定以示限制

一原單所開小船定例三條均應如所議嗣後暎國二枝桅或一枝桅及三板划艇等小船必須領有暎官牌照用漢暎字樣寫明何等船隻能載若干噸聽候稽查其船到虎門即停止通報倘載有貨物均在黃埔關口報明到省後即將牌照繳存管事官代請粵海關准令起貨如未經允准擅自卸貨即按照新定章程內貨物進口報關一款辦理若進口貨已起清出口貨又全下船其進口出口稅與船鈔亦已完納管事官即給還牌照准其開行

以上各條該大臣等所議亦已詳備惟香港通市一節最關緊要緣各口准赴香港貿易則該處竟成售貨置貨之總滙課稅盈絀全繫乎此今出口進口之船所憑止此牌照而牌照之查驗所恃僅在暎官則其權已非我操況洋路隨處可通其船之出入不必盡由五港貨之往來不必盡領牌照設有奸商往彼貿易又豈能保暎官之一一為我查驗是此處辦理稍疏恐五處關津將成虛設現在粵海關稅額所以有盈無絀者祇緣停市已久蓄極一通是以較旺於前且新章甫經議定在暎人亦不得不稍示公

88

平以遵功令而江蘇閩浙又未開關則全力所
萃惟在粤海是其旺亦可暫而不可常也今為
善後計其香港專設咦官一節固已勢無可駁
而小船運載貨物即為短絀之由巡檢稽查牌
照不無踰越之弊是以臣等復令詳議再香港
地居外海將來一經開市無可設防惟有於各
處出海船隻設法稽查嚴防偷漏尚屬權自我
操請
旨飭下沿海各督撫無論何口但有可通海道處所
務須加意防範無任商船任意出入之所詳細
妥議具奏所有臣等遵議緣由是否有當伏乞
皇上聖鑒謹
奏

平安館

89

臣祁臣耆臣程跪
奏再前據咦夷呈請向各洋行租賃棧房居住即
經臣等允其所請附片具奏欽奉
硃批妥為料理萬勿别生事端欽此仰見
聖慮周詳預防未然之至意伏查從前各國在廣州
貿易係由洋行建蓋房屋租給居住上年咦夷
在江南就撫時本請在五口任其自擇基地建
造夷館臣耆因内地港口非澳門香港係屬
海島可比且該夷所欲住之地皆係市廛斷難
任其自擇堅持未許該酋行至上海寧波又隨
意混指各該地方官悉皆置之不理迨來粤東
適有匪徒焚燒洋行及錢江造言生事之案該
酋復藉為口實欲在黄埔建屋臣耆到粤後
會督黄恩彤等反覆開導告以内地房基皆係
民間用價置買完納錢糧雖
大皇帝亦不肯將民産作為官地徑行建造致令失
所爾等寄寓中土若不問何人之地擅自揀擇
造屋直是與民為難並非前來貿易中華百姓

平安館

FO 931/0454

90

不知凡幾沿海四省羣起而攻從此爭端又起
與爾等有何利益至焚燒洋行匪徒及造謠生
事之人均已拏辦只須約束夷人勿稍恃强滋
擾中華百姓與爾貴買來往亦屬有利可圖斷
不肯恃衆欺凌自絕衣食且建蓋夷館所費甚
鉅五口同時並舉談何容易自應由中華地方
官會同該夷目各就地方民情議定在何地用
何項房屋或基地租給居住修造華民不許勒
索該夷不許强租方能永久相安廣州原有洋
平安館
行棧房儘可試行租賃該夷始就範圍不敢堅
執自行擇地之說數月以來華夷相安甚爲靖
謐現在已將止准在五口租房租地並由地方
官指定地段准其行走貿易不許踰越尺寸列
入善後條約以杜衅端臣耆　復因所定條約
係用照會與噗嘀嗑往返商定並未面約其派
往各口之夷目亦未與聞誠恐各該夷於到口
後又生異議隨照會噗嘀嗑令其帶同各夷目
囉咟呥等共二十四人於八月十五日前來虎

91

門臣耆　與黄恩彤咸齡親身至彼當衆邀約
堅定各該夷同聲感頌
大皇帝恩典誓不敢稍有違背體察情形尚屬真切
並據另文照會已派夷目哱吠哪在廣州吡哩
咘赴厦門吧富爾赴上海管理各該處貿易事
宜約束夷衆其寧波地方本已派定囉咟呥因
嗎嚧噠病死暫囉咟呥代辦嗎嚧噠應辦事宜
現將本住定海之啷吐呟調回接替毋令囉咟
呥前往寧波又福州一口現在無人可派隨後
平安館
另行斟酌等情臣等查福州既無夷目派往約
束無人未便徑行開市以致另生枝節除照覆
該酋並行知各國咨會福建督撫將軍諸臣外
恐屢
聖懷謹將辦理情形附片陳明應請毋庸發鈔伏乞
皇上聖鑒謹
奏
道光二十三年八月二十七日奏
道光二十三年九月三十日奉到

92

硃批知道了欽此

平安館

又十七

93

再奴才承准軍機大臣字寄道光二十三年九月
二日四日奉
上諭據耆　等奏議定咪唎堅等國通商章程等語
覽奏均悉現在暎夷已准通商所有咪唎堅等國
自應准其一體通商以示撫綏之意著照所議妥
辦總須籌及遠大不可僅顧目前致貽口實至咪
唎堅有進京瞻覲之請暎咭唎又於善後條內添
出沾恩語句豫為地步安知非互相勾串巧為嘗
試耆　等婉為開導諭以天朝撫馭各國一視
平安館
同仁凡定制所應有者從不刪減定制所本無者
不能增添若各國紛紛請覲觀光上國不但無此
政體且與舊制有乖萬難代奏至現在已准一體
通商天恩高厚爾等果能約束商人公平交易照
例輸稅無稍偷漏大皇帝聞之必然嘉悅也者
接奉此旨即飭黃恩彤等照此明白曉諭斷不准
稍有含混別生枝節是為至要欽此奴才伏查咪唎
堅酋長遣使進京瞻覲之請係出諸該國嚅吐
之口追奴才會同督臣祁　督飭黃恩彤等諄諄

十二

94

曉諭據稱願即稟阻但能否阻止伊不敢定亦
不知該使臣何時方到設將來使臣仍來粵中
欽差大臣又已起程即當具稟粵省大憲聽候示遵
察看該夷囁吐言詞誠樸情極恭順非桀驁不
馴者可比惟至今並無該使臣來粵信息是否
業已阻回抑僅空言嘗試既難逆料第又未便
在粵久候現已札飭黄恩彤欽遵
諭旨明白曉諭俾知即有使臣前來亦屬徒勞跋涉
安分通商洵可得沾實惠倘因海上風信靡常
平安館
彼此音信相左將來果有使臣到粵仍照前
奏由督臣祁　等督飭黄恩彤婉爲開導務期消
除其覬覦之心飭令歸國以杜各國效尤之念
除分別咨行欽遵外謹附片覆
奏伏乞
聖鑒謹
奏

95

臣祁　臣耆　臣程　跪
奏再西洋各國自意大里亞之湯若望南懷仁等
入仕
天朝及俄羅斯在京設立官學之後誇耀示異各自
雄長一方因之其餘各國無不同深欣羨希冀
覲光
上國者已非一日亦非一人聞道光二十年秋間
唊咭唎即有情願息兵求好入監讀書之語上
年在江南時又有咈囒哂夷人云若准唊咭唎
平安館
夷人仿照俄羅斯國有人住在京中即可相安
無事前此會議善後條約本係臣耆　主稿會
銜照發該酋令其覆核該酋於各國一體准赴
五口貿易條内添出將來
大皇帝有新恩施及各國准唊人一體均沾等句臣
等疑其於現定稅則馬頭内別有要挾飭令黄
恩彤咸齡向在省夷目屢加詰詢據稱稅則馬
頭業已議定斷不敢另有要求惟聞咪唎㗶欲
求進京倘蒙

大皇帝允准伊國亦當邀
恩等語旋據咪唎堅夷目幅吐稱其首長派委使臣
進京瞻覲
天顏詰其所為何事又稱不過伸其景仰之忱別無
他意因思上年九月曾有咪唎堅夷人伯理在
臣祁　衙門禀稱熟習天文算法懇求代奏進
京効用當經臣祁　奏明駁斥則今日之求進
京都仍是冀圖錄用明知臣等不為代奏是以
不肯明言而咪咭唎於善後條內添出之語又
係明知咪唎堅有進京之請預為地步且安知
其非互相勾串先由咪唎堅巧為嘗試臣等又
飭黃恩彤等遴委幹員向咪唎堅夷目妥為開
導並諭以不可為人所愚該夷目始允禀阻其
為咪咭唎欲求假借
聲威誇耀隣國慫恿咪唎堅為之先容已可概見臣
等謹將體察各該夷隱微及辦理緣由附片陳
明應請毋庸發敘伏乞
聖鑒謹

平安館

十八

奏
道光二十三年九月初六日附驛具
奏本年十月初七日始與冊次奉到
硃批另有旨欽此

平安館

十九

奏為虎門礮臺業已興工修築繪具圖說進呈并 廣東巡撫革職留任臣梁 兩廣總督革職留任臣祁 廣東水師提督臣吳 跪
官紳捐輸銀項足敷修築工價恭摺
奏祈
聖鑒事竊臣祁於上年十月初三日會同前任靖
逆將軍奕　前往虎門察看各礮臺情形於回
省後業於是月十九日附片
奏明在案臣等隨即公同商酌選派幹練誠實之
州縣丞倅各員分赴各礮臺隨同臣吳　勘
丈地基講明做法確估工價趕緊於十一月二
十二日動土興工修築並據該委員等繪圖具
稟前來臣等伏查虎門內外原設各臺均係依
山臨海就地取勢內而上橫檔之東西二面原
設橫檔永安二臺上橫檔之東北對岸原設鎮
遠靖遠威遠三臺上橫檔之西對岸原設鞏固
礮臺上橫檔之後大虎山原設大虎礮臺由上
橫檔而東南逼近大洋原設大角沙角二臺連
新涌蕉門二臺及下橫檔原築有泥土臺一座

平安館

共計礮臺十二座除新涌蕉門二礮臺地居小
海口並未十分損壞應照舊補築堅固無庸再
議並下橫檔泥土臺業經拆毀外其餘各臺在
當日擇地建築自屬天然形勝惟今昔情形不
同控制必期盡善臣等詳加詢訪多謂舊臺過
低防洋盜則有餘若夷船駛入則彼船較高我
之礮臺內情形彼皆一望而知難以制勝且臺
形有如扇面礮口多在正面而側面礮口無幾
若夷船駛靠側面攻擊亦難抵禦訪問外夷各
礮臺其做法式樣高下並無一定礮牆係用三
合土建築又參差不齊多作大小人字形緣用
石砌築則石性剛脆一經轟擊碎石飛散三合
土性質堅實既可受礮而牆形參差發礮時又
可錯綜向外攻擊現經臣等悉心公同酌核臺
基仍用石砌礮牆則用三合土修築計有仍照
舊基建築而加高培厚者有應添建以資策應
者有應連兩臺為一臺添築礮牆者有原舊地
勢未合必須移建者謹繪具總圖並另繕說帖

平安館

100

恭呈
御覽至此項工價覈實估計共約需銀將及四十萬
兩查自議築虎門礮臺以後即據各紳士具呈
指臺認修並據各官紳商民陸續呈請捐輸修
費截至上年九月底止所捐銀錢除修船鑄礮
外計捐修虎門礮臺經費共銀一十一萬三千
餘兩又於上年十月起截至十二月十七日奉
文停止捐輸以前陸續據各官紳人等捐銀一
十六萬七千餘兩合計先後所捐銀錢數目已
及二十八萬兩有零尚微有不足現在官紳士
民仍陸續呈請捐貲情形仍極踴躍約計工費
總可敷用無須另行籌款所有已捐之項臣等
隨時飭令備齊交貯善後總局隨時發給支用
仍令委員督同辦理務期工堅料實費不虛糜
除將承修捐輸之官紳人等捐銀數目另摺奏
請鼓勵外所有臣等會同勘議修築虎門各礮
臺情形及無庸另行籌款緣由謹合詞恭摺具
奏伏乞

平安館

廿二

101

皇上聖鑒訓示再此項工程係官紳士民捐修應責
令委員及該官紳等照例保固請免造冊報銷
合併聲明謹
奏
道光二十三年正月

平安館

廿三

臣怡　臣劉　臣寶　臣普　跪

奏為遵議礮架船式據實覆

奏仰祈

聖鑒事竊臣等接准軍機大臣字寄道光二十二年

九月二十五日奉

上諭昨據奕山等將廣東省官紳造成各船式樣繪圖貼說呈覽江南福建浙江海防情形各處互異此項圖說各五件現已飭令祁　等照式另備三分分寄各該省該督撫等俟粵省寄到後各就所轄洋面察看何船適用足以禦敵或於海道不甚相宜而於江防亦堪制勝即著悉心詳議具奏候

旨發交廣東令其各就該省所需之船如式製造再行分別運赴各省如或於江海形勢俱難得力亦著據實奏聞不必稍存遷就將此各諭令知之

欽此嗣據兩江總督臣耆　咨到礮架圖四件

並恭錄

諭旨交臣等閱看又據兩廣總督臣祁　將廣東官紳製造船圖伍件遵

旨咨送到臣怡　等會同籌議因思礮架一項水陸均須資用船為水師要務必須當面熟商臣寶振彪駐劄廈門往返諮詢勢必不能慎密亦不能逐層剖晰經函屬來泉將礮圖船圖與臣普陀保等悉心體察礮架以五千斤舊式及仿造夷船內式為合用磨盤架雖覺靈便而礮身笨重加以火藥迅發恐二層之盤未能喫勁又五千斤仿夷礮架式架前太短放時易致頭昂之病應將擇定之式飭局各製一具試演妥當再行如式普律成造以利軍用至船式五張內戶部員外郎許祥光開造戰船圖式其船設六十四槳喫水三尺風平浪靜尚可駕出外海一遇風浪船隨浪湧槳不及水亦無所用雖可用帆而得力祇在內河扼險所大使長慶水輪船圖式其船旁設兩輪恃十人腳力為之旋轉十人之力無多祇可施之平水風狂浪激人力難施幾等無用之物廣東獅子洋以內均係內河橫檔以內亦係內海水程約二百里二船或可合

平安館

104

用福建一出海口即是大洋斷難駕駛又廣東
水師提督吳　仿夷船圖式其船篷索桅柁
與內地不同夷船在廣東有年駕駛或不乏人
福建即有此船柁工人等茫無措手責令學習亦
非一朝一夕所能嫻練以上三船皆與福建不
宜惟廣州府知府易長華刑部郎中潘仕成
二船圖式察其形製似尚可用惟礮孔開用兩
層其孔稍低戧駛時易致進水門孔過高又與
兩層不合非駛出外洋演試不敢信其必無遺

平安館

誤然勢均力敵方能致勝夷船四出滋擾皆萃
其數十船之力與我爭見於閩浙粵三省者不
下一百數十隻且有火輪拖帶風無順逆日可
千里中華之船全恃順風百里或累日不至互
調則緩不濟急而該夷進犯之時必擇順風順
潮之際則船數適均已有得勢不得勢之別自
非多為籌備不足以分其顧慮而使之牽制然
經費有常亦須通盤籌畫從其寡少者計算水
師提標五營需船三十隻金門鎮需船十五隻

105

海壇鎮需船十五隻南澳鎮需船十隻銅山營
需船六隻閩安協需船六隻烽火營需船六隻
福寧鎮左營需船六隻除臺灣水師營澎湖營
應飭臺灣鎮道酌量議定稟明續辦外共計船
一百零二隻以易長華潘仕成二船各半成造
易長華船式需價銀八千餘兩潘仕成船式需
價銀一萬九千兩通計兩船價銀二萬七千餘
兩總計大小船一百零二隻約需銀一百四十
餘萬兩所有隨船帆纜器具尚未開載約需數

平安館

萬餘兩其礮位則易長華船式每隻用一二千
斤大礮二十五門以五十一船計之需礮一千
二百七十五門潘仕成船式每隻用四千斤大
礮至數百斤礮四十門以五十一船計之需礮
二千零四十門共船一百零二隻共需大小礮
三千三百一十五門約需純淨之鐵六百餘萬
斤鑄造之價每百斤約需銀八兩約共銀五十
萬有奇製造礮架等尚不在內則船礮二項已
需銀二百萬餘兩礮位既多水師兵丁亦須添

募數千名終歲餉額賞需諸費又須逐一加增計非十數萬不可且內地師船每月須偏倚岸旁爇草將船底著水處所烤令極熱再以石灰水艌過名為燂洗如數月未經燂過則有蛾蟲生於木內潛噬略盡而外皮一無所損少經抵觸即已破裂番木所造可歷二十五年之久則不獨沿海各省一體製造非千餘萬不可一時無此經費即取材外洋一端亦難立時應手且船式一經改易工匠人等必不能皆善成造非

平安館

累年不能報竣無論既成之後先須出洋演試純熟駕駛方能得力即就圖內所開某船安礮若干究竟能勝與否開放時船身能不欹側與否皆未嘗試至火藥為用礮要需內地所造以一推一尚形不足夷人則以數斤之藥便可推三十斤之子是即船能如式礮亦能容而杉木不敵番木之堅大礮僅抵小礮之用其優絀固亦立見假令合一百零二船為一隊與現有夷船相過則旗鼓相當取勝似可有望而彼船則

轉運如飛我船則笨重費力兩軍交戰祇爭遲速之間輸此一籌便無實在把握竊思造船鑄礮原為思深慮遠之計而夷船往來不絕其意亦必見及保無有暗地阻撓者即其通商之志已遂不復更萌狡猾而經費實已支絀之至則實有效驗可恃者猶可勉力為之使之一勞永逸而就福建而論則十五營各自為隊相距或千里或數百里並非呼吸可通之事使其性情反覆萃其百餘船以攻一處則多寡懸殊萬萬

平安館

不能抵禦逐營蹂躪損失必多何以為繼該夷所到之處必先燬棄師船如廈門所造已成未成悉為所焚是其明証則我之改易船式彼豈有所不知是又不可不防之意外矣臣實振彪在水師數十年身歷風濤之險凡駕駛接仗各事粗知梗概從未見船礮之制有若夷人之精者由其所雇木植銅鐵本已精美又加以不惜工價為之故質既堅緻而用又靈捷今欲仿而行之必期以我勝彼始所用方無妄費以臣等

108

愚昧之見論之斷非旦夕所能取效言者每持
折回內港之說以為客主異形進退可以自主
不知大海之中一經失利便不能支從前無火
輪船一種而相持在相近內港處所猶可希冀
茲則進無其速退則無從逆駛萬無制勝之理
若貲此鉅項專為捜捕洋盜則例造師船已可
濟用不妨稍緩辦理以紓經費臣等受
恩深重奉
諭熟籌不敢徒託空言自附寢甲枕戈之列惟期有
平安館
裨實用庶策
懷柔撻伐之全所有遵
旨詳議礮架船式緣由謹合詞恭摺覆
奏伏祈
皇上聖鑒謹
奏
道光二十二年十二月二十三日在泉州行館
會同由驛五百里具奏

109

臣伊 跪
奏為途次接奉
諭旨俟到粵省會晤夷酋宣示告知妥為辦理恭摺
密奏仰祈
聖鑒事道光二十二年十二月初四日奴才行至廣東
南雄州途次接奉密寄十一月二十三日奉
上諭前據耆 奏夷酋控訴臺灣妄殺冒功一摺並
怡 奏該夷到閩因臺灣多殺夷俘忿忿不平當
已兩次諭知伊 婉轉開導剴切曉諭矣惟夷性
多疑恐非空言所能解釋現在撫議已定不值因
平安館
此一端致妨全局伊 到粵後必與嘆咭唎會晤
著即告以天朝統馭外夷一視同仁凡有遭風難
夷無論何國例得撫卹前據耆 奏到該夷控訴
臺灣鎮妄殺冒功大皇帝聞之十分震怒惟究係
該夷酋一面之詞不能遽行定讞已有旨命閩浙
總督怡 即日渡臺密行查辦如達洪阿前此所
殺夷人果係難民一經查訪無難得其實據大皇
帝辦事一秉至公定將達洪阿解京重治其罪如

110

此明白曉諭想該酋定可釋然無疑矣現在通商
章程亟須議定必當先釋其疑方可妥議一切伊
身膺重寄熟悉夷情必能仰體朕懷妥為辦理
至傳旨面諭該夷後看其是何光景著伊　迅速
據實馳奏將此由五百里諭令知之欽此仰維
聖明遠鑒洞晰夷情顧持和局不勝欽服之至奴才現
在水陸乘便兼程行走到粵省後即與該酋約
見恭宣
聖旨告以夷俘被戮一事現為查辦以釋其疑而平
其憤即與商議稅餉事宜該夷酋噗嘶喳自當
平安館
欽遵
諭旨靜候核辦不致別生枝節奴才身膺重寄恪當竭
盡心力妥為設法必不使既成之和局復有掣
肘以期仰慰
聖懷且奴才更有請者此事果係夷船無礮夷手無械
該酋訊稱係屬難夷似非茫無所據逞刁挾制
閩浙督臣怡　接奉
諭旨必能仰體

又廿二

111

聖心維持大局妥為
奏辦藉非然者奴才愚昧之見務求
天斷既有兩江督臣耆　前摺即祈採其摺內之語
飭將臺灣鎮總兵達洪阿解京訊問以完全局而靖
海宇且俾臺灣無事亦正所以保全達洪阿緣
夷人性躁妄動不知深淺故事以速息為貴況
撫馭番夷一視同仁亦昭
聖德中外無間之大芻蕘之議是否有當伏乞
皇上聖鑒
平安館
訓示謹
奏
道光二十二年十二月初五日在韶州舟次奏
道光二十三年正月初二日奉到
硃批另有旨欽此

又廿三

奏為接晤夷酋察看光景似不致驟生枝節恭摺 臣祁 臣伊 臣梁 跪
具奏仰祈
聖鑒事竊臣伊里布前於南雄途次承准軍機大臣
密寄道光二十二年十一月二十三日奉
上諭前據耆 奏夷酋控訴臺灣妄殺冒功一摺並
怡 奏該夷到閩因臺灣多殺夷俘忿忿不平當
已兩次諭知伊 婉轉開導剴切曉諭矣惟夷
性多疑恐非空言所能解釋現在撫夷已定不值
平安館
因此一端致妨全局伊 到粵後必與噗鼎喳
會晤著即告以天朝統馭外夷一視同仁凡有遭
風難夷無論何國例得撫卹前據耆 奏到該夷
控訴臺灣鎮妄殺冒功大皇帝聞之十分震怒惟
究係該夷酋一面之詞不能遽行定讞已有旨命
閩浙總督怡 即日渡臺密行查辦如達洪阿前
此所殺夷人果係難民一經查訪無難得其實據
大皇帝辦事一秉至公定將達洪阿解京重治其
罪如此明白曉諭想該酋定可釋然無疑矣現在

通商章程亟須議定必當先釋其疑方可妥議一
切伊 身膺重寄熟悉夷情必能仰體朕懷妥
為辦理至傳旨面諭該夷後看其是何光景著伊
迅速據實馳奏將此由五百里諭令知之欽
此遵
旨寄信前來臣伊 於奉到時即將到省妥辦緣
由恭摺覆奏在案嗣行抵粵省與臣祁 臣梁
會商意見相同旋據夷酋噗鼎喳來文訂
期接見臣等即於本月二十日率同廣東布政
平安館
使覺羅存興江蘇按察使黃恩彤四等侍衛咸
齡前往距省六十里之黃埔河面維時噗鼎喳
已乘船至彼即過船與之會晤該夷酋擺隊奏
樂執禮甚恭追議及臺灣殺戮夷俘之事該夷
酋雖前經接到臣耆 臣伊 照會積憤未
平追臣等宣示
恩旨明白曉諭該夷酋似極知感戴亦復歡忭據嗎
禮遜譯傳該酋之言聲稱臺灣前獲夷人實係
貿易夷商遭風覆溺並非臨陣被擒如果前往

114

爭戰斷無僅發兵船一隻毫無援救之理渠素
仰
大皇帝仁愛羣生如果知係難夷必不忍加以誅戮
總因臺灣遠隔重洋無從周悉致達洪阿得以
揑情入奏妄殺冒功渠實心不甘服現經奉
旨委派大臣渡臺秉公查辦渠十分感激當靜候辦
理不敢妄有爭競等語察其情詞尚屬恭順臣
等復諭以現在和議已定即當料理通商所有
輸稅章程亟須議定臺灣一案查辦需時不必
觀望遲疑因一端而妨全局有違
大皇帝諄諄訓示之至意該夷酋深以為然與臣等
接晤後即留夷目嗎禮遜囉咍唎聽候議稅自
回香港去訖臣等復查該夷雖蠻悍性成頗知
守信即如臺灣誅殺夷俘多名如果該夷酋另
有詭謀藉端背約前在閩省不難逞兇豕突乃
照會臣耆 臣伊 求為代奏伸冤雖語多
桀驁尚與既撫旋叛者情事不同且亦恐係臺
灣原辦不實有以致之現蒙

平安館

115

皇上聖明洞燭特沛
恩綸該夷酋雖屬冥頑亦有知覺自當回心向化不
致輒啓兵端惟夷性多疑遲則生變仍乞
勅下督臣怡 剋期渡臺迅速查辦辨其虛實權乎
輕重必有以釋其反側之心方足以馴其暴戾
之性此雖案外之一端而於全局大有關係除
將通商徵稅章程檢齊例案體察情形悉心妥
議另摺會奏外所有臣等接晤夷酋察看光景
緣由理合先行會同恭摺馳
奏伏乞
皇上聖鑒訓示謹
奏
道光二十二年十二月二十二日

平安館

道光二十二年十二月二十二日會同具奏接
暎夷酋情形一摺茲於本年正月二十一日奉
批回另有旨欽此同日准軍機大臣字寄道光二十
三年正月初八日奉
上諭本日據伊　耆馳奏接暎夷酋情形一摺覽
奏均悉已有旨由六百里寄知怡　迅速赴臺如
查明達洪阿因激於一時氣憤不問入境夷船是
否前來爭戰遽將夷人悉行擒獲鋪張入奏即將
該鎮帶回福建省城聽候諭旨並令將查辦情形
飛咨該大臣計怡　接奉此旨自已迅速妥辦矣
著伊　耆即將一切通商事宜次第籌辦得有
臺灣確信即行宣諭該酋釋其疑貳並將本日復
有旨催令怡　前往之事先行諭知以安反側將
此由六百里諭令知之欽此遵
旨寄信前來

平安館

再奴才前奉本年十一月十一日
上諭飭將咪唎堅夷目咖呢禀陳貿易事宜到粵會
同籌議等因竊維添設馬頭番船有來貿易前
在江寧夷酋噗鼎喳曾有各國前來福建江浙
各處通商
中國但肯允准該酋斷不阻止以求專利是其意
已暗有邀約各國同來商販之見且咪唎堅船
前在浙江乞求令又在廣東禀求咈郎西前赴
江寧大約亦屬意在通商若我專准暎咭唎在
添設馬頭來販他國均不准來同販恐其船隻
衣服無甚區別難以辨白准否且恐阻止致生
枝節反使各國以暎國藉口又慮暎咭唎串通
一同前來商販我亦難於阻遏反使患出夷酋
而各國德在暎國怨在
中國亦為失算此事惟俟到粵省後與督撫臣熟
籌妥議并須與夷酋噗鼎喳商定方可擬有定
局會
奏請

平安館

118

旨遵辦至者　夾片加稅之事查稅口添立閩浙江
南各處則閩茶及江浙茶葉絲綢均不經由內
地內地各關俱缺此項稅納斯夷船呢羽鐘表
亦皆運赴新設馬頭以貨易貨內地各關兼缺
此項稅納是益在夷人商人之數即損在官稅
之數必須於洋貨內貨改販新立關口酌加稅
則以補各內地關口短收之缺叅思慮及此前
已行文各內地監督將例收洋貨絲茶詳細造
冊咨送以憑抵粵商之督撫臣酌核

奏加期於以贏濟絀較之舊額或可能敷其數是
無加稅之名而亦不至有減稅之實也大黃產
自河南一帶仍須行經各內地關口可遵舊規
抽收毋庸復議又奏十一月二十二日
上諭飭晤夷酋時曉以臺灣正法夷俘一事現遵欽
奉
諭旨抵粵會晤遵照宣示核實查辦該酋自應釋然
無疑迴異空言開解可以折服其心又許給銀
兩亦俟到粵與督撫臣通盤籌算作何辦理遂

平安館

又廿二

119

一議定具
奏請
旨遵行所有前後兩奏
諭旨統俟會同籌議各情恭附夾片奏
聞仰乞
聖鑒謹
奏

平安館

又廿三

120

道光二十三年正月初二日准
兵部火票遞到
軍機大臣 字寄
欽差大臣伊 道光二十二年十二月十七日奉
上諭伊 奏接奉諭旨俟到粵後妥辦一摺現在撫
馭已成不值另生枝節著伊 於到粵後遵照前
旨先將有旨令怡 渡臺查辦一節面諭該酋此
係大皇帝為爾等伸冤之意毋庸疑慮至怡 渡
臺以後查訪得實如果夷船無礮夷手無械確係
遭風難夷並無滋擾情形自當治達洪阿以應得
之罪設或怡 覆到與該酋控訴情節迥不相符
朕辦理此事自有權衡伊 惟當婉言開導務使
該夷頓釋前疑不致激成事端諒伊 熟悉夷情
必能委曲周全也另片奏咪唎㗰咈郎西等國同
赴馬頭商販俟與嘆咭唎會晤妥議等語各國同
來商販若概行禁止反被該夷隱射朦混是恩在
該夷怨在天朝誠為失算伊 所奏不為無見但
遽任其同來難保嘆夷不以各國分得其利又釀

平安館

121

爭端著伊 與該酋會晤時從長商辦妥為定議
總期日久相安不至互生嫌衅方為至善所奏稅
額一節是否可行並著伊 妥籌定議具奏將此
由五百里諭令知之欽此遵
旨寄信前來

平安館

122

再臣於二月二十三日接准兩廣督臣祁　來
函知
欽差大臣廣州將軍伊　於二月初四日因病出缺
伏查臣前接伊　於正月二十二日發來信函
知稅餉事宜業已理有頭緒惟自到粵以後兩
耳時或重聽並常有微疾嗣又接江蘇臬司黃
恩彤等於二月初二日來稟云伊　復染瘧疾
仍照常辦公大勢無妨稅餉事宜將次可以定
局臣當飛函囑令伊　小心調養不意竟爾出
缺實堪憫惻惟稅餉事宜既屆垂成設該夷因
此又生觀望於大局殊有關繫若俟奉到
諭旨後再行飭辦誠恐緩不濟急查黃恩彤咸齡係
始終其事之員當即飛咨兩廣督臣祁　督飭
該員等查照原議秉公妥辦並札黃恩彤等一
體遵照又照會噗喘喳諭以照常辦理毋生疑
慮以便早日開市免致夷商守候將來或臣赴
粵或另奉
簡派總與伊　在日並無二致約計此時祁

平安館

123

奏報伊　出缺之摺業已到京仰蒙
宸斷臣俟奉有
諭旨即當欽遵辦理謹先附片陳明伏乞
聖鑒謹
奏
兩江總督耆[illegible]於道光二十三年二月二十四
日附奏

平安館

奏為預籌給夷銀兩請由粵省彙交以歸簡便恭　臣伊臣耆臣梁跪
摺奏祈
聖鑒事竊照撫夷案內有奏明分年交給之款臣伊
前於江西途次接奉
諭旨著會同臣祁　臣梁　通盤籌畫妥為辦理
等因欽此臣等查癸卯年分議明共給洋銀六百
萬圓內有商欠三百萬圓前經臣伊　臣耆
奏明先於洋商名下勒限著追茲臣等復督
飭廣州府易長華傳集洋商伍怡和等取具結
狀限於六月內掃數清交並先措繳洋銀五十
萬圓給夷商收領在案至餘銀三百萬圓應折
給廣平紋銀二百一十萬兩復飭廣東布政使
覺羅存興查明各庫款悉心籌畫統計藩庫存
款及寄存海關之款計可動撥銀一百二十三
萬五千八百兩運庫可以動撥銀五萬一千二
百兩二共湊撥銀一百二十八萬七千兩由該
司具詳請奏前來覆查此項撫夷銀兩前經載

平安館

入和約奏蒙
恩准自應按期給領方昭誠信而該夷酋現在香港
寄居尤應由廣東就近籌款解交以歸妥速惟
本年應給之款共需銀二百一十萬兩除藩運
二庫堪以動撥一百二十八萬七千兩外尚不
敷銀八十一萬三千兩臣等復通盤籌計查有
鹽課項下奉部撥補兵餉銀五十五萬兩似可
撥歸給夷數內留備支用其廣東兵餉不敷應
請
旨敕部改撥又本案指撥藩庫銀一百二十三萬五
千八百兩內新奉部撥貴州兵餉銀十萬兩應
請免其起解由部另行籌撥統計尚不敷銀二
十六萬三千兩應於粵海關新徵稅銀內湊解
清款至甲辰乙巳兩年應給之銀已在各口通
商以後應將各海關徵收稅銀儘數撥解倘有
不敷再由廣東藩運各庫籌款協撥併請
敕部將此三年內粵省及各海關應撥應解各項均
暫行停止所有臣等預籌酌辦緣由理合恭摺

平安館

具奏併將撥款清單繕呈
御覽伏乞
皇上聖鑒訓示遵行謹
奏道光二十三年正月二十日馳
奏二月二十二日奉到
硃批戶部議奏單併發欽此
廣東藩庫正項銀五十一萬餘兩內實可動撥
銀二十三萬八千兩
又封貯銀三萬七千九百兩可以全數動撥
又粵海關寄貯司庫銀七十四萬兩可以全數
動撥
又道光二十二年分地丁錢糧額徵銀一百零
九萬二千餘兩內約可動撥銀一十萬兩
又太平關徵存道光二十二年分正額銀五萬
二千四百餘兩內實可動撥銀二萬六千二
百兩
又太平關約徵道光二十三年分正額銀五萬
二千四百餘兩內約可動撥銀四萬兩

平安館

又現存捐監項下實可動撥銀二萬四千七百
兩
又襍項內約可動撥銀二萬九千兩
以上八款共堪動撥銀一百二十三萬五千
八百兩內有新奉部撥貴州兵餉銀十萬兩
應請免撥
廣東運庫存貯本年秋撥尾銀五萬一千二百
兩堪以全數動撥
又鹽課銀五十五萬兩先因廣東兵餉不敷奏
部指撥現擬將此項歸入撫夷案內湊解其
兵餉應請改撥
以上二款共銀六十萬一千二百兩連前統
計共銀一百八十三萬七千兩尚不敷銀二
十六萬三千兩應於粵海關新徵稅銀內補
足清款

平安館

128

奏再前定和約本有銀不交給每百圓加息五圓之說即使交不足數但付給息銀該夷亦無從藉口惟鼓浪嶼舟山二處均有夷兵聚泊銀項一日不楚則地方一日不靖鼓浪嶼不過廈門附近小島勢類彈丸尚屬無關緊要而舟山係定海附郭之區若夷兵日久逗遛甚有妨礙且民夷雜處難保不滋生事端臣等愚昧之見似仍以按年籌款清交方為正辦其通商輸稅各

平安館

事宜連日委員與夷目嗎喇噝等往復面議粗有規模惟該夷目等請裁行商又因省城夷館被焚自願退居香港通市一切稽查偷漏輸納稅銀不免諸費更張且餉鈔之應增應減規費之應留應革頭緒紛繁必須通盤籌畫持以公平方足服夷情而保課額至咪唎㗎咈啷哂各國臣伊　　到粵後並無乞請往各口通商自因嘆夷稅務尚未明定章程是以意存觀望容俟察看夷情隨時酌辦現在香港洋面共泊嘆

129

夷兵船二十一隻極為安靜足慰
聖廑理合附片陳明謹
奏道光二十三年正月二十日附
奏本年二月二十二日奉到
硃批另有旨欽此

平安館

130

奴才耆　跪
奏為敬陳原辦通商善後案內實在情形恭摺覆
奏仰祈
聖鑒事竊奴才前在廣東省城會同督臣祁　撫臣程
監督文　暨同黃恩彤咸齡籌辦暎咭唎
國善後章程及各國通商事宜往返辯論至再
至三勢已無可駁改亦別無應辦事件是以於
拜摺後
奏明即行起程茲於道光二十三年十月初七日
在曲江縣途次承准軍機大臣字寄九月二十
四日奉
上諭前據耆　等奏酌定善後條約當交軍機大臣
速議具奏茲據核議各條分晰具奏俱著照所議
行惟香港通市一節最關緊要該處為售貨置貨
之總匯課稅盈絀全繫乎此而出口進口之牌照
若僅責成九龍巡檢會同暎官隨時稽查恐辦理
稍疎即不免有偷越之弊其應如何設法嚴查之
處著耆　等再行悉心妥議具奏其各處出海船

平安館

131

隻仍著嚴飭各海口文武員弁實力稽查至五處
通商口岸並著一體知照各該省加意防範毋任
商船任意出入以防偷漏而裕課稅原摺著抄給
閱看欽此仰荷
聖明提挈綱領周詳指示欽服實深奴才伏查香港本
為暎夷託足之所並非通商之地惟有夷即有
貨奴才於五月間前赴該處親加察看見有內地
民人前往零星買賣利之所在人必趨之與其
徒務香港不准開市虛名致墮其術莫若明定
各口給照稽查章程以免透漏原所以防杜微
漸也其實內地商民挾貲營運與各夷言語不
通氣味各別全恃信實行棧代為說合向不與
夷對手交易且該商民每遇馬頭一貨有一貨
之公所公舉善於經紀之人常年住彼謂之坐
莊專司探聽貨物之滯旺價值之高下往來送
信以定產地發貨及收買客貨之多寡設貨到
而價已賤即暫住公所以待善價若各夷商遠
涉重洋運貨來粵不知內地貨值之滯旺高下

平安館

132

不准如華商之坐莊買賣其返棹之期又有一定諺云貨到地頭死勢不得不聽命於洋商貨到即賣見貨即買復多例外措尅是以求給香港一島藉以托足其意不過探聽廣州貨值之滯旺高下隨時搬運效華商坐莊買賣之計也至香港孤懸海外並未設有文武官員民無所恃有力之家斷不肯以有用之資本前赴該處開設行棧輕為嘗試各路商販之心計無不絲絲入扣司榷各官苟能潔己奉公不致為淵敺

平安館

魚各商販亦斷不肯舍確有把握之坐莊買賣而冒險遠涉授人以柄轉受該夷挾持是香港似可不致遂為售貨置貨之總匯權亦不致遽行外移其九龍地方逕對夷人聚居之地船隻之往來香港者必泊於此稽查甚為近便若商船販貨出口前赴香港應先在出口處所完納稅銀再行給發牌照沿途及香港即以牌照為憑分別驗放其在香港販貨進口之船應在進口處所完納稅銀本係仿照定例辦理全在行

133

之以實不在驗照官之大小況前赴香港之船既由給照口岸按月報明粵海關則何口有赴香港商船若干隻業已互有稽考九龍巡檢不過查其已未到彼何時返棹並無稅銀可收似可無虞偷越竊愚以為稅課盈絀之權全繫乎各海關之稽查嚴密而不在香港之通市與否至各海關稽查漏稅之卡房巡船星羅碁布業已無微不至兵役賣放亦有治罪專條若能事事核實辦理似可毋庸另議章程蓋多設一官

平安館

多立一法即多滋一弊更張不如守舊繁文不如簡約也又夷人越界遠游被民捉獲應令送交地方官轉交辦理一節自應遵照咨行各省督撫臣查照辦理至夷人不服拘執互鬭致傷即屬拒捕與擅自毆打傷害不同唉夷既由該國處治民人應照中國律例辦理原議通商章程內已有華夷交涉詞訟公同查明各自辦理之條似可毋庸再議又夷人在各口租屋賃地居住善後章程本已要約明白由各該口地方

官與領事唊夷各就民情公同酌定容奴才再行
轉咨各督撫飭令各該地方官於議定界址時
再與切實要約以杜藉口又小船輸鈔一錢與
大船相去懸殊難保不避多就少一節查此等
小船向准出入只有陋規不征船鈔善後章程
內議定最小者以七十五噸為率最大者以一
百五十噸為率按噸納鈔銀一錢不及七十五
噸者亦照七十五噸算已逾一百五十噸者即
作大洋船論但裝一擔貨物即應按噸納鈔是

平安館

小船在嚴查噸數不在酌定限制且於稅課有
裨尚非短絀之由似亦毋庸另議限制總之香
港並無行棧即無正經貿易此次辦理善後事
宜奴才與祁　等就現在情形熟籌再四不敢苟
且將就稍留罅隙致滋漏卮而治法需人勢因
時異將來應否將內地稽查之法酌量變通必
得試行一二年後再由各該督撫體察情形分
別辦理除遵
旨將出海船隻嚴飭各海口文武員弁實力稽查並

咨行五處通商口岸一體知照外所有原辦善
後条內實在情形理合恭摺覆
奏伏乞
皇上聖鑒再奴才現已離粵所有廣東督撫諸臣不及
會銜合併陳明謹
奏
道光二十三年十月初九日始與舟次由驛具
奏

平安館

F.O. 682/145/1

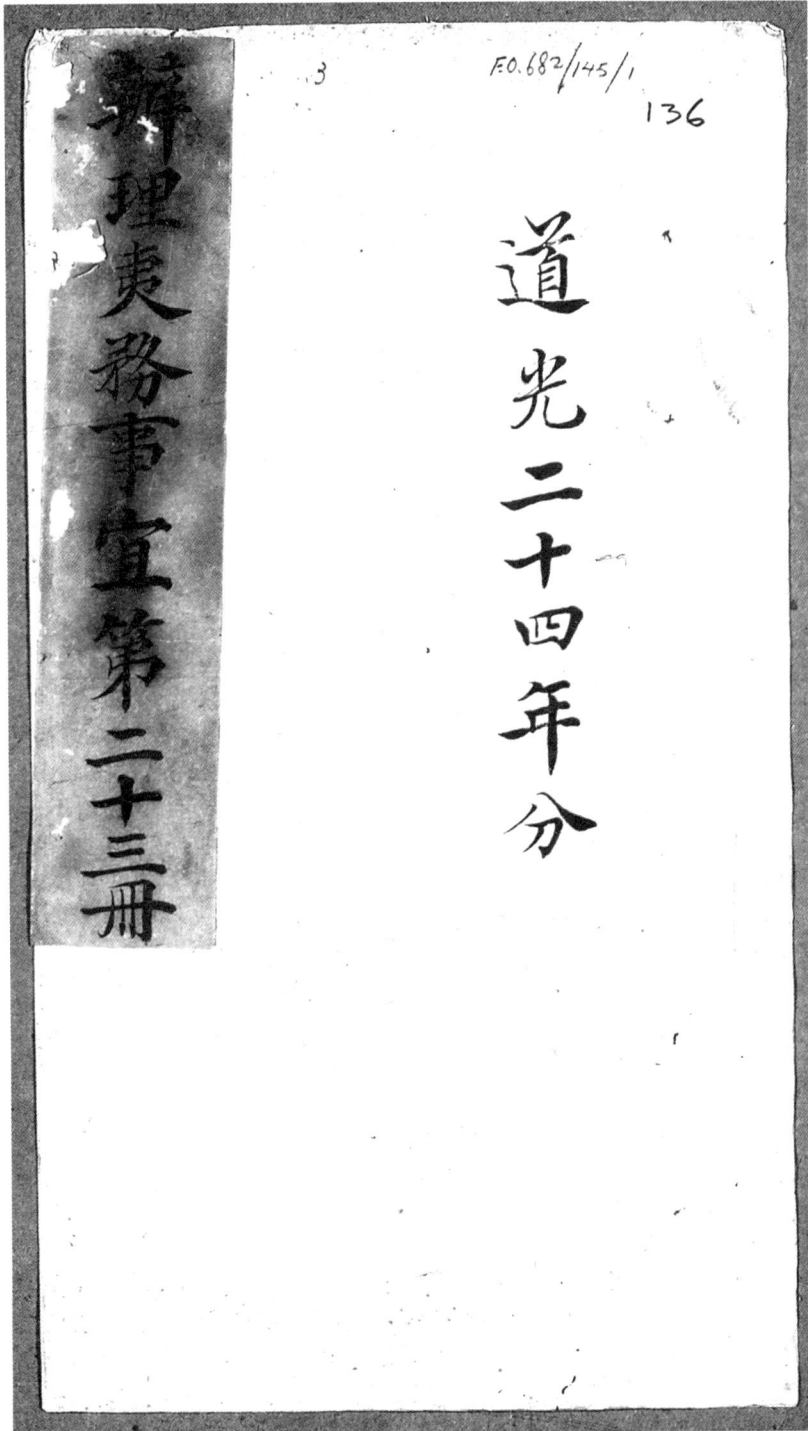

136

3

辦理夷務事宜第二十三冊

道光二十四年分

目錄

一件奏恭報抵粵接印日期及照會咪國使臣會晤

一件片奏咪國使臣欲行請覲

一件奏連日接見咪國使臣大概情形

一件片奏隨帶辦理夷務之員

一件片奏出省接見各國夷酋情形

一件奏咪夷呈遞文書停止北上並會議條約相機辦理

一件片奏奉上諭上年與𠸄夷所定條約面與要約勿致參差

平安館

一件片奏藩司黄可否賞戴花翎

一件奏夷使呈出國書停止北上將條約鈐印分執

一件片奏酌定條約詳細情形

一件片奏咪夷欲赴通商各口察看貿易事宜

一件片奏咈夷兵船赴天津欲求進京朝見

一件奏照錄夷使所譯漢字國書

一件遵旨查明御史曹履泰陳奏各條

一件片奏咪夷使實已回國

一件奏酌定咈國貿易條約

一件片奏丁香洋酒減稅

一件片奏夷務完竣保奏各員

一件片奏條陳各國夷情

一件奏查明定海夷情照常安靜

一件片奏舒恭受暫留定海差委

一件片奏體各國夷情

一件片奏𠸄夷擬往福州廈門寧波上海四口查考管事

平安館

139

臣耆跪

奏為恭報奴才行抵粵東接印任事日期及照會咪

唎𠺌國使臣在澳會晤緣由恭摺馳奏叩謝

天恩仰祈

聖鑒事竊奴才前抵吳江途次接受

欽差大臣關防於三月十五日在杭州恭摺具

奏隨即星夜趲行四月十四日抵廣東省城接晤

撫臣程　　藩司黃　　詢悉咪唎𠺌使臣顧

盛聞知奴才前來未即北駛尚在澳門等候奴才以

平安館

夷性多躁該使臣守候已久恐一聞奴才到省將

船駛入省河冀圖會晤易啟民疑若不俟接任

即行馳赴澳門又恐謠言驟起復同撫臣程

等悉心熟商一面照會該使臣告知奴才業經

抵粵不日即赴澳門與之會晤先安其心奴才一

面接印任事將應辦公事稍為清理即率同黃

前赴澳門先令黃　　接見該酋查探動

靜設法控馭奴才再行面為宣布

皇仁剴切開導倘能入我範圍不致堅請北駛此外

140

如有請求另行會商妥辦十五日准兼護督篆

撫臣程　　將兩廣總督關防鹽政印信及

王命旗牌文卷等項委員移送前來奴才恭設香案望

闕叩頭祗領任事所有任內一切公事並欽奉

諭旨交查交辦案件奴才惟有次第詳慎辦理至控馭

各夷奴才既不敢畏難將就貽誤大計亦不敢稍

存成見啟衅目前惟有感之以誠折之以禮使

其翕然貼服以期無負

委任除將到任日期另行恭疏

平安館

題報外所有奴才接受督篆鹽政印信日期及照會

該使臣緣由理合恭摺具

奏叩謝

天恩伏乞

皇上聖鑒再奴才一俟到澳接晤該使臣如何情形即

行馳奏合併陳明謹

奏

道光二十四年四月十五日

141

再奴才於三月十八日行抵嚴州府地方遇見署
理兩江督臣璧　言及咪唎𡁻使臣欲行請
覲雖已阻止萬一該船北駛順道闖入江口民心不
免驚疑必須不動聲色預為部署是以此次奴才
前赴粵東未敢將咸　陳柏齡張攀龍等奏請
帶往誠恐該船駛近江口即須派委咸　等前
往相機辦理以資熟手署督臣璧　深以為然
奴才復將現在兩江地方情形及善後各事宜並
調撥各營官兵輪班操演水務已會同提臣尤
平安館
渤酌定章程定於四月初一日開操又江寧三
才陣多年未演今已軍容復振各官兵演習鳥
槍抬槍目下實有成效果能從此操演不使間
斷必可望其有用亦向其逐一詳述至奴才沿途
經過地方均屬民安物阜晴雨調勻洵堪仰慰
聖懷理合附片具
奏伏乞
皇上聖鑒謹
奏

142

臣耆　跪
奏為連日接見咪唎𡁻夷使顧盛大概情形恭摺
由驛馳奏仰祈
聖鑒事竊奴才於蘇州途次承准軍機大臣字寄道光
二十四年三月初五日奉
上諭前因程　奏咪唎𡁻使臣籲請進京當經降旨
令耆　兼程赴粵妥辦矣茲復據程　奏該夷使
臣呈遞回文仍欲進京並稱專為和好條約二事
而來因不遇欽差大臣大失所望現仍行知該使
平安館
臣在粵靜候諭旨勿得輕有舉動各等語著　接
奏前次諭旨諒已起程赴粵今將程　原奏及咪
唎𡁻使臣顧盛來文一併寄閱該督接奉後著先
行發給檄諭告以現在海疆事宜該督奉旨一手
經理並頒給欽差大臣關防專辦夷務該使臣惟
當在粵靜候無勞遠涉即或進京亦必仍令折回
廣東有何下情應須上達之處亦仍由本大臣具
奏如此剴切曉諭庶該使臣不至固執前說耆
著即兼程行走到粵後倘該國呈遞書信提及朝

143

覲一節即告以中國自有定制向例所無不能增
加如有非禮要求著一面拒絕諭以礙難入奏一
面仍密封奏聞此事係該督一手經辦務當籌畫
盡善始終無弊不致別生枝節以慰朕望將此由
五百里諭令知之欽此遵
旨寄信前來嗣奴才於四月十四日抵粤十五日將先
行接印任事再赴澳門接見該夷使相機控馭
緣由恭摺馳奏在案隨將任內應辦事宜稍為
清理於四月二十五日帶同藩司黃　及委
平安館
員等由省起程於五月初二日抵澳初三四等
日接見該夷使及夷目咱嗎哰咍吱等執禮甚
恭惟並未言及進京
朝覲及呈遞國書一節奴才連日飭委黃　帶同
各委員向其剴切曉諭獎其在粤靜候並告以
若使進京亦必令其折回徒勞無益該夷使惟
有含糊答應隨據呈出貿易條欵一冊雖譯漢
不明字句澁晦而大致尚與新定章程約畧相
彷並據稱不敢效㖞夷之所為圖佔海島等語

144

奴才詳加閱核似與通商大局無礙惟於停止北
上一節語多游移但求速定貿易條款造冊鈐
印彼此分執奴才以該夷使渡海遠來如果於貿
易新章之外別無非分之干原可即與定議但
檢閱前護督臣程　移交該夷使初次所遞照
會玩其語意似欲先定條約再行進京今既堅
求速定約冊誠恐立約後仍復北駛若不加意
防範轉致墮其術中當將所呈貿易各條分別
准駁逐加簽商飭令黃　面與會議藉可體察
平安館
情形並照會該夷使以條約指日可以議定即
可毋庸北駛欲遞國書何日呈出該夷使見燭
破其謀隨復籲請
朝覲連日議論不決奴才復率同黃　等親見該夷
使諭以
天朝法度凡舊制所無不准輙有增加爾等既知愛
戴
大皇帝便當凜遵
諭旨不應固執干求復折以情理曉以利害計辯論

145

半日之久該夷使似有悔悟之萌頃刻復生希
冀惟以伊奉統領之命而來兼有國書應親賫
進呈
御覽為詞嘵嘵不已迨曉以如有下情不能上達之
處不難代為奏
聞又稱伊觀
光出於至誠情願由內河行走並無他意其語意
時而恭順時而桀驁情詞甚為閃爍加以窮詰
無可置喙則稱俟倫文申復再將原委訴明非
平安館
面議所能遽定等伏查該夷使囑喊呈出條款
意在與唊夷俱照新章貿易因聞唊夷曾訂約
冊是以接踵彷效尚在情理之中至其籲請
朝覲實有誇耀唊夷之意屢經前護督臣程　督
同黃　設法諭阻彼時該夷使照會內稱或由
內河或徑行航海統俟
欽差大臣前來再行商定今復經等舌敝唇焦剴切
曉諭該夷使雖似就我範圍終恐反覆且動以
北駛為挾制之詞現在督令黃　率同各委員

146

設法開導初十日始據該夷使告知黃　等連
日熟思
欽差大臣所說甚為明晰似可暫泊澳門不行北駛
等語雖據面談仍難憑信一俟接到該夷使回
文究竟如何情詞即行馳奏外所有等到澳接
見該夷使大概情形先行由四百里恭摺馳
奏伏祈
皇上聖鑒
訓示再撫臣程　未及會銜合併聲明謹
奏
平安館
道光二十四年五月初十日

147

再奴才上年隨帶辦理夷務之道員咸齡營弁陳柏齡張攀龍陳志剛等此次均未隨同來粵所有粵省人員除藩司黃　外僅有准補同知銅麟效力廢員吳廷獻於夷情尚屬諳悉此外並無熟練人員正慮乏人勷理適行抵南雄途次遣值前任肇慶府知府候選主事趙長齡攜眷由粵赴京前來謁見奴才上年在粵出差稔知該員才具出衆官聲甚好繕擬摺奏亦屬諳悉雖未經手夷務而加以閱歷必可得力當向該員商酌能否折回廣東勷理一切隨據稟稱選期尚早情願折回報効是以將其帶回粵省聽候差遣嗣抵粵後向黃　詢悉咪夷之難於曉諭更甚㖼夷緣㖼夷有嗎[illegible][illegible]等雖屬猾黠而粗通漢文漢語有事可以商議咪夷止有啲嗎啤[illegible]吆[illegible]二人所識漢字無多僅能為粵省土語以致兩情難以互通甚為喫力奴才因思即補道潘仕成久任部曹極知輕重生長粵東明習土語且於連年善後案內因購買夷礮招致夷

平安館

148

匠創造水雷與咪唎㗆商人頗多熟識亦素為該國夷人所敬重現在該員尚未服闋正可就近差委當將其札調來署飭令與趙長齡協同黃　佐理夷務此次該員等均隨同奴才來澳於一切差遣頗能盡心竭力不辭勞瘁查趙長齡係候選部屬潘仕成係在籍道員均非粵省實任候補人員可比惟夷務正當需人之際奴才不敢稍存拘泥理合附片據實陳明伏乞

皇上聖鑒謹

奏

道光二十四年五月初十日

平安館

149

再奴才於出省後道經虎門即據唉咭唎新來夷
酋噫啤吐及噗嘶嗑一同來見察看噫酋為人
似尚明白當諭以務須堅守成約勿稍反覆該
酋亦以為然迨抵澳時即有大西洋兵頭吡咖
哆嗱同夷目迎謁甚為恭順惟該國舊兵頭吐
唎喴啦嚧哆尚未回國並呈遞公文亦有北上
之請奴才當即剴切諭阻該兵頭尚不敢固執事
可中止至咈㘓哂本有領事啦㗱嚎咚及兵頭
嘝哂咡在澳寄居現經查明啦㗱嚎咚業經回
國嘝哂咡亦赴兵船未回惟據咪夷聲稱咈㘓
哂現有使臣喇吃呢早經開行約計一月後可
以到粵傾探兩國夷情似係通同一氣應俟該
夷使到後另行設法羈縻再帶同藩司黃
出省奴才署中日行公事已委臬司孔繼尹代拆
代行合併附陳謹
奏
道光二十四年五月初十日

平安館

150

臣耆　跪
奏為咪唎堅夷使呈遞文書停止北上並連日會
議條約相機辦理情形恭摺馳奏仰祈
聖鑒事竊照奴才抵澳接見夷使嚹㘎大概情形業經
由驛具奏奴才於拜摺後因夷情已有轉機連日
督率黃　　及各委員等設法開導因其所明
以通其所蔽就其所信以釋其所疑該夷使似
已感悟即據呈遞照會一件内稱本擬進京
朝見因奉
大皇帝諭旨不准復將大臣連日開導之言再三思
繹始肯停止北上但此後西洋各國如有使臣
到過京後伊國亦必遣使臣前來請免再為推
阻其貿易條款但求秉公會議如不能速定則
伊北上之請仍不能已等語奴才查該夷使所遞
照會於北上一節已肯停止而既以別國為言
預占地步於異日又以條約藉口陰圖挾制於
目前其情甚為譎詐惟馭夷之法必先遏其所
遏乃能破其所謀該夷使既以條約為急即應

平安館

151

速與會議而其間應准應駁則必須慎守
天朝法度通籌各國章程持以公平較若畫一方能
垂諸永久中外相安未便稍為遷就致墮其術
當經督率黄　及各委員連日與之反覆辨
難其有關貿易之款仍飭遵照上年所定新章
以免歧異其無關貿易之款有見於上年善後
章程案內者亦即准行間有為新章所未載而
事非難行無關緊要者不妨姑如所請倘有於
新章大相齟齬及定制不便更易均即嚴行駁
平安館
斥該夷使雖不免屢有辨訴而折以情理亦多
允從惟尚有四五款相持未決再查該夷使始
稱奉有正統領國書欲求進京呈
覽迨停止北上而於國書是否呈遞則不吐實情夷
目喊啪吐嘧等於接見黄　時曾言及欲求
大皇帝遣官前來收取國書經黄　而亦不准連
日條約屢經會議詰以國書作何辦理則隱約
其詞驟難窺測難保不於條約議定後仍為非
分之干彼時若一切拒絕則彼又以國書無從

152

呈遞重申北上之請不可不預為防閑該夷使
於現議條約內欲求一京中部院衙門接收其
國中文書一如俄羅斯等國事例揣其隱衷未
必不為進京投遞國書起見臣是以於此款堅
執不允而該夷使仍瀆請未休復查咪夷志在
通商條款應與妥議而嚬酋人頗狡獪防範不
厭周詳如果各事宜均與議明不致復以呈遞
國書為詞仍請北上則臣亦不敢稍事拘泥即
應將條約妥與議定查照上年嘆夷議定約冊
平安館
一面抄錄具
奏一面鈐印分執成案辦理免致該夷過萌疑慮
倘無實在把握則條約即使議定亦未便遽准
鈐印以杜覬覦而示羈縻所有臣連日相機辦
理情形理合恭摺由四百里馳
奏並鈔錄該夷使來文恭呈
御覽伏祈
皇上聖鑒
訓示再撫臣程　未及會銜合併陳明謹

奏

道光二十四年五月十七日

平安館

照錄咪夷使臣顧盛照會一件

為照復事前接奉貴大臣初七日來文內開

大皇帝不欲本使臣進京又昨會晤時所說之言本使臣亦已再三思繹但此事本使臣若只仰副

大皇帝旨意停止北上則大有干礙於本國并本使臣之要害利益又於本使臣奉命之重任亦背棄不行是以本使臣一奉此

旨即深憂慮但素知本國之意本使臣責任之事無非以立永遠真誠純備和好為實是以復將此

平安館

事再三思繹方敢允肯停止北上并藉此以顯出本國欲立實和好之確據然他日西洋別國儻有使臣進過京後則凡所有本國使臣之到中國者均應以格外恩禮款接北上故先行聲明在案以免臨時又復有推阻之事又本使臣與貴大臣現議各款條約章程必須盡心秉公妥為議定不然則本使臣進京之事亦未能已合併聲明為此照會

155

再耆於澳門差次接准撫臣程　來咨鈔錄
軍機大臣寄開
諭旨令耆等酌定地方與回國之咪夷使臣噗嚊喳
及新到之嘚吭時一同接見將上年所定辦理
條款面與要約勿致參差至噗嚊喳因何事退
職該國何以更換使臣及新來之嘚吭時能否
相安並著耆等密加偵探務得確情隨時具奏
耆等因仰見
聖慮周詳莫名欽佩查耆到粵時噗嚊喳尚未回國

平安館

耆即在虎門與嘚吭時一同接見一切新定章
程均面向該夷酋等重申要約嗣後務須遵照
畫一辦理不得稍有參差該夷酋等極為懽忭
均無異說前經附片陳明在案至噗嚊喳因不
時患病久有回國之意前於會晤時詢據聲稱
現因通商善後章程均已議定是以伊國王允
其所請准予退休並無別故其嘚吭時曾於公
司館未散時來粵充當大班粗通漢語是以伊
國王遣令前來亦係藉資熟手之意似尚非另

156

有別情噗嚊喳已於五月初六日由香港起身
回國至嘚吭時雖不及噗嚊喳人尚明白而到
粵數月以來並無桀驁不法情事但新舊交替
之際易啓紛更耆等惟有督同藩司黃　堅
守條約妥為駕馭以期中外相安除再設法密
加偵探務得確情隨時具奏外理合附片陳明
謹
奏

道光二十四年五月十七日

平安館

157

再藩司黄　連年隨同奴才籌辦夷務任
勞任怨頗著勤勞本年春初咪唎㗎夷使來粵
堅請北駛臣程　飭委該司先後前往十三
行洋樓接晤夷目喻嗎等剴切曉諭設法羈縻
該夷使始肯暫泊夷艐安心守待至往返辦論
照會不下數十件皆該司一手繕辦勞瘁異常
比至奴才抵粵後即帶同該司前往澳門兼旬之
內與咪夷多方辯難不啻舌敝唇焦實屬筋疲
力盡該夷使始低首帖服不敢任意干求若非
該司實力贊勷斷難期其迅速蕆事迨奴才欲將
該司籌辦妥善情形據實陳奏以示鼓勵乃該
司堅稱受
恩深重不敢言功諄諄懇辭情詞真切伏思奴才仰荷
天恩統屬兩粵文武雖微勞亦所必錄況該司此次
籌辦夷務藉唇舌以示懷柔戢爭端而安邊圉
事事實心時時自勵不以成敗利鈍為念尤不
以悔吝榮辱為懷真不世出之良材若不據實
奏懇

平安館

158

天恩何以激勸將來而收指臂之効所有藩司黄
可否
賞戴花翎以示鼓勵之處出自
皇上天恩奴才未敢擅便理合附片具
奏伏乞
皇上聖鑒謹
奏
道光二十四年五月二十三日

平安館

159

臣耆跪

奏為夷使呈出國書停止北上已將條約議定鈐
印分執恭摺馳奏仰祈
聖鑒事竊照咪唎㗽夷使顧喊前於北上一節已具
文呈明允肯停止惟求速定條約仍求擬定一
京中部院衙門接收其國中文書如俄羅斯諸
國事例而於國書作何呈遞則不吐實情弩以
該夷使於國書匿不呈出並堅以部院接收文
書為請顯係欲將此款載入條約以為將來藉
口進京投文地步不可不預為之防當將相機
辦理情形先行陳奏一面督同黃　及各委
員設法開導諭以
天朝制度之不可更易曉以京中部院之未悉情形
如有下悃亟須上達不妨將國書呈出當為代
奏
大皇帝必可得邀
御覽連日往復辯論該夷使始肯將日後如有國書
即呈請辦理夷務之

平安館

160

欽差大臣或兩廣閩浙兩江總督代奏之處載入約
冊其餘未經議定之各款貿易章程亦即一一
聽命弩以該夷使業經就我範圍惟國書不肯
遽呈仍未能十分可靠當復督同黃　及各
委員詳細詰詢乘其可轉之機即破其堅執之
見該夷使始信服無疑隨將所賫國書備文呈
繳前來復查該夷使之所以請求北上者不在
條約而在國書其初次所遞照會已露有端倪
曾經撫臣程　鈔錄原文恭呈
御覽揣其來意條約可以在外商定而國書必須親
賫赴京故其國書一日未繳則夷情一日未定
即使條約均有成言是否北駛仍無把握現據
該夷使將國書呈出求為代奏則其不復希冀
進京已屬毫無疑義惟夷性躁而多疑尤恐遲
則變生弩即飭將議定條約繕寫成冊發交該
夷使逐條繙書夷字彼此校對無訛隨訂期接
晤該夷使鈐印書押並犒以酒食示以恩信該
夷使極為歡忭現寓澳門一切安靜堪以稍慰

平安館

161

聖懷除將條約開單另摺具奏其國書係屬夷字猝
難辨認究竟如何措詞容俟另密傳通事譯出
漢文如何進呈之處悉心酌擬再行請
旨遵辦外所有咪唎㗰夷使停止北上已定條約各
緣由理合由四百里恭摺馳
奏伏乞
皇上聖鑒
訓示再另於接晤該夷使鈐印定約後即率同藩司
黄　及各委員起程於五月二十二日回省
訖合併陳明謹
奏
道光二十四年五月二十四日
本年六月三十日奉到
硃批所辦甚好另有旨欽此

平安館

162

再查該夷使原呈條約共計四十七款有事屬
難行而妄事請求者有必須要約而漏未開列
者兼之文義鄙俚字句澁晦其間疵類多端殆
難枚舉另者　督率藩司黄　及各委員連
日與之往返辯詰舌敝脣焦分別應准應駁應
删應增各項共定為三十四款其情理可通者
則詳為指示以破其愚蒙其制度攸關者則嚴
加辨論以杜其希冀而文理難通之處又不能
不畧加修飾出以淺顯俾得了然無疑計前後
四易其稿始克定議查該夷使原呈條約内有
斷難准行而請求甚堅者共十款如各口領事
官有事應呈明督撫而該夷使則有請准其逕
赴都察院申訴一款洋樓偶被焚燒應由商人
自行修復而該夷使則欲牽引洋行賠修舊例
有議請官為賠修一款洋貨業經開艙納完稅
鈔其銷數暢滯官不過問而該夷使則有三年
不銷請發還稅銀一款洋行既經裁撤應由夷
商自投華商交易而該夷使則有請官設棧房

平安館

163

代為貯貨一款貨船止准五港口貿易不得駛
往別處而該夷使則有
天朝敵國與國均准往來貿易一款商船進口停泊
應歸領事管束而該夷使則有應請中國統轄
護理倘遇別國淩害仍請中國代為報復一款
外國自相爭鬥中國無從鈐制而該夷使則有
貨船被敵兵追襲應請中國護助攻擊一款外
國兵船應在口外停泊而該夷使則有兵船一
到港口與礮臺互相放礮以將敬意一款外國

平安館

文書應由沿邊督撫接收分別核辦而該夷使
則有請定京中或內閣或部院衙門收受其國
中文書一款條約專為和好預杜爭端而該夷
使則有若值兩國用兵仍須准予商人搬回免
遭殃害一款或室礙難行或諸多流弊此外瑣
屑悠謬貪利取巧者尤不一而足勞督率黃
及各委員逐款指駁不敢稍為遷就往復辯
論多者十餘次少者亦五六次該夷使理屈詞
窮始肯照依芟撤至現定貿易各款章程與上

164

年新章符合者計居十分之八其商船納鈔已
畢因貨未全銷改往別口轉售勿庸重征船鈔
一款及商船進口並未開艙即欲他往限二日
內出口不征稅鈔一款又商船進口納清稅餉
欲將已卸之貨運往別口售賣免其重納稅鈔
一款均與上年新章稍有變通但現准五口貿
易與以前之止准廣州一口互市者情形不同
該夷商因此口銷貨不暢轉販彼口乃係市儈
恒情既不便強為限制亦未便於業經完納之

平安館

稅鈔重複征收自應量為調劑以順商情仍嚴
加查察以杜流弊又貿易港口准其租地自行
建設禮拜堂及殯葬之處一款又延請中國士
人教習方言幫辦筆墨并採買中國各項書籍
一款先經勞駁斥不准據該夷使覆稱大西洋
之在澳門暎咭唎之在香港均得建堂禮拜擇
地殯葬俾生者得以祈福歿者得以藏骸伊國
前來中國貿易之人為數不多既不敢求
賞地基若再不准租地建設實屬向隅至伊等延

請中國士人採買各項書籍乃係舊有之事祇
求載入條約免致官役藉端陷害等語復查禮
拜堂及殯葬處既係該夷租地自行建設有未
便固執嚴駁之處但須申明禁約不得强租硬
占致拂輿情如果紳民不肯租給該夷亦無從
藉口至各國來粵貿易二百餘年中國粗通文
義之人如通事書手等類交接往來利其貲助
者頗不乏人至各國紀載一方事蹟多有漢字
並有將字典韻府等書緒成西洋文字者足征
採買書籍尤事所恒有久已無從稽察自不妨
如其所請此外無關貿易有關和好各款均尚
與辦法無礙其商人擅赴五口外私行交易及
走私漏稅攜帶鴉片及各項違禁貨物聽中國
地方官自行辦理治罪一款係屬增入該夷使
亦即允從足見該夷遵守
天朝法度不敢任意妄為其所議每屆年終由五口
領事官將船隻貨色價值報明各本省總督轉
咨戶部查驗一款亦該夷安分貿易不肯偷漏

平安館

稅餉之明證再該夷使於上年所定稅例一一
遵行惟稱洋鉛係伊國所產每担稅銀四錢較
鐵觔加至三倍未免較多求為酌減拏者　因
洋鉛尚非大宗貨物所請亦復近理當為每担
減去銀一錢二分定為二錢八分該夷使亦即
遵照所有酌定條約詳細情形理合附片陳明
謹
奏
道光二十四年五月二十四日
本年六月三十日奉到
硃批覽欽此

平安館

167

再詧體察各國夷情如咪唎㗆利在通商我即
可乘其所急以控馭而羈縻之雖幾經曲折終
須漸就範圍惟咈囒哂本不以通商為重貨船
來粵歲不過一二隻其情形與咪夷迥異駕馭
之難較咪夷實不啻倍蓰以詧所聞該國與暎
夷為鄰止隔一海而暎夷初隸所屬後漸强大
始叛去自為一國屢經搆兵近雖罷兵議和而
其勢兩不相下咪唎㗆又暎夷之屬國因被暎
夷殘虐其國人有嗶嘁噸者率衆拒戰咈夷遣
兵助之而暎夷始與之平咪夷因以立國故咈

夷者大有怨於暎夷而最有德於咪夷者也自
上年暎夷犯順事與咈夷一無干涉二十一年
間在事諸臣主以夷攻夷之說於是遣員招致
咈國住澳之夷僧呸嘖呸嗜及其國人嗔嘁噫
嘞哂唨等進省接見因所言同仇助順語不真
切是以未與共事但以禮貌待之酌加賞犒而
已二十二年間江南撫議垂成嘞哂唨嗔嘁噫
復先後由吳淞駛入草鞋夾江而停泊十餘日

168

並未求見後聞嗔嘁噫等欲來講和亦無入款
接迨暎夷就撫退去咈夷船隻亦隨之出江彼
時奏明之咈夷則濟勒即嘞哂唨其人也上年
詧在粵所議暎夷通商善後事宜粗有就緒而
嗔嘁噫遣其國人吵喱唱嘚𠹭來省以願助修
臺鑄礮為詞請委員赴澳與之面議隨經前督
臣祁　派委廣州府易長華候補同知銅麟往
見該夷所言多不可靠該員等亦即回省旋有
該國領事啦吔嚎咚繼至即斥嗔嘁噫等係屬
假冒並以有事稟商來省求見嗣接晤時但求

照新章一體貿易別無請求經詧允其所請該
夷目亦歡忻而去是時咪夷已有專派使臣前
來進京
朝覲之請而咈夷不聞此說查詢啦吔嚎咚亦稱
伊國並無續派使臣來粵之事不意本年春間
啦吔嚎咚嗔嘁噫相繼回國即傳聞咈夷遣使
臣踵至迨詧接見嚬嘁亦據稱咈夷使臣名喇
吃呢不過一月以後即可到粵連日囑令即補

169

道潘仕成向住澳咈夷密加偵探據云唎吃呢
帶兵船七隻火輪船一隻已至小呂宋停泊採
買口糧食物或來粵暫駐或徑赴天津均未可
定等語雖未可盡信要非無因查咈夷與中國
素無衅隙亦無多貿易如果有使臣到來必係
仍以與中國結約共擊暎夷為言藉圖覬
覦上國希冀
恩寵萬一聞知咪夷已止
朝覲因而不復北上亦未可定倘唎吃呢前來中
國無論駛往何口必須設法妥為撫馭方不致
別生枝節除再查探確情隨時具奏外理合附
片陳明謹
奏
道光二十四年五月二十四日
本年六月三十日奉到
硃批另有旨欽此

平安館

170

臣耆　臣程　跪
奏再五月二十四日臣耆　將咪唎㗖夷使顧盛
呈出國書停止北上各緣由馳奏在案該夷使
自定條約後在澳極為安靜茲據呈遞來文內
稱伊欲駛赴開關通商各港口察看貿易事宜
恐各處民人驟見新旗輒生駭異請臣耆　或
派員伴送或給與文憑俾到處官民得以曉悉
等因臣等查該夷使既不敢瀆求
朝覲其廈門福州寧波上海等處本屬
恩准通商港口所請駛往察看貿易事宜之處自屬
實情第恐別有希冀適值夷使顧盛前來廣州
洋行查看貿易隨派委藩司黃恩彤即選道潘
仕成往向查詢據稱伊止赴廈門等新設馬頭
畧為布置不敢駛往他處即進口後亦止向本
處地方官通謁求准接見不敢請見督撫等語
察其情詞尚屬恭順惟臣等未便派員伴送亦
未便給與文憑而番舶乘風恐向日即達閩浙
亟應預行咨會以釋民疑除飛咨各省督撫將

平安館

171

軍一俟該夷使駛到務須妥爲駕馭不致别生
枝節外理合附片陳明謹
奏
道光二十四年六月十六日拜發
本年八月　日奉到
硃批是欽此

平安館

172

再咪唎㗂夷使嚬嘁前請赴厦門等通商各港
口查看貿易事宜業經奴才飛咨沿海督撫將軍
查照并附片陳明在案玆據即選道潘仕成面
禀探得嚬嘁因國中有事即欲回帆各口之行
或可中止尚難預料正在飭令該道再行確探
間接據嘆酋嘚吡時來文内稱伊擬於七月十
四日前往福州厦門寧波上海四口查考所屬
管事等是否遵守成約計四旬内可以完竣仍
回香港等因奴才查嘆咭唎與咪唎㗂咈囒哂等
國各不相下往往轉相仿傚以自夸侈是以嘆
夷前曾商定條約而咪夷即遣嚬嘁前來當咪
夷甫有
朝覲之請而嘆夷即稱
大皇帝異日另有
新恩施及各國亦准該夷一體均沾堅求載入善後
條款即咈囒哂本屬貿易無多而近日亦有巡
船一隻前往寧波上海等處謁見官長雖以查
看馬頭爲詞仍係爭勝嘆夷之意此次咪夷嚬

平安館

173

噉甫經請往四口而英夷嚥呅哻亦以為言其
情尤顯而易見奴才竊維福州等處既經准予通
商勢難阻其前往且各國既視
天朝相待之厚薄以為國體之崇卑其可以控制羈
縻之處正在於此自當待以均平不生觖望之
隙俾得互相觀感益堅向化之忱除飛咨閩浙
江蘇各督撫將軍轉飭沿海道府大員一俟英
酋嚥呅哻船隻進口務須示以鎮靜妥為駕馭
並俟即選道潘仕成探明咪夷嚬噉是否回國
及其國現有何事再為具奏外至咈囒哂夷使
喇吃呢聞已至小呂宋灣泊不久即當來粵理
合附片陳明謹
奏
道光二十四年七月初一日

平安館

174

再前聞咈囒哂夷使有來粵之信當飭該管地
方官及即選道潘仕成隨時密加偵探旋據先
後稟稱探得咈囒哂大小兵船二隻於七月初
二日來澳停泊即據澳門縣丞張裕稟稱久住
澳門之咈囒哂夷人咖嗗唎於初六日來見據
稱現在來澳之兵船即係伊國公使乘坐尚有
兵船四隻不日亦可到澳俟到齊後駛赴天津
欲求進京
朝見等語經該縣丞告以現奉
大皇帝欽派大臣駐粵專辦各國通商善後事宜爾
國如有所請正可由公使備文呈遞聽候准駁
至天津並無專辦各國事宜之大臣在彼駐紮
轉恐下情未由上達以致徒勞往返甚屬無益
該夷似以為然約俟商之伊國公使再給回信
等情正在批飭確探稟報間據咈囒哂夷使喇
噂呢來文內稱伊奉國主差來中國辦理交涉
事宜業經到澳請臣及時往來兩國獲益等語
臣查該國夷人咖嗗唎前見縣丞張裕有駛往

平安館

175

天津欲求進京之語而該夷使文內並未提及
亦未敘明來意是否因聞知咪夷業經阻止北
上因而不復效尤抑或因船隻未齊風候漸轉
是以暫置不議預留地步以便異日續有請求
均難逆料惟該夷使既以禮求見即應加以羈
縻俾免觖望除由臣備文照復並委員即選道
潘仕成候選主事趙長齡以慰勞為名前往澳
門察看夷情臣再率同藩司黃恩彤與之訂期
會晤相機駕馭務期不致別生枝節外再此次
來粵之喇咢呢即係前經奏明之喇吃呢因番
音無定傳譯失真以致微有同異又接准咪唎
嘡夷使嚬噹來文該夷使定於七月十三日啟
程回國其前次欲往通商四口查看貿易之說
自已中止理合一併附片陳明謹
奏
道光二十四年七月十六日

平安館

176

臣耆　跪
奏為照錄夷使所譯漢字國書恭摺附奏仰祈
聖鑒事竊照咪唎嘡夷使嚬噹呈出國書不敢瀆求
北上各情前經分繕摺具奏道光二十四年六
月三十日承准軍機大臣密寄六月十四日奉
上諭耆　奏咪唎嘡夷使呈出國書停止北上並議
定條約一摺所辦甚好該夷使請求北上意在親
遞國書經該督熟察夷情反覆曉諭始據該夷使
將國書呈出求為代奏不復希冀進京其所呈條
約清冊亦經逐款議定鈐印分執以釋其疑而堅
其信辦理均合機宜所繳國書著俟譯出後遇便
呈覽等因欽此遵
旨寄信前來當經密飭即選道潘仕成雇覓能識夷
字之人將該夷國書發交詳譯正在辦理間復
據該夷使嚬噹呈稱前繳國書若照本國文字
進呈
大皇帝御覽恐辭不達意是以浼求本處士人譯好
謄正於要義均無遺漏等語並將譯漢國書一

平安館

177

件呈送前來查閱並無違悖字句當將該夷使
所呈漢字之件復交即選道潘仕成飭令能識
夷字之人與原書詳加核對大意俱屬符合努
查該夷使既將國書自行覓人譯漢呈遞較諸
輾轉傳譯更覺可信除將所繳國書原件咨送
軍機處備查外理合照録該夷使譯漢原文附
呈
御覽伏乞
皇上聖鑒謹
奏
道光二十四年八月十五日
本年十月二十四日奉到
硃批知道了欽此

平安館

178

謹照録咪唎堅譯出漢字國書恭呈
御覽
亞美理駕合衆國伯理璽天德玉罕泰祿恭函
專達於
大清
大皇帝陛下豩統攝二十六聯邦曰緬曰紐韓詩阿
曰法爾淵曰馬薩諸色士曰爾羅受倫曰干業
底結曰紐約克曰紐熱爾些曰邊西爾威呢阿
曰特爾拉嗶曰馬理蘭曰費爾治尼阿曰北格
羅來納曰南格羅來納曰熱爾治阿曰阿喇巴
麻曰米西細比曰累西安納曰阿干薩士曰典
業西曰米蘇理曰建德基曰呵海呵曰引底安
納曰伊理奈士及米詩干等國茲致此書親筆
畫押謹致太平兼通和好恭維
大皇帝陛下德承乾健永綏視履之祥治奠坤維綿
亘幅幀之廣育物無遺戶口時形殷庶廣生有
象版圖日益蕃滋固不翅千萬億兆也我二十
六聯邦中峙大洋西瀕中城萬派汪洋儼畫鴻

平安館

179

溝而作界一輪擁現惟測烏曜以審方日晃東
昇即散
皇輿之彩陽光西下甫生敝城之輝均同覆載之中
自分扞格之勢維廣狹或可相儕而衆寡則難
比數至我國來程當離河口辨道於日入之方
淌拽帆檣直抵予日本之國再循赤道乃達黃
河令兩國均承景運須共昇平仁民愛物道本
大公推已及人理歸一致允宜上體
天心下盡人事是以派於本國中選准才識可任之人
加勒顧盛特命偕副佐司員及諸傳譯就覲

平安館

皇都禀
龍光於咫尺首祝安康獻鯉信之殷勤次陳款愫誠
以為中華之輻輳如甘倈我國之梯航所最要
者浮梁萬里端因選若而來抱布千緡特為貿
絲而至無非以有易無計償酬直惟是欲立市
廛之政須詳貿易之經兩國商人方不致各乖
憲典派於遣大臣加勒顧盛時已畀以便宜之
權令按公平之義同參條約調處經商冀能兩

180

國有益皆均無利不遍至於殫貨殖之精盡人
逐末溥乾元之美遷地為良若得准我國商民
不獨在於廣東兼在廈門寧波上海福州等處
貿易我國商民斷不藐壞典章派亦斷不肯偏
袒庇縱派臨軒遣使赴
闕陳書謹致太平之意兼通和好之誠遥度
宸衷必不至因此稍有不懌矣惟祈
萬幾偶暇
特簡下頒派一大臣會商條約條分縷晰調劑商賈

平安館

之宜法立奬除共享平安之福伏願
九重宵旰長歌日月升恒萬載太平永鞏河山帶礪
一千八百四十三年七月十二日玉罕戴喇合
衆國大臣依披渥沙在華盛頓都城奉伯理璽
天德命書

臣耆　跪

奏為遵

旨查明御史曹履泰陳奏各條恭摺覆

奏仰祈

聖鑒事竊前承准軍機大臣密寄道光二十四年五

月初三日奉

上諭御史曹履泰奏撫局既定後患頗多一摺內稱

上年正月間英夷請於近省蓆洲地方建立夷館

因居民不服中止又浙江鎮海等處夷婦闖入衙

署拜會並將新給通市馬頭編立名號統謂新州

府載入夷書並江南江陰縣鵞鼻嘴善後事宜及

鎗礮籐牌抵禦制勝等語英夷受撫以後現雖恭

順安靜而後患亦不可不防該御史所奏建立夷

館婦女拜會是否曾有其事其所稱將中國地方

混編名號究係何書著耆　確切查明具奏有應

知照各省者即行知照會辦該督總理夷務責無

旁貸於一切預為防範事宜總須確有主見不可

臨事遊移尤須持以慎密杜其窺探之端方為盡

平安館

善原奏五條鈔給閱看將此密諭知之欽此遵

旨寄信前來前經奴才將訪獲夷書譯出漢字咨送軍

機處備考及查無蓆洲建設夷館與酌議製造

抬槍現在籐牌敷用之處先行恭摺覆

奏並聲明曹履泰原奏鎮海等處夷婦闖署拜會

及江陰縣鵞鼻嘴善後事宜容俟咨查明確再

行覆

奏在案茲准署兩江督臣璧　咨稱沿江一帶親

詣履勘將護礮墩堤改用土築所需經費勸導

官紳認捐業經

奏明辦理自可毋庸會議至該御史原奏所指夷

婦拜會一節先經奴才一面咨會閩浙督撫確查

一面派弁改裝密訪以便兩相印證現准浙江

撫臣梁　來咨飭委前任寧紹台道鹿澤長查

明上年十月間該員奉委赴寧波與夷酋囉咱

喇面申要約自開市以來夷人頗就範圍從無

擅入衙署及帶同夷婦登岸閒遊之事惟查囉

咱喇未到以前曾有駐定夷人駕船駛至鄞縣

平安館

鎮海等處買用食物並帶同夷婦於城内游覽
街衢瞻仰廟宇經現任寧紹台道陳之驥以民
夷混雜恐滋事端當即督飭府縣等向其諭禁
雖彼此言語不通而觀者如堵該夷等似亦怕
事旋即回船出口不敢停留維時鄞鎮等處衙
署被燬未建各官住廟者多或因此訛以傳訛
致有夷婦拜會之說亦未可知茲復加確查委
無其事且夷人挈眷到彼業經議定界址不許
踰越並與約定不得擅入衙署公館是已預為
防閑現在夷人既能恪遵例約相安無事似無
須再為諭禁致啓疑心等因咨覆前來核與督
密委訪查情形大畧相同均請毋庸置議所有
查明江南沿江土堤礮墩業經勘辦鎮海等處
並無夷婦進署拜會緣由理合恭摺覆
奏伏乞
皇上聖鑒謹
奏
道光二十四年八月十五日

平安館

本年十月二十四日奉到
硃批覽奏均悉欽此

平安館

185

再查咪唎㗛夷使囒嘁前次來文稱於七月十
三日啓程回國當經附片陳奏在案惟該夷使
始則稱往四口查看貿易事宜繼則又稱回國
是否另有别情奴才前來澳門細加探訪該夷使
囒嘁實已回國臨行時派夷目咱嗎代往通商
四口查看該夷目咱嗎亦因行至中途遇風不
能駛往業已折回廣州現在十三行洋樓尚無
别故理合附片陳明謹
奏
道光二十四年八月二十九日
本年十月初五日奉到
硃批知道了欽此

平安館

186

臣程
臣耆
臣文　跪

奏為酌定咈囒哂國貿易條約恭摺具奏仰祈
聖鑒事竊照咈囒哂使臣喇嘮呢來澳臣耆　當將
接見一切情形歷次陳奏在案所有貿易條約
經臣耆　督同藩司黃　及各委員等與該國
屬員嘍唎嘞等秉公妥議共計酌定條約三十
五款臣耆　當即逐款覆核與咦咭唎咪唎㗛
二國所訂條約俱屬相同並無出入業經繕寫
書冊鈐蓋印信與該使臣分執為據嗣臣耆
於回省後與臣程　臣文　公同覆閱於通
商善後事宜均無窒礙謹合詞恭摺附驛具
奏併將條款繕寫清單恭呈
御覽伏乞
皇上聖鑒勅部速覆施行謹
奏
道光二十四年九月十九日　二十一日馬遞

平安館

187

酌定咈囒哂國五口貿易章程三十五款清單

一嗣後中國與咈囒哂國及兩國民人均永遠和好無論何人在何地方皆全獲保佑身家

一自今以後凡咈囒哂人家眷可帶往中國之廣州厦門福州寧波上海五口市埠地方居住貿易平安無礙所有咈囒哂船在五口停泊貿易往來均聽其便惟明禁不得進中國別口貿易亦不得在沿海各岸私買私賣如有犯此款者除於第三十款內載明外其船內貨物聽憑入官但中國地方官查拏此等貨物於未定入官之先宜速知會附近駐口之咈囒哂領事

平安館

一凡咈囒哂人在五口地方所有各家產財貨中國民人均不得欺凌侵犯至中國官員無論遇有何事均不得威壓强取咈囒哂船隻以為公用私用等項

一咈囒哂國設立領事等官在中國通商之五口地方辦理商人貿易事務併稽查遵守章程中國地方官於該領事等官均應以禮相待往來文移俱

188

用平行倘有不平之事該領事等官逕赴總理五口大臣處控訴如無總理五口大臣即申訴省垣大憲為之詳細查明秉公辦理遇有領事等官不在該口咈囒哂船主商人可以託與國領事代為料理否則逕赴海關呈明設法安辦使該船主商人得沾利益

一咈囒哂國派撥官船在五口地方停泊彈壓商民水手俾領事得有威權將來兵船人等皆有約束不許滋生事端即責成該兵船主飭令遵守第二十三款各船與陸地交涉及鈐制水手之條例辦理至兵船議明約定不納各項鈔餉

平安館

一咈囒哂人在五口貿易凡入口出口均照稅則輸納鈔餉其稅銀將來並不得加增亦不得有別項規費咈囒哂人凡有鈔餉輸納其貨物經此次載在則例並非禁止並無限制者不拘從本國及別國帶進及無論帶往何國均聽其便中國不得於例載各貨物別增禁止限制之條如將來改變則例應與咈囒哂會同議允後方可酌改至稅則與

章程經此次現定與將來所定者咈㘓哂商民每處每時悉照遵行倘日後別國有得邀減省稅餉之處咈㘓哂人亦一體邀減

一咈㘓哂貨物在五口已按例輸稅中國商人即便帶進內地經過稅關只照現例輸稅不得復索規費按今稅則是有準繩以後毋庸加增倘有海關書役人等不守例款詐取規費增收稅餉者照中國例究治

一咈㘓哂商船將來在五口若或有走私之事無論何等貨價何項貨物並例禁之貨與偷漏者地方官一體拏究入官再中國可以隨意禁止走私船隻進口亦可以押令算清賬項刻即出口倘有別國冒用咈㘓哂旗號者咈㘓哂設法禁止以遏刁風

一凡前在廣東額設貿易之洋行業已照例裁撤咈㘓哂人以後在五口任便置辦貨物入口出口聽其與中國無論何人隨意交易不得居中把持將來不可另有別人聯情結行包攬貿易倘有違例

平安館

領事官知會中國官設法驅除中國官宜先行禁止免敗任便往來交易之誼

一將來若有中國人負欠咈㘓哂船主商人債項者無論虧負誆騙等情咈㘓哂人不得照舊例向保商追取惟應告知領事官照會地方官實力查辦責令照例賠償但負欠之人或緝捕不獲或死亡不存或家產盡絕無力賠償咈㘓哂商人不得問官取賠遇有咈㘓哂人誆騙負欠中國人財物者領事官亦一體為中國人出力追還但中國人不得問領事官與咈㘓哂國取償

一凡咈㘓哂船駛進五口地方即可自雇引水帶領進口所有鈔餉完納後欲行揚帆應由引水速帶出口不得阻止留難凡人欲當咈㘓哂船引水者若有三張船主執照領事官便可著伊為引水與別國一律辦事所給引水工銀領事等官在五口地方秉公酌量遠近險易情形定其工價

一凡咈㘓哂船一經引水帶進口內即由海關酌派妥役一二名隨船管押稽查透漏該役或搭坐商

平安館

191

船或自雇艇隻均聽其便所需工食由海關給發不得向船主及代辦商人等需索倘有違例即按所索多寡照例科罪並照數追償

一凡咈囒哂船進口在一日之內並無阻礙其船主或貨主或代辦商人即將船牌貨單等件繳送領事官該領事官於接到船牌貨單後一日內將船名人名及所載噸數貨色詳細開明照會海關倘船主怠慢於船進口後經二日之内不將船牌貨單呈繳領事官每逾一日罰銀五十圓入中國官

平安館

但所罰之數不得過二百圓迨領事官照會海關後海關即發牌照准其開艙倘船主未領牌照擅自開艙卸貨罰銀五百圓所卸之貨一併入官

一凡船進口尚未領有牌照卸貨即與第十六款所議在二日之內可出口往別口去在此不必輸納鈔餉仍在賣貨之口完納鈔餉

一凡船進口出二日之外即將船鈔全完按照例式凡船在一百五十噸以上者每噸納鈔銀五錢不及一百五十噸者每噸納鈔銀一錢所有從前進

192

口出口各樣規費一概革除以後不得再生別端凡納鈔時海關給發執照開明船鈔完納倘該船駛往別口即於進口時將執照送驗毋庸輸鈔以免重複凡咈囒哂船從外國進中國止須納船鈔一次所有咈囒哂三板等小船無論有篷無篷附搭過客載運行李書信食物並無應稅之貨者一體免鈔若該小船載運貨物照一百五十噸以下之例每噸輸鈔銀一錢倘咈囒哂商人雇賃中國船艇該船不輸船鈔

平安館

一凡咈囒哂商人每卸貨下貨應先開明貨單呈送領事官即著通事通報海關便准其卸貨下貨當即查驗各貨物妥當彼此均無受虧咈囒哂商人不欲自行計議稅餉另倩熟悉之人代為計議完納亦聽其便如有事後異言均不准聽至估價定稅之貨若商人與華人意見不合應彼此喚集二三商人驗明貨物以出價高者定為估價凡輸稅餉以淨貨為率所有貨物應除去皮毛倘咈囒哂人與海關不能定各貨皮毛輕重就將爭執各件

193

連皮過秤先定多寡約數再復除淨皮毛秤其斤重即以所秤通計類推當查驗貨物之時如有意見不合咈蘭哂商人立請領事官前來該領事官亦即知會海關從中儘力作合均限一日之內通報否則不為准理於議論未定之先海關不得將互爭數目姑寫冊上恐後難於核定進口貨物遇有損壞應核減稅銀照估價之例秉公辦理

一凡咈蘭哂船進五口如將貨在此卸去多寡即照所卸之數輸餉其餘貨物欲帶往別口卸賣者其餉銀亦在別口輸納過有咈蘭哂人在此口已將貨餉輸納轉欲載往別口售賣者報明領事官照會海關將貨驗明果係原封不動給與牌照註明該貨曾在某口輸餉俟該商進別口時將牌照呈送領事官轉送海關查驗免稅即給與牌照卸貨一切規費俱無惟查出有夾私誆騙等弊即將該貨入官

一議定咈蘭哂船主或商人卸貨完稅則例俱逐次按數輸納至出口下貨亦然凡咈蘭哂船所有鈔

平安館

194

餉一經全完海關即給與實收呈送領事官驗明即將船牌交還准令開行海關酌定銀號若干家可以代中國收咈蘭哂應輸餉項該銀號所給實收一如中國官所給無異所輸之銀或紋銀或洋銀海關與領事官核其市價情形將洋銀比較紋銀應補水若干照數補足

一凡五口海關均有部頒秤碼丈尺等項應照造一分比較準確送與領事官署存貯輕重長短一與粵海關無異每件鐫戳粵海關字樣所有鈔餉各銀輸納中國者俱依此秤碼兌交如有秤丈貨物爭執即以此式為準

一凡剥貨若非奉官特准及必須剥運之處不得將貨輙行剥運遇有必得剥貨之處該商應報明領事官給與執照海關查驗執照准其剥貨該海關可以平著胥役監視倘有不奉准而剥貨者除遇有意外危險不及等候外所有私剥之貨全行入官

一凡咈蘭哂船主商人應聽任便雇各項剥船小艇

平安館

195

載運貨物附搭客人其船艇脚價由彼此合意商允不必地方官為經理若有該船艇誆騙走失地方官亦不賠償其船艇不限以隻數亦不得令人把持並不准挑夫人等包攬起貨下貨

一凡咈囒哂人按照第二款至五口地方居住無論人數多寡聽其租賃房屋及行棧貯貨或租地自行建屋建行咈囒哂人亦一體可以建造禮拜堂醫人院周急院學房墳地各項地方官會同領事官酌議定咈囒哂人宜居住宜建造之地凡地租

平安館

房租多寡之處彼此在事人務須按照地方價值定議中國官阻止內地民人高抬租值咈囒哂領事官亦謹防本國人強壓迫受租值在五口地方凡咈囒哂人房屋間數地段寬廣不必議立限制俾咈囒哂人相宜獲益倘有中國人將咈囒哂禮拜堂墳地觸犯毀壞地方官照例嚴拘重懲

一凡咈囒哂人在五口地方居住或往來經游聽憑在附近處所散步其日中動作一如內地民人無異但不得越領事官與地方官議定界址以為營

196

謀之事至商船停泊該水手人等亦不得越界遊行如時當登岸須遵約束規條所有應行規條領事官議定照會地方官查照以防該水手與內地民人滋事爭端咈囒哂無論何人如有犯此例禁或越界或遠入內地聽憑中國官查拿但應解送近口咈囒哂領事官收管中國官民均不得毆打傷害虐待所獲咈囒哂人以傷兩國和好

一咈囒哂人在五口地方聽其任便雇買辦通事書記工匠水手工人亦可以延請士民人等教習中

平安館

國語音繕寫中國文字與各方土語又可以請人幫辦筆墨作文學文藝等功課各等工價束脩或自行商議或領事官代為酌量咈囒哂人亦可以教習中國人願學本國及外國話者亦可以發賣咈囒哂書籍及採買中國各樣書籍

一凡咈囒哂人有懷怨及挾嫌中國人者應先呈明領事官覆加詳核竭力調停如有中國人懷怨咈囒哂人者領事官亦虛心詳核為之調停倘遇有爭訟領事官不能為之調停即移請中國官協力

197

辦理查核明白秉公完結

一將來咈囒哂人在五口地方為中國人陷害凌辱騷擾地方官隨在彈壓設法防護更有匪徒狂民欲行偷盜毀壞放火咈囒哂房屋貨行及所建各等院宅中國官或訪聞或准領事官照會立即飭差驅逐黨羽嚴拿匪犯照例從重治罪將來聽憑向應行追贓著賠者責償

一凡有咈囒哂人與中國人爭鬧事件或遇有爭鬭中或一二人及多人不等被火器及別器械毆傷

平安館

致斃係中國人由中國官嚴拿審明照中國例治罪係咈囒哂人由領事官設法拘拿迅速訊明照咈囒哂例治罪其應如何治罪之處將來咈囒哂議定例款如有別樣情形在本款未經分晰者俱照此辦理因所定之例咈囒哂人在五口地方如有犯大小等罪均照咈囒哂例辦理

一咈囒哂人在五口地方如有不協爭執事件均歸咈囒哂官辦理遇有咈囒哂人與外國人有爭執情事中國官不必過問至咈囒哂船在五口地方

198

中國官亦不為經理均歸咈囒哂官及該船主自行料理

一遇有咈囒哂商船在中國洋面被洋盜打刦附近文武官員一經聞知即上緊緝拿照例治罪所有贓物無論在何處搜獲及如何情形均繳送領事官轉給事主收領倘承緝之人或不能獲盜或不能全起贓物照中國例處分但不能為之賠償

一凡咈囒哂兵船往來遊奕保護商船所過中國各口均以友誼接待其兵船聽憑採買日用各物若

平安館

有壞爛亦可購料修補俱無阻礙倘咈囒哂商船遇有破爛及別緣故急須進口躲避者無論何口均當以友誼接待如有咈囒哂船隻在中國近岸地方損壞地方官聞知即為拯救給與日用急需設法打撈貨物不使損壞隨照會附近領事等官會同地方官設法著令該商梢人等回國及為之拯救破船木片貨物等項

一凡咈囒哂兵船商船水手人等逃亡領事官或船主知會地方官實力查拿解送領事官及船主收

199

領倘有中國人役負罪逃入咈囒哂寓所或商船
隱匿地方官照會領事官查明罪由即設法拘送
中國官彼此均不得稍有庇匿
一將來中國遇有與别國用兵除敵國布告堵口不
能前進外中國不為禁阻咈囒哂貿易及與用兵
之國交易凡咈囒哂船從中國口駛往敵國口所
有進口出口各例貨物並無妨礙如常貿易無異
一將來兩國官員辦公人等因公往來各隨名位高
下準用平行之禮咈囒哂大臣與中國無論京內

平安館

京外大臣公文往來俱用照會咈囒哂二等官員
與中國省中大憲公文往來用申陳中國大憲用
劄行兩國平等官員照相並之禮其商人及無爵
者彼此赴訴俱用稟呈咈囒哂人每有赴訴地方
官其稟函皆由領事官轉遞領事官即將稟內情
詞察核適理妥當隨即轉遞否則更正或即發還
中國人有稟赴領事官亦先投地方官一體辦理
一將來咈囒哂若有國書送達
朝廷該駐口領事官應將國書送與辦理五口及外國事

200

務大臣如無五口大臣即送與總督代為進呈其
有國書復轉亦一體照行
一日後若有應行更易章程條款之處當就互換章
程年月核計滿十二年之數方可再行籌議至别
國所定章程不在咈囒哂此次所定條款內者咈
囒哂領事等官與民人不能限以遵守惟中國將
來如有
特恩曠典優免保佑别國得之咈囒哂亦與焉

平安館

再上年與咲咭唎所定稅例奏准部復當經頒
發各國遵照輸納嗣咪唎㗼使臣囑喊求將洋
鉛稅銀量為酌減當經臣耆　奏明在案茲咈
囒哂使臣喇嘮呢聲稱稅則至為公當自應遵
行惟丁香共有三種子丁香係屬上等印度所
出丁香係屬中等母丁香係屬下等稅則只有
上等每百觔稅銀一兩五錢下等每百觔五錢
至中等則漏未賅載今議上等丁香稅銀仍舊
增入中等丁香一款每百觔定為稅銀一兩至
平安館
下等丁香價值甚賤原例稅銀五錢未免較多
求減為二錢五分又洋酒一項原例裝玻璃餅
大者每百餅稅銀一兩小者每百餅稅銀五錢
裝桶者每百觔稅銀五錢亦未免較多請將裝
玻璃餅大者減為每百餅稅銀二錢小者每百
餅及裝桶者每百觔均減為稅銀一錢等語臣
等細加酌核丁香一項雖將下等每百觔減去
二錢五分而增入中等每百觔稅銀一兩以贏
補絀稅銀仍無增減至洋酒一項惟外國人沽

飲中國人用者甚屬寥寥總計海關所收稅銀
為數無幾即量為酌減亦無關盈絀臣耆　當
俱允其所請繕入稅則其餘各款該使臣均一
一遵行所有將稅例稍為增減之處理合附片
陳明謹
奏
道光二十四年九月十九日　二十一日馬遞
平安館

奏再查嘆咭唎咪唎堅咈囒哂各國一律議定條 臣耆 臣程 跪
約咸思恪守不致别生枝節其餘嗬囒呂宋各
國近來日形貧弱商船來粵歲不過一二隻且
多有經年不到者似可無慮其續有請求從此
夷務漸次完竣足以稍紓
宸廑惟在事出力人員往來海上備極辛勞設法羈
縻相機開導咸使就我範圍實屬盡心竭力未
便沒其微勞除藩司黄恩彤已奉
平安館
恩旨賞戴花翎並加二級准其隨帶外其餘各委員
如候選主事趙長齡勷辦夷務業經半年之久
不避艱險動合機宜甚為難得該員於豫工二
卯新例在廣東捐升道員咨部在案應請以道
員留於廣東遇缺酌量補用以資熟手又揀發
同知銅麟前因嘆咭唎通商案內差委得力奏
准以同知儘先補用茲復隨同辦理咪咈二國
夷務始終奮勉該員已題補瓊防同知應請以
知府升用先換頂帶又香山縣知縣陸孫鼎縣

丞張裕平時撫馭澳夷寬嚴得法復於咪咈二
夷使來澳隨時偵探夷情均能確實迅速一切
差委亦極為得力查陸孫鼎已因河工捐輸案
內經臣等奏請以同知在任候補先換頂帶應
請給予運同銜張裕應請以知縣補用又前署
江蘇上元縣知縣吳廷獻先因將軍德珠布奏
揭在江中被搶該員僉差不慎致罹遣戍嗣因
隨辦夷務出力於嘆咭唎通商事竣奉
旨免其發往新疆交粵海關監督差遣俟一年後能
平安館
否始終勤奮再行請
旨等因欽遵在案該員到關已屆一年之期遇事認
真夷情尤屬諳悉復屢至澳門接見咪咈夷目
等均能剛柔得中諸臻妥協委係始終勤奮應
請開復原官留粵補用又書識李書粟聞玉章
姚鑫先於嘆咭唎通商案內以從九品未入流
歸部候選茲復隨同辦理文案始終勤慎應請
歸部儘先選用以上各員俱係實在出力理合
據實附陳可否仰懇

205

聖慈俯如所請給予甄敘以示鼓勵之處出自
皇上逾格
天恩再布政使銜即選道潘仕成熟悉夷情通達事
體勤辦夷務半年以來於一切駕馭機宜均能
得其竅要復兩次隨往澳門屢見夷酋設法羈
縻不遺餘力該員前因歷次捐輸報効已蒙
恩賞戴花翎以道員不論繁簡遇缺即選嗣復
賞加布政使銜茲勤辦夷務出力臣等未敢再為籲
請
恩施若僅予交部議敘又似不足以示鼓勵應如何
酌獎之處恭候
聖裁至此外隨同差委員弁尚有多人惟勞績稍次
均不敢濫登薦牘謹
奏
道光二十四年九月二十一日　馬遞

平安館

206

奴才耆　跪
奏再辦理各國夷務及奴才接見夷使相機駕馭情
形均經隨時繕摺奏報其通商善後各事宜亦
俱議定條款奏蒙
聖鑒敕部核覆在案惟念暎夷自二十二年七月就
撫咪唎二夷又於本年夏秋接踵而至先後三
年之間夷情變幻多端非出一致其所以撫綏
羈縻之法亦不得不移步換形固在格之以誠
尤須馭之以術有可使由不可使知者有示以
不疑方可消其反側者有加以款接方可生其
欣感者並有付之包荒不必深與計較方能於
事有濟者緣夷人生長外番其於
天朝制度多不諳悉而又往往强作解事難以理曉
即如
綸音下逮均由軍機大臣承行而夷人則尊為
硃批若必曉以並非
御筆轉無以堅其信此則不宜明示者也夷人會食
名曰大餐卒以廣筵聚集多人相與宴飲為樂

平安館

奴才在虎門澳門等處犒賞諸夷其酋長頭目來
者自十餘人至二三十人不等迨奴才偶至夷樓
夷船渠等亦環列侍坐爭進飲食不得不與共
杯勺以結其心且夷俗重女每有尊客必以婦
女出見如咪夷咱嗎咈夷喇嚀呢均攜有番婦
隨行奴才於赴夷樓議事之際該番婦忽出拜見
奴才跼蹐不安而彼乃深為榮幸此實西洋各國
風俗不能律以中國之禮倘驟加訶斥無從破
其愚蒙適以啓其猜嫌又諸夷均為和好而來

平安館

不能不畧為款接往來既熟尤應防閑是以奴才
於各國條約將次議定之時均飭藩司黃　曉
諭各該夷使以中國大臣辦理諸國公事並非
越境私交如致送禮物惟有堅却勿受若含混
收受
天朝功令森嚴不獨有乖體制實亦難逃憲典該夷
使等尚知聽從但於接晤時或小有所贈如洋
酒花露之類所值甚微其意頗誠未便概行當
面擲還惟給予隨身所帶烟壺荷包等物以示

薄來厚往之意又意大里亞𠸄咭唎咪唎㗂咈
囒哂四國請領奴才小照均經繪予至各國雖有
君長而男女不齊久暫不一迥出法度之外如
𠸄夷係屬女主咪咈二夷係屬男主𠸄咈之主
皆世及而咪夷之主則由國人推立四年一換
退位後即等齊民其稱號亦各有不同大都剽
竊中國文字妄示夸張夜郎自大彼以為自尊
其主於我無與若繩以藩屬之禮則彼又以不
奉正朔不受
冊封斷不肯退居越南琉球之列此等化外之人於

平安館

稱謂體裁昧然莫覺若執公文之格式與之權
衡高下即使舌敝唇焦仍未免褻如充耳不惟
無從領悟亦且立見齟齬實於撫綏要務甚無
裨益與其爭虛名而無實效不若畧小節而就
大謀以上數端均係體察夷情揆度時勢熟審
乎輕重緩急之間不得不濟以權宜通變之法
或事本瑣屑或時當急迫奴才未敢專摺一一煩
瀆

209

聖聽現值夷務粗已完竣理合附片一併陳明謹
奏
道光二十四年九月二十一日　馬遞
本年十月初四日奉到
硃批覽欽此

平安館

210

臣耆　臣梁　跪
奏為查明定海夷情照常安靜恭摺奏祈
聖鑒事竊臣等前准軍機大臣字寄道光二十四年五
月初八日奉
上諭據梁　奏咦夷貨船火輪船兵船現泊定海洋
面共有十三隻人數增多操演稍勤情形尚屬馴
順等語著該督將該撫片內所稱各節隨時探訪
如有應議應辦事件據實具奏原片著鈔給閱看
各等因欽此遵
旨寄信前來并奉鈔發原片一件查咦夷就撫已逾
二年臣等於其往來動靜隨時留心訪察不敢稍
存泄視至浙江撫臣原奏所稱定海所泊咦船
十三隻內有續到之火輪船及兵船四隻當因
所載夷兵究有若干及因何勤操之處未據浙
江營縣稟報惟聞鼓浪嶼夷人多有患病赴舟
山避疫之説臣等恭奉
諭旨後當即咨查浙江撫臣並札委寧紹台道分別
確查一面揀派幹弁密切探訪去後茲准浙江

平安館

撫臣梁　覆稱上次𠸄夷人數增多係由鼓浪嶼前來換班旋即陸續駛回原奏係就當時該營縣所禀情形而言至現在番船夷人不多操演亦不甚勤即定海四門向設夷兵各十名茲各撤去四名情形極爲馴順續接閩浙督臣劉來文亦稱鼓浪嶼夷目帶兵往定海換班及因夷兵多染病症前往避疫查無別故各等因并據寧紹台道陳之驥會同前任道員鹿澤長及寧波府李汝霖等禀稱本年三四月間定海洋面共泊𠸄夷船十三隻彼時駐定白夷七百餘名黑夷四百餘名迨後漸駛往閩省等處其寧波開市以後民夷相安絕無釁隙前次操演稍勤詢因咈囒哂船隻將至疑忌預防別無驕擾目下情形均屬照常等情禀復前來核與奴才派弁密訪情形大略相同其閩浙督臣文內所稱夷兵患病避疫亦與奴才所聞適合伏查通商各口夷船往來原無一定𠸄夷雖屬狡黠第自受撫以來其意專在貿易如能控馭得法似尚

平安館

不致遽萌反側浙江撫臣原奏自因該營縣未將換班避疫各情查明縷禀是以就當時情節繕片附陳今夷兵漸已散去一切相安尚無應議應辦事件自應持以鎮靜俾令益臻馴順理合恭摺具

奏伏乞

皇上聖鑒謹

奏

道光二十四年九月二十八日

平安館

243

再查定海夷情雖屬馴順惟其地尚駐番兵計須俟乙巳年撫款交足方能收回屆期彼此接收之際若非熟悉夷情人員辦理得法恐別生枝節等再四思維查已革同知舒恭受素為民夷所信服近閱邸抄欽奉

上諭將該革員舒恭受與周維藩等均免死發往新疆酌量差遣等因竊思新疆現開地畝差遣需員定海尚未收回尤資熟手且新疆効力廢員人數尚多而定海止有已革道員鹿澤長一人殊

平安館

覺不敷差委若將舒恭受暫留定海隨同鹿澤長勷理民夷交涉事件俟定海收回再行請

旨發往新疆似於該革員遣戍罪名無所增減而海疆夷務稍有裨益等為人地相需起見理合附片陳明伏祈

聖鑒謹

奏

道光二十四年九月二十八日

4　FO682/145/1　214

辦理夷務事宜第二十四冊

道光二十五年分

215

目錄

一件奏夷目來粵求市

一件遵 旨體察夷情查詢覆奏

一件片奏丹麻爾國議設領事

一件片奏咈國夷使回澳緣由

一件奏咈夷心疑反覆連日往復辦論

一件奏咈夷已就範圍約冊亦經互換

一件片奏咈夷因換約事竣擬赴通商各口查看

一件片奏請前奏天主教原摺給伊帶回覆主

一件片奏暎國兵船照定章分泊五港通商各口

一件片奏合衆國約冊業已互換

一件片奏咈夷酋夷目咖嘮唎在澳恭候 恩旨

一件奏撫夷銀兩交兌清楚

平安館

216

臣耆 臣黃 跪

奏為夷目來澳求市恭摺具奏仰祈

聖鑒事竊照西洋諸夷來粵貿易除大西洋寄居澳門不計外此外舊准通商者共二十國近年以來惟咈囒哂嗬囒呂宋咪唎㗝暎咭唎港脚諸國歲有貨船駛到其餘雙鷹單鷹比利時諸國或數年一至或多年不至統計舊准通商各國實已減去什之六七溯查嘉慶十年有哦囉嘶國商船二隻改名路咂國來粵求市經前任粵海關監督延豐具奏欽奉

諭旨將來澳門等處如再有此等外洋夷船向未來粵者其懇請貿易之處斷不可擅自准行總當詳細詢明暫令停泊一面奏聞候旨遵行等因欽此迨道光四年又有啞啉國商船二隻來粵復經前督臣阮元等援案具奏奉

旨暫准貿易以示體卹嗣後不准再來通市等因欽此欽遵各在案茲據吡囒咀喀國領事蘭兀呈稱伊國前百年間曾來

平安館

217

天朝貿易嗣遭國難遂以中止今聞
大皇帝恩施各國心殊仰望冀得一視同仁並邀曠
典是以國王遣伊前來求將五口貿易章程一
體頒發俾得同沾
德澤等因並接咈囒哂夷使喇嘮呢來信內稱領事
蘭瓦經該國王遣令前來冀邀一例通商之典
因久未往來不敢遽進懇伊代為薦引等語臣
等以從前通商各國並無吡𠯿咱喀之名惟有
比利時國字音相近是否係屬一國當飭即選
道潘仕成密派通事向各國夷商詳加詢訪旋
據查明該國即係曾經來粵通商之比利時國
與咈囒哂結為婚姻同在歐羅巴部落之內稟
復前來伏查吡𠯿咱喀國既係曾經貿易今領
事蘭瓦求請一例通商本與哦囉嘶啞咻等國
之向未來粵者情節迥異似尚可俯允所請以
示懷柔但究係停市已久臣等未便擅准自應
據情上達伏候
諭旨遵行除札飭該夷目暫行停泊靜候辦理外所

平安館

218

有夷目來粵求市緣由謹合詞恭摺具
奏伏乞
皇上聖鑒訓示謹
奏
道光二十五年正月二十八日拜發
本年四月初十日奉到
硃批另有旨欽此

平安館

臣耆　臣黃　跪

奏為遵

旨體察夷情查詢覆奏仰乞

聖鑒事竊臣等於四月初十日承准軍機大臣字寄

道光二十五年三月初四日奉

上諭耆　等奏夷目來澳求市請旨辦理一摺據稱

吡噹咱喀國領事蘭瓦呈請貿易有咈囒哂夷使

喇嘮呢來信代為薦引並查明該國即係曾經來

粵通商之比利時國等語該國停市已久此次應

平安館

否暫准貿易並所請五口貿易章程應否一體頒

發著該督體察情形悉心妥酌辦理至該督前次

奏稱查探咈夷喀㻫朗曾到琉球國一次嗣經駛

回廣東後即回本國其所留執事通事二人尚未

查有確據等語現在是否尚在琉球抑已回本國

務須訪查的確據實覆奏再前據劉鴻翱奏稱咪

唎㗆立國甫六十年等語是否確實著該督就近

查詢一併覆奏將此諭令知之欽此伏查吡噹咱

喀國介在暎咭唎咈囒哂二國之間素稱微弱

商船為數無多於夷務尚無關輕重今既遣領

事蘭瓦求請照舊通商情詞甚屬恭馴似未便

拒其所請致抱向隅且西洋諸夷來粵貿易惟

咈囒哂暎咭唎咪唎㗆三國設有領事其餘如

啲囒呂宋大尼黃旗港腳瑞典諸夷間有貨船

駛到多係由各國領事代為報驗輸稅該夷等

衣服言語面貌小異大同其究係何國之人實

亦無從深考茲若將蘭瓦嚴行拒絕難保其不

溷附他國仍來貿易轉不足以示懷柔且既據

平安館

咈囒哂夷使代為請求尤應藉事羈縻俾該夷

等同深感戴查蘭瓦現在小呂宋聽候

恩旨約計五月內即與喇嘮呢一同來粵擬俟詢查

明確即將五口貿易章程一體頒發以廣

聖主寬大之仁其咈夷曾經駛往琉球喀㻫朗一船

於去年十二月間駛出澳門探聞已回本國惟

所留執事通事二人是否仍在琉球現飭即選

道溜仕成向住澳咈夷咖嘮唎詳加詢訪該夷

亦不能確有聞見容俟喇嘮呢回粵再行查明

酌量妥辦至前福建撫臣劉鴻翶奏稱咪唎㗋立國甫六十年一節臣等查咪唎㗋本係極西一大洲與中國晝夜相反土曠人稀明以前無知其地者宏治年間有伊大理國人名亞墨理哥者始至其地創造室廬漸成聚落遂名其地為亞墨理哥又名亞美利加又名咪唎㗋皆因省音相近致稱名不無譌舛泰昌年間復有暎咭唎人數百徙往居之遂名其地為新暎咭唎萬歷年間有𠱁囒國人據其南方名新𠱁囒我

平安館

朝順治年間復有咈囒哂人據其北方名新咈囒哂旋被暎咭唎逐去二國之人據其地為屬國迨後生齒漸繁開闢日廣共有二十六部落乾隆年間暎咭唎欲向加征稅餉民弗聽暎咭唎征愈急且脅以兵土人怒共立嘩嘁頓為統領合各部落為一國名合省國不受暎咭唎約束暎咭唎討之相持七八年不下咈囒哂復出兵助之暎咭唎不得志乾隆四十九年遂與平聽其自為一國此咪唎㗋立國之大概情形也其

國北界與暎咭唎鄂羅斯相近南界墨息哥國東界壓瀾的海西界太平海民俗重農事喜工作土產以棉花為大宗兼擅鹽鐵之利洋布呢羽之類所出頗多又最重貿易故來粵貨船暎咭唎居什之七咪唎㗋居什之三與咈囒哂最稱和睦與暎咭唎外相交而內相忌其立國雖不過數十年而地廣民勤物產豐殖故西洋諸夷與暎咭唎咈囒哂並稱強大者惟咪唎㗋為較著而𠱁囒呂宋等雖立國在前轉不及該國

平安館

近日之形勢也所有遵
旨酌辦及訪查各緣由理合恭摺具
奏伏乞
皇上聖鑒
訓示謹
奏

道光二十五年四月二十八日

223

臣黃臣耆臣文跪

奏再臣等於本年五月二十四日接據丹麻爾國
理事官韓新申稱伊國向來中國貿易久沐
皇仁惟無領事官經理恐伊國商人不免有販賣違
禁貨物及偷漏稅餉情事茲伊國主遣伊前來
於衆商人中擇一誠實能事之人作為領事約
束伊國商人安分貿易懇請將新定各國通商
章程及貨物稅則一併發給俾有遵守等語臣
等查丹麻爾國即向來通商之黃旗國該國每

平安館

歲到粵商船不過一二隻其貨物稅餉向皆附
咪唎㗐領事代為呈報惟來中國貿易最久溯
自乾隆元年起至今並未間斷不惟與素未通
商者迥殊即與前曾貿易後經停市現復呈請
通商之比利時國情形亦有不同今因該國商
人無人管束恐致有漏稅販私情弊議設立領
事經理一切並請發給章程稅則俾有遵守係
為安分貿易起見所請自屬可行除將通商章
程及貨物稅則發給該理事收執並諭轉飭新

224

設領事約束商人祇遵辦理外理合附片具
奏伏祈
皇上聖鑒謹
奏
道光二十五年五月三十日

平安館

225

臣耆
臣黃 跪
奏再臣等於六月十二日據澳門同知吉泰等稟
稱六月初九日有咈嘰哂國巡船一隻來泊澳
門探係該國使臣喇嘮呢由呂宋駛回等情旋
接該夷使照會內稱伊現由呂宋回澳接閱臣
等前此發給照會知所議貿易章程及習天主
教為善之人請免治罪之處俱蒙
大皇帝施恩允准不勝感激伊接國中來信所有寄
回前定章程國主業經議准已交嘆咧嘞賫帶
前來一俟接到立即訂期互換而為妥辦等語
臣等查閱該夷使來文詞氣甚屬恭馴惟必須
約冊互換該夷使回國後臣等方敢釋然於心
當即備文照復宣布
皇上德意以示懷柔容俟該國約冊到粵再與訂期
互換妥為辦理至咈夷强留執事通事二人在
琉球國一節臣等前飭即選道濡仕成向住澳
之該國夷人咖嘐唎探詢據云風聞前留執事
等二人業已回國惟該夷亦係得之傳聞未為

平安館

226

確據容俟會晤喇嘮呢再向查詢的確據實奏
聞所有咈嘰哂夷使喇嘮呢回澳緣由理合附片具
奏伏乞
皇上聖鑒謹
奏
道光二十五年六月十九日
本年九月初四日奉到
硃批片留中欽此

平安館

227

臣耆臣黃跪

奏為咈夷心懷疑慮反覆宜防謹將連日往復辦

論情形恭摺馳

奏仰祈

聖鑒事竊臣等前與咈囒哂夷使喇嘮呢議定貿易

章程並請將習天主教為善之人免其治罪奏

奉

硃批依議欽遵恭錄分別咨行並知會該夷使查照

迨該夷使於本年六月初九日自呂宋回澳接

據來文內稱所議俱蒙

大皇帝允准不勝感激一俟該國約冊寄到即訂期

互換等情亦經臣等

奏明各在案當派候補知縣吳廷獻前往探詢該

酋言詞甚屬恭順詎於七月初間該酋忽將臣

等所致文行無端挑剔情詞頓形桀驁不似從

前馴擾臣等以夷情叵測必有別故正擬委候

補道趙長齡等前往偵訪適據該夷使遣夷目

咖嘮喇到省請見臣等當即帶同候補道趙長

平安館

228

齡候選道潘仕成出城相見據咖嘮喇聲稱喇

嘮呢因聞江西湖北等省有學習天主教之人

被地方官查拏責打銷燬圖像心中甚懷怨望

伊等遠涉重洋費踰百萬非同暎咭唎等國希

圖貿易獲利止求與中國通和表彰天主正教

今習教為善之人雖蒙

大皇帝恩准免罪而他省仍行拏辦是臣等並未將

原案通行前議俱屬虛誑不惟被暎咪諸國嗤

笑且將來亦無顏回國恐難永堅和好現在該

國約冊雖已寄到但必須將天主教弛禁一節

妥議章程俱歸實在即請於七月二十日以後

訂期互換約冊倘仍無成議則約冊亦可勿庸

互換等語並呈出照會一件內第一條係請將

天主教何者為善何者為惡一一指明第二條

請將原奏咨行各省大小文武衙門一體遵照

臣等當諭以習教為善及藉教為惡前已分別

奏明無慮淆混至為惡之類非止一端例文尚

難賅載何能一一指出至原奏久已咨行各省

平安館

確有條據不必多疑該夷殊不相信第三條係
請將從前習教辦罪之人概行釋放臣等諭以
中國之法當自奉行新例之日為斷不能因現
准免罪輒將以前辦罪之人釋放第四條請准
中國習教之人建造天主堂以歸聚會臣等以
天主堂向未建於各省不便准造若聚衆拜會
久干例禁尤恐別教托名影射流弊滋多向其
反覆開導而該夷總以必將從前辦罪之人釋
放方見弛禁屬實且伊教中規矩必須有堂會

平安館

同禮拜講經勸善與佛教道教之廟宇及回教
之禮拜寺無異今以前辦罪之人既不肯奏請
省釋又不准內地習教人民與佛教道教回教
一例建堂即非真心欲與和好嘵嘵置辯連日
復令委員趙長齡等曉諭百端夜以繼日舌敝
唇焦而該夷言詞堅執殊悵反覆臣等伏思咈
夷貿易之船素少與暎咭唎等國不同此次遣
使來粵費用不貲所請均已駁斥祇有天主教
舊禁畧為變通本未滿其所望且臣等前議習

教為善免罪之處本係但免治罪仍禁傳習乃
於俯順夷情之中寓杜絕異端之意第予該夷
使以弛禁之名而一切底蘊則可使由不可使
知待彼回國之後亦無從干預中國之事今既
聞知江西等省尚有拿辦之案則機事已洩不
免疑臣等為虛誑探聞該國與中國通好深為
暎夷所忌時有從中唆挑情事若或撫馭乖方
誠恐漸致決裂難以羈縻臣等再四熟商與其
與該夷目往返辯論相持不決不若向該夷使

平安館

愷切開導或易轉環現既經訂期七月二十日
以後相見臣耆 屆期帶同委員趙長齡潘仕
成前往虎門與喇嘮呢面議總期權利害之輕
重察夷情之緩急固不敢率為遷就有負
委任厚恩亦不敢過形拘泥致誤撫夷全局至該國
所留執事通事二人是否尚在琉球前經詢問
咖嘐喇未能確指現復據聲稱尚非緊要之事
須俟現議四條均就條理方可再議別事等語
臣耆 接見該夷使若將續請之件逐條議明

則琉球之事亦可免生枝節容俟續有成說再
行據實馳奏外所有與夷目連日往復議論緣
由理合恭摺馳
奏伏祈
皇上聖鑒
訓示謹
奏
道光二十五年七月十七日

平安館

臣耆 臣黃 跪
奏為咈夷已就範圍約冊亦經互換恭摺馳
奏仰祈
聖鑒事竊照咈囒哂夷使喇嘮呢因聞內地學習天
主教之人仍被地方官查拿忽生枝節遣令夷
目咖嘮唎到省請見呈出文書一件內係請將
習天主教何者為善何者為惡一一指明並將
原奏咨行各省及將從前習教辦罪之人釋放
准中國習教之人建造天主堂以歸聚會等四
條當經臣等逐加駁斥並將連日與該夷目往
復議論情形專摺
奏報聲明臣耆 定於七月二十日帶同委員候
補道趙長齡候選道潘仕成等前往虎門與喇
嘮呢面議俟有成說再行具奏在案茲臣耆
於七月二十一日馳抵虎門與喇嘮呢面晤該
夷使仍執前說再四請求臣督同委員趙長齡
等力與辯議該夷使性既桀驁詞復譎張狡黠
情形實為海國諸酋之最迨經曉譬百端剛柔

平安館

迭用責之以信義示之以至誠諭以華夷情勢之不同析以中國定制之難改該夷使理屈詞窮仍稱天主教實係勸人為善地方官不應混行查拿現在雖蒙
大皇帝恩准免罪仍與未經弛禁無異伊實無顏回見國主約冊即不必互換等語察其情詞甚為廹切實因所請未能滿願又被他國嗤笑遂致積疑生嫌變羞成怒若不稍為籠絡决裂即在目前殊與撫夷全局有碍查該夷使所請各條

平安館

如習教之人辨別善惡一節雖與原奏尚無違悖但為惡之類多端要在隨時查察酌予懲創若一一指明則凡未經指出者均不得復加禁制不惟掛漏難免亦且趨避滋多將來辦理種種窒礙斷難准行又如習教辦罪之人槩予釋放一節無論情罪各有重輕未便一律原宥且
赦典出自
特恩非臣下所敢瀆請豈容海外夷使妄有干求尤於體制未協均經臣嚴加拒絕不復稍留餘地

惟所稱伊等天主教規矩只有按期會同禮拜供奉十字架圖像誦經勸善乃係一定功課舍此別無習教為善之事今既奏明准將習教為善之人免其治罪則凡教中規矩均所不禁可知若復行查辦豈非與原奏不符等語所言尚近情理就所請各條熟權輕重亦惟此條尚可准行惟是習教之人散在各省若准其聚會則流獘滋多況近年以來白蓮八卦等教屢經懲辦而青蓮教復正在查拿倘聞知天主教奉有免罪新例因而詭託其中尤不可不預防其漸

平安館

當復與該夷使議定中國習天主教為善之人供奉十字架等項既係教中規矩自可毋庸查禁其設有供奉天主處所亦可聽從其便但不得招集遠鄉之人勾結煽誘並不法之徒藉稱習教結黨為非及別教之人溷跡假冒俱屬有干法紀仍各按舊例治罪如此明定限制庶地方官易於稽察流獘不致叢生該夷使初尚嘖辯不肯應允復經臣與委員等反覆開導始行

勉從惟懇速為咨行各省並請鈔發咨稿以便回復國王並免他國嘲誚臣以夷性多疑恐其遲則生變隨定稿鈔給閱看以示不欺該夷意甚怏怏然無可再行置喙旋於二十三日賫到該國寄來約冊查閱冊内各條並無更改繫有該國主印信當經彼此互換臣復宣布

天恩優加撫慰該夷使等始各鼓舞懽忻僉稱約冊已換自當永遠遵守不敢有違臣隨於次日帶同委員等起程回省與臣黄　商酌意見相同所有現議章程除步軍統領順天府五城未經咨行外其餘各省均已會同飛咨查照並録寄摺稿函致密存妥辦免致再生枝節所有咈夷就範約冊已換緣由理合恭摺馳

奏伏祈

皇上聖鑒訓示謹

奏

道光二十五年七月二十八日

平安館

再該夷使喇嘮呢因換約事竣擬赴江蘇閩浙通商各口查看貿易情形據稱坐駕商船前往並不勞動地方官長惟夷情難料全在隨時隨事撫馭合宜臣等現即飛咨各口該夷使到日如果不見動靜該地方文武自可置之不問如偶有過問求見等事必須相機接待勿使稍生疑釁至强留執事通事二人在琉球一節詢據喇嘮呢聲稱係伊未到粵省之先兵頭嘜哂呷遣人前往今既與中國定好伊於前赴通商各口之便即當將該二人撤回以後斷不再令前往等語揣其情狀實因琉球為海中一島意存覬覦故於未到中國之先即遣人預行窺探迨上年九月復以准其占據為請經臣等再三駁斥謀始中止今既據稱即將該二人撤回斷不再令前往似可不致另有他虞並據稱尚有文書一件續即送來俟接到後當即據由飛咨閩浙督臣轉咨琉球國王知照理合附片具

奏伏乞

平安館

237

聖鑒訓示謹
奏
道光二十五年七月二十八日

平安館

238

臣臣耆跪
奏再咈蘭哂夷使喇嘮呢前因換約事竣擬赴江
蘇閩浙通商各口查看貿易情形當經臣等飛
咨各口知照附片具
奏在案嗣該夷使喇嘮呢以臣等前奏學習天主
教為善之人免其治罪一摺雖經臣等欽錄行
知但係屬草稿難作憑信請將原摺給伊帶回
以便回覆國主臣等以原摺上有
硃批應行恭繳未便率從所請隨照繕一分給予收
領又該夷使見臣等所帶朝珠甚為欣羨堅請
給予數串當向詰其何用據稱該國服式並無
用處惟係中國官儀貴囬國內俾衆傳觀益知
尊重
天朝法度等語臣等以其語甚恭順且該夷使若私
行購買亦難禁止轉不足以示懷柔隨允其所
請給與燒料朝珠數串該夷使懽忻收領至留
於琉球之執事通事二人據來文內稱有船到
彼即將該二人帶回澳門等語當經臣等飛咨

平安館

239

閩浙督臣轉咨琉球國王知照該夷使旋於八
月初十日由澳門開行駛往各口惟本稱坐駕
商船今探聞因該國商船短少仍坐兵船前往
亦經臣等飛咨各口知照理合附片具
奏伏乞
聖鑒謹
奏
道光二十五年八月二十一日

平安館

240

臣耆　臣黃　跪
奏再臣等於八月十三日接據暎夷德酋來文內
稱現有伊國郭兵頭從本國帶來兵船數隻係
照議定章程分往五港口通商處所停泊或往
來辦公理合先行照會免致駭異等情當經臣
等飛咨江蘇閩浙各口知照在案茲准提臣賴
來咨內稱八月十四日有暎夷火輪船四
隻巡船二隻各配有夷兵數十名及二百餘名
不等駛至尖沙嘴洋面拋泊業飭慎密防範等

平安館

因查前定善後章程原准該國師船數隻往來
各口稽查貿易此次該夷兵船前來各口據該
酋先行知會雖係照議定章程辦理惟夷情難
料總須備預不虞當即飛飭水師各營留心偵
探動靜仍由臣等隨時督飭相機鎮靜防範免
滋事端並訪察實在情形另行具奏外理合附
片具
奏伏乞
聖鑒謹

241

奏

道光二十五年八月二十一日

平安館

十三

242

再臣前與合衆國夷酋噼咡訂於十二月初十日在虎門互換約冊當經附片

奏明在案嗣據該酋文稱伊已來省在城外十三行居住守候換約無須前往虎門等情臣以該酋既來省守候自應早與互換以昭信守隨經

會同撫臣黃　帶同署督糧道趙長齡候選

道潘仕成等於十二月初三日在城外公所接見該酋將約冊互換並備設筵席優加款待據稱伊國極知感激

平安館

天恩永當恪守條約斷無異議等語情詞甚為恭順所有合衆國約冊業經互換緣由理合附片陳

明伏乞

皇上聖鑒謹

奏

道光二十五年十二月十六日

243

再前因咈喇哂使臣喇嘮呢回澳以天主教弛
禁一事懇請
明降
諭旨當經臣等恭摺
奏明並附片密陳在案茲據該使臣來文內稱伊
於十二月十二日坐駕兵船前往暎咭唎所屬
之噶喇噶𠰍國留夷目咖喀唎在澳恭候
恩旨如奉有
聖諭即行回國不復折回中國並飭據營委各員探
平安館
稟該使臣於十二日坐駕兵船揚帆出口向老
萬山洋面駛去等情理合附片陳明伏乞
聖鑒謹
奏
道光二十五年十二月二十六日

244

臣耆
臣黃　跪
奏為撫夷銀項現已交兑清楚恭摺奏祈
聖鑒事竊照前與暎夷議定成約本年十二月係交
足銀兩收復舟山之期經臣等屢次照會訂期
收取銀款交還舟山該夷酋總以求進粵城藉
詞推宕銀項亦延不具領節經臣等將歷次辦
理情形恭摺
奏明在案茲據該夷酋文稱派遣夷目默勒等管
駕火輪船來省收取銀兩其交還舟山日期仍
平安館
未訂期臣等竊思按年給與銀款業經於約冊
載明此時惟當固守成約示以大信方可杜其
反覆之端雖該夷於交還舟山尚未訂明惟已
交過洋銀一千九百萬圓現在僅餘尾數尤未
便遲延不交自我爽約轉令該夷得有藉口隨
於本月二十一日派員將本年應交尾數洋銀
二百萬圓折銀一百四十萬兩解赴該夷目來
船交兑於二十五日一律清楚仍備文交該夷
目賚回催令將舟山如約退出不得失信除俟

245

接有回文再行酌辦外所有撫夷銀項交足緣

由理合繕摺具

奏伏乞

皇上聖鑒謹

奏

道光二十五年十二月二十六日

平安館

5 end

F.O.682/145/1

246

道光二十六七八年分

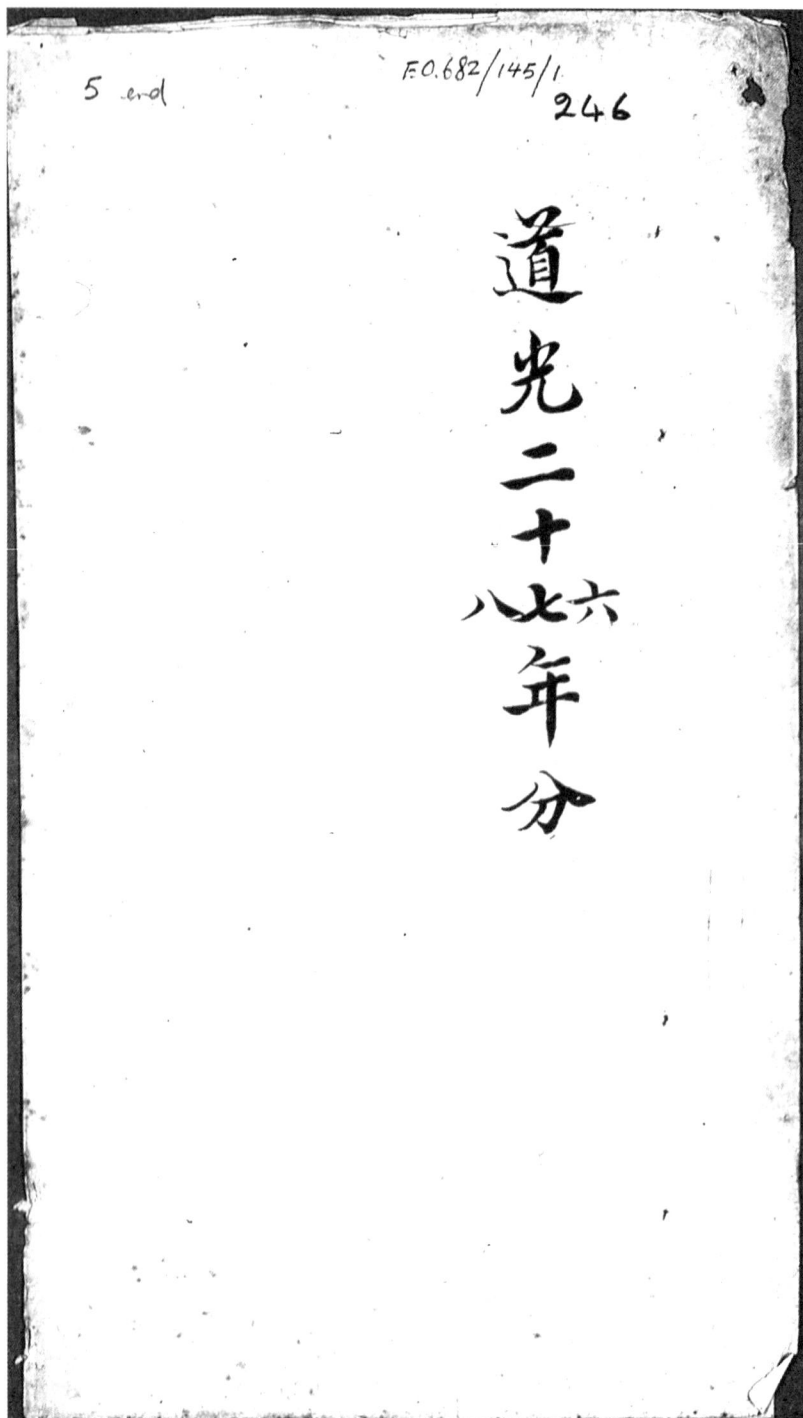

247

目錄

平安館

248

平安館

249

奏為夷情漸有轉機舟山約期交還並請面議事　臣耆 臣黃 跪
宜現擬拍至虎門接見以便迎機而導恭摺馳
奏仰祈
聖鑒事竊臣耆 前因㖡夷藉舟山以求進粵城密
察情形通盤籌畫奏奉
上諭㖡夷以求進粵城與交還舟山二事牽混為辭
緩之既慮其藉口遷延急之亦慮其別生枝節現
該夷於交地一層未敢明言背約其進城一節亦
以衆心不協不敢擅進城門是撫夷之方正可迎
機而導該督惟當確權輕重隨時斟酌妥辦等因
欽此伏念臣耆 受任辦理撫夷全局於舟山
一島未能刻日收回方深惶悚廼荷
皇上天恩寬以時日茲復蒙
洞燭夷情多方指示跪讀之次感佩難名查該夷久
據舟山本無所利不過藉為要挾冀遂其求進
粵城之計而粵省民情浮動若一經夷人進城
必致滋生事端臣等當與委員趙長齡等再四

平安館

250

熟商若向該夷酋急索舟山則彼自為得計必
致進城之請堅不可卻而交還舟山之期求速
反緩必須將其進城之說先為杜絕該夷酋無
所希冀舟山方可如約交還計兩月以來嘚吡
時屢有來文堅持前說臣等疊次備文答覆動
之以利害折之以信義剛柔互施持以鎮靜任
彼狡展萬端虛聲恫喝亦不為所動嗣該酋無
可置辯詞氣漸和茲接來文並擬出事宜四條
約臣耆 前往虎門會晤俟商定
奏明後一月之內即將舟山交還等語查閱各條
一係進粵城一節暫緩商辦一係㖡人在城外
行走內民不可欺凌一係交還舟山後不可另
給他國一係交還舟山後如有他國侵奪舟山
伊當幫同中國防禦其地仍歸中國據守等語
雖詞句未甚明晰而覩其大意前二條係因進
城之說難行藉作轉關後二條似仍因咈夷前
有垂涎舟山之意因而堅行要約以阻其謀尚
在意料之中雖夷情叵測難保其中不另有詭

平安館

251

計但既有轉機正可許以接見面加體察就各
條分別准駁遵奉
訓諭迎機而導以冀就我範圍而舟山可期收復惟
不可示以過急俾該酋又復妄意居奇別生枝
節隨經備文照復訂於三月初五日以後臣耆
帶同委員趙長齡等前往虎門與該酋面議
一切俟定議後另行奏報外理合先行恭摺馳
奏伏祈
皇上聖鑒
訓示謹
奏
道光二十六年二月二十六日

平安館

252

奏再臣等具奏審察咈夷請弛教禁情形一摺奉　臣耆臣黃跪
上諭一道並另奉
到
寄諭咈夷於天主教弛禁之事再三瀆求自不得不
俯順其情以免更端之請現已另行寄諭該督等
接奉後著即照繕交該夷使齎回並通行五口一
體遵照其附近五口省分亦准酌量咨行該督仍
當剴切諭知俾該夷益知感戢等因欽此當即恭
錄出示通行五口並酌量咨行附近五口省分
一體遵照另行繕錄一分於二月二十二日傳
咈蘭哂夷目咖嘮喇到省臣黃　帶同委員
趙長齡潘仕成等出城接見遵即剴切諭知並
宣布
皇上懷柔厚德將繕就
上諭交該夷目敬謹齎回本國該夷目鼓舞懽忻極
知感激聲稱
大皇帝德彌覆載遠人受惠無窮億萬斯年不敢爽

平安館

253

約並稱伊國使臣喇嘜呢現在噶喇噶噠國守
候伊當敬齎
諭旨趕速開行駛赴該處隨同喇嘜呢回國等語臣
等察看該夷情形似已帖然不致再生枝節所
有遵辦緣由理合附片陳明伏乞
皇上聖鑒謹
奏
道光二十六年二月二十六日

平安館

254

奏為接晤暎酋重定條約舟山即可收復恭摺馳　臣耆 臣黃 跪
奏仰祈
聖鑒事竊照暎酋德庇時因求進粵城之請無可希
冀擬出事宜條款約臣耆　前往虎門會晤俟
商定奏明後即將舟山交還當將大概情形及
訂期接見緣由恭摺
奏明在案茲臣於三月初六日帶同委員趙長齡
銅麟甯立悌瑞寶等由省起程初七日行抵虎
門該酋帶領夷目哪嚬啦囋咂等亦同日駛到
初八日在水師提臣公署與之接見臣當諭以
進粵城之說萬不可行該國既蒙
大皇帝厚恩准予五口通商惟當仰體
皇仁安分貿易切勿於條約之外別生枝節該酋唯
唯聽受頗為馴擾據稱進城之事此時不必再
提詢以交還舟山日期據稱現在所擬數條求
為具奏一俟
大皇帝批准即將舟山退交臣復以前定條約交還

平安館

舟山以銀兩全付之日為斷極為堅明何必再
議條約該酋復稱進粤城之說此時雖不可行
但必須預為言明俟將來士民情形安靜再准
伊等進城不可竟廢前議且暎人在城外行走
粤民時常欺侮亦須重申禁約庶可彼此相安
至舟山交還後中國既不另給他國據守若有
他國欲行占奪伊國即幫同守禦與中國亦屬
有益務乞代為具奏至舟山一島伊國斷不久
據一奉

平安館

硃批即行交還決不稍有遲延察其情詞似非捏飾
臣當督同委員趙長齡就其所擬各條酌加核
正其詞不明晰者為之更易其語涉含糊希圖
取巧者概予刪除其文理粗陋而義尚可解者
則悉仍其舊不復多為增損免啓其疑該酋初
尚爭執迨經明晰指示亦即一一聽從當即照
依繕寫成册於次日仍依歷次互換條約之式
由臣鈐用關防該酋亦加用圖記彼此分執以
昭信守並據該酋另文聲稱伊即將各情傳諭

駐舟山夷目知悉一面請臣咨行浙省地方官
查照臣即於是日帶同委員等回省伏思該夷
所約各條如進城之事暫緩商辦一節係因所
請不遂難以收局聊以藉詞推宕作為轉闔其
覬覦之念實已中沮即使將來再有瀆求而舟
山業已交還無可要挾更不難拒其所請況粤
東士民一聞夷人進城無不攘臂相爭即使數
年或數十年後亦難期其轉移該夷等尤無從
置喙其暎人在城外定界内行走華民不得欺
凌一節查前與暎咭唎酌定善後條約此款業

平安館

已載入該酋不過再為申明以冀見好伊國商
民實屬無關輕重至舟山不另給他國及幫同
守護二節在該酋之意固為預防咈夷與中國
合謀牽制起見然臣等通盤籌畫舟山雖定海
一隅既經收復斷不容復任他國占據而咈夷
實未免垂涎如暎夷未就範圍則當藉咈夷以
控制暎夷令其不得不還迨暎夷既遵成約還
我土地則又當藉暎夷以牽制諸夷俾各有所

257

顧忌而不敢輕動雖不必實資其力而以夷馭
夷於中國實未嘗無益至退交舟山日期該酋
旣稱一俟奉到
硃批即刻退還情詞肫摯且已載入條約不致復有
變未便過事拘泥致失機宜商之撫臣黃
意見相同謹將所約各條恭錄呈
覽合無仰懇
天恩俯如所請
硃批依議由臣接奉後恭錄行知庶該酋釋然無疑
不致再有藉口舟山即可刻期退還而撫夷全
局亦由此可期底定除由臣飛咨浙江撫臣及
札飭委員常鎮道咸齡等查照以便屆期收復
外所有與夷酋會晤商定條約緣由理合恭摺
馳
奏伏乞
皇上聖鑒訓示謹
奏
道光二十六年三月十二日

平安館

258

謹將與暎酋嘚吡時所議條款繕呈
御覽
一進粵城之議奉
大皇帝諭旨可以經久相安方為妥善等因此次地
方官難管束粵城士民故議定一俟時形愈臻
妥協再准暎人進城然此一款雖暫遲延不可
廢止
一前於乙巳年地方官會同照善後約第六條
酌定出示之處並在河兩邊無鄉里處所為散
步之地所有定界內於城外近地行走暎人必
受保祐全安無妨
一暎軍退還舟山後
大皇帝永不以舟山等島給與他國
一舟山等島若受他國侵伐暎國應為保護無
虞仍歸中國據守此係兩國友睦之誼無庸中
國給與兵費
一右所議奉
大皇帝硃筆批准即刻將舟山全島交還中國兩國

平安館

259

宜當照議永守此約須至特約者

平安館

260

再舟山一島孤峙海中實非可以戰守之地是以前明棄而不有惟係通洋要津番船便於駛集在明倭奴滋事即據之以圖內擾此次𠸄夷不靖亦藉為搆兵發難之端故雖一隅之地於中國無關輕重而外夷不免垂涎此時固可如約收回將來海洋萬一有事舟山仍復可危戍以重兵既不免徒滋勞費置之膜外又非所以保我土疆且既與內地懸隔又與海面毗連夷船直抵城外礮力可及實亦難籌萬全之計竊

平安館

思𠸄夷所以留兵暫守舟山及鼓浪嶼者實因鼓浪嶼與廈門福州相近舟山與寧波上海相近廈門等四口均係新設馬頭彼惟恐我外許其通商而暗阻其貿易故暫據附近海島以作牽綴之勢今見三年以來五口貿易漸次流通撫夷銀兩全行付給彼既不肯居背約之名又惜留兵久駐之費且曉然於中國以大字小許其自新不復與之計較故次第交還二島尚非所難可慮者咈夷妄生希冀將來或不免非分

之干耳今暎夷既以交還舟山後不可給與他國如他國侵伐伊國幫同守禦二條載入約冊雖未必實有其事亦不必果藉其力而既有此約咈夷必有所聞彼於中國既無貿易之可貪又無衅隙之可乘無端越數萬里重洋稱兵搆怨爭此彈丸黑子之地既得罪於

天朝復結恨於鄰暎遠交近攻一舉兩失咈夷稍知利害計不出此似屬預杜奸萌之一策且臣等猶有慮者黠夷中藏叵測設或暗相勾結虛搆兵形咈來而暎佯拒之咈去而暎即據有之始則以退還中國為守約繼乃假取諸他國為藉口又或利我與咈夷爭地用兵虛作聲援濫索兵費與之則難給其求拂之則併觸其怒種種詭計均不可不防現已於約內載明其地仍歸中國據守亦不給與兵費等語則將來萬一舟山有警無論資其兵力與否於中國總屬有益無損所有臣等詳細籌度各緣由理合附片陳明伏乞

聖鑒謹

奏

道光二十六年三月十二日

臣耆 臣黃 跪
奏為嘆夷現已遵約舟山即行退還恭摺馳
奏仰祈
聖鑒事竊臣等前因嘆酋續擬條約求為具奏並稱
俟奉
硃批允准即將舟山退交當將辦理情形恭摺馳
奏旋於四月十四日承准軍機大臣字寄道光二
十六年三月三十日奉
上諭耆　等奏前詣虎門面議條約並鈔錄呈閱均
平安館
著依議行將此諭令知之欽此又奉
上諭耆　等奏接晤夷酋重定條約一摺並另片奏
詳細籌度豫防詭計等語據奏曉諭夷酋該酋聽
受頗為馴擾所有議定條約著即照所議辦理惟
舟山雖定海一隅一經交還即不容復任他國垂
涎此時以夷制夷自可豫杜奸萌而將來暗相勾
結亦不可不防其叵測所有約內載明不給兵貴
等語尤為周密該督等總宜隨時籌度不失機宜
不使於條約之外別生枝節是為至要將此由五

百里諭令知之欽此欽遵當即行知嘆酋去後旋
據該酋來文意尚猶豫臣等以夷情叵測深恐
或有變更自應委員面加曉諭相機羈縻以期
舟山早日交還不致別生枝節當經派委候補
道趙長齡帶同候補通判甯立悌南海縣縣丞
施禹泉攜帶原議約冊前赴香港接見該酋詳
加開導宣布
皇上恩德並諭以兩國既經和好以後必須各守信
義恪遵條約勿得輒生事端至遇有貿易交涉
事件亦須彼此公平商議切勿各逞臆見有乖
平安館
和好該酋一一聽受甚屬馴擾詢以條約既奉
旨允准舟山自當即速退還該酋答稱即日備文派
火輪船前往知會駐舟山夷目令將所帶夷兵
即行撤退就近通知委員前往接收該處駐劄
夷兵共一千六百餘名定於三日內派船四隻
前赴該處裝載夷兵駛往印度不復折回中國
等語該道復諭以舟山退交之後嘆國兵船勿
再前往停泊該酋亦俛首聽從情詞謙順並備

265

有復文交該道帶回查核詞意與該酋所稱大畧相同查該酋以火輪船由海道前往舟山計程不過七日內外而臣等由陸路行文動須二十餘日遲速懸殊前於議定條約即札行委員常鎮道咸齡等一經接到舟山夷目退交來文刻即馳往收復以期迅速茲該酋既如約交還並遣火輪船前往知會除飛咨浙江撫臣梁知照並札委員咸齡遵照前次札行事理接有駐舟山夷目來文即會同前任寧紹台道陳之驥鹿澤長等前往辦理收復事宜外所有嘆夷遵約退還舟山暨臣等酌辦緣由理合繕摺馳

奏伏乞

皇上聖鑒

訓示謹

奏

道光二十六年四月二十四日

平安館

266

臣耆
臣黃 跪

奏為接到夷文舟山業經退還恭摺馳

奏仰祈

聖鑒事竊臣等前因與嘆酋德庇時續訂條約奏奉

俞旨允准當經恭錄行知並派委員候補道趙長齡前往曉諭該酋如約退還舟山當經將該酋派船前往撤退夷兵並札飭委員常鎮道咸齡帶同各委員辦理收復事宜各緣由恭摺

奏報在案茲接據德庇時來文內稱據駐舟山夷目函稱業於五月十二日將舟山交與委員接收所有該國裝載夷兵船隻俱已齊備約半月內即可全行退去並稱伊於本月初十日後親往舟山按照和約將該處所有兵房棧房全行交給委員接收並不請追修造價值等語查浙省距粵遙遠郵遞稽遲雖尚未接准委員咸齡等文報惟據該酋來文稱於五月十二日業已交還舟山自屬可信至該處為夷兵竊據已數年有餘所有兵房棧房或係該夷所建或經該

平安館

267

夷修整臣等慮恐屆期收復該夷等必以拆卸
料物索還工價為由多費周折是以先於續定
善後條款內預行要約堅明不准臨時藉口延
宕茲據稱全行交給委員接收並不請追價值
均屬恪守成約尚為馴擾所有嘆夷退還舟山
日期緣由理合恭摺馳
奏伏乞
皇上聖鑒謹
奏
道光二十六年閏五月初四日

平安館

268

臣耆 臣黃 跪
奏為遵
旨覆奏仰祈
聖鑒事竊臣等承准軍機大臣字寄道光二十六年
五月十三日奉
上諭耆 等奏嘆夷遵約即行退還舟山一摺據奏
委員前赴香港詳加開導該酋聽受甚屬馴擾即
日備文知會駐舟山夷目即行撤退夷兵並定於
三日內派船四隻赴該處裝載夷兵駛往印度等
語此時該夷情詞謙順自不至別生枝節惟所稱
駛往印度之處該督等前奏有印度所屬之噻嚼
國與嘆夷兩次搆兵等語仍著密加偵探現在實
在情形遇便詳細具奏將此諭令知之欽此伏查
嘆夷交還舟山一節臣等於前次
奏報後接據嘆酋嘰咙嘛文稱舟山業於五月十
二日交還並稱該酋即日親往舟山料理一切
復經具
奏在案嗣又據該夷水師兵頭嘁咆啦信稱嘰酋

平安館

269

業已駛往舟山所有裝載夷兵各船隻亦已雇備齊全隨同前往等語查該酋等先後來文情詞均極謙順諒不致復生枝節至嘆夷與印度所屬之嗟嘚國搆兵一節前經臣等採得上年冬間該夷等初次搆兵嘆夷大受挫衂本年四月接據嚥酋函稱該國夷兵在印度攻勝嗟嘚國獲礮二百餘門現已罷兵等語臣等復密遣人向咪唎嘅西洋等國探詢均稱嘆夷上年兵敗後復於本年正月間與嗟嘚國二次交兵實已得勝與嚥酋來函大致畧同茲又據大鵬副將等探報嘆夷復與上年曾經搆兵之嗎𡁯國爭戰被嗎𡁯國擊殺嘆兵數千及夷目四名未知確否現仍飭密加偵探總之該夷等嗜利喜事釁觸忿爭忽負忽勝事所恒有但地隔海外傳聞究不足憑臣等惟有仰承訓諭執守條約隨時察看情形相機撫馭俾該夷無可藉口以期永久相安所有臣等探訪夷情緣由理合據實具

平安館

270

奏伏乞
皇上聖鑒
訓示謹
奏
道光二十六年六月初六日

平安館

再上年五月內據丹麻爾國理事官韓新以該
國商人無人管束恐有漏稅販私情弊申請設
立領事發給章程稅則俾有遵守當經臣等奏
奉
諭旨允准欽遵恭錄咨行通商各省在案本月初間
接據該國夷使比理來文內稱伊國理事韓新
於上年來粵請發各國通商章程已蒙頒給茲
伊國王遣伊前來按照章程辦理通商事宜並
送領事前往上海港口請飭該地方官給與地
平安館
址以便建屋居住並請派委大員訂期相見等
情維時臣耆　閱兵出省當經臣黃　備文
答復曉以各國通商章程並無官給地基與領
事建屋之條應令該領事到上海後或租民房
或租地基自向業主公平議價不得強租致與
條約有違並於是月十七日派委署督糧道趙
長齡帶同瓊防同知銅麟署南海縣丞施禹泉
在於城外公所接見該夷使諭以該國來粵通
商迄今百有餘年商人素稱安分今蒙

大皇帝一視同仁准與各國一律貿易務當轉飭領
事約束商人恪遵條約以期永享利益至求給
地址與領事建屋一節與各國條約不符礙難
照辦不得固執該夷使一一依從並無他議情
詞極為馴擾並稱數日內即當開行路經廈門
前往上海等語業由臣等飛咨兩江督臣江蘇
撫臣及札蘇松太道並沿途各海口知照外所
有丹麻爾國夷使來粵及前赴上海緣由理合
附片陳明伏乞
平安館
聖鑒謹
奏
道光二十六年六月初六日

再接准兩江督臣江蘇撫臣來咨內稱據蘇松太道稟稱有船戶程增齡沙船一隻於五月十六日在大沙頭洋面被一三桅夷船駛攏有一白夷過船索銀復又寫給夷字一紙舵工高鳳元回覆無銀即被砍斃隨有黑夷二十餘人過船各用刀械殺傷水手搬取布疋將船鑿沉止有水手潘六順賴漁船撈救得生赶回上海呈報當將夷字交與暎國領事巴富爾辨認據稱係屬暎字問有湖絲沒有字樣並稱即令兵船駛去追拿求給公文令潘六順作線同往該道當以大沙頭洋面係在崇明東北數百里之外前定章程暎船不准駛到向其回覆詎巴富爾總以既係暎夷為盜若不令該國兵船追捕實無以對中國即於二十九日自派該國兵船出口而去應即照會暎酋嚧咘哱將兵船追回等因查夷人在洋行刦從前並無其事但既據被刦之水手呈報歷歷供指或係虧本夷商失業水手糾聚為盜亦未可定該領事派撥兵船往

平安館

捕據稱盜係暎夷若不追捕即無以對中國所言尚屬近理惟前定條約五口以外暎夷兵船不准駛到未便因係捕盜致與條約不符且夷船駛往北洋即無他故而沿海未免驚疑自應行知嚧酋查照條約即速追回以免日久遊弈至夷盜在洋行刦難保無內地奸民勾結附和必應及早捕拿而該夷商船盜船驟難辨認倘有失悞殊於撫夷大局有碍尤應偵探確切方可向捕免滋衅端業由臣等照會嚧酋飭令將該領事巴富爾所撥捕盜兵船赶緊追回並飛咨兩江督臣江蘇撫臣及山東撫臣查明大沙頭洋面係何營管轄派撥師船前往確探盜船蹤跡認真追捕仍不得妄拿滋衅至盜船一經嚴拿難保不折回南竄而該夷兵船在洋捕盜亦難保不乘風北駛籌慮當求其萬全稽察不嫌於過密臣等併即飛咨奉天直隸閩浙各省一體嚴密防範以期兵船不致違約遠駛夷盜不至日久滋蔓所有辦理緣由理合附片陳明

平安館

275

伏乞
聖鑒謹
奏
道光二十六年六月初六日

平安館

276

再咪夷前請進廣州府城經臣等嚴行拒絕該
夷不復請求數月以來民情漸與相安忽於本
月十五日戌刻據報十三行地方有咪夷與民
人因口角細故各聚多人互相爭鬧維時臣耆
閱兵出省臣黄　當即派委臬司嚴良訓
署糧道趙長齡會同廣州協副將余萬青督同
地方文武帶領兵役馳往彈壓查拿詎咪夷業
將民人傷斃三命致傷六名夷人亦有受傷數
名迨見官兵到來當即解散經南海縣驗明各
屍傷分別棺殮醫調一面出示曉諭不得聚衆
私相報復半月以來地方照常安靜除由臣等
會札嚴飭該夷領事查明滋事兇夷按照條約
辦理仍飭地方官酌派兵役不時前往巡查妥
為防範外理合附片陳明伏乞
聖鑒謹
奏
道光二十六年六月初六日

平安館

277

臣耆跪

奏為舟山現已收復謹將委員稟報情形及英酋

續報撤兵日期恭摺馳

奏仰祈

聖鑒事竊臣等前據英酋德庇時及該夷兵頭嚱咆

啦先後報稱舟山於五月十二日交與委員接

收德酋復親往點交房屋等情均經恭摺

奏報惟浙省文報久未接到正切懸盼茲據委員

常鎮道咸齡等稟稱該道等於五月初七日接

平安館

據駐舟山夷目嗯咇叻來文約即繳還舟山請

往收復緣連日阻風未能渡海該夷目於十二

日用火輪船前來迎接當即帶同委員等東渡

行抵定海與嗯咇叻接晤該夷目執禮甚恭請

於十七日將舟山交還現駐該處夷兵俟香港

派船到日即行撤退該道等允其所請當經移

會駐定海中營遊擊葉炳忠帶領弁兵於十七

日會同署同知王丕顯派撥兵役巡守並分派

委員嚴密稽查地方甚為安謐夷情亦極馴擾

278

茲已到有該國載兵夷船一隻城內黑夷即可

退去一俟德酋到後當妥加撫馭催令速將各

兵歸數撤退收回全境其餘應辦事宜次第辦

理等情前來正在核辦間旋接德庇時文稱該

酋現已由舟山駛回香港駐舟山夷兵於閏五

月二十八日全行撤退所建房屋一並點交委

員等接收其夷商在舟山者兩名業經諭令即

行帶同貨物搬去不准一人逗遛等情並接嚱

咆啦來信大畧相同臣等伏查舟山地方前雖

平安館

據德庇時報稱於五月十二日繳還夷兵亦即

撤退惟未接浙省委員確信臣等正在懸繫莫

釋茲據該道咸齡等稟報舟山收復日期及該

夷馴擾情形與德酋前次來文無異現復據該

酋續報於閏五月二十八日將夷兵全行撤退

不准一人逗遛是舟山全境業已肅清除札飭

該道等將撫綏彈壓一切善後各事宜妥為辦

理外理合恭摺馳

奏伏祈

279

皇上聖鑒

訓示謹

奏

道光二十六年六月十五日

平安館

280

再前准兩江督臣江蘇撫臣來咨有船戶程增
齡沙船一隻在大沙頭洋面被夷盜刦去布疋
殺傷水手暎國領事巴富爾派撥兵船出洋追
捕等因臣等以該處洋面非暎國兵船應到之
處而盜船一經嚴拿難保不折回南竄該夷兵
船在洋捕盜亦難保不乘風北駛當經照會暎
酋嚈吨嗻將前項捕盜兵船赶緊追回並飛咨
江蘇閩浙直隸山東奉天各省分別嚴拿防範
等因於六月初六日附片

平安館

奏明在案茲准江蘇撫臣咨稱據蘇松太道轉據
巴富爾文稱該國出洋捕盜兵船業於閏五月
十一日進口仍泊浦江當經提訊隨同出洋作
線之湄六順據供暎夷兵船出口後由匯頭東
駛至佘山以東約二百里往北行駛本月初五
日至黑水洋面寄碇未見夷人盜船於初七日
回棹復訪查近日進口各商船均未見夷盜船
蹤亦未聞續有失事各等因咨會前來臣等伏
查該領事所派出洋捕盜兵船駛至黑水洋面

寄椗即行返棹回滬尚屬守約惟夷人盜船究
竟竄往何處有無踪跡仍應嚴密捕拿除咨復
江蘇撫臣查照臣等前咨飭營設法嚴緝外理
合附片陳明伏乞
聖鑒謹
奏
道光二十六年六月十五日

平安館

臣耆　臣黃　跪
奏為舟山全境肅清謹將委員續報情形恭摺馳
奏仰祈
聖鑒事竊臣等前據委員常鎮道咸齡等稟報收復
定海及接㖦酋噫吪哷文稱夷兵全行撤退等
情當經恭摺
奏報在案惟該道等來稟尚在夷兵未撤之先雖
據噫吪哷報稱夷兵續行撤退究未敢十分深
信正在懸盼間茲據咸齡等稟稱該夷先到兵
船一隻於五月二十六日將城內夷兵二百餘
名全數撤去閏五月十四日噫吪哷乘坐火輪
船與該夷續派兵船三隻先後駛到夷目嗯咇
吻等率同城外夷兵一千餘名於二十八及六
月初一等日陸續登舟初三日一併開行南去
惟尚有㖦商二人因存貨未銷意圖逗遛經該
道等向噫吪哷申明條約再三理諭該酋無詞
推托始令各商速即遷移該道等又因舟山係
番舶經由之道恐此後過往夷商復萌希冀當

平安館

283

令該酋繕寫禁止暎商不准再來定海告示二紙示內聲明如敢不遵即由中國查照條約將貨船一併抄取入官並據該酋寫給上海夷目字單一紙內稱各商不得再來定海等語均交該道等收存以為日後萬一之備又咈蘭哂人嚬嚁嚈咪唎堅人喙嘧吐在定海已歷四年頗有安土重遷之意經該道等以通商五口之外非外國人所應托足向其反覆開導各夷自知有違成約又見暎夷諸色人等均已退去不能獨留遂於六月初二三等日先後遷往寧波嘚吡㖷帶同夷目等亦於初六日仍坐原船駛回香港所有城內城外及沿海各壘一律肅清善後事宜次第辦理等情稟報前來臣等伏查舟山雖地處一隅而有關撫夷全局暎夷有所請求既假為挾制之端各國彼此效尤復逞其窺伺之計上年咈囒哂每懷覬覦頗露端倪而暎夷求進粵城亦復借作口實居同奇貨又畀在南北海道之中駐守夷兵一日不退沿海各口

平安館

284

一日不安數年以來臣等辦理夷務千頭百緒枝節橫生諸夷狡黠性成屢欲藉端敗約幾至無從措手仰賴

皇上明見萬里

訓示周詳臣等有所秉承督同委員候補道趙長齡滿仕成等相機撫馭隨時妥商熟籌剛柔迭用辯說百端既以杜咈夷之窺伺即以折暎夷之要求迫至交還之約將居垂成嘚吡㖷又復遊移不肯速定復經趙長齡帶同委員親往香港與之面為辯議始無可藉口臣等猶恐交還之際該夷兵等因住久生戀未能割捨或留一二夷商在彼居住或任該夷商船日後往來停泊則舟山雖還而葛藤未斷節經密飭咸齡會同各委員妥善辦理不可稍留罅隙茲據該道來稟所有夷兵既經全撤夷商亦已速遷並令嘚吡㖷寫立告示字單預杜將來極為堅確而他國夷人亦一律搬移無從逗遛是該道等辦理收復事宜一切悉中窾要現在舟山全境肅清

平安館

善後次第辦理可以稍慰
聖懷至臣等辦理夷務已閱數年在事各員內頗有
始終出力之人似未便沒其微勞除俟查明另
行據實酌保數員奏請
恩旨施行外理合恭摺馳
奏伏祈
皇上聖鑒
訓示謹
奏

平安館

道光二十六年七月初六日由驛四百里奏

臣耆 臣黃 跪
奏為遵
旨查明出力各員覈實保奏仰祈
聖鑒事竊臣等前因舟山全境肅清當將委員續報
情形恭摺馳奏並聲明辦理夷務已閱數年在
事始終出力各員俟查明另行據實酌保等情
奏奉
硃批准其查明覈實保奏欽此仰見我
皇上獎勵人材微勞必錄之至意查舟山一島雖地
處偏隅實關夷務全局而㗭夷駐守已歷數年
所有收復事宜頭緒既屬紛繁措置尤為非易
至粵省為夷務總匯之區近年以來㗭咈咪三
夷迭有請求即此外通商各國亦紛至沓來各
懷希冀相機操縱控馭百端更非一時一事可
比所有在事人員除甫經派委或勞績稍次均
不敢濫登薦牘及浙省出力各員應由撫臣梁
就近查明辦理外謹就各委員中實心任
事始終不辭勞瘁尤為出力者覈實酌保八員

平安館

287

又書識二名開列清單恭呈
御覽如蒙
聖恩量加鼓勵該員等感沐
鴻施固必倍加奮勉即臣等以後辦理夷務亦得益
收指臂之助理合恭摺具
奏伏祈
皇上聖鑒
訓示謹
奏
道光二十六年九月初三日

平安館

288

謹將收復舟山及隨同辦理夷務始終出力應
行酌獎各員開具清單恭呈
御覽
江蘇常鎮道咸齡
該員先於道光二十二年隨同臣耆　辦理
夷務二十五年十月奏派赴浙收復定海該
員於駕馭夷酋撫輯難民各事宜辦理悉中
窾要追嚈哾啈前往舟山維時夷兵雖退而
夷商仍意存逗遛復經該員會同浙省委員
與該酋堅明要約俾各夷商一律搬遷並向
索取字據免致日後再萌覬覦尤屬結實可
靠應請
賞戴花翎
廣東候補道趙長齡
該員前由候選主事於道光二十四年五月
經臣耆　奏留勸辦夷務嗣遵例捐升道員
留粵酌補現夷務大局雖經底定惟各國交
涉事件仍復不少一時斷難送部引

平安館

289

見查該員於夷務悉心講求不避艱險前於咈咪二
國夷酋先後來粵疊有請求該員屢次隨同
臣等駐紮澳門剛柔迭用折咪夷北上之請
杜咈夷非分之干竭慮殫精辛勤備至當以
全局未定未敢仰請
恩施該員復隨同臣耆 迭次前赴香港虎門接見
暎酋均能洞燭夷情相機駕馭迨嚍𠲿嘚訂
期交還舟山忽復遊移不決又經該員前往
香港切實開導破其迷團該夷始俯首帖伏
平安館
悉遵成約辦理甚合機宜是收復舟山一事
該員尤為得力應請
賞戴花翎交軍機處記名遇有廣東道員缺出一併
開列出自
皇上逾格
天恩

甘肅平慶涇道潘仕成
該員前於道光二十四年五月經臣耆 奏
蒙

290

允准與趙長齡隨同辦理夷務該員於暎咈咪三夷
請求事件或隨同臣等面折於臨時或密運
機謀潛消其覬覦每值夷情偶有變動尤能
設法偵探盡悉情偽臣等得以先事籌維妥
為防範三年以來洵屬勤勞備至而購募賞
犒所費亦復不貲在夷務中甚為得力查該
員前因累次捐輸迭蒙
聖恩賞戴花翎並加布政使銜該員受
恩深重遇事勇往直前不避艱險實係始終出力臣
平安館
等未便沒其微勞若僅予交部議敘似與咸
齡趙長齡等功同賞異竊思運司為道府並
升之階有以道員升用者亦有以知府升用
者品級與道員本屬未遠應請
旨交軍機處記名遇有運司缺出與俸深道府一併
開列出自
皇上逾格
鴻慈

廣州府知府劉潯

291

該員先經臣等委辦夷務一切悉中肯綮復
隨同臣耆　前往香港虎門駕馭夷酋剛柔
得中應請
賞加道銜
升用知府瓊防同知銅麟
該員於咲咭唎通商案內委辦夷務嗣復隨
同臣等前往澳門辦理咪咈二國事務綜計
四年以來遇有各國華夷交涉事無鉅細該
員均往來其間一切差委甚為勇往出力始
平安館
終不懈應請
賞戴花翎
候補通判甯立悌
該員委辦夷務已閱四年襄理文案甚為敏
速復隨同趙長齡前往香港面見德庇時切
實開導交還舟山之議始定係屬始終出力
查該員前於咲咭唎通商案內奏准俟補缺
後以應升之缺升用並因另案准加同知銜
應請免補本班以同知遇缺即補

292

揭陽縣縣丞施禹泉
該員委辦夷務一年有餘於華夷交涉事件
細心講求頗中竅要並隨同趙長齡前往香
港與德庇時面訂交還舟山之約現署南海
縣縣丞經管十三行一帶地方隨時彈壓撫
綏甚為得力應請以知縣不論繁簡儘先補
用
豐順縣湯坑司巡檢袁潤業
該員由江蘇軍營投効隨往廣東計夷務案
內差委已閱五年之久遇有委辦交涉事件
均能經理妥速係屬始終出力查二十四年
十二月間粵東辦理軍需報銷完竣局員黃
梁都司巡檢汪秉健惠來縣典史張仁麟均
經奏奉
恩旨以縣丞補用升用並准部覆在案該巡檢袁潤
業委辦夷務較諸報銷局員尤為出力與獲
盜及承辦尋常要務者難易迥殊應請以縣
丞不論繁簡遇缺即補
平安館

293

書識聞王章姚鑫
該書識等於道光二十二年由江浙帶赴廣
東嗣於咦咭唎通商及咪咈二國夷務各案
內兩次奏准以從九品未入流歸部儘先選
用該書識等辦理文案始終出力已閱五年
之久應請歸部不論班次遇缺即選

平安館

294

臣耆
臣黃　跪
奏為咦夷請於西藏定界通商業經按據條約正
言拒絕謹將現辦情形恭摺奏祈
聖鑒事竊臣等接據咦酋噫吭嘝來文以該夷與西
刻夷人搆兵據有加治彌耳山地交夷酋珧拉
昇管理其地及該夷所屬之地均與後藏交界
業經兵頭哈丁備文派遣夷目前往拉薩城請
中國辦事大臣明定界址至加治彌耳夷人向
與後藏貿易獲利茲該夷亦請與後藏通商等
情並將兵頭哈丁照會駐藏大臣譯漢文稿及
地圖各一紙遞送前來伏查西藏與加治彌耳
等處是否毗連臣等雖無憑遙揣但既有相沿
界址可循自應各守舊疆無庸再行勘定至所
請通商一節查原定條約止准該夷在於廣州
福州廈門寧波上海五口貿易而善後章程內
並載明咦商不准赴他處港口通商是五口之
外斷不容增添別口今該酋妄有所請殊與成
約不符臣等已備文照復將所請定界通商之

平安館

295

處概行駁斥雖夷性固執未必即肯中止而條約開載甚明似亦無從狡辯除俟接到該酋回文隨時酌量辦理續行陳奏外所有該酋請與西藏定界通商業經拒絕緣由理合恭摺馳奏並鈔録唊酋來文與臣等覆稿附呈

御覽其地圖一紙另行照依摹繪咨送軍機處備核伏乞

皇上聖鑒

訓示謹

奏

道光二十六年十一月二十八日

平安館

296

再唊酋嘸吭哷此次來文實請與西藏定界通商其意殊難揣測臣等密飭委員甘肅平慶涇道潘仕成及大鵬香山等營縣前赴夷商聚集之所分頭偵探據將探得夷情先後稟報緣西刻夷人即臣等前奏與唊夷搆兵之嗹啰國在印度西北距西藏約有二千餘里均係山地水路不通數年前酋長爾蘭積星身故其妻權理國事國人不從其令欲向驅逐爾蘭積星之妻求救於唊夷唊夷遣兵頭哈丁帶兵相助先為所敗旋復戰勝據有加治彌耳山地給與爾蘭積星之子珹拉昇管理加治彌耳以北與後藏接壤其人時與後藏交易故唊夷於占據後亦欲與後藏通商又探得加治彌耳夷人於事後復與西刻夷人合謀聚衆欲將珹拉昇驅逐並將哈丁之子呲嘛及夷目咩喥嘩擄去唊夷已調兵復往攻戰各等情雖海外傳聞未可盡信而加治彌耳曾為唊夷占據似屬實有其事細核該夷酋來文之意所重者不在定界而在通

平安館

商苟使通商之請不行則定界之議或可中止
但加治彌耳夷人如果與西刻夷人復向攻擊
則咦夷之兵交未已何必遽為非分之求或該
夷酋因前番戰勝自誇其地廣兵强意圖炫耀
亦未可知即其鈔送哈丁照會疑藏大臣文稿
如果琦　未經陳奏則是否曾經遞送真偽亦
尚難遽定至所稱前往天津及可起爭端等詞
不過虛聲恫喝藉為要挾之計該夷雖犬羊成
性然嗜財好利計算甚工似不至遽舍五口通

平安館

商重利因此別生爭端臣等惟有堅守條約持
以鎮靜且示以即使駛往天津所請亦不能允
准或該夷妄念可以漸消所有偵探夷情及酌
辦緣由理合附片密陳伏祈
聖鑒謹
奏
道光二十六年十一月二十八日

再臣等接准閩浙督臣劉　來咨據藩司轉
據琉球國王咨稱道光二十四年秋間該國王
因咈囒哂兵船駛至强留執事嘝囒咖吻通事
粵五思旦二人在彼居住咨司詳奏蒙
旨勅交臣者　查辦茲咈夷嘝哂吽於本年五月乘
坐兵船駛至該國將前留執事嘝囒咖吻等一
併撤回又另易咱哆啉啞嗅噫二人在彼居住
仍諷以結好通商又咦咭唎船隻自二十三年
以後屢至該國探水量地并令咱噫哈擕帶眷

平安館

口逗遛該國設局行醫該國王婉辭不允愁慮
無計等情密咨查照如果咈酋尚在粵東就近
察訪情形相機向咈咦兩酋設法勸諭俾免驚
擾等因並抄錄該國王各咨文飛咨前來臣等
查咈夷强留執事嘝囒咖吻等二人在琉球居
住前經臣者　詢明咈酋喇嘮呢並據來文稱
係兵頭嘝哂吽所為俟兵船到東洋時順便接
回等語乃嘝哂吽既將嘝囒咖吻等接回復另
易咱哆啉等二人在彼居住仍諷以結好通商

實屬情同鬼蜮至咉夷前往該國洋面探水量
地或因測探沙礁以便商船遭風拋泊起見然
何以屢次駛往併留咱嘚吟攜眷在彼設局行
醫其居心亦殊難懸揣查咈酋啦嘮呢早經回
國謝哂唎亦離粵省除由臣等備文交給在粵
咈囒哂夷目轉給該兵頭謝哂唎諭令將咱哆
嘚等即行撤回並照會咉酋嘚吡時亦令將所
留之咱嘚吟撤回並勿再令兵船駛往琉球洋
面致滋驚擾並咨覆閩浙督臣轉飭藩司密飭

平安館

琉球使臣將咈咉兩夷所留之人妥為安頓防
範約束國人勿與交接俾各夷無可希冀免生
事端俟接有覆文再行相機辦理外所有臣等
接准閩省來咨辦理緣由理合附片陳明伏祈
聖鑒謹
奏
道光二十六年十一月二十八日

臣耆　臣黃　跪
奏為咉夷定界通商之請已有轉圜恭摺奏祈
聖鑒事竊臣等前據咉酋嘚吡時來文以該夷已得
加治彌耳山地因與西藏交界請明定界址並
與後藏通商等情當經臣等援據條約正言駁
斥恭摺
奏報聲明俟接該酋回文續行陳奏茲據嘚吡時
覆稱定界一事祇欲指明舊界並非另定新界
亦無須委員往勘其通商一節係因加治彌耳

平安館

夷人本與西藏貿易現議仍照舊章亦不另議
新條與來五口通商之咉商無涉等情臣等詳
加閱核似該夷為正論所屈妄念已息除備文
答覆迎機開導免致另生枝節外理合恭摺馳
奏並繕錄該酋來文及臣等覆稿恭呈
御覽伏乞
皇上聖鑒
訓示謹
奏　道光二十六年十二月十七日

再嚒唬哷前次來文情殊叵測稱明定界址復
欲與後藏通商並以前往天津藉為要挾之計
臣等雖經援據條約概行駁斥竊慮夷性固執
仍復續有干求茲該酋頡易前言以定界通商
均係循照舊章轉謂臣等未喻其前次來文之
意借作轉圜其於駛往天津一節不復一字提
及揣測其意固因條約堅明無從置喙轉而就
範抑或加治彌耳夷人與西刻夷人實有合謀
聚衆欲將夷酋珹拉昇驅逐及將夷目喊嗛嗶
平安館
嘸嗶擒去之事該酋因該處勝負未分恐難得
志是以妄念漸消亦未可定至該酋前次鈔送
哈丁照會駐藏大臣琦　文稿是否曾經遞送
真偽已難遽信而此次文內竟稱該國印度兵
頭與駐藏大臣甚願妥辦此事尤恐係飾詞聳
聽惟查閱現在來文所請指明舊界既不另定
新界通商亦係照舊貿易並不另議新條且係
指加治彌耳夷人與五口㗫商無涉臣等若再
行嚴駁轉覺持之過急而夷情究屬難料亦斷

不敢據其一面之詞輕有所許以致墮彼術中
且西藏地方是否與加治彌耳毘連有無舊界
可循及加治彌耳夷人是否向與西藏貿易粵
東相距甚遠該處情形臣等素非熟悉尤難懸
揣相應請
旨飭下駐藏大臣就近體察情形酌量妥辦務使該
夷無可藉口而於舊制之外亦不致別啓紛更
庶於夷務邊防兩有裨益理合附片密陳伏乞
聖鑒謹
平安館
奏
道光二十六年十二月十七日

再臣等承准軍機大臣字寄道光二十六年十
一月十九日奉
上諭劉韻珂等奏藩司接准琉球國王咨關涉夷
務現咨兩廣督臣相機妥為勸諭一摺著耆　等
即向咈𠸄各酋曲加勸導務使各將兵船及僑寓
人等悉數撤去以免驚疑而符定約原摺鈔給閱
看等因欽此遵查臣等前准閩浙督臣來咨當經
備文交給咈囒哂夷目轉給咈酋謝哂咡並照
會𠸄酋德疪時令將所留之伯哆祿等及伯德
呤一併撤回以後勿令兵船再往琉球洋面致
滋驚擾及咨復閩浙督臣轉飭藩司密飭琉球
使臣稟復該國王將咈𠸄兩夷所留之人妥為
安頓防範各等因附片具
奏聲明俟接有該酋等覆文再行相機辦理在案
查謝哂咡久離粵省覆文尚未接到茲據德疪
時覆稱醫生伯德呤前往琉球意欲廣施療治
未便阻止咈𠸄兩國兵船駛往優待居民為何
輙懷疑懼如若攔阻即係視同仇敵反為不美

平安館

並稱琉球附近日本兵械為日本奪去其地多
係日本屬國並非專屬
天朝等語臣等伏查琉球於海外諸國最為貧瘠斷
非可以貿易之地無利可貪其於各夷船到彼
均加優待似亦不至無端構衅遽肆憑凌惟其
地四面濱臨外洋各國兵船乘風駛往暫時停
泊在所不免若必欲由中國概行禁阻恐亦鞭
長莫及至伯哆祿等意在傳教伯德呤專為行
醫人數既少但有一廛之地即可棲托該國王
惟當示以鎮靜嚴禁土人勿與交通外假以禮
貌內峻其防閑該夷等無技可施自當廢然而
返若此時亟加驅逐恐不免陽奉陰違徒煩辨
論再臣等風聞東洋各國惟日本素稱富饒西
洋諸夷不得前往貿易未免垂涎上年秋間咈
夷即有欲赴日本之說𠸄咪二夷亦頗思附和
而德疪時此次回文亦以琉球附近日本為詞
似該夷等欲通日本而借琉球為東渡津梁其
兵船前往意在測量水路曲折其留人在彼因

平安館

305

以偵探日本虛實雖夷情變幻多端殊難懸揣
而傳聞必非無因其意殆別有所注現在𠸄咭
唎既藉詞推宕若徒向該酋駁詰恐未必遽能
折服似應俟咈酋嘶晒呏覆文到日如果尚無
膠執再向𠸄咭唎相機開導或亦易於轉圜理
合附片陳明伏乞
聖鑒謹
奏
道光二十六年十二月十七日

平安館

306

臣耆　跪
奏為遵
旨恭繳
硃批原摺仰祈
聖鑒事竊奴才承准軍機大臣字寄道光二十七年正
月初十日奉
上諭發去梁寶常封繳硃批原摺等件著閱看仍行
封繳等因欽此奴才敬謹開看欽奉
硃批收復定海係該夷如約交出往還辯論係耆
殫心擘畫等因欽此伏讀之下感悚難名伏念奴才
知識庸愚才具淺薄仰荷
天恩委寄畀以重任辦理各國夷務夙夜祗懼時凜
冰淵茲定海全境收復皆仰賴
聖明遠矚隨時
指示機宜奴才與前廣東撫臣黃　暨委員等得有
遵循與𠸄酋往還辯論該酋無可藉口舟山如
約交還悉出
廟算之周詳非有涓埃之足錄迺蒙

平安館

307

天語褒嘉不遺葑菲撫衷循省惶愧滋深矜惟有勉
策駑駘益加奮勉隨時秉承
聖謨相機撫馭俾鯨海波恬邊圉永靖以期稍酬
高厚鴻慈於萬一所有奉到
硃批梁寶常原摺清單理合遵
旨恭繳伏乞
皇上聖鑒謹
奏
道光二十七年二月初十日
平安館
本年四月二十四日奉到
硃批原摺留中欽此

308

臣耆　跪
奏為內地關稅輕重懸殊請
旨辦理恭摺具
奏仰祈
聖鑒事竊照道光二十五年冬間二十六年春間迭
接暎咭唎夷酋嚧吭哂來文稱浙省北新關征
收洋布稅過重致入口洋布滯銷懇請輕減並
請飭示北新關稅則當經咨據杭州織造全
覆稱北新關洋布稅則向與上緞同例以官尺
一丈六尺為一疋征銀五分五厘二毫道光二
平安館
十五年十月間前織造明　任內准江海關咨
轉據商人萬瑞茂等稟請將洋布稅則出示曉
諭經將洋布一項改照海口通商新例分別花
素漂白每整疋征銀一錢及一錢五分或二錢
係屬減輕等因當經據由備文照會嚧吭哂去
後旋接來文稱從前洋布每疋值洋銀八圓現
止值洋銀二圓以價值估計北新關現征稅數
名為減輕其實加重等情續又連接來文仍復

309

懇請輕減等以北新關與江蘇之滸墅關接近
自上海互市以來進口洋貨路所必經滸墅征
收貨稅中外各商並無異議何以於北新關獨
滋辦論誠恐所征稅數輕重不符隨於上年四
月内備文咨會北新關擬將洋布一項就近援
照滸墅關稅則征收復又咨會蘇州織造將滸
墅關洋布稅則轉咨北新去後嗣接蘇州織造
文覆稱滸墅關征收各色洋布稅俱係一百
觔作為一担征銀二錢二分已咨會北新關查
照等情其北新關覆文日久尚未接到茲復據
嘸吪嘚照請核覆前來等伏查内地關稅較諸
海關本屬輕減難以相提並論且近來入口洋
布質地輕薄每疋僅重數觔令滸墅關於各色
洋布以觔為率每百觔僅征銀二錢二分而北
新關洋布則以疋為率每疋即征銀一二錢不
等倘積至百觔則銀數加數倍不止該二關壤
地相接同一貨物而收稅輕重未免懸殊現在
北新關究竟如何辦理日久未准咨覆事閲二

平安館

END 310

年有餘粵省又距杭較遠往返咨商徒滋懸宕
合無仰懇
敕下杭州織造將該關洋布就近查照滸墅關辦理
以昭畫一之處出自
聖裁理合恭摺具
奏伏乞
皇上聖鑒
訓示謹
奏
道光二十八年正月二十四日
本年四月初七日奉到
硃批戶部速議具奏欽此

平安館

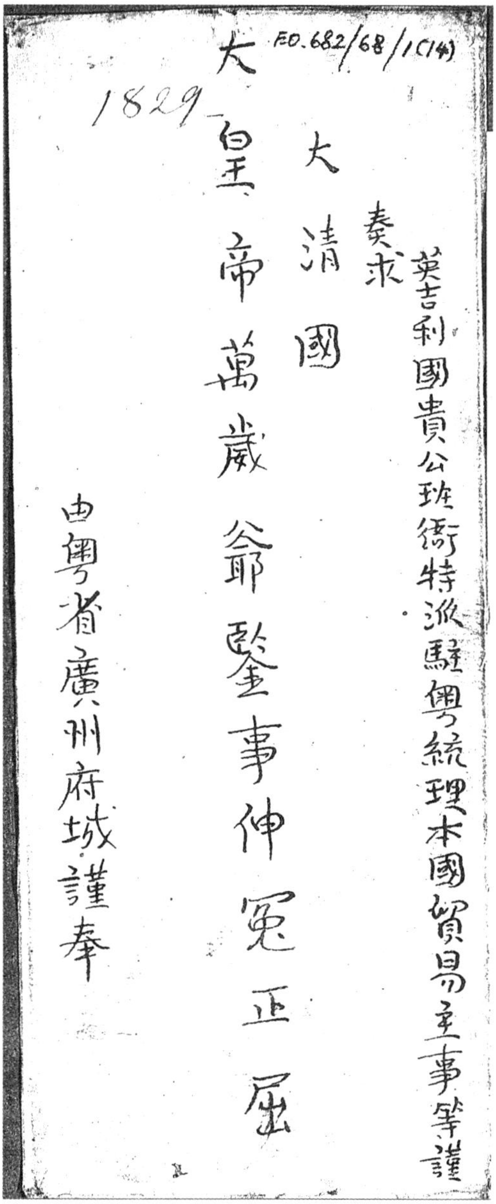
F.O. 682/68/1(14)

1829

英吉利國貴公班衙特派駐粵統理本國貿易主事等謹
奏求
大清國
大皇帝萬歲爺鑒事伸冤正函
由粵省廣州府城謹奉

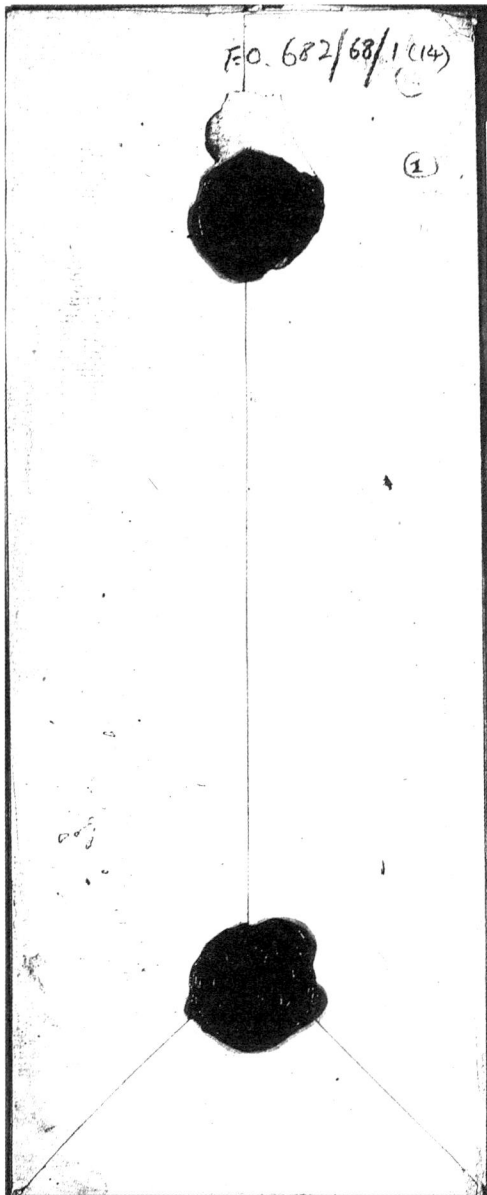

七月初七日出入夷人

今将驗過来往三板内載夷人名数列摺呈
覽

計開

由黄埔来省花旗小三板一隻入廣源行
夷商一名　賛文
水手五名　佐治　覓見安　織　非厘
覓令

又黄旗小三板一隻入義和行
夷商一名　都士立
水手五名　沙罷　珍　市滇　亞滇　打潤

又花旗小三板一隻入廣源行
水手四名　担　渣士　佐治　威廉

由省往澳門順字第二號大三板一隻
水手七名　亞申　亞乜　沙布滇　砵都
貨甲　問奴　多萬奴

由省往黄埔花旗小三板一隻
夷商一名　勿架刺
水手五名　佐治　覓見安　織　非厘
覓令

又花旗小三板一隻
夷商一名　賛文
水手四名　担　渣士　佐治　威廉

又黄旗小三板一隻
夷商一名　都士立
水手五名　沙罷　珍　市滇　亞滇　打潤

以上共進三板三隻夷商二名水手十四名
共出三板四隻夷商三名水手二十一名

F.O.682/68/1(9)

七月初六日出入夷人

令將驗過来往三板内載夷人名数列摺呈
覽

計開

由澳門来省順字第二號大三板一隻入聚豐行
夷商三名　地地文荷蘭人　力華　哥二名佛蘭西人
水手七名　亞申　晏多爾　多萬奴
　　　　　貨甲　砵都　問奴　馬乜

由黃埔来省花旗小三板一隻入義和行
水手五名　覔巳安　佐治　織　米巳
　　　　　晏多爾

又花旗小三板一隻入修和行
夷商三名　軒地吉　加剌　涇隨帶番銀大小共十三箱
水手七名　士哭　必當郎　未禮　利安
　　　　　晏柯　担麻士　卑哥羅

由省往黃埔花旗小三板一隻
夷商一名　贊文
水手五名　佐治　覔巳安　織　米巳
　　　　　晏多爾

又花旗小三板一隻
夷商一名　軒地吉
水手七名　士哭　必當郎　未禮　利安
　　　　　晏柯　担麻士　卑哥羅

以上共進三板三隻夷商六名水手十九名
共出三板二隻夷商二名水手十二名

七月初六日

廣東雷州府遂溪縣縣丞保舉應陞陳　鼎
調署廣東廣州城守副將南雄協副將趙　承德
署兩廣督標中軍副將事前營叅將祺　壽
廣　東　候　補　通　判李敦業
遇缺即陞府經歷縣丞廣東增城縣茅田司巡檢張　裕

省垣出入夷人

[redacted]

今將驗過來往三板内載夷人名數列摺呈
覽
計開
由黃埔來省花旗小三板一隻入修和行
夷商二名　廉文　連末臣
水手四名　即　渣厘　尊　孭倫
又花旗小三板一隻入修和行
夷商二名　邊文　賛文
水手六名　佐　花抜　哥地　益士
　思厘　的

由省往黃埔花旗小三板一隻
水手四名　孖士　覓忌多　渣治　拂冥
又花旗小三板一隻
夷商一名　廉文
水手四名　即　渣厘　尊　孭倫
以上共進三板二隻夷商四名水手十名
共出三板二隻夷商一名水手八名

六月初一日

廣東候補通判李敦業
署兩廣督標中軍副將事前營叅將祺壽
調署廣東廣州城守副將南雄協副將趙承德
遇缺即補府經歷縣丞廣東增城縣茅田司巡檢張裕

水手七名 佛[illegible] [illegible]士 羅士 藍拔
必地 烈 列
又港脚小三板一隻
夷商五名 晏嚧 沜 華 士得波 羅臣
水手六名 芳頓 卓士 剌利麻 孖剌士
威頓 哥剌
又港脚小三板一隻
夷商二名 占士勿打 占眉臣
水手五名 打士華 烟那素 利江打
莫吳 乞臣
又港脚小三板一隻
夷商二名 埃者 忌連頓
水手四名 担臣 波厘 士多厘 各

以上共進三板十隻夷商十七名水手五十二名
共出三板九隻夷商十四名水手四十三名

四月 初貳 日廣東候補通判李敦業
廣東廣州城守副将韓肇慶

四月望之出夷人

今将驗過来往三板内載夷人名數列摺呈
覽
計開
由澳門来省順字第七號麥或三板一隻入晋元行
水手五名　租尔　那華地　亞幾馬也
又黄埔来省花旗小三板一隻入修和行
贊馬匆　毋心
夷商一名　邊治文
水手四名　渣厘　記厘　山　力巳厘
又港脚小三板一隻入保和行

夷商三名　司　必地申　那步
水手七名　尊布郎　尊臣　邊　渣利
威厘免　列治　尊合罷
又港脚小三板一隻入仁和行
水手四名　烟尔士　播郎沙　滑臣　三文
又港脚小三板一隻入義和行
夷商六名　羅臣　晏刀蓋　地連拿
士蔑　加律　担臣
水手六名　庇拿打　得　滑罷　担慎
覔嬀　布郎
由省往澳門順字第三號麥或三板一隻
夷商四名　滑臣　華打郎素　柯（以上三名時來時去月冊無名）
末蘭打（港脚人年二十一歲住冬夷人月冊有名）
水手十名　尊　尔鷄免　昔樸蘶　沙那拿
斬孖免　百蘶　花刀　林仁　嫁厘百架

坭灶爐

又西瓜扁船一隻內載

夷商二名　士篾年三十六歲住聚豐行月冊有名　央士篾　俱港脚人

又往黃埔港脚小三板一隻

水手四名　烟尔士　播郎沙　滑臣　三文

又港脚小三板一隻

夷商三名　士篾時來時去月冊無名　加律　担臣

水手六名　庇拿打　得　滑罷　担慎

覓嬌　布郎

又港脚小三板一隻

夷商四名　可　必地申　那步　基利麻

水手七名　尊布郎　尊臣　邉　威厘免

渣利　列治　尊合罷

又花旗小三板一隻

夷商一名　邉治文

水手四名　渣厘　記厘　山　力巳厘

以上共進三板五隻夷商十名水手二十六名

共出三板五隻西瓜扁一隻夷商十四名水手三十一名

四月　　初叁

日廣東候補通判李敦業

廣東廣州城守副將韓肇慶

買辦回出入夷人

[redacted]

今将驗過來往三板內載夷人名數列摺呈

覽

計開

由澳門來省順字第一號波泎三板一隻入義和行

水手九名　馬乜　老孖剌　撻治　奴馬文

擱治　意枳打剌　美利渣　佛打治

加滇

由黃埔來省港脚小三板一隻入義和行

夷商三名　士夘　㭨治　班能頓

水手三名　爹庇士　滇甘　利

又港脚小三板一隻入義和行

夷商二名　咸臣　士連也

水手十三名　加架　花士　麼　孖頓　孖力

威士令　亞非　忌利必　殰仁　曾見　厘士

衣云　波倫

又港脚小三板一隻入晉元行

夷商二名　堅能　罵厘都

水手四名　碌見梳　奢拏士　眉剌　杧臣

又港脚小三板一隻入晉元行

夷商二名　班律　三步

水手四名　必吾　遮剌　兴治　羅士美

又港脚小三板一隻入仁和行

夷商一名　厘士地

水手五名　湛文　夘　湛孖　波爐　到羅
又港脚小三板一隻入寶順行
夷商二名　鴉治　地連頓
水手五名　鷄利　荅臣　尊　咸文　厘云士
又花旗小三板一隻入隆順行
夷商一名　亞布爐
水手四名　畢波地　剌士　滑臣　担麻剌士
又花旗小三板一隻入修和行
夷商一名　沙倫
水手四名　厄臣　藍臣　羅眉　爹拔士
又港脚小三板一隻入保和行
夷商二名　加律　亮

水手七名　佛蘭治　希便　尊　已厘亞
必地　藍拔　渣云
由省往澳門順字第一號波沙三板一隻
水手九名　馬乜　老孖剌　撻治　奴馬文
加滇　𢱕治　意枳打剌　美利渣　佛打治
由省往此

F.O.682/138/4(1)

八月初九日出入夷人

令將驗過來往三板內載夷人名數列摺呈
覽
計開
由黃埔來省黃旗小三板一隻入修和行
夷商一名　蘭耶兒 西洋人附搭
水手四名　渣玉　亞滇　打閏　到路
又黃旗小三板一隻入修和行
夷商一名　英加利僧 花旗人附搭
水手四名　旺梳　沙板　刀那　到路
又花旗小三板一隻入修和行
夷商二名　活庇厘　活多士
水手四名　晏到路　三　華厘士
非兒
由省往黃埔黃旗小三板一隻
夷商二名　都士立　巴律 花旗人附搭
水手五名　地戈　沙板　旺梳
个羅　亞滇
又黃旗小三板一隻
水手四名　渣玉　亞滇　打閏　到路
又花旗小三板一隻
夷商二名　活庇厘　麥加厘
水手四名　晏到路　三　華厘士
非兒
由省往澳門快艇一隻
夷商一名　多剌那 米利堅人僱船戶林福快艇裝載稅物下澳
以上共進三板三隻夷商四名水手十二名
共出三板三隻快艇一隻夷商五名水手十三名

八月初九日
廣東雷州府遂溪縣縣丞保舉應陞陳鼎
調署廣東廣州城守副將南雄協副將趙承德
加總兵銜兩廣督標中軍副將趙光壁
廣東候補通判李敦業
遇缺即陞府經歷縣丞廣東增城縣茅田司巡檢張裕

八月初十日出入夷人

[redacted]

今將驗過來往三板內載夷人名數列摺呈

覽

計開

由黃埔來省花旗小三板一隻入修和行

夷商一名　丫𨑨

水手三名　計禮　活　賛

又花旗小三板一隻入修和行

水手四名　佛連　煨士　士多云　佐治

又花旗小三板一隻入隆順行

夷商三名　波厘　威罷　英加利僧

水手四名　尊　担　真　刀孖士

由省往黃埔黃旗小三板一隻

夷商一名　英加利僧 花旗人附搭

水手四名　旺梳　沙板　刀那　到路

又花旗小三板一隻

夷商二名　丫𨑨　涇

水手三名　計禮　活　賛

又花旗小三板一隻

夷商一名　丫士葛

水手四名　佛連　煨士　士多云　佐治

以上共進三板三隻夷商四名水手十一名

共出三板三隻夷商四名水手十一名

八月初十日

廣東雷州府遂溪縣縣丞保舉應陞陳鼎
調署廣東廣州城守副將南雄協副將趙承德
加總兵銜兩廣督標中軍副將趙光壁
廣東候補通判李敦業
遇缺即陞府經歷縣丞廣東增城縣茅田司巡檢張裕

青報省出入夷人

令将驗過来往三板内載夷人名數列摺呈

覽

計開

由黄埔来省花旗小三板一隻入仁和行

夷商二名　墨忌多　巴律

水手四名　織　担　士堂　則臣

由省往黄埔花旗小三板一隻

夷商一名　孖頡

水手四名　威蔗　渣　渣治　担臣

又花旗小三板一隻

夷商一名　達

水手四名　亞深　文之　馬乜　意欖

又黄旗小三板一隻

夷商四名　馬厘杰此名港脚人附搭　占希拔此名港脚人附搭　可此名瑞國人附搭　孖利士

水手五名　思滇　米利滇　沙滇　孖力　个羅士

又港脚小三板一隻

水手四名　占見士　専　免打　布郎

以上共進三板一隻夷商二名水手四名

共出三板四隻夷商六名水手十六名

十月初八日

廣東雷州府遂溪縣縣丞保舉應陞陳鼎

調署廣東廣州城守副将南雄協副将趙承德

加総兵銜两廣督標中軍副将趙光壁

廣東候補通判李敦業

過班即選府經歴縣丞廣東增城縣茅田司巡檢張裕

十六日出入夷人

[redacted]

今将驗過來往三板内載夷人名數列摺呈
覧
計開
由澳門來省順字第一號大三板一隻入聚豐行
夷商二名　央布咸　真地厘（俱佛蘭西人）
水手十名　佛打治　馬乜　老孖剌
晏多爾　加滇　意枳打剌
奴馬文　㨗治　美利渣
揵治
又順字第四號大三板一隻入修和行
水手七名　士孖厘　亞厘　孟乜　米滇
家剌　亞深　亞罷林

由黄埔來省港脚小三板一隻入保和行
夷商一名　玉亞治　士篤士（隨帶番銀大小三箱）
水手四名　渣力　免顛　什館　地厘核
又花旗小三板一隻入修和行
夷商三名　布列這士　彎地力
士畿士
水手五名　山剌古　士洛　晏多奴
巴夫爐　之哥
又花旗小三板一隻入修和行
夷商一名　湏
水手四名　力士　剌臣顛　賛臣　渣厘
又花旗小三板一隻入隆順行
夷商二名　力活　剌拂
水手四名　担臣　渣及　尊　地臣

又花旗小三板一隻入寶順行
夷商一名　孖頡
水手四名　佐　煨廡　軒地　渣治
又黃旗小三板一隻入義和行
夷商三名　孖利士　巴律(此名花旗人)　加臣(此名花旗人)
水手五名　思滇　利祖　布羅士
廡云　沙滇
又湛波立小三板一隻入義和行
水手四名　单耶　渣厘　換士　哥亞
又湛波立小三板一隻入修和行
水手三名　煨廡　尊　枕卜
由省往黃埔港脚小三板一隻
夷商二名　玉亞治　士篤士
水手四名　渣力　免頡　什館　地厘核
又花旗小三板一隻
夷商一名　湏
水手四名　力士　剌臣頡　賛臣　渣厘

又花旗小三板一隻
夷商二名　力活　剌拂
水手四名　担臣　渣及　尊　地臣
又黃旗小三板一隻
夷商二名　吉臣　笠臣(此名花旗人)
水手五名　馬乜　哥剌　生个
跛乜　意林
又湛波立小三板一隻
夷商三名　竿　邉　則臣(此名花旗人)
水手三名　煨廡　尊　枕卜
以上共進三板十隻夷商十四名水手五十三名
共出三板五隻夷商十名水手二十名

十月十八日

廣東雷州府遂溪縣縣丞保舉應陞陳鼎
調署廣東廣州城守副將南椎協副將趙承德
加総兵銜兩廣督標中軍副將趙光璧
廣東候補通判李敦業
遇缺即陞府經歷縣丞廣東增城縣茅田司巡檢張裕

FO.682/253A/4(5) A

[redacted]

今將驗過來往三板內載夷人名數列摺呈

覽

計開。

由黃埔來省港腳小三板一隻入保和行

夷商一名　覓乜度

水手五名　千日　多必士　活粒

番治　担臣

又花旗小三板一隻入修和行

夷商一名　加臣

水手五名　亞奴　意罷林　老之

細刀　馬滇

又花旗小三板一隻入修和行

夷商二名　欄頡　吉臣（此名黃旗人）

水手四名　士的云　士班度　佐治　番蘭治

又佛蘭西小三板一隻入聚豐行

水手四名　呂士　専　希力滿　列

由省往澳門順字第一號大三板一隻

水手九名　佛打治　老孖刺　晏多爾

美利渣　加滇　意枳打刺

揵治　奴馬　押治

由省往黃埔港腳小三板一隻

夷商一名　覓乜度

水手五名　千日　多必士　活粒

番治　担臣

又花旗小三板一隻

以上共進三板四隻夷商四名水手十八名
共出三板五隻夷商六名水手二十八名

夷商一名　加臣
水手五名　亞奴、意罷林　老之
細刀　馬滇

又花旗小三板一隻
夷商一名　欄頡　吉臣此名黃旗人
水手五名　士的云　士班度　佐治
畨蘭治　則臣

又佛蘭西小三板一隻
夷商二名　力卦　谷
水手四名　呂士　専　布力滿　列

十月三十日

廣東雷州府遂
調署廣東廣州
加總兵銜西
廣東
遇缺即陞府經歷

B

十一月初一日出入夷人

[redacted]

今將驗過來往三板内載夷人名數列摺呈

覽

計開。

由黄埔來省花旗小三板一隻入修和行

夷商一名　加臣

水手四名　意叔　沙林　無滇　馬乜

又花旗小三板一隻入仁和行

夷商二名　剌之士　堅士文

水手四名　秩付　杭忌厘　歇　了便

又花旗小三板一隻入晋元行

夷商一名　滑磨

水手四名　尊　亞爾便　覓庇　占

又港脚小三板一隻入保和行

夷商一名　了頡

水手五名　道老文　黎奴　甲罷多兒　雷炙　了令頡

又黄旗小三板一隻入廣源行

夷商六名　吉臣　可(此名瑞國人)　彎地力　金布　欄頡　及笠(以上四名俱花旗人隨帶番銀大小二十七箱)

水手十四名　布力　孟了厘　慳　松高　罷剌士　亞利士　个素萬　馬乜　亞乜　意深　亞申　意罷林　馬地厘素　付力

又吕宋小三板一隻入晋元行

夷商六名　骨地郎　知治　馬阜　卑個

水手五名　亞非拿　馬高（此名麼佬人由呂宋亞非拿船来）
馬小　个剌士　馬厘晏奴
故蘭　非厘士
又呂宋小三板一隻入修和行
水手七名　阿思　爾勿度　勞思　闕
多云　亞滇　亞爾堅度
由澳門來省順字第四號大三板一隻入修和行
夷商二名　故厘治（此名花旗人）思厘化（此名西洋人）
水手六名　孟乜　家剌　亞厘　米滇
亞罷林　亞深
由省往黃埔花旗小三板一隻
夷商一名　加臣
水手四名　意叔　沙林　無滇　馬乜
又花旗小三板一隻
水手四名　秩付　杭忌厘　歇　了便

又花旗小三板一隻
水手四名　尊　亞爾便　覓庇　占
又港腳小三板一隻
夷商一名　了頡
水手五名　道老文　黎奴　甲罷多兒
雷炎　了令頡
又黃旗小三板一隻
夷商四名　吉臣　可（此名瑞國人）彎地力
欄頡（此二名花旗人）
水手十八名　布力　孟了厘　慳　松高
罷剌士　亞利士　个素萬
馬乜　亞乜　意深　亞申
意罷林　馬地厘素　付力
蝦心　些剌萬治　孖勿
亞心

以上共進三板八隻夷商十九名水手四十九名
共出三板五隻夷商六名水手三十五名

十一月初一日

廣東雷州府遂溪縣縣丞保舉應陞陳鼎
調署廣東廣州城守副将南雄協副将趙承德
加總兵銜两廣督標中軍副将趙光壁
廣東候補通判李敦業
遇缺即陞府經歷縣丞廣東增城縣茅田司巡檢張裕

十一月初二日出入夷人

[redacted]

今将驗過來往三板内載夷人名数列摺呈
覽
計開
由黄埔來省港脚小三板一隻入保和行
夷商二名　彎刺　滑臣
水手六名　卑厘　即兜　心云　担臣
孖厘　士卑
又单鷹小三板一隻入修和行
夷商一名　乜卒
水手四名　孖力　咸林　孖厘　了文

FO 931/0463

又花旗小三板一隻入修和行
夷商二名　巒地力　卑步此名瑞國人
水手八名　文治　馬乜　磨雷　波臣
司奴　八地利蘇　晏地利　地坟
又花旗小三板一隻入仁和行
夷商二名　沙厘文　勿多打
水手四名　打厘　蝦厘　敵禮士　佐治
由省往黃埔呂宋小三板一隻
夷商二名　骨地郎　知治
水手四名　多云　亞滇　闕　亞爾堅度
又单鷹小三板一隻
夷商二名　乜卒　羅八道士
水手四名　孖力　威林　孖厘　了文
又花旗小三板一隻
夷商二名　沙厘文　勿多打
水手四名　打厘　蝦厘　敵禮士　佐治
又花旗小三板一隻
夷商三名　巒地力　慳打　刧臣此名瑞國人附搭
水手八名　八地利蘇　波臣　晏地利
司奴　地坟　文治　磨雷　馬乜
以上共進三板四隻夷商七名水手二十二名
共出三板四隻夷商九名水手二十名

十一月初二日

廣東雷州府遂溪縣縣丞保舉應陞陳　鼎
調署廣東廣州城守副將南雄協副將趙承德
加總兵銜兩廣督標中軍副將趙光璧
廣東候補通判李敦業
遇缺即陞府經歷縣丞廣東增城縣茅田巡檢張　裕

十月初五日出入夷人

[redacted]

令將驗過來往三板內載夷人名數列摺呈

覽

計開

由黃埔來省黃旗小三板一隻入義和行

夷商二名　吟剌　晏多厘

水手七名　个羅士　罷利滇　四滇　沙刀滇

馬力　乜活　些利文

又单鷹小三板一隻入修和行

夷商二名　士帶仁　乜卒

水手四名　必打　痕士　真　地厘

又花旗小三板一隻入晋元行

夷商二名　占則臣　賛慎

水手七名　了泵　沙林　八丝兒　毛滇

架的　意十　意叔

又花旗小三板一隻入修和行

夷商一名　慳打

水手四名　必道　必打　士文　馬司那

又花旗小三板一隻入晋元行

水手十一名　沙令毛滇　布藍臣　地剌

泊蘇　些刀　意罷林　亞奴

亞新亞厘　美馬乜　勾市

故之亞厘

由省往澳門順字第四號大三板一隻

夷商一名　恰步此名花旗人

水手六名　孟乜　家剌　亞厘　米滇

亞罷林　亞深

由省往黄埔港脚小三板一隻
夷商三名　嚩剌　滑臣　連化（此名荷蘭人附搭）
水手六名　卑厘　即兒　心云　担臣
孖厘　士卑

又黄旗小三板一隻
水手七名　个羅士　罷利滇　沙刀滇
四滇　馬力　也活　些利文

又单鷹小三板一隻
夷商二名　士帶仁　乜卒
水手四名　必打　痕士　真　地厘

又花旗小三板一隻
夷商二名　占則臣　賛慎
水手七名　了原　沙林　八絲兒　毛滇
架的　意十　意叔

又花旗小三板一隻
水手四名　必道　必打　士文　馬司那

又花旗小三板一隻
夷商一名　卑個（此名呂宋人附搭）
水手十一名　沙令毛滇　布藍臣　地剌
泊蘇　些刀　意罷林　亞奴
亞新亞厘　美馬乜　勾市
故之亞厘

又呂宋小三板一隻
夷商二名　亞非拿　馬高（此名廣佬人其衣服與港脚白頭相同當即飭洋商查明是嘆咭唎所屬稟明廣州府飭令逐出）
水手七名　馬小　个剌士　故蘭　非厘士
馬厘晏奴　阿思　爾勿度

以上共進三板五隻夷商七名水手三十三名
共出三板八隻夷商十一名水手五十二名

十一月初三日
廣東雷州府遂溪縣縣丞保舉應陞陳鼎
調署廣東廣州城守副將南雄協副將趙承德
加總兵銜兩廣督標中軍副將趙光璧
廣東候補通判李敦業
遇缺陞府經歷縣丞廣東增城縣茅田司巡檢張裕

十一月初四日出入夷人

[redacted]

今將驗過來往三板內載夷人名數列摺呈
覽
計開
由黄埔來省花旗小三板一隻入晋元行
夷商二名　美臣　跛卑厘（隨帶番銀大小三箱）
水手四名　金加份　美剌　占　織甲份
又花旗小三板一隻入修和行
夷商一名　厘佛（隨帶番銀二箱）
水手四名　慳　谷跛　韋厘　邉慳
又花旗小三板一隻入寶順行
夷商三名　列治　煲爐　邉律
水手五名　担　咸　則臣　占號　多叔
又花旗小三板一隻入仁和行
夷商三名　威士　低化　叔臣（此名瑞國人）
水手四名　架力　架力臣　織　担
又港脚小三板一隻入保和行
夷商二名　邉　連化（此名荷蘭人）
水手五名　執文　免利　賛身　利士　士覔
又黄旗小三板一隻入義和行
夷商一名　吉臣
水手七名　思滇　米厘滇　沙力滇　也活　罷力　故羅士　些利文
由省往黄埔花旗小三板一隻
夷商一名　厘佛
水手四名　慳　谷跛　韋厘　邉慳

又花旗小三板一隻

水手五名　担　咸　則臣　占虩　多㕛

又港脚小三板一隻

夷商一名　邊

水手五名　執文　免利　賛身　利士　士覔

以上共進三板六隻夷商十二名水手二十九名

共出三板三隻夷商二名水手十四名

十一月初四日

廣東雷州府遂溪縣縣丞保舉應陞陳鼎
調署廣東廣州城守副将南雄協副将趙承德
加總兵銜兩廣督標中軍副将趙光璧
廣東候補通判李敦業
遇缺即陞府經歷縣丞廣東增城縣茅田司巡檢張裕

十月晉出入夷人 [redacted]

今將驗過來往三板內載夷人名數列摺呈覧

計開

由黄埔來省花旗小三板一隻入晉元行

夷商二名　覔　甘布

水手四名　些单厘　亞厘　雷士　思滇

又花旗小三板一隻入義和行

夷商一名　堅士文

水手四名　谷单兜　專　阿烟　軒地厘

又港脚小三板一隻入保和行

夷商一名　覓乜度
水手五名　渣律　加打　央羅　厘士
　列必治
又瑞國小三板一隻入修和行
夷商二名　可　知治此名呂宋人
水手四名　多剌　龍滇　意罷林　連林
由省往黃埔黃旗小三板一隻
夷商三名　吉臣　冷剌　堅士文此名花旗人附搭
水手七名　思滇　米厘滇　沙刀滇　乜活
　罷力　故羅士　些利文
又花旗小三板一隻
夷商二名　美臣　跛卑厘
水手四名　金加份　美剌　占　織甲份
又花旗小三板一隻
水手四名　架力　架力臣　織　担

又港腳小三板一隻
夷商一名　覓乜度
水手五名　渣律　加打　央羅　厘士
　列必治
以上共進三板四隻夷商六名水手十七名
共出三板四隻夷商六名水手二十名

十一月初五日

廣東雷州府遂溪縣縣丞保舉應陞陳鼎
調署廣東廣州城守副將南雄協副將趙承德
加總兵銜兩廣督標中軍副將趙光璧
廣東候補通判李敦業
遇缺即陞府經歷縣丞廣東增城縣茅田司巡檢張裕

十二月初四日夫書人

[redacted]

令將驗過來往三板內載夷人名數列摺呈
覽

計開

由黄埔來省花旗小三板一隻入晉元行

夷商二名　加力架　吉文

水手四名　這士　厘也　即臣　敉禮

又花旗小三板一隻入修和行

夷商一名　欖麻

水手四名　渣厘　尊　罷剌拿　亞便

又呂宋小三板一隻入修和行

夷商二名　亞非拿　阿基剌

水手六名　阿思　因奴　馬也奴　故剌
故因　故滇

由省往黄埔瑞國小三板一隻

夷商一名　可

水手四名　多剌　龍滇　意罷林　連林

又花旗小三板一隻

夷商二名　覓　甘布

水手四名　些卑厘　亞厘　雷士　思滇

又花旗小三板一隻

水手四名　谷单兕　専　阿烟　軒地厘
又花旗小三板一隻
夷商一名　欖麻
水手四名　渣厘　尊　罷刺拿　亞便
以上共進三板三隻夷商五名水手十四名
共出三板四隻夷商四名水手十六名

十一月初六日

廣東雷州府遂溪縣縣丞保舉應陞陳鼎
調署廣東廣州城守副将南雄協副将趙承德
加總兵銜兩廣督標中軍副将趙光璧
廣東候補通判李敦業
遇缺即陞府經歷縣丞廣東增城縣茅田司巡檢張裕

青西省出入夷人

[redacted]

今将驗過來往三板内載夷人名数列摺呈
覽
計開
由黄埔来省黄旗小三板一隻入義和行
夷商一名　祖亞京
水手五名　道彎　晏多爾　晏道路
士地貢　或堅
又西瓜扁一隻入寶順行
水手二名　馬乜治　亞夭　俱嚤佬人係黄旂夷商吉臣船上水手催船戶盧得保扁艇裝押貨物来省查該夷水手係英吉利所屬飭令本日即回吉臣原船

由省往黃埔花旗小三板一隻
夷商一名　加力架
水手四名　這士　厘也　即臣　敝禮
又快艇一隻
逐出水手二名　馬乜治　亞夭
以上共進三板一隻 扁艇一隻 夷商一名水手七名
共出三板一隻 快艇一隻 夷商一名水手六名

十一月初七日

廣東雷州府遂溪縣縣丞保舉應陞陳鼎
加總兵銜兩廣督標中軍副將趙光璧
調署廣東廣州城守副將南雄協副將趙承德
遇缺即陞府經歷縣丞廣東增城縣茅田司巡檢張裕

十一月初七日出入夷人

工

今將驗過來往三板內載夷人名數列摺呈
覽
計開
由黃埔來省花旗小三板一隻入仁和行
夷商一名　墨忌多
水手六名　毡　渣厘　渣利　叔
占　力士
又瑞國小三板一隻入修和行
夷商二名　可　吉臣（此名黃旗人）
水手四名　卑厘　廉　把厘　滑臣

又黄旗小三板一隻入義和行
水手六名　晏多你　刀爐　萬文　佳西
刀名古　剌京
由省往黄埔呂宋小三板一隻
夷商三名　亞非拿　阿基剌　卑步（此名瑞國人）
水手七名　阿思　因奴　馬也奴　故剌
故因　故滇　勞思
又黄旗小三板一隻
夷商一名　租亞京
水手五名　道彎　晏多爾　晏道路
咸堅　士地貴
以上共進三板三隻夷商三名水手十六名
共出三板二隻夷商四名水手十二名

十一月初八日

廣東雷州府遂溪縣丞保舉應陞陳鼎
加總兵銜兩廣督標中軍副將趙光璧
調署廣東廣州城守副將南雄協副將趙承德
遇缺即補府經歷縣丞廣東增城縣茅田司巡檢張裕

十一月初九日出入夷人

[redacted]

令將驗過來往三板內載夷人名數列摺呈
覽
計開
由黄埔來省港腳小三板一隻入保和行
夷商二名　彎剌　担臣
水手六名　担臣　者列　卑厘　孖力
士卑　厘打
又花旗小三板一隻入晋元行
夷商一名　滑頡
水手三名　威厘士　美剌　欄臣

又花旗小三板一隻入修和行
水手五名　卑刀爐　因奴　些奴
刀孖士　卑爐
又花旗小三板一隻入修和行
夷商三名　加臣　文阜　吉臣此名黃旗人
水手四名　加四美奴　个四美　晏波士
晏厘廹道
又荷蘭小三板一隻入聚豐行
夷商二名　連士達　衣羅
水手八名　四滇　賛　珍　令美士
多爐　亞免　美祖　剌免
由省往澳門快艇一隻
夷商五名　馬那爾奴　孖利杰士
央孖杰士　敝禮亞以上四名俱黃旗人
未蘭打此名西洋人俱僱船戶蕭寵快艇裝載稅物下澳

由省往黃埔黃旗小三板一隻
夷商二名　知治　馬阜此二名俱呂宋人
水手六名　晏多你　刀爐　萬文　住西
刀名古　剌京
又瑞國小三板一隻
夷商二名　可　吉臣此名黃旗人
水手四名　卑厘　廉　把厘　滑臣
又花旗小三板一隻
水手三名　刼　占　力士
又花旗小三板一隻
夷商二名　滑頡　吉文
水手三名　威厘士　美剌　欄臣
又花旗小三板一隻
夷商二名　慳打　列治
水手五名　卑刀爐　因奴　些奴

刀孖士　卑爐

以上共進三板五隻夷商八名水手二十六名

共出三板五隻快艇一隻夷商十三名水手二十一名

十一月初九日

廣東雷州府遂溪縣縣丞保舉丁憂陞陳鼎

加總兵銜兩廣督標中軍副將趙光璧

調署廣東廣州城守副將南雄協副將趙承德

遇缺即陞府經歷縣丞廣東增城縣茅田司巡檢張裕

十一月初十日出入夷人

[redacted]

令將驗過來往三板內載夷人名數列摺呈

覽

計開

由黃埔來省花旗小三板一隻入修和行

夷商二名　慳打　淑

水手五名　哭　卑刀爐　八絲爐

卑刀老　得忌

又花旗小三板一隻入隆順行

夷商一名　列治

水手四名　渣極　即　烟哭　則臣

又花旗小三板一隻入晋元行
夷商二名　覔　甘布
水手四名　呂士　渣力　専心　蝦勿
又单鷹小三板一隻入修和行
夷商三名　羅八道士　乜卒　非厘庇
水手四名　呂　因　蝦剌文　非地利
由澳門來省快艇一隻入保和行
夷商二名　勿王覃義理　央彎剌（俱港脚人雇船户容亞維快艇裝載來省）
由省往黄埔港脚小三板一隻
夷商一名　担臣
水手六名　担臣　者列　畀厘　孖力
士畀　厘打
又荷蘭小三板一隻
夷商一名　連士達
水手九名　四滇　賛　珍　令美士

多爐　亞免　剌免　渣力　蝦勿
又花旗小三板一隻
夷商三名　加臣　文阜　吉臣（此名黄旗人）
水手四名　加四美奴　个四美　晏波士
晏厘廹道
又花旗小三板一隻
水手五名　冞　畀刀爐　八絲爐
畀刀老　得忌
又花旗小三板一隻
水手四名　渣極　即　烟冞　則臣
又花旗小三板一隻
夷商二名　覔　甘布
水手二名　呂士　専心
又单鷹小三板一隻
夷商三名　羅八道士　乜卒　非厘庇

水手四名　呂因　蝦剌文　非地利
以上共進三板四隻快艇一隻夷商十名水手十七名
共出三板七隻夷商十名水手三十四名

十一月初十日
廣東雷州府遂溪縣縣丞保舉應陞陳鼎
加總兵銜兩廣督標中軍副將趙光壁
調署廣東廣州城守副將南雄協副將趙承德
遇缺即陞府經歷縣丞廣東增城縣茅田司巡檢張裕

F.O.682/253A/4(5)

十一月十一日出入夷人

[redacted]

令將驗過來往三板內載夷人名數列摺呈
覽
計開
由黃埔來省港腳小三板一隻入保和行
夷商一名　王亞治
水手六名　馬力　剌臣　挨令　剌文
列士　担臣
又荷蘭小三板一隻入聚豐行
夷商二名　連士達　剌威士
水手七名　担預士　真　多爐　欄面

孖力　架力　亞㨴

又黃旗小三板一隻入義和行

夷商三名　賛不　亞力山打（此名西洋人）　思利罷（此名花旗人）

水手六名　罷士滇　晏多爾　昔士个

尊　賛花泵　馬厘奴

又黃旗小三板一隻入義和行

水手六名　晏多你　度皿古　萬爾刺

佛蘭絲　也京　佳西

又呂宋小三板一隻入晉元行

夷商一名　骨地郎

水手五名　些云　方　㨴度　你麽

晏多坭

又呂宋小三板一隻入修和行

水手五名　阿思　卑列士　故那士

老松　個玉

又花旗小三板一隻入義和行

夷商二名　高士文　吉文

水手四名　滑臣　專　了倫　吉臣

又花旗小三板一隻入修和行

夷商二名　加力架　花臣頡

水手四名　不刺　非利　美刺　根利咸

又花旗小三板一隻入修和行

水手五名　士奚　卑刀爐　米因奴

卑刀　刺士玉

又花旗小三板一隻入寶順行

夷商一名　士華羅

水手四名　灣埠打　晏地厘　邉　谷

由省往黃埔港脚小三板一隻

夷商三名　玉亞治　彎刺　央彎刺

水手六名　馬力　刺臣　挨令　刺文

列士　担臣

又荷蘭小三板一隻
水手七名 担狽士 真 多爐 欄面
孖力 架力 亞捫
又黃旗小三板一隻
水手六名 罷士滇 晏多爾 昔士个
尊 賛花泵 馬厘奴
又黃旗小三板一隻
水手六名 晏多你 度血古 萬爾剌
佛蘭絲 也京 佳西
又呂宋小三板一隻
夷商一名 胥地郎
水手五名 些云 方 捫度 你麼
晏多坭
又呂宋小三板一隻
夷商一名 阿西架（此名西洋人）
水手五名 阿思 卑列士 故那士
老松 佪玉

又花旗小三板一隻
水手四名 滑臣 專 了倫 吉臣
又花旗小三板一隻
水手四名 不剌 非利 美剌 根利咸
又花旗小三板一隻
水手五名 士冞 卑刀爐 米因奴
卑刀 剌士玉
以上共進三板十隻夷商十二名水手五十二名
共出三板九隻夷商五名水手四十八名

十一月十一日
廣東雷州府遂溪縣縣丞保舉應陞陳 鼎
加總兵銜兩廣督標中軍副將趙光璧
調署廣東廣州城守副將南雄協副將趙承德
遇缺即陞府經歷縣丞廣東增城縣茅田司巡檢張 裕

十月十二日出入夷人

[redacted]

令將驗過來往三板內載夷人名數列摺呈

覽

計開

由黃埔來省花旗小三板一隻入義和行

夷商一名　必士

水手五名　便連　哥士米　馬高士

萬耶剌　馬利文

又花旗小三板一隻入晉元行

夷商二名　美臣　覔

水手四名　占　色　尊　慳亞卑

又花旗小三板一隻入仁和行

水手四名　即　担　應臣　佛連

又花旗小三板一隻入修和行

水手五名　那士　卑厘奴　馬美那

美西奴　馬能

又花旗小三板一隻入修和行

水手四名　行　利係羅　不力　占

又花旗小三板一隻入義和行

水手四名　了倫　專　邉　威士杰

又港腳小三板一隻入保和行

夷商一名　了頡

水手五名　谷　士端　多倫　卑列

厘兕

又荷蘭小三板一隻入聚豐行

水手八名　合力　亞撊　加未士　卑刀爐

故打　真　麼刺　藍未

又瑞國小三板一隻入修和行

夷商二名　可　冷刺 此名黄旗人

水手四名　理𨁝厘　好桑　連庇　卑厘

又黄旗小三板一隻入義和行

夷商一名　知治 此名呂宋人

水手四名　道名古　佛蘭西士个

刀知　文彎

又呂宋小三板一隻入修和行

夷商一名　亞非拿

水手六名　阿思　萬也奴　勿多玉

故刺　羅士玉　故滇

由省往黄埔花旗小三板一隻

夷商一名　士華羅

水手四名　灣埠打　晏地厘　邉　谷

又花旗小三板一隻

夷商三名　必士　賛不　冷刺 此二名黄旗人

水手四名　便連　哥士米　馬高士　萬耶刺

又花旗小三板一隻

夷商二名　美臣　覔

水手四名　占　色　尊　慳亞卑

又花旗小三板一隻

夷商二名　墨忌多　几臣

水手四名　即　担　應臣　佛連

又花旗小三板一隻

夷商二名　科士　蘭耶兒 此名西洋人

水手五名　那士　卑厘奴　馬美那

馬能　美西奴

又花旗小三板一隻

夷商二名　故厘治　加力架

水手四名　　行　利係羅　不力〈占

又花旗小三板一隻

夷商一名　　高士文

水手四名　　了倫　專　邉　威士杰

又港脚小三板一隻

夷商一名　　了頡

水手五名　　谷　士端　多倫　单列　厘兒

又荷蘭小三板一隻

水手八名　　合力　亞㨪　加未士　单刀爐　故打　真　嚒剌　藍未

又瑞國小三板一隻

夷商二名　　可　劫臣

水手七名　　理踱厘　好桑　連庇　单厘　馬羅　雇笱　意佛蘭譙

又黃旗小三板一隻

夷商一名　　知治此名呂宋人

水手四名　　道名古　佛蘭西士个　刀知　文彎

以上共進三板十一隻夷商八名水手五十三名

共出三板十一隻夷商十七名水手五十三名

十一月十三日

廣東雷州府遂溪縣縣丞保舉應陞陳鼎

加總兵銜兩廣督標中軍副將趙光璧

調署廣東廣州城守副將南雄協副將趙承德

遇缺即陞府經歷縣丞廣東增城縣茅田司巡檢張裕

十二月十二日出入夷人

[redacted]

今將驗過來往三板內載夷人名數列摺呈

覧

計開

由黄埔來省荷蘭小三板一隻入聚豐行

夷商一名　萬臣

水手八名　亞地晏　摩勞　刀勞　珍

到美士　極多勞　沙利文　亞門

又花旗小三板一隻入義和行

夷商一名　剌必申

水手四名　力堅　些厘士滇　道明

卑道路

又花旗小三板一隻入義和行

水手四名　阿現　担　韋打厘　卑厘

由省往黄埔呂宋小三板一隻

夷商二名　亞非拿　威士（此名花旗人）

水手六名　阿思　萬也奴　勿多王

羅士玉　故刺　故滇

又荷蘭小三板一隻

夷商一名　萬臣

水手八名　亞地晏　摩勞　刀勞　亞門

到美士　極多勞　沙利文　珍

又花旗小三板一隻

夷商一名　剌必申

水手五名　力堅　些厘士滇　道明

卑道路　馬利文

又花旗小三板一隻
夷商一名　堅士文
水手四名　阿現　担　𡃁打厘　卑厘
以上共進三板三隻夷商二名水手十六名
共出三板四隻夷商五名水手二十三名

十一月十三日

廣東雷州府遂溪縣縣丞保舉應陞陳鼎
加總兵銜兩廣督標中軍副將趙光壁
調署廣東廣州城守副將南雄協副將趙承德
遇缺即陞府經歷縣丞廣東增城縣茅田司巡檢張裕

十一月十四日出入夷人

[redacted]

令將驗過來往三板內載夷人名數列摺呈
覽
計開
由黃埔來省花旗小三板一隻入仁和行
夷商一名　担麻
水手六名　尊　卑厘　占　士秩付
左治　渣厘
又花旗小三板一隻入義和行
夷商二名　堅士文　加力架
水手四名　𡃁打厘　阿烟　谷卑厘　担

又黄旗小三板一隻入義和行
夷商二名　波打　威剌
水手四名　巴士多　左治　馬厘晏奴　滇奴
又港脚小三板一隻入保和行
夷商一名　邉
水手五名　麥記慎　則慎　這厘波　乜慎者　加爾
又荷蘭小三板一隻入聚豐行
夷商一名　恰訥
水手六名　摩刀　珍　令㹈士　亞門　多爐　架打剌
由省往黄埔花旗小三板一隻
夷商一名　担麻
水手六名　尊　卑厘　占　士秩付　左治　渣厘

又花旗小三板一隻
水手四名　牵打厘　阿烟　谷卑厘　担
又黄旗小三板一隻
夷商二名　波打　威剌
水手四名　巴士多　左治　馬厘晏奴　滇奴
又港脚小三板一隻
夷商一名　邉
水手五名　麥記慎　則慎　這厘波　乜慎者　加爾
以上共進三板五隻夷商七名水手二十五名
共出三板四隻夷商四名水手十九名

十一月十四日

廣東雷州府遂溪縣丞保舉應陞陳鼎
加總兵銜兩廣督標中軍副將趙光壁
調署廣東廣州城守副將南雄協副將趙承德
遇缺陞用府經歷縣丞廣東增城縣茅田司巡檢張裕

F.O.682/253A/4(5) p

十一月十五日出入夷人

[redacted]

今將驗過來往三板内載夷人名數列摺呈
覽

計開

由黄埔來省花旗小三板一隻入義和行

夷商二名　高士文　彎地力

水手五名　邉　亞士蘭　賛剌別臣　丹化剌　卑道路

又花旗小三板一隻入晋元行

夷商一名　個羅士

水手四名　担麻士　晏多度　加肥　担加佛

又花旗小三板一隻入仁和行

夷商一名　三文

5

水手六名　化林　力臣　士登冷　担　蝦厘　必列

又荷蘭小三板一隻入聚豐行

夷商二名　連士達　哈訥

水手七名　摩　今美　馬利滇　架打爐　多爐　美仙地　卑度路

又港脚小三板一隻入保和行

夷商一名　彎剌

水手六名　担臣　這律　米利　賛羅　士卑　孖臣

又港脚小三板一隻入保和行

夷商一名　覓乜度

水手五名　孖頡　面打　挖治　蝦厘　担臣

又黄旗小三板一隻入義和行

夷商四名　吉臣　亞林　賛忌　威剌

水手六名　架四美　吉四美　馬厘晏奴

美刺　亞顯　滇奴
又黄旗小三板一隻入義和行
水手五名　晏多爾　佐堅　化冷西
多古　做些
由省往黄埔花旗小三板一隻
夷商一名　個羅士
水手四名　担麻士　晏多皮　加肥　担加佛
又花旗小三板一隻
夷商一名　三文
水手六名　化林　力臣　蝦厘　担
毡　渣厘
又荷蘭小三板一隻
夷商二名　連士達　恰訥
水手七名　摩刀　珍　今頂士　架打刺
亞門　多爐　美祖
又港脚小三板一隻
夷商一名　覓乜度
水手五名　孖頡　面打　挖治
蝦厘　担臣
又黄旗小三板一隻

水手五名　晏多爾　佐堅　多古
做些　化冷西
以上共進三板八隻夷商十二名水手四十四名
共出三板五隻夷商五名水手二十七名

十一月十五日
廣東雷州府遂溪縣縣丞保舉應陞陳鼎
加總兵銜兩廣督標中軍副將趙光璧
調署廣東廣州城守副將南雄協副將趙承德
遇缺即陞府經歷縣丞廣東增城縣茅田司巡檢張裕

青省出入夷人

[redacted]

今將驗過來往三板內載夷人名數列摺呈
覽
計開
由黃埔來省花旗小三板一隻入修和行
夷商一名 跛卑厘 隨帶番銀大小十八箱
水手五名 名古 勿多勞 賛多士
卑利 晏多奴
又花旗小三板一隻入義和行
水手四名 馬地蘇 利安 士巫冷 度孖士
又黃旗小三板一隻入義和行

夷商二名 冷剌 必士（此名花旗人）
水手四名 渣治 邉臣 士吉 萬玉
又黃旗小三板一隻入義和行
夷商一名 知治（此名呂宋人）
水手六名 晏多爾 京 到名古 到西
孟鑾 西士不
又呂宋小三板一隻入晉元行
水手五名 些士不 多云 卑道路
卑度爐 晏多那
由省往黃埔港腳小三板一隻
夷商三名 鑾剌 勿玉覃義理
花臣頓（此名花旗人）
水手六名 担臣 這律 米利 賛羅
士卑 孖臣
又荷蘭小三板一隻

夷商一名　恰訥
水手四名　摩　多爐　馬利滇　架打爐
又花旗小三板一隻
夷商三名　高士文　彎地力　加力架
水手五名　邊　亞士蘭　賛刺別臣
丹化刺　卑道路
又花旗小三板一隻
夷商二名　多刺那　慳打
水手四名　馬地蘇　利安　士並冷　度孖士
又黄旗小三板一隻
夷商四名　吉臣　亞林　賛忌　威刺
水手六名　架四美　吉四美　馬厘晏奴
美刺　亞顯　滇奴
又呂宋小三板一隻
水手五名　些士个　多云　卑道路

卑度爐　晏多那
以上共進三板五隻夷商四名水手二十四名
共出三板六隻夷商十三名水手三十名

十一月十六日

廣東雷州府遂溪縣縣丞保舉應陞陳鼎
加總兵銜兩廣督標中軍副將趙光璧
調署廣東廣州城守副將南雄協副將趙承德
遇缺即陞府經歷縣丞廣東增城縣茅田司巡檢張裕

十一月十七日出入夷人

[redacted]

今將驗過來往三板内載夷人名數列摺呈
覽
計開
由黄埔來省单鷹小三板一隻入修和行
夷商二名　羅八道士　失（隨帶番銀大四十箱）
水手八名　雞多　雞士奸　甲變打
咸文　些厘覓　威厘乞
加剌　士多
又荷蘭小三板一隻入聚豐行
夷商一名　恰訥
水手四名　多爐　麼爐　加打　亞們

又花旗小三板一隻入仁和行
夷商三名　墨忌多　花臣頓　威士
水手四名　尊　即　渣厘　剌拔
又花旗小三板一隻入晋元行
夷商二名　文阜　甘布
水手八名　華倫　化冷見　巴士　雷士
番信　雞勞　老信　打士
又花旗小三板一隻入修和行
夷商二名　多剌那　慳打
水手六名　曼地厘　八度路　馬爾奴
阿爾　八地厘蘇　士得
由省往黄埔黄旗小三板一隻
夷商三名　知治（此名呂宋人）　亞力山打　思厘化（此二名西洋人）
水手六名　晏多爾　京　到名古　到西
孟彎　西士个

又黃旗小三板一隻
夷商二名　冷剌　必士（此名花旗人）
水手四名　渣治　邉臣　士吉　萬玉
又单鷹小三板一隻
夷商一名　失
水手八名　雞多　雞士奸　甲奱打
咸文　些厘覓　威厘乞
加剌　士多
又荷蘭小三板一隻
夷商二名　恰訥　連士達
水手六名　多爐　麽爐　加打　亞㨪
今美　美仙地
又花旗小三板一隻
夷商一名　跛卑厘
水手五名　名古　勿多勞　賛多士
卑利　晏多奴

又花旗小三板一隻
夷商二名　文阜　甘布
水手八名　華倫　化冷見　巴士　雷士
畨信　雞勞　老信　打士
又花旗小三板一隻
水手六名　晏地厘　八地厘蘇
阿爾　馬爾奴　士得
八度路
以上共進三板五隻夷商十名水手三十名
共出三板七隻夷商十一名水手四十三名

十一月十七日
廣東雷州府遂溪縣縣丞保舉應陞陳鼎
加總兵銜兩廣督標中軍副将趙光璧
調署廣東廣州城守副将南雄協副将趙承德
遇缺即陞府經歷縣丞廣東增城縣茅田司巡檢張裕

十二月十九日出入夷人

[redacted]

今將驗過來往三板內載夷人名數列摺呈

覽

計開

由黃埔來省港脚小三板一隻入保和行

夷商二名　勿玉覃義理　央彎剌

水手六名　者利　些士　鴨化士　孖佘

担臣　孖利

又荷蘭小三板一隻入聚豐行

夷商一名　恰訥

水手六名　亞門　摩爐　刀羅　架打

珍　令美士

又花旗小三板一隻入晉元行

夷商一名　士啵

水手四名　丹爾　黎厘士　沙士　尊

又花旗小三板一隻入修和行

水手五名　記那士个　卑道路　到些奴

記到老　卑彼奴

又黃旗小三板一隻入義和行

夷商三名　知治（此名呂宋人）　亞力山打　思厘化（此二名西洋人）

水手六名　晏多爾　到名古　馬那埃

亞京　祖西　為到

又黃旗小三板一隻入義和行

夷商三名　吉臣　賛不　威剌

水手九名　士些文　美剌　馬沙爾奴

文為亞　亞顯　佛冷之士

爾庇士　士吉　晏多爾

又呂宋小三板一隻入修和行

夷商一名　·亞非拿

水手六名　阿思　老素　勿也奴　勿刁

古刺士　个四滇

由省往澳門快艇一隻

夷商二名　低化　淑又（此二名俱花旗人僱船戶何亞庚快艇裝載稅物請有海關批給牌照下澳）

由省往黃埔荷蘭小三板一隻

夷商一名　恰訥

水手七名　亞門　摩爐　架打　刁羅

珍　令美士　卑度路

又花旗小三板一隻

夷商一名　·士飛

水手四名　丹爾　黎厘士　沙士　尊

又花旗小三板一隻

水手四名　尊　即　渣厘　渣利

又黃旗小三板一隻

水手六名　·晏多爾·到名古　馬那埃

亞京　租西　為到

以上共進三板七隻夷商十一名水手四十二名

共出三板四隻快艇一隻夷商四名水手二十一名

十一月十八日　廣東雷州府遂溪縣縣丞保舉應陞陳鼎

加總兵銜兩廣督標中軍副將趙光璧

調署廣東廣州城守副將南雄協副將趙承德

遇缺陞府經歷縣丞廣東增城縣茅田司巡檢張裕

十月分省館夷人

[redacted]

謹将截至十月三十日止現住省館夷商名数列摺呈

覧

計開

𤠅仁　思厘化三十七歲　士那

士搬拿　活多士　記厘文

思厘化三十四歲　央羅厘　央羅

京　多剌那　英加利僧

科士　悭打　合把

則臣　些利華　多羅核

麼士　蕙士突　恰步

百架　美剌　几臣

布碌士　雷士　多剌

尼

以上二十八名俱花旗人

阿西架　蘭耶兜　未蘭打

了杰

以上四名俱西洋人

馬那爾奴　敝禮亜　央孖杰士

孖利杰士

以上四名俱黄旗人

亜申　意之皮　些架匆此三名港脚人

呂　連化　地地文此三名荷蘭人

央布威　真地厘此二名佛蘭西人　故臣此名瑞國人

羅八道士此名单鷹人

以上通共四十六名

另小廝四名

馬乜　亞之温　祖加辣此三名港脚人

店包此名荷蘭人

水手七名

馬羅　亞心　孖匆

雇筍　蝦心　意拂蘭譙

此刺萬治

又港脚小三板一隻入寶順行
夷商三名 士得利 王 剌渣臣
水手六名 剌渣 威林 碌見梳 則文
抎臣 不
又港脚小三板一隻入保和行
夷商三名 記厘麼 架力 地保士
水手四名 軒臣 罷厘 威廉 咸北
又港脚小三板一隻入保和行
夷商三名 占尾臣 蝦律 班律
水手四名 乞臣 達治文 罵加地 士勿扶
又港脚小三板一隻入保和行
夷商二名 玉文 巴見
水手三名 遮十 斌西 班尔時
又港脚小三板一隻入義和行
夷商二名 地連也 士連厘

水手六名 卑地 熈見士 加倫士
好士打 鷄罷 烈
又港脚小三板一隻入保和行
夷商一名 加地
水手七名 藍弼 别地 剌素 列
佛蘭時 担担 衣云時
由澳門來省順字第七號港脚麥或三板一隻入晋元行
夷商二名 得己地 占忌厘
小厮一名 亞申申子
水手五名 税尔 那華地 亞幾馬乜
賛馬勿 毋心
又波非三板一隻入義和行 港脚
水手九名 馬乜 老孖剌 撻治 加滇
奴馬文 捫治 意枳打剌 美利渣 佛打治
又港脚順字第四號麥或三板一隻入舊公行

夷商一名 威時

水手六名 亞罷林 亞厘 亞深

米滇 孟乜 家刺

由省往黃埔花旗小三板一隻

夷商一名 亞布爐

水手四名 叶文 卑波地 剌士 厘士

又港脚小三板一隻

夷商二名 玉文 巴見

水手三名 遮十 斌西 班尔時

又港脚小三板一隻

夷商二名 占尾臣 班律

水手四名 乞臣 達治文 罵加地 士勿扶

又港脚小三板一隻

夷商三名 記厘麼 架力 地保士

水手四名 軒臣 罷厘 威廉 咸圵

又港脚小三板一隻

夷商四名 士連厘 地連也 加律附搭 晏度爐附搭

水手六名 卑地 熙見士 烈 加倫士

鷄罷 好士打

又港脚小三板一隻

夷商一名 乜良附搭

水手四名 打士威兜 利江 燕那士 麼頓

又港脚小三板一隻

夷商三名 玉 孖古士 蝦律二名附搭

水手六名 剌渣 威林 碌見梳 不

則文 扢臣

由省往澳門快艇二隻

夷商三名 士那領事住修和行 別治文住廣源行 未士堅住隆順行

上三名俱乘坐又僱蕭憲何亞庚快艇二隻又裝載税物等項

又港脚順字第七號麥甙三板一隻

夷商六名 煲打 若吏 馬沙爐
力架威 四名船來船去月冊無名 蝦厘多 月冊有名住聚豐行
米蘭打 月冊有名住晉元行 以上六名俱港脚人
水手七名 租尔 那華地 亞幾馬乜
賛馬勿 毋心 卜彼 布之
以上共進三板十二隻夷商二十一名水手六十一名
共出三板八隻快艇二隻夷商二十五名水手三十七名

廣東候補通判李敦業
署兩廣督標中軍副將事前營叅將祺壽
廣東廣州城守副將韓肇慶
遇缺即陞府經歷縣丞廣東增城縣茅田司巡檢張裕

四月 拾壹 日

四月十四日出入夷人

[redacted]

今將驗過來往三板內載夷人名數列揭呈
覽

計開
由黄埔來省花旗小三板一隻入隆順行
夷商一名 活
水手三名 多庇 米 波打
又花旗小三板一隻入修和行
夷商一名 邊治文
水手四名 渣利 厘 羅結 士卒
又港脚小三板一隻入義和行

夷商二名　士邉士　滇林
水手五名　咸北　士卑沙　士贊時　美剌
罷蘭
又港脚小三板一隻入晉元行
水手四名　即臣　尊坭　烈　勾人
又港脚小三板一隻入保和行
夷商二名　士荅士　布郎
水手四名　碌見梳　尾刺　抆臣　渣厘令
又港脚小三板一隻入義和行
夷商二名　晏度爐　堅地
水手五名　冷厘　布六加　花士　了士哭
滇士打
又港脚小三板一隻入保和行
夷商一名　利
水手四名　渣厘　知架　占未　邉

由省往黄埔港脚小三板一隻
夷商二名　時吉　甲乎文
水手四名　即臣　尊坭　烈　勾人
又港脚小三板一隻
夷商三名　士邉士　滇林　士荅士
水手五名　咸北　士卑沙　美剌　羅蘭
士贊時
又港脚小三板一隻
夷商三名　布郎　孖古士　剌臣
水手四名　碌見梳　尾剌　抆臣　渣厘金
又港脚小三板一隻
夷商二名　晏度爐　堅地
水手五名　冷厘　布六加　花士　了士哭
滇士打
又花旗小三板一隻

夷商三名 活 必厘 后倫
水手三名 多庇 米 波打
由省往澳門順字第二號遠仁三板一隻
夷商十名 担臣 了泵 央滇地 度蘭
威士 金頓 得己地 底架 单云時
威時
水手十名 亞乜 亞申 多萬奴 問奴
貨甲 沙布滇 姪的 砵都 晏多爾
亞沙那厘
以上共進三板七隻夷商九名水手二十九名
共出三板六隻夷商二十三名水手三十一名

廣東候補通判李敦業
署兩廣督標中軍副將事前營叅將祺壽
調署廣東廣州城守副將南雄協副將趙承德
遇缺即陞府經歷縣丞廣東增城縣茅田司巡檢張裕

四月 拾肆 日

F.O.682/253A/4(14) C

四月十四日出入夷人

[redacted]

今將驗過來往三板內載夷人名数列摺呈
覽
計開
由黃埔來省花旗小三板一隻入修和行
夷商一名 亞布爐
水手四名 羅士 单波地 即加兜 些亞架
又港脚小三板一隻入義和行
夷商一名 占臣
水手四名 番尔士 些剌 必吾 堡直
又港脚小三板一隻入義和行

14

水手五名 列沙 必地 熈斤士 和倫 厘

又港脚小三板一隻入仁和行

夷商一名 孖古士

水手四名 這厘 抗臣 乞 煲文

由省往黃埔花旗小三板一隻

夷商一名 邊治文

水手四名 渣利 厘 羅結 士卒

又港脚小三板一隻

夷商二名 占臣 康云臣

水手四名 畨尔士 些剌 必吾 煲直

又港脚小三板一隻

夷商三名 連也 記厘麼 剌準

水手五名 列沙 必地 熈斤士 厘 加倫

又港脚小三板一隻

夷商二名 孖古士 渣厘

水手四名 這厘 抗臣 乞 煲文

又港脚小三板一隻

夷商一名 利

水手四名 渣里 知未 占未 邊

由省往澳門西瓜扁一隻

夷商三名 剌丁治 罷倫 可羅也治 倶港脚人僱鍾子懷扁艇装載税物

小廝六名 公戈 八佐 羊亞 拿士歪

湛些 九利

又西瓜扁一隻

夷商二名 八佐治 那素灣治 倶港脚人僱梁彩高扁艇装載税物

小廝四名 打度 可羅未 化敦 剌登

又西瓜扁一隻

夷商二名 利則 士佐 倶港脚人僱黃國保扁艇装載税物

又西瓜扁一隻

夷商二名 尖港脚人 悲架米利堅人 僱陳兆昌扁艇装載税物

以上共進三板四隻夷商三名水手十七名
共出三板五隻西瓜扁四隻夷商十八名水手二十一名小廝十名

四月　拾伍　日

廣東候補通判李敦業
署兩廣督標中軍副將事前營參將祺壽
調署廣東廣州城守副將南雄協副將趙承德
遇缺即陞府經歷縣丞廣東增城縣茅田司巡檢張裕

首領呈出入夷人

[redacted]

今將驗過來往三板內載夷人名數列摺呈
覽
計開
由黃埔來省花旗小三板一隻入晉元行
夷商二名　了者　山頓
水手四名　占　渣厘　広士　卑厘
又花旗小三板一隻入修和行
夷商一名　士卒
水手七名　卑甫　煨士　央多庇士
云臣　狽律　不地臣　贊臣

14

又花旗小三板一隻入修和行
水手四名 心 悲厘 占 渣士
又花旗小三板一隻入修和行
水手四名 滇 即臣 尊 威厘臣
由省往澳門順字第七號大三板一隻
水手五名 毋心 租尔 亞幾馬乜
賛馬勿 那華地
由省往黃埔花旗小三板一隻
夷商四名 邊文 美知 勿米見 美刺
水手六名 便 卜佐 樸 高厘 雪士
又花旗小三板一隻
夷商二名 丫者 山頓
水手四名 占 渣厘 庢士 卑厘
又花旗小三板一隻
水手四名 心 悲厘 占 渣士

又花旗小三板一隻
夷商一名 士卒
水手七名 卑甫 喂士 央多庇士
云臣 猸律 不地臣 賛臣
又花旗小三板一隻
夷商一名 蘭
水手四名 滇 即臣 尊 威厘臣
以上共進三板四隻夷商三名水手十九名
共出三板六隻夷商八名水手三十名

六月 初九 日

廣東候補通判李敦業
署兩廣督標中軍副將事前營參將祺壽
調署廣東廣州城守副將南雄協副將趙承德
遇缺即補府經歷縣丞廣東增城縣茅岡巡檢張裕

F.O.682/253A/4 (14) E

首初十日出入夷人

[redacted]

今將驗過來往三板内載夷人名数列摺呈

覽

計開

由澳門來省順字第一號大三板一隻入聚豐行

夷商一名 央布威 港脚人

水手十名 奴馬文 老孖剌 美利渣

馬乜 佛打治 意枳打剌 晏多爾

撻治 加滇 捫治

由黃埔來省花旗小三板一隻入修和行

夷商三名 經 邊文 煨廉

14

水手四名 列 心 者姑 渣厘

又花旗小三板一隻入晋元行

水手四名 心 占 担 渣士

又花旗小三板一隻入修和行

夷商一名 山頓

水手四名 尊 渣厘 威廉 則見

又花旗小三板一隻入修和行

夷商一名 士卒

水手六名 渣厘 罷剌罷 絲力覓

担麻士 雷士 尊花打

又花旗小三板一隻入修和行

夷商二名 勿架剌 弁遜

水手六名 佐煖 士厘 心文 広 不

又花旗小三板一隻入義和行

夷商二名 美剌 賛文

水手四名 勿 鎮厘 渣厘 卜

又花旗小三板一隻入修和行
夷商一名 丫者
水手四名 渣厘 尊 渣治 針
又花旗小三板一隻入修和行
水手五名 邉 蝦厘 士芴 担文 希連
又花旗小三板一隻入修和行 内載洋銀大小三十四箱
夷商一名 蘭
水手四名 即臣 单 即 姑臣
由省往黄埔花旗小三板一隻
夷商二名 經 熼廉
水手四名 列 心 者姑 渣厘
又花旗小三板一隻
夷商一名 賛文
水手四名 心 占 担 渣士
又花旗小三板一隻
夷商二名 山頓 威廉
水手四名 尊 渣厘 威廉 則見
又花旗小三板一隻
夷商一名 賛文 於申刻復來當即回埔
水手六名 渣厘 罷剌罷 絲力覔
担麻士 雷士 尊花打
又花旗小三板一隻
水手五名 邉 蝦厘 士芴 希連 担文
又花旗小三板一隻
夷商一名 蘭
水手四名 即臣 单 即 姑臣
以上共進三板十隻夷商十二名水手五十一名
共出三板六隻夷商七名水手二十七名

六月 初十 日
廣東候補通判李敦業
署兩廣督標中軍副將事前營參將祺壽
調署廣東廣州城守副將南雄協副將趙承德
遇缺即陞府經歷縣丞廣東增城縣茅田司巡檢張裕

F

八月初一日出入夷人

今将驗過来省三板内載夷人名数列摺呈

覽

計開

由黄埔来省花旗小三板一隻入舊公行

夷商三名　巴律　波厘　科士

水手四名　滇　沙　士的　恙

以上進三板一隻夷商三名水手四名

出三板無

14 (1)

八月初一日

廣東雷州府遂溪縣縣丞保舉應陞陳鼎
調署廣東廣州城守副将南雄協副将趙承德
署兩廣督標中軍副将事廣東撫標中軍叅将祺壽
廣東候補通判李敦業
遇缺即陞府經歴縣丞廣東增城縣茅田司巡檢張裕

省出入夷人

令將驗過來往三板內載夷人名數列摺呈

覽

計開

由黃埔來省黃旗小三板一隻入義和行

夷商二名　都士立　馬那爾奴

水手五名　沙板　打閏　旺梳　亞滇　到老

又花旗小三板一隻入修和行

夷商一名　吖士蔔

水手四名　歇治　付零　士匆　央

由省往黃埔花旗小三板一隻

夷商一名　吖士蔔

水手四名　歇治　付零　士匆　央

以上共進三板二隻夷商三名水手九名

出三板一隻夷商一名水手四名

八月初六日

廣東雷州府遂溪縣縣丞保舉應陞陳鼎

調署廣東廣州城守副將南雄協副將趙承德

加總兵銜兩廣督標中軍副將趙光璧

廣東候補通判李敦業

遇缺即陞府經歷縣丞廣東增城縣茅田司巡檢張裕

十月廿日出入夷人

[redacted]

今將驗過來往三板內載夷人名數列摺呈

覽

計開

由黃埔來省黃旗小三板一隻入義和行

夷商三名　孖利士　悲丹臣

占希板 此名港脚人附搭

水手七名　思嗔　沙嗔　廉云　巴林

米利嗔　布羅士　租

又花旗小三板一隻入晉元行

夷商二名　美臣　加臣

水手四名　占　亞肥　亞單　美剌

又花旗小三板一隻入隆順行

夷商二名　力活　列治

水手六名　即　非列　旁郎　佐治

屈治　則及

由省往黃埔花旗小三板一隻

夷商一名　極力

水手三名　織　担　士堂

又花旗小三板一隻

夷商三名　剌之士　巴律　多士

水手六名　即　非列　旁郎　佐治

屈治　則及

以上共進三板三隻夷商七名水手十七名
共出三板二隻夷商四名水手九名

十月初九日

廣東雷州府遂溪縣縣丞保舉應陞陳鼎
調署廣東廣州城守副將南雄協副將趙承德
加總兵銜兩廣督標中軍副將趙光璧
廣東候補通判李敦業
遇缺即陞府經歷縣丞廣東增城縣茶園司巡檢張裕

十月初三日出入夷人

[redacted]

今將驗過来往三板内載夷人名数列摺呈
覧
計開
由黄埔来省黄旗小三板一隻入修和行
夷商二名　爾絲利化　蘭耶兒此二名係西洋人附搭黄旗三板
水手五名　旺梳　打閏　梳羅　地布　亞滇
又花旗小三板一隻入廣源行
夷商二名　架勒　猖臣
水手四名　威利臣　哥士　士邉臣
不打
由省往黄埔黄旗小三板一隻

水手五名　旺梳　打閏　梳羅　地布
　　　　　亞滇
又花旗小三板一隻
夷商一名　架勒
水手四名　威利臣　哥士　士邉臣
　　　　　不打
又花旗小三板一隻
夷商三名　科士　巴律　波厘
水手四名　滇　沙　士的　悉
以上共進三板二隻夷商四名水手九名
共出三板三隻夷商四名水手十三名

八月初二日

廣東雷州府遂溪縣縣丞保舉應陞陳鼎
調署廣東廣州城守副將南雄協副將趙承德
署兩廣督標中軍副將事廣東撫標中軍叅將祺壽
廣東候補通判李敦業
遇缺即陞府經歷縣丞廣東增城縣茅田司巡檢張裕

六月廿九日出夷人

今将驗過来往三板内載夷人名数列摺呈

覧

計開

由黄埔来省花旗小三板一隻入修和行

水手四名　織　蝦厘　啹厘臣　尊

又花旗小三板一隻入廣源行

水手四名　担　佐　尊　啹廉

又花旗小三板一隻入晋元行

夷商一名　加剌　隨帶番銀二箱

水手四名　蝦剌卑　尊了涨　即便

柯氐士

由省往黄埔花旗小三板一隻

水手四名　織　蝦厘　啹厘臣　尊

又花旗小三板一隻

水手四名　担　佐　尊　啹廉

以上共進三板三隻夷商一名水手十二名

共出三板二隻水手八名

六月二十九日

廣東雷州府遂溪縣縣丞保舉應陞陳鼎

調署廣東廣州城守副將南雄協副將趙承德

署兩廣督標中軍副將事前營參將祺壽

廣東候補通判李敦業

遇缺即陞府經歷縣丞廣東增城縣茅田巡檢張裕

六月十五日出入夷人

今将驗過来往三板内載夷人名数列摺呈
覧
計開
由黄埔来省花旗小三板一隻入廣源行
夷商三名　邉文　央了者　加厘威
水手四名　佐治　威林　渣士威　担
又花旗小三板一隻入修和行
夷商二名　勿架剌　山頓
水手六名　渣治　渣士　只　必打　列
剌士
由省往黄埔花旗小三板一隻
夷商二名　邉文　加厘威
水手四名　佐治　威林　渣士威　担
又花旗小三板一隻
夷商二名　勿架剌　山頓
水手六名　渣治　渣士　只　必打
列　剌士
以上共進三板二隻夷商五名水手十名
共出三板二隻夷商四名水手十名

六月十五日
廣東候補通判李敦業
署兩廣督標中軍副将事前營叅将祺壽
調署廣東廣州城守副将南雄協副将趙承德
遇缺即陞府經歷縣丞廣東增城縣茅田司巡檢張裕

四月十八日出入夷人

[redacted]

今将驗過來往三板内載夷人名数列摺呈

覽

計開

由黄埔來省港脚小三板一隻入義和行

夷商一名 士邉士

水手五名 了利臣 掩罷 化刺結

打息 亞士列

又花旗小三板一隻入隆順行

水手四名 立臣 多必時 了佛 孖厘時

由省往黄埔花旗小三板一隻

六月初三日出入夷人

[redacted]

今将驗過来往三板内載夷人名数列摺呈

覽

計開

由黄埔来省花旗小三板一隻入義和行

水手四名 孖士 覓忌多 渣治 拂哭

又花旗小三板一隻入修和行

夷商一名 了者

水手四名 広 賛臣 即 郎地

又花旗小三板一隻入修和行

夷商一名 山頓

水手四名　威廉　担　渣治　左治
由省往黄埔花旗小三板一隻
夷商一名　連未臣
水手四名　孖士　覓忌多　渣治　拂哭
又花旗小三板一隻
夷商三名　勿架剌　弁遜　威林
水手六名　佐　花拔　哥地　益士　思厘的
又花旗小三板一隻
夷商一名　了者
水手四名　宏　賛臣　即　郎地
又花旗小三板一隻

夷商一名　山頓
水手四名　威廉　担　渣治　左治
以上共進三板三隻夷商二名水手十二名
共出三板四隻夷商六名水手十八名

六月初二日

廣東候補通判李敦業
署兩廣督標中軍副將事前營叅將祺壽
調署廣東廣州城守副將南雄協副將趙承德
遇缺即陞府經歷縣丞廣東增城縣茅田司巡檢張裕

省河三板出入夷人

今将驗過来往三板内載夷人名数列摺呈

覽

計開

由黄埔来省花旗小三板一隻入修和行

夷商四名　美剌　覓見令　經　九云

水手四名　卑厘　渣士　占　巴令

又花旗小三板一隻入廣源行

夷商二名　亷文　邉臣

水手六名　山剌士　沙記　思厘　高倫　佐　邉力

又花旗小三板一隻入修和行

夷商一名　蘭

水手四名　米　尊　則臣　单倫

又花旗小三板一隻入修和行

夷商一名　衣厘

水手四名　黑　渣臣　乎文　蝦厘

由澳門来省順字第四號大三板一隻入修和行

夷商五名　踈　波郎　逕　卑厘（俱花旗人）　央（港脚人）

水手七名　孟乜　亞厘　亞罷林　家剌　亞深　米滇　些云

由省往黄埔花旗小三板一隻

夷商四名　美剌　覓見令　經　邉文

水手四名　卑厘　渣士　占　巴令

又花旗小三板一隻

夷商一名　蘭

水手四名　米　尊　則臣　単倫

以上共進三板五隻夷商十三名水手二十五名

共出三板二隻夷商五名水手八名

六月初三日

廣東候補通判李敦業

署两廣督標中軍副將事前營叅將祺壽

調署廣東廣州城守副將南雄協副將趙承德

遇缺即補府經歷縣丞廣東增城縣茅田司巡檢張裕

六月初三日出入夷人

今將驗過来往三板內載夷人名数列摺呈

覽

計開

由黃埔来省花旗小三板一隻入廣源行

夷商二名　邊文　巳厘云

水手四名　渣治　渣士　威林　担

又花旗小三板一隻入修和行

夷商一名　廡勿治

水手五名　威林　温　晏多坭　佐　專

又花旗小三板一隻入修和行

夷商二名　弁遜　賛文
水手四名　士勿　卜　三　卑厘
又花旗小三板一隻入修和行
水手四名　卜　卑厘　渣厘　必治
又花旗小三板一隻入修和行
水手六名　卜　佐　渣厘　科士打
絲力　紗剌士
由省往黄埔花旗小三板一隻
夷商一名　已厘云
水手四名　士勿　卜　三　卑厘
又花旗小三板一隻
夷商一名　邉文
水手四名　渣治　渣士　威林　担
又花旗小三板一隻
水手四名　卜　卑厘　渣厘　必治

以上共進三板五隻夷商五名水手二十三名
共出三板三隻夷商二名水手十二名

六月十三日
廣東候補通判李敦業
署兩廣督標中軍副將事前營叅將祺壽
調署廣東廣州城守副將南雄協副將趙承德
遇缺即陞府經歷縣丞廣東增城縣茅岡司巡檢張裕

七月初八日出入夷人

F.O.682/279A/5(13)

今将驗過来往三板内載夷人名数列摺呈

覽

計開

由黄埔来省黄旗小三板一隻入義和行

夷商二名　都士立　馬那爾奴

水手五名　尊　米滇　沙灣　亞滇　打潤

又花旗小三板一隻入廣源行

夷商一名　賛文

水手四名　佐治　巴刺　担麻士　渣厘

又花旗小三板一隻入晋元行

水手五名　今加墳　狽厘　店　尊　晏非

又花旗小三板一隻入義和行

夷商一名　勿架刺

水手四名　覓見安　左治　甲爕多　占

由省往澳門順字第四號大三板一隻

水手六名　亞深　米滇　亞厘　家刺

孟乜　亞罷林

由省往黄埔黄旗小三板一隻

夷商一名　馬那爾奴

水手五名　尊　米滇　沙灣　亞滇　打潤

又花旗小三板一隻

夷商二名　賛文　巴律

水手四名　佐治　巴刺　担麻士　渣厘

以上共進三板四隻夷商四名水手十八名

共出三板三隻夷商三名水手十六名

廣東雷州府遂溪縣縣丞保舉應陞陳鼎

調署廣東廣州城守副将南雄協副将趙承德

署两廣督標中軍副将事前營叅将祺壽

廣東候補通判李敦業

遇缺即陞府經歷縣丞廣東增城縣茅田司巡檢張裕

七月初八日

六月十二日出入夷人

今将驗過来往三板内載夷人名数列摺呈

覧

計開

由澳門来省順字第四號大三板一隻入修和行

夷商一名　袜花旗人

水手六名　家剌　孟乜　亞厘　亞罷林

亞深　米滇

由黄埔来省花旗小三板一隻入修和行

夷商二名　列治　央了者

水手四名　央臣　巴地力　奴文　明个

又花旗小三板一隻入修和行

夷商一名　洛

水手五名　占卜　渣力　邉　担

又花旗小三板一隻入修和行

夷商一名　亦忌厘

水手六名　加律　科士打　絲力　玉

佐　巴罷

又花旗小三板一隻入修和行

夷商二名　山頓　威廉

水手四名　卑厘　卜　乞打　谷

由省往澳門順字第二號大三板一隻

夷商二名　梳　山架班

水手九名　姪的　亞申　亞乜　問奴　貨甲

多萬奴　沙布滇　晏多爾　砵都

由省往黄埔花旗小三板一隻

夷商三名　列治　央了者　邉文
水手四名　央臣　巴地力　奴文　明个
又花旗小三板一隻
夷商一名　洛
水手五名　占卜　渣力　邉　担
又花旗小三板一隻
夷商三名　山頡　威廉　加剌
水手四名　卑厘　卜　乞打　谷
又花旗小三板一隻
夷商二名　勿架剌　弁遜
水手六名　加律　科士打　絲力　玉
　　　　佐　巴罷
以上共進三板五隻夷商七名水手二十五名
共出三板五隻夷商十一名水手二十八名

六月十二日
廣東候補通判李敦業
署兩廣督標中軍副將事前營叅將祺壽
調署廣東廣州城守副將南雄協副將趙承德
遇缺即陞府經歷縣丞廣東增城縣茅田司巡檢張裕

六月十七日出入夷人

[redacted]

今将驗過來往三板內載夷人名數列摺呈

覽

計開

由黃埔來省花旗小三板一隻入修和行

夷商一名　架力架

水手四名　分頓　即佛　笠　旁郎

又花旗小三板一隻入修和行

夷商二名　可勞　加厘文

水手四名　担　心　店　加

又花旗小三板一隻入晉元行

夷商二名　地文之　罷剌打

水手四名　店布　尊　弭　士吉

又花旗小三板一隻入修和行

夷商二名　蘭　滑士

水手四名　邉　尊　即　晏刀爐

又花旗小三板一隻入修和行

夷商一名　非剌

水手四名　占　心　渣厘　狽厘

由省往澳門順字第一號大三板一隻

水手十名　奴馬文　老孖剌　美利渣

馬乜　佛打治　意枳打剌　晏多尔

撻治　加滇　捫治

由省往黃埔花旗小三板一隻

夷商二名　美剌　九云

水手四名　勿　狽厘　渣厘　卜

FO 931/0466

又花旗小三板一隻
夷商一名　了者
水手四名　渣厘　尊　渣治　針
又花旗小三板一隻
夷商二名　架力架　加厘文
水手四名　分頓　即佛　笠　旁郎
又花旗小三板一隻
夷商一名　可勞
水手四名　担　心　店　加
又花旗小三板一隻
夷商三名　地文之　罷剌打　亦忌厘
水手四名　店布　尊　弭　士吉
又花旗小三板一隻
夷商二名　蘭　滑士
水手四名　邊　尊　即　晏刀爐

又花旗小三板一隻
夷商一名　非剌
水手四名　占　心　渣厘　頂厘
又花旗小三板一隻
水手六名　佐　煖　士厘　心文　広　不
以上共進三板五隻夷商八名水手二十名
共出三板九隻夷商十二名水手四十四名

六月　十一　日
廣東候補通判李敦業
署兩廣督標中軍副將事前營參將祺壽
調署廣東廣州城守副將南雄協副將趙承德
遇缺即陞府經歷縣丞廣東增城縣茅田司巡檢張裕

省垣出入夷人

令将驗過来往三板内載夷人名数列摺呈
覧
計開
由黄埔来省花旗小三板一隻入修和行
夷商一名　美刺
水手四名　卜　占　渣厘　卑厘
夷商一名　了者
又花旗小三板一隻入晋元行
水手四名　專　慳　蝦力　佐治
又花旗小三板一隻入修和行
水手二名　緼　燕多尼
由省往澳門順字第四號大三板一隻
水手六名　家刺　孟乜　亞厘　亞罷林
亞深　米滇
由省往黄埔花旗小三板一隻
夷商四名　弁遜　京　央經　邉臣
水手六名　卜　佐　渣厘　科士打
絲力　紗刺士
又花旗小三板一隻
夷商三名　央　衣厘　波郎
水手五名　威林　温　晏多坭　佐　專
又花旗小三板一隻
夷商二名　美刺　滑
水手四名　卜　占　渣厘　卑厘
又花旗小三板一隻

夷商一名　丫者

水手四名　專　慳　蝦力　佐治

又花旗小三板一隻

夷商一名　蔗勿治

水手二名　緼　燕多尼

以上共進三板三隻夷商二名水手十名

共出三板六隻夷商十一名水手二十七名

六月十四日

廣東候補通判李敦業
署兩廣督標中軍副將事前營叅將祺　壽
調署廣東廣州城守副將南雄協副將趙承德
遇缺即補府經歷縣丞廣東增城縣茅田司巡檢張　裕

省每日出入夷人

[redacted]

今将驗過来往三板内載夷人名数列摺呈
覧

計開

由黃埔来省花旗小三板一隻入修和行
夷商四名　軒地吉　勿架剌　巴律　花臣頓
水手七名　未堅　馬士　晏多梳　厘架
晏爾玉　馬多奴　連

又花旗小三板一隻入廣源行
夷商一名　記厘云
水手四名　担　占　佐治　威廉

由省往澳門順字第四號大三板一隻
水手六名　亞厘　孟乜　亞深　米滇
家剌　亞罷林

由省往黃埔花旗小三板一隻
夷商二名　軒地吉　勿架剌
水手七名　未堅　馬士　晏多梳　厘架
晏爾玉　馬多奴　連

又花旗小三板一隻
夷商二名　記厘云　賛文
水手六名　担　占　佐治　威廉
晏多㞾……　梳伊

又花旗小三板一隻
夷商二名　毡士林　晏臣
水手四名　士勿　士吉　尊　的

以上共進三板二隻夷商五名水手十一名
共出三板四隻夷商六名水手二十三名

六月二十七日

廣東雷州府遂溪縣縣丞保舉應陞陳鼎
調署廣東廣州城守副將南雄協副將趙承德
署兩廣督標中軍副將事前營叅將祺壽
廣東候補通判李敦業
遇缺即陞府經歷縣丞廣東增城縣茅田司巡檢張裕

七月廿七日出入夷人

令將驗過來往三板內載夷人名数列摺呈

覽

計開

由黃埔來省花旗小三板一隻入廣源行

夷商一名　賛文（隨帶番銀六箱）

水手四名　威廉　担士　渣治　列

由省往黃埔黃旗小三板一隻

夷商三名　都士立　勿架剌（花旗人附搭）　羅（花旗人附搭）

水手五名　沙板　滇　布滇　亞端

打閏

又花旗小三板一隻

夷商二名　記厘云　士搬拿

水手四名　威廉　担士　渣治　列

又花旗小三板一隻

水手六名　黑令　覓見安　个洛

必剌　非極力　士地云

以上進三板一隻夷商一名水手四名

共出三板三隻夷商五名水手十五名

七月二十七日

廣東雷州府遂溪縣縣丞保舉廳陞陳鼎

調署廣東廣州城守副將南雄協副將趙承德

署兩廣督標中軍副將事廣東撫標中軍叅將祺壽

廣東候補通判李敦業

遇缺即陞府經歷縣丞廣東增城縣茅田司巡檢張裕

F.O. 682/325/4(24)

七月廿八日出入夷人

[redacted]

令将驗過来往三板内載夷人名数列摺呈

覧

計開

由黄埔来省黄旗小三板一隻入義和行

夷商二名 都士立 勿架剌（此名花旗人附搭）

水手五名 廡 沙板 打閏 尊

士官羅

又花旗小三板一隻入隆順行

水手四名 壳見 担麻 威廡

尊江打

又花旗小三板一隻入義和行

水手六名 曼刀爐 渣厘 華厘

单刀 担士 士的云

由省往黄埔黄旗小三板一隻

夷商四名 都士立 㹳仁（花旗人附搭） 滑麼（花旗人附搭）

勿架剌（花旗人附搭）

水手五名 廡 沙板 打閏 尊

士官羅

又花旗小三板一隻

夷商二名 央羅 坭之

水手四名 壳見 担麻 尊江打 威廡

又花旗小三板一隻

夷商二名 巴律 士箴

水手七名 曼刀爐 渣厘 華厘

单刀 担士 士的云

甲臭多

以上共進三板三隻夷商二名水手十五名

共出三板三隻夷商八名水手十六名

七月二十八日

廣東雷州府遂溪縣縣丞保舉應陞陳　鼎

調署廣東廣州城守副將南雄協副將趙　承德

署兩廣督標中軍副將事廣東撫標中軍參將祺　壽

廣　東　候　補　通　判李　敦業

遇缺即陞府經歷縣丞廣東增城縣茅田司巡檢張　裕

F.O.682/325/4(25)

七月廿九日出夷人

今将驗過来往三板内載夷人名数列摺呈

覧

計開

由黄埔来省黄旗小三板一隻入義和行

夷商二名　記爾兕　祖亞京

水手五名　旺梳　打閭　亞真　布碌

布滇

又花旗小三板一隻入修和行

夷商二名　多剌那　央羅

水手四名　威廉得忌　恰堅　列治

江頡

又花旗小三板一隻入廣源行

水手五名　左治　威廉　渣士

士担　士卒

由省往黄埔黄旗小三板一隻

夷商二名　記爾兕　祖亞京

水手五名　旺梳　亞真　布碌

打閭　布滇

又花旗小三板一隻

水手四名　威廉得忌　恰堅　列治

江頡

又花旗小三板一隻

夷商一名　賛文

水手五名　左治　威廉　渣士

士担　士卒

以上共進三板三隻夷商四名水手十四名

共出三板三隻夷商三名水手十四名

七月二十九日

廣東雷州府遂溪縣縣丞保舉應陞陳鼎

調署廣東廣州城守副將南雄協副將趙承德

署兩廣督標中軍副將事廣東撫標中軍叅將祺壽

廣東候補通判李覆業

過缺即陞府經歷縣丞廣東增城縣茅田司巡檢張裕

F.O.682/325/4(26)

七月廿日出入夷人

[redacted]

令將驗過來往三板內載夷人名數列摺呈

覽

計開

由黃埔來省黃旗小三板一隻入義和行

夷商三名　都士立　馬那爾奴

個多剌

水手五名　旺梳　沙板　亞端　亞滇

士官羅

由省往黃埔黃旗小三板一隻

夷商五名　都士立　馬那爾奴

個多剌　個刀禮花旗人附搭

爾絲利化西洋人附搭

水手五名　旺梳　士官羅　亞滇

沙板　亞端

以上進三板一隻夷商三名水手五名

出三板一隻夷商五名水手五名

七月三十日

廣東雷州府遂溪縣縣丞保舉應陞陳鼎
調署廣東廣州城守副將南雄協副將趙承德
署西廣督標中軍副將事廣東撫標中軍參將祺壽
廣東候補通判李叢業
遇缺即陞府經歷縣丞廣東增城縣茅田司巡檢張裕

本月十六日出入夷人

[redacted]

令将驗過来往三板内載夷人名数列摺呈

覽

計開

由黄埔来省花旗小三板一隻入廣源行

夷商三名　士多厘　花臣頓　敝禮士

水手六名　羅論　執文　吉大　士滇

尊　渣

又花旗小三板一隻入修和行

水手六名　沙利庇　華厘士　蝦厘

閣罷　直　孖令

又花旗小三板一隻入修和行

夷商二名　希力　亞昔

水手四名　占臣　晏刀爐　剌士勿

晏至老

又花旗小三板一隻入隆順行

夷商一名　乃思兒

水手六名　士郎　担　織　剌別臣

亞厘三　亞乜

又花旗小三板一隻入廣源行

水手四名　架剌結　機便　威廉　些便

又黄旗小三板一隻入義和行

水手五名　思滇　哥路士　孖刀滇

孖力　沙滇

由省往黄埔花旗小三板一隻

夷商三名　士多厘　敝禮士　多羅拔

水手六名　羅論　執文　吉大　士滇

尊　渣

又花旗小三板一隻

夷商三名　剌拂　拜　央羅厘

水手四名　架剌結　機便　威廉　些便

又花旗小三板一隻

夷商二名　乃思兇　亞昔

水手六名　士郎　担　織　剌別臣

亞厘三　亞乜

又花旗小三板一隻

夷商一名　希力

水手四名　占臣　晏刀爐　剌士勿

晏至老

又花旗小三板一隻

水手六名　沙利庇　華厘士　蝦厘

閒罷　直　孖令

又黄旗小三板一隻

夷商三名　孖利士　林士（此名係湛波立人附搭）

京巳厘司（此名花旗人附搭）

水手五名　思滇　哥路士　孖刀滇

孖力　沙滇

以上共進三板六隻夷商六名水手三十一名

共出三板六隻夷商十二名水手三十一名

十一月初八日出入夷人

[redacted]

今将驗過來往三板内載夷人名数列摺呈

覽

計開

由黃埔來省花旗小三板一隻入仁和行

夷商一名　三文

水手四名　占　厘士　色　了力

又滘脚小三板一隻入修和行

夷商二名　地别　威林

水手五名　非力　佐治　威廉　三

卜

又黃旗小三板一隻入義和行

夷商四名　賛忌　威剌　剌必申此名花旂人

膺架此名港波立人

水手七名　冷這士　孟為　尊　亞珍

孖些奴　晏多尔　晏多庇

又荷蘭小三板一隻入聚豐行

水手七名　架大　亞端　亞滿　珍

多尔　麽　今美士

由省往黃埔花旗小三板一隻

夷商四名　三文　多剌　米厘地

水手四名　占　厘士　色　了力

墨忌多

又花旗小三板一隻

水手四名　蝦力　占　希板士　卑利

又滘脚小三板一隻

夷商二名　彎剌　威利堅臣
水手六名　担臣　渣律　卑利
巴士　孖厘　忌笠士
又港脚小三板一隻
夷商二名　地别　威林
水手五名　非力　佐治　威廉　三卜
又荷蘭小三板一隻
水手八名　吉打剌　渣燈　亞捫
多爐　令美士　真　麼、剌扳
又吕宋小三板一隻
夷商二名　卑古　亞机剌
水手七名　故利晏　云　馬尔奴
加地　故利士　爐士玉　剌士玉
又单鷹小三板一隻
水手四名　專　多爐　咸文　非倫
以上共進三板四隻夷商七名水手二十三名
共出三板七隻夷商十名水手三十八名

十二月初八日

廣東雷州府遂溪縣縣丞保舉應陞陳鼎
署两廣督標中軍副將撫標中軍參將棋壽
調署廣東廣州城守副将南雄協副將楂承德
遇缺即陞府經歷縣丞廣東增城縣營司巡檢張裕

FO 931/0474

F.O.682/325/4(30)

十二月初九日呈夷人

[redacted]

今将驗過來往三板內載夷人名数列摺呈

覽

計開

由黃埔來省花旗小三板一隻入晋元行

夷商二名　甘布　孖士氷士

水手五名　連孥　巴臣　砵花臣

剌士　地兜

又花旗小三板一隻入晋元行

夷商一名　剌便士

水手三名　律　力士　力

又花旗小三板一隻入義和行

夷商二名　加立　亜拂

水手四名　谷邉　加店　賛臣　北

又港脚小三板一隻入修和行

夷商一名　邉利士

水手五名　占　三臣　佐治　尊

必打

又港脚小三板一隻入保和行

夷商一名　彎剌

水手六名　担臣　孖士　米利

卑厘　孖打　這律

又单鷹小三板一隻入修和行

夷商一名　乜卒

水手四名　士的云　蝦文　真　美倫

由省往黃埔花旗小三板一隻

夷商一名　廿布
水手五名　連拏　巴臣　砵花臣
剌士　地兜
又花旗小三板一隻
夷商一名　吉文
水手三名　律　力士　力
又花旗小三板一隻
夷商一名　加立
水手四名　谷邉　加店　賛臣　北
又澘脚小三板一隻
夷商一名　邉利士
水手五名　占　三臣　佐治　尊
必打
又単鷹小三板一隻
夷商二名　乜卒　羅八道士

水手四名　士的云　蝦文　真　美倫
以上共進三板六隻夷商八名水手二十七名
共出三板五隻夷商六名水手二十一名

十二月初九日

廣東雷州府遂溪縣縣丞保舉應陞陳鼎
署兩廣督標中軍副將撫標中軍參將祺壽
調署廣東廣州城守副將南雄協副將趙承德
遇缺即陞府經歷縣丞廣東增城縣茅田司巡檢張裕

四月十二日出入夷情

[redacted]

今將驗過來往三板內載夷人名數列摺呈

計開

由黄埔來省港脚小三板一隻入仁和行

夷商一名　班匿

水手四名　碌見梳　未剌　滑臣　什文

又花旗小三板一隻入晋元行

夷商二名　士邉士　后倫

水手四名　埃喻士　剌庇臣　孖列士　埃利分

又港脚小三板一隻入晋元行

夷商一名　時吉

水手四名　耶臣　烈　勾人　剌別臣

又港脚小三板一隻入仁和行

夷商三名　孖古士　布郎　好礼刀

水手五名　威林　单利斌　必打心　不

烟尔活

又港脚小三板一隻入義和行

夷商二名　地連也　晏度爐

水手四名　蝦士　店未士羅　蝦士品　蘭厘

由澳門來省順字第二號港脚逺仁三板一隻入修和行

夷商二名　抹　科時

水手九名　亞乜　亞申　多萬奴　問奴

貨甲　沙布滇　姪的　砵都　晏多尔

由省往黄埔港脚小三板一隻

夷商二名　布郎　墨忌連

水手五名 威林 单利斌 必打心 烟[illegible] 不

又港脚小三板一隻

水手四名 即臣 烈 勾人 剌别臣

又花旗小三板一隻

夷商一名 士邉士

水手四名 埃偷士 剌庇臣 孖列士 埃剌分

又港脚小三板一隻

夷商一名 晏度爐

水手四名 蝦士 店未士羅 蘭壓 蝦士品

又港脚小三板一隻

夷商一名 班匿

水手四名 碌見梳 未剌 滑臣 什文

由省往澳門西瓜扁一隻

夷商一名 福架 僱蘇亚福扁艇装載税物

又西瓜扁一隻

夷商二名 孖士

小厮一名 蝦勿

又快艇二隻

夷商二名 花臣頓 丁冷假 僱何裕并吴蒂允快艇二隻装載税物牛隻

以上共進三板六隻夷商十一名水手三十名

共出三板五隻西瓜扁二隻快艇二隻夷商九名小厮一名水手二十一名

四月 拾叁 日 廣東候補通判李敦業 署兩廣督標中軍副將事前營叅將祺壽 廣東廣州城守副將韓肇慶 即陞府經歷縣丞廣東增城縣茅田司巡檢張裕

四月廿八日出入夷人

[redacted]

今將驗過來往三板內載夷人名數列摺呈

覽

計開

由澳門來省順字第二號遠仁三板一隻入義和行

夷商四名　担　麥加厘　滑　嗇地羅

水手九名　問奴　姪的　多萬奴　亞乜

亞申　沙布滇　晏多爾　化貨甲

砵都

由黃埔來省花旗小三板一隻入隆順行

水手四名　立臣　孖力士　多罷士　亞利分

由省往黃埔花旗小三板一隻

水手四名　立臣　孖力士　多罷士　亞利分

以上共進三板二隻夷商四名水手十三名

出三板一隻水手四名

四月二十八日

廣東　候補通判李敦業

署兩廣督標中軍副將事前營參將祺壽

調署廣東廣州城守副將南雄協副將趙承德

遇缺即補府經歷縣丞廣東增城縣茅田司巡檢張　裕

四月廿九日出入夷人

[redacted]

令將驗過來往三板內載夷人名數列摺呈
覽

計開

由黃埔來省花旗小三板一隻入隆順行

水手四名　立臣　孖力士　多罷士　亞利分

由省往澳門西爪扁二隻

夷商三名　梳沙(港腳人)　士乜　架力(二名米利堅人偕黃成并何亞佛扁艇二隻裝載稅物等項)

小廝二名　連　魯

又順字第二號遠仁三板一隻

夷商二名　忌力渣　蘭耶厘

水手九名　閂奴　姪的　亞乜　多萬奴　亞申　貨甲　砵都　沙布滇　晏多爾

以上共進三板一隻水手四名

出三板一隻西爪扁二隻夷商五名小廝二名水手九名

四月二十九日

廣東候補通判李敦業

署兩廣督標中軍副將事前營叅將祺壽

調署廣東廣州城守副將南雄協副將趙承德

遇缺即陞府經歷縣丞廣東增城縣茅田司巡檢張裕

F.O.682/327/5(44)

十二月廿九呈夷人

[redacted]

今将驗過来往三板内載夷人名数列摺呈
覧
計開
由黄埔来省花旗小三板一隻入隆順行
夷商一名 了林
水手六名 力見 蝦利 直 左
值 打加文
又花旗小三板一隻入修和行
夷商一名 亜拂
水手四名 及立 直 担臣 文打
小厮一名 碟打

又花旗小三板一隻入修和行
水手五名 佛蘭士 刀梳 馬思奴
匇先地 羅連素
又佛蘭西小三板一隻入隆順行
夷商一名 必打
水手五名 馬力 勞加 亜厘 度文
廉云
由省往黄埔花旗小三板一隻
夷商二名 科士 列治
水手六名 担 佛蘭士 刀梳 馬思奴
匇先地 羅連素
又花旗小三板一隻
夷商一名 亜拂
水手五名 及立 直 担臣 文打
碟打 此名小厮
又花旗小三板一隻

夷商三名　了林　威利臣　布碌士
水手六名　力見　值　蝦利　直左
打加文
又花旗小三板一隻
夷商三名　當臣　亞倫　架剌士
水手五名　贊　佐治　山威剌　直珍
又佛蘭西小三板一隻
夷商二名　必打　卑士
水手五名　馬力　勞加　亞厘　度文　廉□
又呂宋小三板一隻
夷商二名　亞非拿　卑個
水手五名　阿思　些地玉　馬卑
威利士　布厘央
又呂宋小三板一隻
水手四名　老士沃　架四巴　晏多沃
羅連素

又湛波立小三板一隻
夷商二名　馬記　威剌
水手四名　冷西士　尊　百蘇　煨廉
又单鷹小三板一隻
夷商一名　羅八道士
水手四名　威廉　波兒　咸文　雷
又由省往澳門快艇一隻
夷商三名　悭打　不律活
士蔑　係花旂人僱艇戶何亮經快艇裝載稅貨請海關批給牌照下澳
以上　共進三板四隻夷商三名水手二十一名
共出三板九隻夷商十六名水手四十四名
快艇一隻夷商三名

十二月二十九日

廣東雷州府遂溪縣縣丞保舉應陞陳鼎
署標下中軍副將廣東撫標中軍參將祺壽
調署廣東廣州城守副將南雄協副將趙承德
遇缺即陞府經歷縣丞廣東增城縣茅司巡檢張裕

西埔港脚小三板一隻
夷商三名　咸臣　士連也　晏刀薑
水手十三名　加架　花士　麼　孖頓
孖力　威士令　亞泝　忌利必　獚仁
曾見　厘士　衣云　波倫
又港脚小三板一隻
夷商二名　班律　三步
水手四名　必吾　遮剌　些治　羅士美
又港脚小三板一隻
水手四名　碌見梳　牽拿士　眉剌　扢臣
又港脚小三板一隻
夷商一名　滇臣
水手五名　湛文　都　湛孖　波爐　到羅
又港脚小三板一隻
夷商二名　鴉治　地連頓
臣　尊　咸文　厘云士

十月初八日出夷人

令將驗過來往三板內載夷人名數列摺呈

覽

計開

由黃埔來省湛波立小三板一隻入修和行

夷商一名　竿

水手七名　這士　煨廉　牽力　非廉

担不　藍麻士　加厘梳

又花旗小三板一隻入仁和行

水手四名　剌士　極力　化令　絡

由澳門來省快艇一隻入保和行

夷商一名　勿玉覃義理（係港脚人僱船戶蕭愿快艇裝載行李衣物海關批給牌照來省）

由省往黃埔黃旗小三板一隻

夷商一名　馬厘咽（此名港脚人附搭）

水手五名　思滇　利招　米利滇

沙滇　巴力

又花旗小三板一隻

夷商三名　力活　剌拂　希力

水手六名　無這士　葛　担　占

些便　織合

又花旗小三板一隻

夷商一名　墨忌多

水手四名　剌士　極力　化令　識

又港脚小三板一隻

夷商一名　勿玉覃義理

水手四名　心見　布郎　免打　尊

以上共進三板三隻夷商二名水手十一名
共出三板四隻夷商六名水手十九名

十月初六日

廣東雷州府遂溪縣縣丞保舉應陞陳鼎
調署廣東廣州城守副將南雄協副將趙承德
加總兵銜兩廣督標中軍副將趙光璧
廣東候補通判李[illegible]
選缺卽陞府經歷縣丞[illegible]司[illegible]

特參捐知府麥慶培

一

P.1　　FO.682/112/3(26)　1

奏

六月初十拜發

奏為特參串同外夷借勢凌人之在籍捐納知府

恭摺請

旨革職審辦仰祈

聖鑒事竊據嘆咭唎領事伸陳嘆商丸尔特利向生

泰店買有桂皮數萬觔在洲頭河面灣泊欲起

二

P.2　　2

貯該店之同發棧據華商説知有挑夫楊妹仔

等圖詐攔阻令將華商所開各情呈請按拘治

罪示禁等情當查華夷買賣貨物未經上棧

一切挑運裝綑均由內地行店經理與夷商並

無干涉何以該領事忽請示禁殊堪詫異正在

飭查辦理間據番禺縣知縣壽祺稟稱准該領

事照會前情並據生泰店戶麥芬具稟到縣即

經該縣督同卸署河泊所大使何慶齡等前往

查辦因生泰店圖減挑夫工銀不遂欲自雇工

搬運致與挑夫楊妹仔等爭執經該縣等剴切

開導各挑夫情願酌減工費該店戶麥芬並未

見面有報捐知府指省浙江之麥慶培挺身出

p.3　3

答麥芬係我胞兄其實係我生意恃符刁抗堅
執不從並有夷商二名在場幫同助喝該縣等
妥為弹壓始行解散其串嘱情弊顯然禀請查〔排解夷人並未爭論〕
辦臣等當即札飭廣州府知府易棠飭傳該職
員麥慶培查訊并添委候補知府蔣立昂會同
確訊詳辦去後茲據該府等禀稱訊據麥慶培
供係順德縣人因捐修礮臺議叙知府指省分
發浙江丁憂在籍伊兄監生麥芬開張生泰店
棧房因由廣西採辦桂皮船泊洲頭地方經咦
商瓦尔特利到店定買被挑夫楊妹仔等攔阻
聲稱必欲雇其挑運以致吵鬧等語查該店自
廣西販運桂皮回省尚未上棧何以咦商即行

p4　4

定買挑運向由店戶承擔與買主無涉咦商何
以代為照會復又在場助喝且咦夷照會內稱
據華商說知挑夫將貨攔阻若非棧內工人裝
運倘有損失不敢承擔是麥慶培串嘱夷人並
以不能承擔之語向激實屬確有可凴逐層研
詰該職員堅不供吐明係恃符狡展禀請奏恭〔理屈詞窮〕
革審前來臣等伏查貧民肩挑背負自食其力
因店戶圖減挑費自行雇工起貨誠恐有礙生
計前往爭阻尚屬情理之常該職員麥慶培係〔舊日〕
洋行小夥出身又本東鄉今已倖廁官常即應〔商〕〔為市儈〕
束身自愛乃因圖減起貨工費致與挑夫爭執
已屬貪狡復敢串嘱咦夷領事代為伸陳於前〔鄙〕〔曉瀆〕

並令夷商在埸幫同助唱于後尤為玩法若不
從嚴究辦舉凡不逞之徒相率效尤動輒唆聳
外夷扛幫挾制於安民撫夷全局大有關礙相
應據實
奏參請
旨將在籍捐納知府麥慶培即行革職以便飭提應
質人証逐一確審實情照例從重究辦以為職
官瞻通外夷借勢凌人者戒謹合詞恭摺具
奏伏乞
皇上聖鑒
訓示謹
奏

遵奉密查中外交易情形列摺呈

電

計開

一查得粵海關稅餉邇來日見短絀之故祇因各夷商貨船均已陸續辦齊貨物揚帆回國者十居其八兼之近日嘆商倒敗甚多生意日淡稅餉日少並非為六命之案致有疑阻不前也

一出口茶葉查得中國各茶商向與嘆商交易多係與貨易貨緣上年各茶商易來之貨虧本甚多本年各商販茶來粵者較上年僅得三分之二且不肯與貨易貨故夷商力難承買溯查向來

每年所到茶葉約五六百或六七百字號不等本年共約到四百
字號之間今歲茶價較上年稍長各茶客多有獲利者祇因
邇來唤夷每多失信債欠紛紛間有赴夷官處告欠者初則
允為拘追繼則杳無蹤跡華商多受其累故近日交易必要
現錢目下尚有停積未售茶葉約計六七十字號近日已銷去
五六個字號陸續報明納税此茶葉不能暢銷之故也

一查進口棉花粤省銷售有限全賴外省客商前來販運因已有五口
通商各由近處買賣以致今歲來粤販運者較上年僅得十之三
四且粤省各商尚有上年囤積棉花甚多舊花未經銷售現今
新花繼至夷商索價雖賤而華商亦不敢承買至於洋布一項自
外國運到粤省每疋約計本銀三員有零兹粤省時價僅值銀二
員仍属滯銷每多運載出口而去祇緣布身輕薄價雖賤而貨
低華商均不肯承買此棉花洋布均不能暢銷之故也

一查嘆商金頓現仍在十三行夷樓居住該夷往來香港無定其欠華商貨價約逾百萬之多雖經各華商迭次逼討至今全未清償因見金頓尚不足取信均要現錢交易以致貿易日衰又聞嘆商有打拿公司跛厘公司金布公司均已倒敗搬往香港至倒敗一萬萬圓之說查詢別國均稱確信聞嘆國上年初遭年歲飢饉繼患時行瘟疫因此生意日淡兼之大字號公司向囤積茶葉湖絲綢緞等貨皆變霉爛居多以致倒敗是以在粤嘆商均同受累此嘆商倒敗之情形也

一嘆酋有欲將領事商賈撤回香港之說查聞嘆國兵頭以該領事今年所辦各件均欠妥善現已另舉有人擬將該領事更換等語又說該領事本係更換之期大約年內撤回香港有欲將上海領事前來更替查各夷商欠華商貨價約數百萬之多中國現將過年催討賬目愈見緊逼所以各嘆商多有搬回香港寔為躲債起見並無別故

F.O. 682/68/1 (12)

敬稟者竊查得澳港唐夷奸儈收買內地銅錢銷燬 國寶漁利把科一事緣晚自初春至夏五越月往来澳港目睹情形在澳门則夷人收买在香港則公然在上環山坳咑喻鬼煤炭廠之後山處設爐銷燬此係親歷目擊始於上環街望見爐焰冲霄猶謂夷人燒鑄炮子非到該處始知內地奸商向唤夷租賃山地開設爐窖数處將內地厚重精滑銅錢日夜銷燬痛心疾首殊堪駭異復詳細查詢得係內地奸民販賣走私出口將內地價錢斤兩核算其最重的計時價五錢八九分至七錢不等可找淨重錢壹千文秤得銅壹百二十餘兩加二五計并一切盤费水脚火耗等項共維價九錢至一兩一錢即可得上淨精銅壹拾斤以出爐精銅計每百斤維

承本銀不過自九兩至十一兩以內之譜而夷人收買釘裝船隻并出口運赴回
國及新埠星架波等處在香港就爐還價高時可出每担十九兩至廿兩不等
并聞近來省城新設有銅局公行設有巡船緝私奈販運出入并開爐人等
概係伊輩同夥包庇走私出入運送如澳港夷情價高則由外售賣若價低則
作銅斤裝運入口繳交錢局聞官價給發亦有十七八兩亦獲倍本之利似此熾
國寶絀民用出則資夷狄入則蠹國帑且奸商假藉公行名目販運銅斤接濟
鼓鑄爲名緝私庇私公然無忌誠恐日久滋深於國用民生關係甚重竊以
足下名列大紳似此利弊所關曷不早向局紳妥爲設法稟請 大憲嚴密查

明從重懲辦一二奸商嚴緝走私并飭四鄉地方司官局紳如有查出係由該

處私行販賣即為該本處官紳是問庶國寶不至虛耗而民用藉以寬饒矣

再查此項販私錢文名為牛錢去年曾奉大憲飭令西局傳集錢店逢源等號舖戶查

辦禁止此後稍稍斂跡迺自去年底至今年日多一日及夏秋至今尤甚近日

米價高昂販米船隻出入更多多由四鄉走運省垣累少多在佛山販賣運

至順德黃蓮海口過船至澳港夷人則以黑鉛向奸商相換其黑鉛澳港價錢每

百斤六兩一二錢加水腳船載二錢每担取本不過六兩三四錢至省價

錢可賣八兩一二錢左右且由米船藏載出入可免稽查并簡便況重藉
其墊艙壓載並免潮濕出入俱獲重利故日來查偏尤甚至牛錢名目
上年或謂牛欄淨錢或云如牛之笨重或謂如牛眼之大緣歷來以厘戥稱兑每
錢一文以一錢一分至二三分重為合度今自去年奉 諭禁止後市儈奸商開場
設棧照戥盤鑄響故將銅戥盤俱改用熟牛皮為盤有改謂牛皮錢云謹將
親歷查明的確情形縷細禀報伏乞
憲鑒察奪

耆英跪

奏再辦理各國夷務及耆接見夷使相機駕馭情形均經隨時繕摺奏報其通商善後各事宜亦俱議定條款奏蒙

聖鑒勅部核覆在案惟念暎夷自二十二年七月就撫咪咈二夷又於本年夏秋接踵而至先後三年之間夷情變幻多端非出一致其所以撫綏羈縻之法亦不得不移步換形固在格之以誠尤須馭之以術有可使由不可使知者有示以不疑方可消其反側者有加以款接方可生其欣感者並有付之包荒不必深與計較方能於事有濟者緣夷人生長外番其於

天朝制度多不諳悉而又往往强作解事難以理曉即如

綸音下逮均由軍機大臣承行而夷人則尊為

硃批若必曉以並非

御筆轉無以堅其信此則不宜明示者也夷人會食名曰大餐率以廣筵聚集多人相與宴飲為樂耆在虎門澳門等處犒賞諸夷其酋長頭目來者自十餘人至二三十人不等迨耆偶至夷樓夷船渠等亦環列侍坐爭進飲食不得不與共杯勺以結其心且夷俗重女每有尊客必以婦女出見如咪夷咘嚧咈夷喇噶呢均攜有番婦隨行耆於赴夷樓議事之際該番婦忽出拜見耆跼蹐不安而彼乃深為榮幸此實西洋各國風俗不能律以中國之禮倘驟加訶斥無從破其愚蒙適以啟其猜嫌又諸夷均為和好而來不能不畧為款接往來既熟尤應防閑是以耆於各國條約將次議定之時均飭藩司黃恩彤

曉諭各該夷使、以中國大臣、辦理諸國公事、並非越境私交、如致送禮物、惟有堅卻弗受、若含混收受、
天朝功令森嚴、不獨有乖體制、實亦難逃憲典、該夷使等尚知聽從、但於接晤時、或小有所贈、如洋酒、花露之類、所值甚微、其意頗誠、未便概行當面擲還、惟給予隨身所帶烟壺、荷包等物、以示薄來厚往之義、又意大理亞、咲咭唎、咪唎堅、咈囒哂四國請領努小照、均經繪予、至各國雖有君長、而男女不齊、久暫不一、迥出法度之外、如咲夷係屬女主、咪咈二夷係屬男主、咲咈之主皆世及、而咪夷之主則由國人擁立、四年一換、退位後即等齊民、其稱號亦各有不同、大都剽竊中國文字、妄示誇張、夜郎自大、彼以為自尊其主、於我無與、若繩以藩屬之禮、則彼又以不奉正朔、不受
冊封、斷不肯退居越南、琉球之列、此等化外之人、於稱謂體裁、昧然莫覺、若執公文之格式、與之權衡高下、即使舌敝唇焦、仍未免褎如充耳、不惟無從領悟、亦且立見齟齬、實於撫綏要務甚無裨益、與其爭虛名而無實效、不若畧小節而就大謀、以上數端、均係體察夷情、揆度時勢、熟審乎輕重緩急之間、不得不濟以權宜通變之法、或事本瑣屑、或時當急迫、努未敢專摺一一煩瀆
聖聽、現值夷務粗已完竣、理合附片一併陳明、謹
奏

祇可如此變通朕已俱悉

敬覆者：封门柯榛官業已回省，昨來舍面談一切，他由澳至來，港已見嚕士，所云伊國素來恭順，不肯鬧事，即如前次鶴佬案，伊國亦不入封港之内，歷蒙官札嘉獎，此番紅毛滋事，反被打入一律去了，概由啤嚟及士友拿接舊領事不善辦理之故，務求𠃊法國設法先通了商，方免伊國商民受累云云。佛蘭西將來有兵船十餘号來粤，赴天津叩閽，並喚咭唎、花旗等亦商酌隨同前去，皆云至紅毛現在勢氣須要候和，十邊兵頭到了，隨後的知實信云云。此外並無别樣說話，其餘紅毛在庄口一鬧，他到多着人

2

屢屢請他去見，但此番來領崇公之命，切不敢去，僅見端庄口之人而已（即羅士吐友拿處）。至其中有無別樣秘語，諒崇公必有稟

大憲鑒悉一切矣。并查及伯駕行蹤，據稱未及查，自續傳詢，奈某云春初僅在澳門見伊一面，此後聞伊往福州、上海等處數月，以來澳港概無聞問，此番行景疊詢數位，概日間回省的多，云不見其人。午後伊徒閔某來云，於去年間往西北遊港，為該酋國中因見廣東紳民不洽，他是以面上十分冷淡，並無事件交他辦理，一概多宜偶交武酋噶嗲噗模（即花旗水師提督）辦理。諒他心上決不肯冷，總想向五港要交結紳民，討回名

③ 3 E

聞將來英國兵頭到了(或)仍回澳港等語並云該酋性情雖詭而才不足以濟其奸且膽怯皆由出身卑微而止蠱惑國中謂伊至粵省[illegible]民久協茲經上年底紅標貼已被其國中識破十分奪氣去年數次見面神情恍惚之至將來諸可諒嘗欲遁矣云云謹特具查佛渡並將銅錢滿[illegible]冊畀送呈

鑒祈

察閱一切于 國課民生不無裨益是否有當統祈

卓奪是所深幸專此藉請

文安不宣

愚弟潘世榮頓首 即午[illegible]

照會

大清欽差大臣太子少保兩廣總督部堂宗室耆　為

照會事，照得本大臣前奉

諭旨調任兩廣，今奉

旨簡用欽差大臣並頒給欽差大臣關防，本大臣兼

程前進，大約尅期可到。所有

貴公使務須靜候本大臣到粵面商一切

為要，無勞

貴公使遠涉往還，除咨會

兼護兩廣督部堂程　知照外，合亟照會

貴公使煩為查照，幸勿北行，以致相左。切囑

切囑。須至照會者。

右　照　會

米利堅國公使顧

道光二十四年□月十二　日

借用關防

先日發

為傳知事、照得本部堂於本年二月二十七日奉

旨馳驛前往廣東查辦事件、定於三月初二日自江寧省城起程、（由淮浙水行走）合行發牌傳知、為此牌

仰經過沿途州縣遵照、如遇陸路即預備夫馬、水路即預備船隻、（以免臨時遲悞）隨行人等均係

同行同住、並無前站、亦不准落後、倘有隨從人等需索、立即稟究、所有停泊馬頭

不許懸燈結綵、沿途不准送酒席、更不許用鼓吹、亦不必遠迎、不經過之地方文武員

弁均不准來見、其經過地方之佐貳雜職、如無面稟事件、亦不准迎謁、至眷屬船（隨後）

前進夫船

價一切悉由本部堂自行給發、均毋故違、切切須至傳牌者、

此牌發上元縣、由馬上五百里傳知句容、丹徒、丹陽、常州、蘇州、浙江、江西至廣東南海縣繳銷、

道光二十四年二月廿八

本部堂於本日卯刻拜摺起程日期發牌傳知

吏房書吏公　呈

太子少保兵部尚書兩廣總督部堂宗室耆

第　　號

廿九日發

為恭錄飛咨事、本年二月二十七日承准

軍機大臣字寄道光二十四年二月二十二日奉

上諭本日據程　奏咪唎㗔國使臣因未接到上次阻止札文於正月初八日駛至九洲灣泊

欲來天津朝覲經該護督反覆開導令夷目傳知使臣尚未回覆並咈囒哂亦有

巡船拋泊等語西洋各國向來不通朝貢即北駛至津亦必諭令回粵所欲商議

章程亦必仍交耆　等酌辦斷無另遣大臣與議之理著耆　接奉此旨馳驛前往廣

東會同程　妥為辦理該督係各夷信服之人抵粵後務當婉言開導據理拒絕控

馭得宜毋使另生枝節方為不負委任所有原摺片及該使臣來文並照覆公文均著

鈔給閱看將此由五百里諭令知之欽此遵
旨寄信前來承准此今本部堂定於三月初二日由江寧起程兼程行走趕緊馳抵省
垣以便遵
旨會同妥為辦理相應飛咨為此合咨
貴護部堂煩請查照施行
咨　護兩廣督

五百里

太子少保兩廣總督部堂宗室耆

押

道光二十四年二月廿八日

咪夷欽差赴天津奏

旨馳赴廣東會同妥辦恭錄咨會

護兩廣督查照

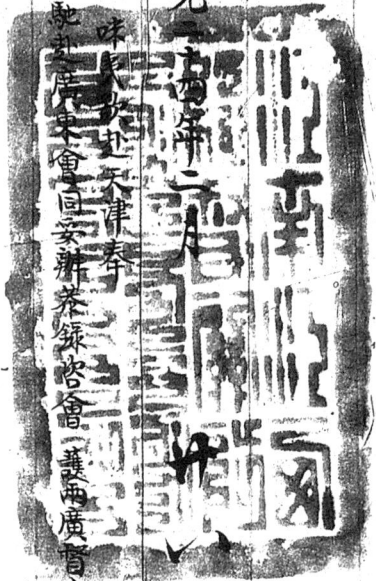

第式號

2　　1

F.O.682/137/1(37)

為咨明事竊照本部堂於道光二十四年二月廿九日專差標弁賫

進

奏摺夾板壹副相應咨明為此合咨

貴大人請煩查照希即代為轉

進施行

咨

奏事大人

廿九日發

37

第四號

李〔少〕〔荃〕保兩廣總督部堂宗室耆

道光二十四年二月 廿八

專差賫捐名明 奏事天〔人〕

差弁

日吏房書吏公呈

2　　1

F.O.682/137/1(36)

爲札發事照得本部堂於二月二十七日准

兵部火票遞到

軍機大臣　字寄奉

旨馳驛前往廣東所有火票合行札發札到該司即便查收彙繳至應用勘合該司并

即赶緊呈送迎投本部堂行轅備用毋遲

札　蘇臬司

計發　火票一張

初九日

36

第叁號

太子少保兩廣總督部堂宗室耆

道光二十四年十二月 廿

札發汛票并飭[illegible]備冊

三月十二日未刻蘇州丹次安

F.O. 682/137/1(38)

為咨明事竊照本部堂於道光二十四年三月十二日專差標弁賫江蘇撫摺

進

奏摺夾板壹副相應咨明為此合咨

貴大人請煩查照希即代為轉

進施行

咨　奏事大人

38

差弁林天壽

道光二十四年十二月

專差賫捧咨明奏事夾刀

日吏房書吏公呈

李（宗保）兩廣總督部堂宗室耆

借用關防

為咨明事竊照本部堂於道光二十四年三月十五日專差標弁賫浙江撫摺進
奏摺夾板壹副相應咨明為此合咨
貴大人請煩查照希即代為轉
進施行
咨
奏事大人

35

差弁　汪步雲

道光二十四年三月

差官程啓明　太守大人

吏房書吏公　呈

欽差大臣太子太保兩廣總督部堂宗室耆

第九號

十五日未刻北閘外發

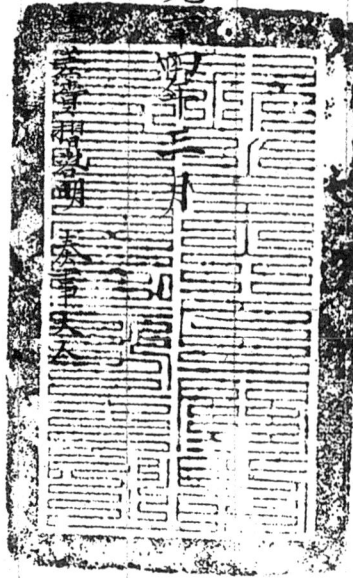

為遵
旨事道光二十四年三月十二日本大臣行抵蘇州舟次接准
兵部五百里咨開云云奉
上諭者現已調任兩廣總督各省全叙等因
到本大臣准此除將
欽差大臣關防謹敬祇領鈐用外相應咨會為此合咨
貴部堂院將軍監督煩請查照、欽遵施行 移行
一咨
盛京 福州將軍
閩浙 兩江 兩廣 直隸督院
山東 浙江 江蘇 廣東撫院
粵海關

道光二十四年三月十七日李書棠呈

欽差大臣兩廣總督部堂宗室耆

士歸

十五日[illegible]杭州閩浙[illegible]

札江蘇按察司知悉照得本大臣於三月十二日行抵蘇州舟次接准
兵部塡發
軍機處交出關防一顆公文一角五百里火票一張又准塡發沿途營汛
員弁護送關防遞程更替兵票一張又准塡發護送關防傳牌一張
除敬將
欽差大臣關防祗領外所有火票兵票傳牌合行札發札到該司即便
查收分別彙繳特札
計發火票一張兵票一張傳牌一張

第十號

公文一角印封文

欽差大臣太子少保兩廣總督部堂宗室耆　札

道光二十四年十二月十五日　李書棠　呈

十五日未時投北關……

27

大清欽差大臣太子少保兵部尚書兩廣總督部堂宗室耆　為

照會事照得本大臣前在蘇州寄發照會一

件想

貴公使業經接閱矣茲於四月十五日行

抵廣東省城知

貴公使在澳候晤具見誠信可嘉本大臣

到省後將公事稍為清理即行前往澳門

以圖快晤我兩國數百年來和好一無嫌

隙斷無不相親相敬之理況本大臣向來唯

以誠義待人想

貴公使亦當有所聞見除訂有赴澳日期再

行知照外為此先行照會

貴公使請煩查照順候

崇祺須至照會者

右　照　會

米利堅國公使顧

道光[illegible]十五　日

闕叩頭祗領任事所有[illegible]

諭旨交查交辦案件臣惟有次第詳慎辦理至控馭各夷臣既
不敢畏難將就貽誤大計亦不敢稍存成見啓衅目前惟有
感之以誠折之以禮使其翕然貼服以期無負
委任除將到任日期另行恭疏
題報外所有臣接受督篆鹽政印信日期及照會該使臣緣由
理合恭摺具
奏叩謝
天恩伏乞
皇上聖鑒再臣一俟到澳接晤該使臣如何情形即行馳奏合併陳
明謹
奏

2

再臣於三月十八日行抵嚴州府地方遇見兩江督臣壁　言
及咪唎㗎使臣欲行請
覲雖已阻止萬一該船北駛順道闌入江口民心不免驚疑必須不動聲
色預為部署是以此次臣前赴粵東未敢將咸　陳柏齡張
攀龍等奏請帶往誠恐該船駛近江口即須派委咸　等前
往相機辦理以資熟手署督臣壁　深以為然臣復將現在兩
江地方情形及善後各事宜並調撥各营官兵輪班操演水務
已會同提臣尤渤酌定章程定於四月初一日開操又江寧三才陣
多年未演今已軍容復振各官兵演習鳥槍抬槍目下寔有成
效果能從此操演不使間斷必可望其有用容向其逐一詳述至臣
沿途經過地方均屬民安物阜晴雨調勻堪慰
聖懷理合附片具

奏伏乞

皇上聖鑒謹

奏

道光十五年四月十五日

欽差大臣太子少保兵部尚書兩廣總督部堂盧

又十三號

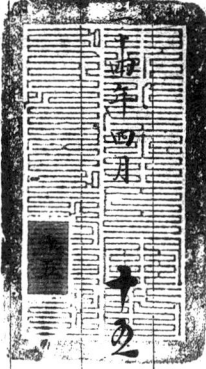

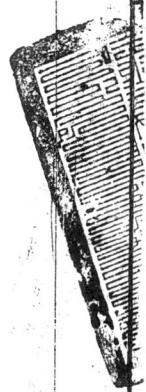

1

為札委事照得本大臣奉
命來粵查辦咪唎㗇使臣請求各款，查須熟諳夷情之明幹
大員隨同勷辦。該即補道籍隸廣州，於各國夷情
素所諳悉，應即遴委以資襄贊。除俟
奏事之便再行附陳外，合亟札委。札到該道，立即束裝
來轅，會同黄藩司悉心籌商一切控馭機宜，隨時
稟辦。仍就近差派親近可靠之人偵探夷情，隨時
密稟察奪。本大臣不日前往澳門接晤夷酋，該道
併即隨同前往，勿違。特札。

一札布政使銜即補潘道

十四號

2 END

道光二十四年四月十七日

奉耆札

欽差大臣太子少保兵部尚書兩廣總督部堂耆

聞
李書農
姚玉章
鑫呈

FO 682/327/5(94) 2 END

為咨交事竊照本大臣奉
命赴粤查辦通商善後事宜行抵江西途次先後接
據泰和縣北圯卡委員及定南廳泰和縣等郵遞
本大臣在兩江總督部堂銜姓公文四角拆閱
北圯卡委員係報拿獲私鹽驗文二角該廳縣
係報晴雨糧價驗文二角均隸兩江總督衙門
備查之件相應將原文咨交為此合咨
貴部堂煩請查照施行
計咨送驗文四角
一咨　署兩江督院

十五號

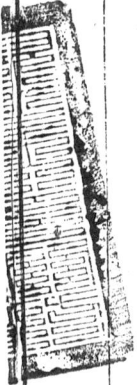

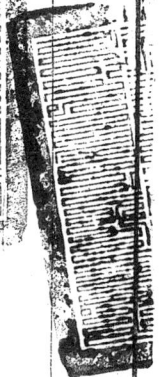

欽差大臣太子少保兵部尚書兩廣總督部堂宗室耆

咨文文件

道光二十四年四月　十六　日

閩玉章
李書粟
姚鑫
呈

十八

照會事本大臣前于途次接閱
貴公使照會一件得悉前來香港接辦全權公使大臣之職甚為
欣悅因水陸兼程不遑啓處以致未及照復曾囑
貴前任璞公使轉致一切想已得達矣茲本大臣行抵粵省略
為歇息亟欲與
貴公使相會現已定于二十五日由省啓行二十七日在虎門水師
提督衙門專候
貴公使前來會晤合先照會請煩
貴公使邀同
璞公使屆期前來蒞切望切想
貴公使亦亟欲與本大臣相會必不擾訂期[illegible]照會
璞公使外順候

廿號

2EN.

福履亨佳須至照會者

照會　德酋

道光[illegible]日

照會德酋在虎門會晤

四月廿七日

照會事本大臣到粵後即致一函想
貴公使業經閱悉因念
貴公使已定期回國因欲與本大臣晤叙是以暫緩起程本大臣
未便遲延致煩久候現已定于二十五日由省啓行約期于二十七日
在虎門水師提督衙門專候
貴公使前來會晤因往返約會未免躭延是以定地訂期備
文照會即請
貴公使邀同
德公使届期前來寔切望切除照會
德公使外順候
福祉咸宜須至照會者

廿一號

2 END

道光二十四年四月廿一日

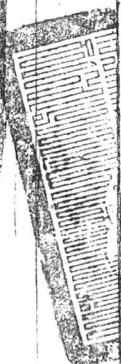

F.O.682/112/3 (8)

照復事昨據委員吳令回省送到
貴公使照會二件均已閱悉本大臣稔知
貴公使守候已久急須相會現已定于二十五日由省啓
行經過虎門緣英國璞公使係退職回國之人欲會
晤後即行回國本大臣未便延不接見致伊不得動身且
虎門係屬順路藉致停留本大臣即由虎門取道前往
澳門與
貴公使會晤仍當留駐數日以便與
貴公使款敘和好之情誼所可樂者不日把握言歡
莫名愉快至前在途次所發照會二件填寫
貴公使銜姓中有舛錯之處實因未接到
貴公使來文無憑照寫[illegible]現[illegible]令將原

廿四號

原照會兩件存

② end
2 END

F.O.682/112/3 (8)

文帶回并據
貴公使照會前因本大[illegible]臣飭吏更正繕寫送回備
案幸勿
介懷合先照會順候
萬福咸宜須至照會者

照會顧聖酋

本大臣由虎門取道往澳

道光二十四年四月廿四日

聞玉章
李書棠
姚鑫 呈

四月廿四日行

照復事昨據委員吳令回省送到
貴公使照會二件均已閱悉本大臣稔知
貴公使守候已久急須相會現已定於二十五日由省啓
行經過虎門接見英國璞公使緣璞公使係退職回國欲藉晤後即行回國
之人本大臣未便延不接見致伊不得動身且虎門係
屬順路亦不致有停留本大臣即由虎門取道前往
澳門與
貴公使會晤仍當留駐數日以便與
貴公使款敘和好之情議定貿易之條款所可樂者不日把握
言歡莫名愉快至前在途次所發照會二件填寫
貴公使銜姓中有舛錯之處實因未接到
貴公使來文無憑照寫所致現據委員吳令將原

F.O. 682/327/5(54)

奏

稿

抄

奏為恭報耆行抵粵東接印任事日期及照會咪唎㗖國使臣
在澳會晤緣由恭摺馳奏叩謝
天恩仰祈
聖鑒事竊耆前抵吳江途次接受
欽差大臣関防于三月十五日在[illegible]

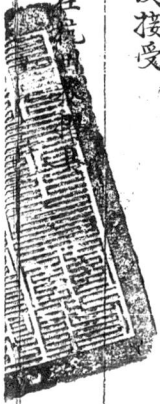

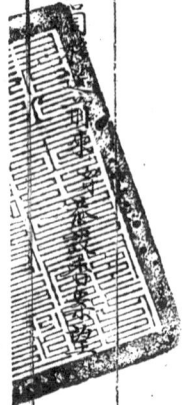

奏隨即星夜遄行四月十四日抵[illegible]清
司黃　詢悉咪唎㗖使臣[illegible]前來未即北駛尚
在澳門等候耆以夷性多躁該使臣守候已久恐一聞耆到省
將船駛入省河輿圖會晤易啓民疑若不俟接任即行馳赴澳
門又恐謡言驟起復同撫臣程　等悉心熟商一面照會該使
臣告知耆業經抵粵不日即赴澳門與之會晤先安其心耆一面接
印任事將應辦公事稍為清理即率同黃　前赴澳門先令
黃　接見該酋查探動靜設法控馭耆再行面為宣布
皇仁剴切開導倘能入我範圍不致堅請北駛此外如有請求另行
會商妥辦十五日准兼護督篆撫臣程　將兩廣總督関防
鹽政印信及
王命旗牌文卷等項委員[illegible]耆恭設香案望

廿五號

四月廿四

為札委事照得本大臣奉
命来粵辦理夷務及五口通商事宜一切往来文移籌議需員佐理查該
員勤能素著堪以隨同勤辦合亟札委札到該
員遵照暫緩起程刻即束裝来轅會同黄藩
司濬候補道悉心籌畫一切駕馭機宜隨時
斟察夷情密稟核辦本大臣仍俟奏事之便
附片陳明勿違特札

道光二十四年四月 廿四

委佐夷務

一札候選主事趙司員

聞玉章
日李書粟
姚鑫 呈

行

欽差大臣　存稿

P.1

F.O.682/327/5(1)

會奏片稿

再藩司黄　連年隨同奴才者　籌辦夷務任勞任怨殫著勤勞本年春初咪唎嘡夷使來粵堅請北駛臣程飭委該司先後前往十三行洋棧接晤夷目咱嗎等剴切曉諭設法羈縻該夷使始肯暫泊夷艀安心守待至往返辯論照會不下數十件皆該司一手繕辦勞瘁異常比至奴才抵粵後即帶同該司前往澳門[illegible]與咪

P.2

夷多方辯難不啻舌敝唇焦實屬筋疲力盡該夷使始低首帖服不敢任意干求若非該司實力贊勷斷難期其迅速蕆事迨奴才欲將該司籌辦妥善情形據實陳奏以示鼓勵乃該司堅辭不受

恩深重不敢言功諄諄懇辭情詞真切伏思奴才仰荷

天恩統屬兩粵文武雖微勞亦所必録況該司此次籌辦夷務藉唇舌以示懷柔戢爭端而安邊圉事事實心時時自勵不敢以成敗利鈍為念尤不以悔吝榮辱為懷真不世出之良材若不據實奏懇

天恩何以激勸將來而收指臂之効所有藩司黄　可否

賞戴花翎以示鼓勵之處出自

皇上天恩奴才未敢擅便理合附片具

奏伏乞

聖鑒謹

奏。

道光二十四年五月廿三日

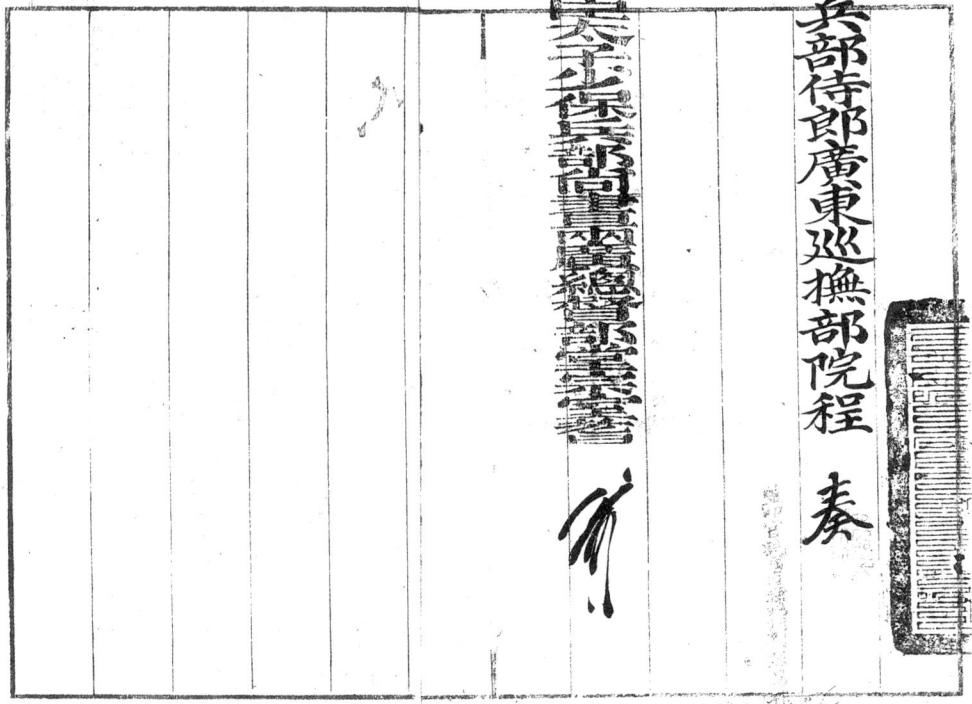

閻玉章

[illegible]書粟

姚書鑫 呈

欽命兵部侍郎廣東巡撫部院程 奏

欽差大臣太子少保兵部尚書兩廣總督部堂耆 封

七十一號

廿四拜發廿六咨送書

奏稿一並即書奏咨回初二日發

F.O.682/391/2 (104)

P.1

為照復事昨接
貴侍郎公文一件均已閱悉西洋公事與中國交涉者俱在澳
門向歸總兵官督同嘍嚟哆辦理此外別無交涉應行會
辦之件本大臣前于接到
貴侍郎照會即已明晰決覆應由
貴侍郎查照可也至本大臣病已痊愈深荷
關情良深感謝合再照復即頌
福祺須至照會者

照會 大西洋侍郎吐喇喊啦嚕哆

廿號

P.2 end

欽差大臣太子少保兵部尚書兩廣總督部堂耆

道光二十四年五月 初九 日

照復西洋公事與中國交涉者向歸總兵官督辦

五月 初九日行

卅三號

F.O.682/391/2(105)

為照會事昨接來文極承

雅意本大臣深為欣悅現又有照復

貴前任總兵官公文一件除繕發外合行録送

貴總兵官查照順候

福禧須至照會者

計抄原文一件

照會　大西洋國駐澳總兵官嗼嚟嚄

道光二十四年五月　初九日

抄知照復前任總兵原文

五月初九日

為咨明事、竊照本大臣、於道光二十四年五月初十日、
自澳门　拜發
奏摺夾板一副、由驛五百里飛遞、相應咨明、為此合咨
貴部、請煩查收轉
進施行、
計咨送
奏摺夾板一副、

一咨　兵部

道光二十四年五月　日

咨送驛遞奏摺

欽差大臣太子少保兵部尚書兩廣總督部堂耆

廿四號

五月初十日酉時

署廣東廣州府香山縣今於

與領爲具領事本年伍月初拾日酉時貳刻奉到

欽差大臣耆　發下馹遞　奏摺夾板壹副遵即飭差飛遞前赴前途轉遞理合具領所領是實

道光貳拾肆年伍月　專　日署知縣陸孫鼎押

欽差大臣　存案

1

奏稿

奏為連日接見咪唎㗎夷使嚾嚧大概情形恭摺由驛馳奏仰祈
聖鑒事竊孥于蘇州途次承准軍機大臣字寄道光二十四年三月初
五日奉
上諭前因程　奏咪唎㗎使臣籲請進京當經降旨令耆　兼程
赴粵妥辦矣茲復據程　奏該夷使在粵等候而又仍欲進京並稱

2
專為和好條約二事而來因不遠數萬里[illegible]現仍行知
該使臣在粵靜候諭旨勿得輕有舉動各等語耆　接奉前
次諭旨諒已起程赴粵今將程　原奏及咪唎㗎使臣嚾嚧來文
一併寄閱該督接奉後着先行發給檄諭告以現在海疆事宜
該督奉旨一手經理並須給欽差大臣關防專辦夷務該使臣惟
當在粵靜候無勞遠涉即或進京亦必仍令折回廣東有何下
情應須上達之處亦仍由本大臣具奏如此剴切曉諭度該使臣至
固執前說耆　着即兼程行走到粵後儻該國呈遞書信提及
朝覲一節即告以中國自有定制向例所無不能增加如有非禮
要求着一面拒絕諭以碍難入奏一面仍密封奏聞此事係該督
一手經辦務當籌畫盡善始終無弊不致別生枝節以慰朕
望將此由五百里諭令知之欽此遵

3

旨寄信前來嗣　奴才于四月十四日抵粵十五日將先行接印任事並赴
澳門接見該夷使相機控馭緣由恭摺馳奏在案隨將任內
應辦事宜稍為清理于四月二十五日帶同藩司黃　及委
員等由省起程于五月初二日抵澳初三四等日接見該夷使及
夷目咱嗎嗶咍吱等執禮甚恭惟並未言及進京
朝覲及呈遞國書一節　奴才連日飭委黃　帶同各委員向其剴
切曉諭奬其在粵靜候並告以若使進京亦必令其折回徒勞
無益該夷使惟有含糊答應隨據呈出貿易條款一冊雖譯
漢不明字句澁晦而大致尚與新定章程約畧相彷並據
稱不敢效暎夷之所為圖佔海島等語　奴才詳加閱核似與通
商大局無礙惟于停止北上一節語多游移但求速定貿易
條款造冊鈐印彼此分執　奴才[illegible]使[illegible]如果於貿易

4

新章之外別無非分之[illegible]護督
臣程　移交該夷使初次所遞照會玩其語意似欲先定條約
再行進京今既堅求速定約冊誠恐立約後仍復北駛若不
加意防範轉致墮其術中當將所呈貿易各條分別准駁
逐加簽商飭令黃　面與會議藉可體察情形並照會該
夷使以條約指日可以議定即可毋庸北駛欲遞國書何日呈
出該夷使見燭破其謀隨復覼請
朝覲連日譊論不決　奴才復率同黃　等親見該夷使諭以
天朝法度凡舊制所無不准輙有增加爾等既知愛戴
大皇帝便當凜遵
諭旨不應固執干求復折以情理曉以利害計辨論半日之久該夷
使似有悔悟之萌頃刻復生希冀惟以伊奉統領之命而來

5
萬有國書應親賫進呈
御覽爲詞嘵嘵不已追曉以如有下情不能上達之處不難代爲奏
聞又稱伊觀
光出於至誠情願由內河行走並無他意其語意時而恭順時
而桀驁情詞甚爲閃爍加以窮詰無可置喙則稱俟倫
文中復再將原委訴明非面議所能遽定奴才等伏查該夷使囒
嘁呈出條款意在與咦夷俱照新章貿易因聞咦夷曾訂約
冊是以援踵仿效尚在情理之中至其顴請
朝覲寔有誇耀咦夷之意屢經前護督臣程　督臣黃
設法諭阻彼時該夷使照會內稱或由內河或徑行航海統俟
欽差大臣前來再行商定今復經奴才等吿敝啓傳對切曉諭該夷使
雖似就我範圍終恐反覆且動[illegible]使爲夷[illegible]之詞現在督令

6
黃　率同各委員[illegible]夷使告知黃
等連日熟思
欽差大人所說甚爲明晰似可暫泊澳門不行北駛等語雖據面
談仍難憑信一俟接到該夷使西文究竟如何情詞即行
馳奏外所有奴才等到澳接見該夷使大概情形先行由四百
里恭摺馳
奏伏祈
皇上聖鑒
訓示再撫臣程　未及會銜合併聲明謹
奏

7

再努上年隨帶辦理夷務之道員咸齡、營弁陳柏齡、張攀龍、陳志剛等，此次均未隨同來粵，所有粵省人員除藩司黄　　外，僅有准補同知銅麟、効力廢員吴廷獻于夷情尚屬諳悉，此外别無熟練人員。正慮乏人勷理，迨行抵南雄途次，適值前任肇慶府知府候選主事趙長齡携眷由粵赴京，前來謁見。努上年在粵出差，稔知該員才具出衆，官聲甚好，繕擬摺奏亦屬諳悉，雖未經手夷務，而加以閲歷，必可得力。當向該員商酌能否折回廣東勷理一切，隨據禀稱選期尚早，情願折回報効，是以將其帶回粵省，聽候差遣。嗣抵粵後，向黄　　詢悉咪夷之難于曉諭更甚咦夷，緣咦夷有嗎禮遜等，雖屬猾黠，而粗通漢文漢語，有事可以商議[illegible]漢字

8

無多，僅能為粵省土語[illegible]努因思即補道潘仕成久任部曹，極知輕重，生長粵東，明習土語，且于連年善後案内，因購買夷礮，招致夷匠創造水雷，與咪唎㗰商人頗多熟識，亦素為該國夷人所敬重。現在該員尚未服闋，亦可就近差委。當將其札調來署，飭令與趙長齡協同黄　　佐理夷務。此次該員等均隨同努來澳，于一切差遣頗能盡心竭力，不辭勞瘁。查趙長齡係候選部屬，潘仕成係在籍道員，均非粵省實任候補人員可比，惟夷務正當需人之際，努不敢稍存拘泥，理合附片據實陳明。伏乞

皇上聖鑒。謹

奏。

再𠡠於出省後道經虎門即據咦咭唎新來夷酋噫㖡吐
及嗼喝嗻一同来見察看噫酋為人似尚明白當諭以務
須堅守成約匆稍反覆該酋亦以為然迨抵澳時即有
大西洋兵頭吡咖哆率同夷目迎謁甚為恭順惟該國
舊兵頭吐唎喊啦嚧哆尚未回國並呈遞公文亦有北上之
請𠡠當即剴切諭阻該兵頭尚不敢固執事可中止至咈
囒哂本有領事啦𠯈嚎哆及兵頭嘝哂咡在澳寄居現
經查明啦𠯈嚎哆業經回國嘝哂咡亦赴兵船未回惟據
咪夷聲稱咈囒哂現有使臣喇吃呢早經開行約計一
月後可以到粵偵探兩國夷情似係通同一氣應俟該夷
使到後另行設法羈縻再帶同藩司黄　出省𠡠署
中日行公事已委臬司孔[illegible]

又卅八號

奏

道光二十四年五月初[illegible]日

聞玉章
李書粟
姚鑫
呈

五月廿日發

P.1

F.O.682/378B/2(2)

為抄録摺片咨會事，竊照本大臣連日接見咪唎㗎夷使顧盛大概情形一摺，又道經虎門，據噗嘚二酋迎謁，并探知咈囒哂有使臣約可來粵，俟到後另行設法羈縻一片，于本年五月初十日在澳門行館恭具摺片，由驛馳

奏，除俟奉到

硃批，另行恭録移咨外，相應抄録摺片各稿咨會，為此合咨

貴將軍／部堂／都察院 請煩查照施行，須至咨者。

計粘抄摺片

右咨 盛京、福州將軍；閩浙、兩江、直隸督院；粵海關；浙江、山東、江蘇、廣東、福建撫院

為抄録摺片移付事，云云，除分咨外，相應抄録摺片各稿

移付

廿六號

P.2 end

F.O.682/378B/2(2)

總督衙門轉行知照可也，須至移付者。

計粘抄摺片

右移付 總督衙門

道光二十四年五月 初十 日

接見咪酋大概情形各摺片

欽差大臣太子少保兵部尚書兩廣總督部堂耆

稿

五月十一日午刻行

卅九號

欽差大臣太子少保兵部尚書兩廣總督部堂耆

為札委事、照得此次隨轅前來之准補同知銅麟、於夷情尚屬熟諳、合就札委、札到該員即便遵照、隨同各該委員聽候黃藩司差遣委用、凡關夷務事宜、務當倍加小心留神妥辦、慎勿貽悞、干咎、切切

特札

委銅丞隨辦夷務

道光二十四年五月 十一 日

十五到

F.O. 682/378B/2(11)

P.1

為照復事頃接
貴總兵照會一件足徵　雅意本大臣仰體
大皇帝柔遠之德接待各國官員無不優加禮貌況
貴國與中國交好二百餘年甚為恭順本大臣尤
應加禮至
貴前任總兵官與本大臣曾經共事是以本大臣
到澳即先往拜更無欺藐之處其連次來文稱欲
進京並有與本大臣會辦事件本大臣因查與舊
制不符是以不便與之會辦所有澳門公事仍當與
貴總兵官及嘍嚟哆查照定章秉公核辦本大臣
實無絲毫輕侮　貴國之意此為
貴總兵及全澳官民所共諒也合行照復順候

四十四號

P.2

安祺不一須至照會者
右照會大西洋國總兵吡咖嘜
聞玉章
李書粟
姚鑫　呈
道光廿四年五月十五日
照本大臣不便與前總兵會辦事件
行

十三日

為照復事頃接
貴公使照會內開四月三十日五月初一日有內地匪類
在十三行滋鬧當即諭令卸下旗號退回黃埔香港
等因查此案本大臣在澳屢接省城文武員弁來稟
五月初一日花旗國人與內地民人因口角起衅致將清遠
縣民人徐亞滿鎗斃中外甚不相安當經
撫部院程　派員帶兵彈壓並經本大臣嚴飭各
文武妥為防範昨接各委員來稟知防範周妥
已漸次相安本大臣不日回省當再查明起衅原
由妥為辦理並設法防範勿致再生事端理合照
復順候
時祉佳勝須至照會者

四十二號

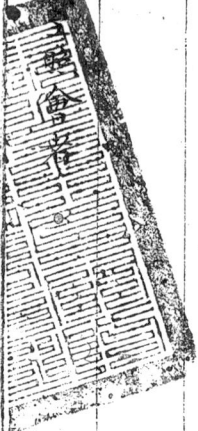

欽差大臣太子少保兩廣總督部堂耆

道光二十四年五月十三日

照十三行花旗國人滋鬧

閏玉章
日李書衆呈
姚鑫

十三日行

P.1

為照復事項接
貴公使照會一件內言舊洋館地址窄狹請給廣大地方以建洋
行及貯貨棧房等因均已閱悉查舊樓即公司館舊基上年
因舊商伍怡和等索討租價太多經布政使黃　派委吳委員
與李管事官及羅管事官向舊商等公平議定租息
由喚商自建房屋寫立合約並據該商等稟明地方官轉
詳立案至該處附近舊有鋪戶數間不在此地基之內屢
經李管事官以建設洋樓後慮恐附近各鋪戶或不戒于火
致有燬及願將各鋪戶一併租賃拆毀吳委員復會同張縣
丞傳到各鋪民明白勸諭因各鋪戶堅不肯出租搬讓以
致中止今據喚商稟請另擇廣大地方所有租定公司館
基址之舊約曾否與舊商伍怡和等議明註銷未悉作

2 P.2

何辦理再查前定善後條款第十一條載明中華地方官
與英國管事官各就地方民情議定於何地方用何房屋
或基地係准英人租賃其租價必照五港口之現在所值高
低為準務求平允華民不許勒索喚商不許強租等
因久經通行五口遵照在案是喚商租建房屋必須就地
方民情擇定地基公平議租兩得其平方可彼此相安
行之有利無害除行廣州府轉飭該縣傳到紳民會
同妥議俟議定地基再行照會管事官查照條款辦
理外至黃埔地方上年　貴國公使璞　曾議在該處設立墟市經
前部堂祁　議准照復因有紳民多人聯名呈訴均
稱不便是以中止此時未便在彼議設棧房致與民情
不協合先照復順候　福祉不宣須至照會者

照會德酋

道光二十四年五月十三日

閩玉章
李書棠
姚鑫　呈

照會會議墓地房屋 [?]

欽差大臣兵部尚書兩廣總督部堂耆

四十三號

F.O.682/378B/2(14)

為照復事頃接
貴公使照會内言管事官李太郭已于本月初
九日帶同隨官二員搭水師火輪船前往福州港
口視事等因本大臣當即移咨
福州將軍
閩浙總督查照理合照復順候
福祺日增須至照會者

照會德酋

道光二十四年五月十二日

照復李太郭往福州

聞王章
日李書衆呈
姚鑫

十二日行

1

為照復事前接
貴大臣初十日回文得悉貴大臣於北上一節允肯停止實
貴大臣純備和好之誠心并藉以顯出本國欲立實和好之
確據本大臣不勝欣佩倘他日西洋各國有使臣進過京後則
貴國使臣之到中國者自當以恩禮款接北上以免偏倚
大皇帝特派人辦事一秉至公斷不至於西洋各國有厚薄輕
重於其間也至現在所議各款條約連日派出大員與
貴大臣派出協辦司員秉公妥議其有關
貴國貿易者必須通盤籌畫俾合眾國民人
得有利益而中國各海關收納稅餉亦不致與各
國辦理參差方為兩便其有關兩國制度不同之
處則應兩相將就[illegible]辦理已[illegible]大概想亦不

2 END

難速定也為此照復順候
吉祉雲增須至照會者

一照會顧聖咪首

復[illegible]酋文一件共五[illegible]

道光二十四年五月十四日

聞玉章
李書棻
姚鑫 呈

五十一號

五月十四日

1

為照復事前接
貴公使初七初九日所發公文二件內言粵省匪徒擾害
貴國商民懇為調處保護等因查國以民為本民以和為貴民
和而後國和民不和則兩國之官雖日日議和亦屬虛文而已本大臣
正在與
貴大臣議立和約而兩國商民忽有爭鬬斃命之事本大臣
深抱隱憂早悉
貴大臣同深悲憤請將粵省民情為
貴大臣詳細言之粵民風氣勁悍爛匪尤多游手好閒之
輩動以數千計以前各國太平無事爛匪亦不過賭博竊
籍以糊口而已自上年英國稱兵而各爛[illegible]乘勢
搶奪財物者有之募[illegible]者官

2

民之害而爛匪之利也大事[illegible]爛匪之所不
顧也自英國議和罷兵而二[illegible]有焚搶公司館之案二十
三年又有焚燒呂宋樓之案各爛匪均以報復英國為名而于
貴國商民則無從尋釁至本年三月忽因定風箭一事爛匪藉口生
端糾衆滋擾幸
貴國領事福士辦理得法而中國官兵亦不時彈壓又得紳士出
而調停匪徒立即解散本大臣聞之方以
貴國官民和平公道素為粵民之所敬愛從此化有事為無事
與英國大不相同不料又有本月初一日因事忿爭致鎗斃民
人徐亞滿之案此事起釁之由傳聞不一但本大臣以情理度之
貴國商民必不至無端逞兇斃命但爛匪[illegible]釁深恐藉
事生端若以報復為[illegible]連擾省城

3

文武稟報帶兵彈壓[illegible]從乘間
窃發殊難預料現經本大臣[illegible]文武官仍復會同防
範不得稍有疎懈至如何多派防禦杜息衅端之處容俟回省
妥籌善辦務須永久彼此相安方為妥協不在一時之好看而在
異日之無虞也至徐亞滿命案既經
貴大臣飭令駐省領事訪查確定明晰詳報自可準按公義
了結但須兩得平允以服衆心匪徒雖屬無賴亦尚有一綫天
良必須辦理公道使其無可籍口則防禦亦易為力理合瀝情
照復想
貴公使必以為然倘有情形未悉之處面詢司員伯駕便可周
知該員在粵年久于省城民情時勢[illegible]順頌
吉祉彌增須至照會者

五十號

道光二十四年五月十四日

照復粵民情形

聞五章
李書稟呈
姚鑫

十四日

P.1　F.O. 682/378B/2(5)

為照復事前接
貴大臣十一日公文一件內開道光十九年春間
貴國領事商民等在十三行內被
林大臣圍困拘禁無辜受累等情本大臣聞之深為惋惜
貴國民人來粵貿易二百年來最為安靜守法此實人所共知
林大臣即因嚴辦鴉片亦應查明寔係販運鴉片之人方可重
究乃皂白不分致毫無非為之合衆國領事商民無辜被禁豈
非寃枉至
貴大臣所云本國實不敢妄干補報亦不敢受此補報足徵
貴國為仁義之邦而
貴大臣為公信之臣也第念前事雖甚屬不公而
林大臣已因辦理不善奉

P.2　2 END

大皇帝發遣新疆身罹[illegible]有明晰解
釋俾合衆國商民胥[illegible]致輯睦並將本大臣與
貴大臣照會一件存案以備查考免致後來仍蹈故轍有傷
雅誼合行照復順頌
時祉咸宜須至照會者

照會咪酋顧聖

道光二十四年五月十二日

照會咪酋為十九年春被拘禁[illegible]明晰解釋

聞玉章
李書棠
姚鑫　呈

四元歸

此案先經
祁前部堂任內被搶共炮斃之
夷人舍理字不同而音相近是
經屢易免在案無一定之實
情原無從知該夷係以開仗之
時不[illegible]辯伊國難免玉石俱焚
而以後應日另行辦理酌給醫理銀
兩完結大吉如此合[illegible]先陳明仍俟
回
轅查案辦理

1 F.O.682/378B/2(6)

P.1

照復事前接
貴大臣初十日公文一件內開前道光二十一年四月內
有本國商船三板由省回黃埔哭遭砲打將本國
人舍理打斃及將受傷餘人捉拏監禁懇爲訊
究兇手追出全案人犯按中國律例懲辦等因查
二十一年本大臣並未來粵現在澳門行轅亦未
帶有各案文卷一時無從查詢溯查是年四月
中國正與𠸄國搆兵黃埔附近均有弁兵防堵
自係將
貴國商人誤認作𠸄國之人以致有砲斃監禁之
事但當時究竟如何致斃及被禁之人何時釋放
究難懸擬應俟本大臣回[illegible]年行分

第八號

2 END

P.2

別辦理合先照復順頌
福履日升須至照會者

一照會咪酋領聖

道光二十四年五月 十 日

欽差大臣太子少保[illegible]

閻玉章
日李書稟呈
姚鑫

P.1 1 F.O.682/378B/2(9)

為咨會事案據咲夷德公使照會稱舊洋館基址窄狹
移付
請給廣大地方以建洋行及貯貨棧房一件又盜犯陳亞大
尚未辦罪並匪徒在裙帶路棧房行刦被巡捕擊殺打傷餘
賊逃走請飭察辦一件又四月三十等日有匪類在十三行滋鬧
一件又管事官李太郎帶官前往福州港口請轉咨一
件各到本大臣據此除經分案照復并咨行外相應備合將文
録照覆咨會為此合咨
稿抄録移付
貴部院請煩查照分別辦理可也
總督衙門查照分別
計抄粘
一咨 廣東撫部院
移 總督衙門
為咨會事案據咲夷德公使照會內稱管事官李太郎
於本月初九日帶同隨官前往福州港口請轉咨等情到

P.2 2

本大臣據此除照覆外相應抄録照會咨會為此合咨
貴將軍部堂請煩查照施行
計抄粘
一咨 福州將軍 閩浙督院
為咨會事案據咲夷德公使照會內稱盜犯陳亞大
尚未辦罪並有匪徒在裙帶路棧房行刦被巡捕擊
殺打傷餘賊逃走請飭察辦等情到本大臣據此除
明晰照覆並行廣東臬司知照外相應抄録咨會為此合咨
貴提督煩為查照迅飭分別嚴拏辦理至長洲一處是
否附連香港地方希為查覆勿任稽延切速
計抄粘
一咨 水師提督賴

四十六號

P.3 end　3 END

札廣東布政、按察司[illegible]照會內稱、舊
洋館基地窄狹，請給[illegible]及貯貨棧房。又称官事官李
盜
犯陳亞大尚未辦罪，並有[illegible]帶匪路棧房行刦，被巡捕轟殺打傷，餘
太郡帶官前往福州港口、
賊逃走，請飭察辦。又稱四月三十等日有匪類在十三行滋鬧、各等情。到
本大臣。據此除經分案照覆該酋知照，并移咨外，合行
札知。札到該司，即便查照分別辦理，毋違。

計抄粘

道光二十四年五月　十日
咨行英復文館基地及陳亞大等案

閻玉章
李書棠
姚鑫
呈

行

五月十四

F.O. 682/378B/2(9)

竊查
憲節前駐澳門據咪酋領聖呈稱粵省匪徒擾害懇為保
護等情。當蒙
劄切行知，並示以匪徒乘間竊發，殊難預料，現飭文武會
防。至如何多派防禦杜弊之處，俟回省妥籌善辦，不在
一時好看，而在異日之無虞等因在案。茲應否將如何
妥籌行司會議，理合檢案稟請
訓示祇遵。再此案曾經移付
督憲衙門，合並稟明。上稟

隨轅書吏 閻玉章
李書棠
姚鑫 謹稟

應得如何多派防禦示方能杜弊，行司會議叙稿送核

此件已由黃方伯會議，似可毋庸再議

F.O.682/378B/2(10)

為咨會事，竊照本大臣隨帶前任肇慶府知府候選主事趙長齡聽候差遣，并飭在籍即補道潘仕成就近差委，及准補同知銅麟、劾力廢員吳廷獻均隨同來澳差遣各緣由，于本年五月初十日在澳門行館附片具

奏，除俟奉到

硃批，另行恭錄咨行外，合行抄片咨會，為此合咨

貴部院 監督 請煩查照施行，須至咨者。

計抄片

一咨 廣東撫院 粵海關部

為移付事。云云具

奏，合行抄片付知，為此移付

總督衙門知照，須至移付者。

四十五號

一移付 總督衙門 計抄片

札廣東布政司知悉，照得云云，另行恭錄行知外，合行抄札知，札到該司即便知照，毋違，特札。

計抄片

一札 廣東藩司

道光二十四年五月十一日

聞玉章 李書粟 姚鑫 呈

五月十四

抄

P.1

奏稿

奏為咪唎㗇夷使呈遞文書停止北上並連日會議條約相機辦理情

形恭摺馳奏仰祈

聖鑒事竊照奴才抵澳接見夷使嚈嘁大概情形業經由驛具奏奴

於拜摺後因夷情已有轉機連[illegible]黃[illegible]及各委員等設法

開導因其所明[illegible]其所[illegible]該夷使似已感

悟即撤呈遞照會[illegible]擬本[illegible]進京

朝見因奉

大皇帝諭旨不准復將大臣連日開導之言再三思繹始肯停止北上

但此後西洋各國如有使臣到過京後伊國亦必遣使臣前來請

免再為推阻其貿易條款但求秉公會議如不能速定則伊北

P.2

上之請仍不能已等語奴才查該夷使所遞照會于北上一節已

肯停止而既以別國為言預占地步于異日又以條約藉口陰

圖挾制于目前其情甚為譎詐惟馭夷之法必先遏其所逞乃

能破其所謀該夷使既以條約為急即應速與會議而其間應

准應駁則必須慎守

天朝法度通籌各國章程持以公平較若畫一方能垂諸永久中外

相安未便稍為遷就致墮其術當經督率黃　及各委員

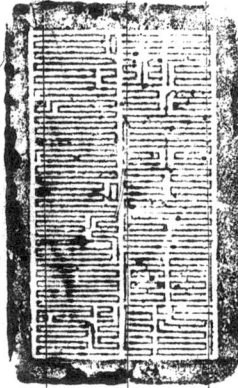

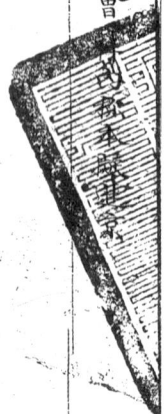

P.3

連日與之反覆辨难其有関貿易之欵仍飭遵照上年所定新章以免歧異其無関貿易之欵有見于上年善後章程案内者亦即准行間有為新章所未載而事非难行無関緊要者不妨姑如所請倘有于新章大相齟齬及定制不便更易均即嚴行駁斥該夷使雖不免屡有辨訴而折以情理亦多允從惟尚有四五欵相持未决再查該夷使始称奉有正統領國書欲求
進京呈
覧迨停止北上而于國書是否呈進則不吐實情夷目喊啲吐嘧等于
接見黄　時曾言及欲求
大皇帝遣官前来收取國書経黄　面駁不准連日條約屡経會議詰以國書作何辦理則[illegible]難保不于條約議定後仍為[illegible]書無從呈進

P.4

重申北上之請不[illegible]使于現議條約内欲求一
京中部院衙門接收其國中文書一如俄羅斯等國事例揣其隱衷未必不為進京投遞國書起見努是以于此欵堅執不允而該夷使仍瀆請未休復查咪夷志在通商條欵應與妥議而嚼酋人頗狡獪防範不厭周詳如果各事宜均與議明不致復以呈進國書為詞仍請北上則努亦不敢稍事拘泥即應將條約妥與議定查照上年咦夷議定約冊一面抄録具
奏一面鈐印分執成案辦理免致該夷過萌疑慮倘無寔在把握則條約即使議定亦未便遽准鈐印以杜覬覦而示羈縻所有努連日相機辦理情形理合恭摺由四百里馳
奏並鈔録該夷使来文恭呈
御覧伏祈

皇上聖鑒

訓示再撫臣程　未及會銜合併陳明謹

奏

照録咪夷使臣嚬[illegible]照會

為照復事前接奉貴[illegible][illegible]七日來文內開

大皇帝不欲本使臣進京又昨會晤時所說之言本使臣亦已再三

思繹但此事本使臣若只仰副

大皇帝旨意停止北上則大有干碍于本國并本使臣之要害利

益又于本使臣奉命之重任亦背棄不行是以本使臣一奉此

旨即深憂慮但素知本國之意本使臣責任之事無非以立永遠敦

誠純脩和好為宣是以復將此事再三思繹方敢允肯停止

北上并藉此以顯出本國欲立宣和好之確據然他日西洋別國

倘有使臣進過京後則凡所有本國使臣之到中國者均應以格外恩

礼款接北上故先行聲明在案以免臨時又復有推阻之事又本使

臣與貴大臣現議各款條約章程必須盡心秉公妥為議定不然則

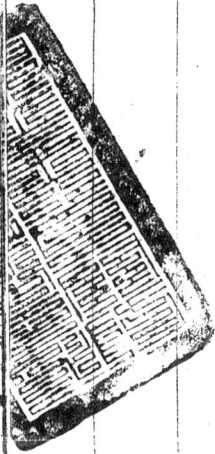

P.7

本使臣進京之事亦未能已合併聲明為此照會

英夷卷

P.8

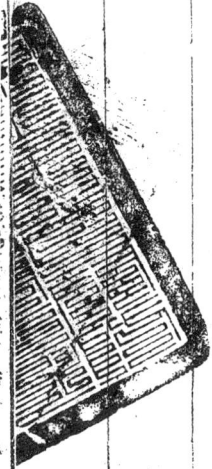

再努於澳門[illegible]咨鈔錄
軍機大臣寄
諭旨令努等酌定地方與両國之英夷使臣嗹喝喳及新到
之噫吪嗻一同接見將上年所定辦理條欵面與要約
勿致參差至嗹喝喳因何事退職該國何以更換使
臣及新來之噫吪嗻能否相安並著努等密加偵探
務得確情隨時具奏等因仰見
聖慮周詳莫名欽佩查努到粵時嗹喝喳尚未回國努即在
即在虎門與噫吪嗻一同接見一切新定章程均面
向該夷酋等重申要約嗣後務須遵照畫一辦
理不得稍有參差該夷酋等極為歡忭均無異說
前經附片陳明在案至嗹喝喳因不時患病久有

回國之意前于會晤時詢據聲稱現因通商善後
章程均已議定是以伊國王允其所請准予退休
並無別故其嚥呢嘶曾於公司館未散時來粵充
當大班粗通漢語是以伊國王遣令前來亦係藉
資熟手之意似尚非另有別情噗鳴嗜已於五月
初六日由香港起身回國至嚥呢嘶雖不及噗鳴
嗜人尚明白而到粵數月以來並無桀驁不法情
事但新舊交替之際易啓紛更𠸄等惟有督同藩
司黃　堅守條約妥為駕馭以期中外相安除再
設法密加偵探務得確情隨時具奏理合附片陳
明謹
奏

六十四號

欽差大臣太子少保兵部尚書兩廣總督部堂耆 [illegible]

道光二十四年五月十七

咪唎堅[illegible]退換片

閏　玉章
日李書粟呈
姚　鑫

竊查此件片稿當時未經咨行第原奉
上諭有撫部院銜名并傳諭黄藩司茲奉
硃批謹將原片一併咨行擬具稿送上稟
批後塗銷附片稿以備查

為咨會/移付事、案准
貴部院/廣東撫部院移咨欽奉
諭旨飭查暎夷使臣噗嘚二酋因何退職更換等因經本大臣查詢
噗鼎喳因病退休回國並無別故其嘚吡時曾來粵充當大
班是以遣令前來以資熟手各緣由于本年五月十七日在
澳門行館附驛具
奏今于六月二十四日奉到
硃批知道了欽此相應恭録並抄原片咨會/移付為此合咨
貴部院請煩查照欽遵施行/總督衙門查照欽遵須至移付者
計粘抄片
一咨/移付 廣東撫院/總督衙門
札廣東布政司知悉案准云云欽此合行恭録並抄原片

札知札到該司即便欽遵毋違

計粘抄片並録 諭旨

道光二十四年六月 廿五

查詢噗嚧二酋回國更換緣由奏奉 硃批

聞五章 李書粟 姚鑫 呈

P.12 end

欽差大臣太子少保兵部尚書兩廣總督部堂

為咨會事、案據西洋理事官嘤嚟哆稟称本年二月十六日接奉 各大憲行知澳門華商納稅、無論進口出口俱照新例辦理、等因、至今尚未見遵諭辦理、懇求再為出示曉諭遵照、等情前來、查華商赴澳貿易、無論進口出口俱應按照新章納稅、何以至今並不遵辦、殊屬故違、據稟前情、相應咨會、為此合咨

貴監督煩為查照、速即諭飭澳門華商遵照新定章程辦理施行、

一咨 粵海関

為移付事、照得據稟前情、除咨

粵海関諭飭遵辦外、相應移付

總督衙門查照施行、

一移付 總督衙門

道光二十四年五月十七日

澳門華商遵例納稅

閏玉章

李書秉 呈

姚鑫

五十四號

五月十七日發行

為移付事案據西洋理事官㖸嚟哆稟稱奉發夷人咪
啦咄㗅咕哩(吪)啤吱咕等四名回澳業經按名領回解交國使訊
辦惟飭解划艇二隻尚未到澳地方官亦無照會未識何
故稟懇飭將該划艇二隻解澳給領等情據此除札澳
門同知飭查辦理外相應移付
總督衙門查案飭遵辦理可也

計粘抄

一移付　總督衙門

札澳門同知知悉云云據此合行札飭札到該廳立即
轉飭香山縣丞查明原案速將該划艇二隻又給還收
領具報察核毋違

計粘抄

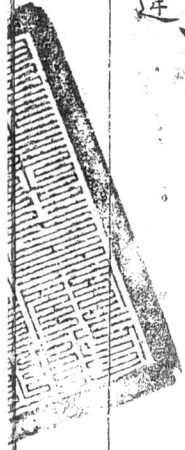

五十三號

道光二十四年五月十□日

給西洋理事官

日

閏玉章
李書粟　呈
姚鑫

五月十四到

署廣東廣州府香山縣令於

與領為具領事本年伍月拾叁日戌時初刻領到

欽差大臣耆 發下 奏摺夾板壹副遵即飭差飛遞前途交替理合具領所領是實

道光貳拾肆年伍月　日署知縣陸孫鼎

為咨明事竊照本大臣於道光二十四年五月十七日自澳
門拜發
奏摺夾板壹副事關緊要由驛四百里飛遞相應咨明為
此合咨
貴部請煩查收轉
進施行
計咨送
奏摺夾板壹副
道光二十四年五月十七日
驛遞奏摺
閏玉章
李書粟呈
姚鑫

欽差大臣太子少保兵部尚書兩廣總督部堂宗室耆

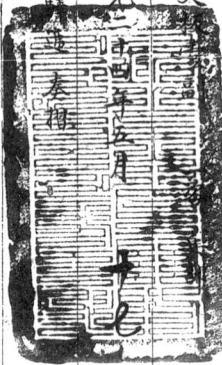

五十九號

五月十七日戌發

P.1

為抄摺咨會事、竊照咪唎堅夷使呈遞文書、停止
北上並連日會議條約相機辦理情形、經本大臣
於本年五月十七日、在澳門行館、恭摺由驛馳
奏、除俟奉到
硃批、另行恭錄移咨外、相應抄摺咨會、為此合咨
貴將軍部堂院監督請煩查照施行、
計抄摺
一咨 盛京將軍 福州將軍 閩浙 兩廣 直隸督院 粵海關 山東 浙江 江蘇 福建 廣東撫院
為移付事、云云除分咨外、相應抄摺移付
總督衙門轉行知照可也、
計抄摺
一移付 總督衙門

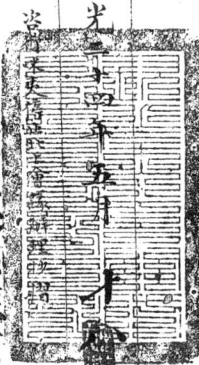

六十三號

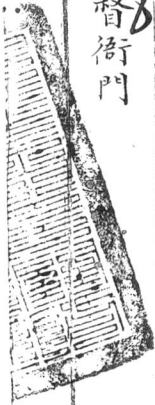

P.2

欽差大臣太子少保兵部尚書兩廣總督部堂耆

道光二十四年五月十八日

咨

日 閩王章
李書秉
姚鑫 呈

札西洋理事官唛嚟哆知悉案據禀稱澳門貿易事宜九欵上年蒙准六欵所有三欵務乞代為奏請等情前來除第一欵所稱請免地租並指明地界及第五欵無論何國商船勿禁其來澳貿易等語均俟本大臣查明核案另再行知外惟第四欵所云澳門華商納稅無論進口出口俱照新例辦理至今未見遵辦懇求示諭遵照一條業經據禀咨會粵海關查照諭飭澳門華商遵照新定章程辦理合行札知札到該理事官唛嚟哆即便知照可也此札

P.1

P.2 end

欽差大臣兵部尚書兩廣總督部堂耆

道光二十四年五月十一日

澳門華商納稅已咨粵關諭飭遵辦

閩玉章
李書粟呈
姚鑫
日

五十八號

五月十八日行

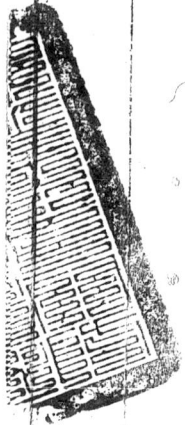

F.O.682/378B/2(8)

P.1

為咨請核奏事竊照本大臣在澳議定亞美理駕合衆
國貿易條約章程擬叙摺稿於本年五月二十四日敬列
台銜會同
粵海関監督文
廣東撫部院程　恭摺由驛四百里馳
奏所有會奏摺稿清单一本相應備文咨送為此合咨
貴部院請煩
貴監督煩為查照希即
核定書
奏蓋印移還其存案稿希為備案施行
計咨送會　奏稿清单二本
一咨　廣東撫部院
　　　粵海関監督

六十五號

P.2 end

欽差大臣太子少保兵部尚書兩廣總督部堂耆

道光二十四年五月　日
咨
請定亞國貿易條約摺稿清单印書奏

聞玉章
李書粟
姚鑫　呈

五月廿四日

六十六號

為咨明事竊照本大臣於道光二十四年五月二十四
日自廣東省城拜發
奏摺夾板一副事關緊要由驛四百里飛遞相
應咨明為此合咨
貴部請煩查收轉
進施行
計咨送
奏摺夾板一副
一次
右咨
兵部
驛遞
奏摺
道光二十四年五月廿五日
閏玉章
李書來
姚鑫
呈
欽差大臣太子少保兩廣總督部堂耆
行

五月廿四日在芳

1

為抄録摺片咨會事、竊據咪唎嘿夷使嘣嘁呈出國
書停止北上、又探聞咈囒哂使臣喇吃呢帶兵船前來中
國、無論駛往何口、必須設法妥為撫馭各緣由、經本大臣于
本年五月二十四日恭具摺片、由驛四百里馳
奏、
除俟奉到
硃批另行恭録移咨外、相應抄録摺片咨會、為此合咨
貴 將軍 部堂 院 監督 請煩查照、希即分別轉行知照、並飭沿海各屬、 監督煩為查照施行、
隨時瞭探、如有咈夷兵船駛入境內、務須妥為撫馭、嚴加防
範、一面星飛稟報查核施行、
計咨送摺片稿一本
一咨 盛京將軍、福州、山東、江蘇、福建、浙江、廣東撫院、兩江、閩浙、直隸督、粵閩監督

七百號

2 END

為移付事、竊據……除咨外、相應抄録摺片移付
總督衙門查照可也、須至移付者、
計移付摺片稿一本
一移付 總督衙門

道光二十二年五月廿[illegible]日

知照咪夷呈出國書停止北上又探聞咈夷使臣帶兵船前來各摺片

閩玉章
李書粟呈
姚鑫

五月廿日

FO.682/279A/5(41)

為恭錄照會事、案准
兵部咨開内閣抄出奉
上諭著現已調任兩廣總督各省通商善後事宜均
交該督辦理着頒給欽差大臣關防遇有辦理各省海
口通商文移事件均着准其鈐用以昭慎重欽此欽
遵相應恭録知照
貴公使欽遵須至照會者、
右照會 咪夷顧晊、
道光二十四年五月 日
知照本大臣奉旨辦理各省通商事宜
閘玉章 李書粟 姚鑫 呈
欽差大臣太子少保兵部尚書兩廣總督部堂耆

七十七號
五月廿九日门

照查定海夷船增多操演情形等
旨稿查一件 咨稿撿出送上

八十七號

3

為移付事案照本大臣行抵粵東接印任事日期及
照會咪唎㗎國使臣在澳會晤緣由于本年四月十五
日由驛恭摺馳
奏今于六月初一日奉到
硃批另有旨欽此同日承准
軍機大臣 字寄
兩廣總督耆 道光二十四年五月初八日奉
上諭據耆 奏行抵粵東接印任事並照會咪唎㗎使臣即
赴澳門會晤等語覽奏已悉該督率同藩司黃恩彤前
赴澳門先探該酋動靜設法控馭然後與之會晤剴切開
導如有請求視其事之輕重詳慎會商辦理即行據寔
馳奏斷不可別生枝節又昨據[illegible]矞采咨

竊查咪國領事曾否派人往寧之處前准
浙撫院移咨在案
總督衙門查辦 理合稟明

4

稱咪唎㗎領事派有烏[illegible]理事務
等情該領事迄今並未[illegible]咪夷船隻其㗎夷
貨船火輪船兵船現泊定海洋面共有十三隻人數增多操
演精勤情形尚屬馴順等語並著該督將該撫片內所
稱各節隨時探訪如有應議應辦事件亦著據寔具奏
原片著鈔給閱看將此諭令知之欽此遵
旨寄信前來承准此相應恭錄移付
總督衙門查照分別辦理並將咪唎㗎領事曾否派
有烏兜吉軒理知往寧波港口辦事之處查明原案咨
知核辦可也須至移付者
計粘抄原奏并 浙撫院原片一件
一移付 總督衙門

56ND

欽差大臣太子少保兵部尚書兩廣總督部堂耆

覽

道光二十四年六月十[illegible]日

抵閱接印及照會洋酋在粵會晤

硃批

聞五章
李書栗　呈
姚鑫

鈔發 2

浙江巡撫梁　具奏[illegible]

再臣于四月初六日接准[illegible]程　咨本年二月
二十五日據咪唎㗎國領事福士申稱該領事派出一人姓烏
兒吉名軒理知在寧波港口辦理事務懇請行文該處地
方官准烏兒吉軒理如在該處辦理領事事務凡事務
須照應等情咨會轉飭知照等因查該國本有商
船在寧貿易前已開去當即行知寧波道府一俟
該領事到境如果為通商事宜立即妥為安置稟報
迄今未據該領事到来亦無續到咪夷船隻至定
海洋面截至三月十五日共存暎夷船九隻經臣于上月奏明
聖鑒茲查舊泊船內于三月十六至二十七等日開往南洋三隻
尚存暎夷船六隻[illegible]駛来貨船

七九號

三隻火輪船及兵船四隻內載有夷兵大[illegible]物現共泊嘆夷船十三隻人[illegible]坡操演稍勤而情形尚屬馴順居民亦甚相安三月二十六日駛來咈嚂哂三號夷船一隻寄碇竹山門外與嘆夷不時往來飭據右營守備孫殿光等往向查詢言語不通據嘆夷稱該船自粵東放洋順道來看各處馬頭並無別事臣復飭查寔係咈夷船隻已于四月初七日開去外洋又現在寧波港口貿易雖仍稀少夷衆頗為安靜惟有諄飭該道府等隨時妥慎撫馭持以靜鎮仰副我

皇上慎重海疆之至意除俟咪夷領事來浙另行奏報外所有准咨及現查洋面情形理合附片具

奏伏乞

聖鑒謹　奏

六月初三日

七十八號

F.O.682/279A/5(40)

為咨會事竊照本大臣前在嚴州地方遇見

貴部堂言及咪唎㗆使臣欲行請

覲并兩江地方善後各事宜于本年四月十五日由驛附片具

奏今于六月初一日奉到

硃批知道了欽此相應恭錄咨會為此合咨

貴部堂請煩查照欽遵施行

計粘抄片

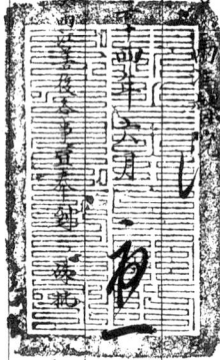

一咨兩廣總督部堂

道光二十四年六月初二日

附奏兩江善後各事宜奉到硃批

聞玉章 李書栗 呈 姚鑫

六月初二日發

為咨明事竊照本大臣前在兩江總督任内差委標
弁楊永齡馬俊良二名先後賫摺進京旋于江西途次
據該弁等呈繳
批摺前來當因之人差委隨即帶赴廣東且該弁等上年曾
隨來粵東著有微勞今本大臣辦理咪夷通商事竣
應仍飭令回營當差俾免曠悮惟該弁等兩次隨伺粤
東凡于差委事件均皆勤慎自應量予超拔以昭激勵
相應咨請為此合咨
貴部堂請煩查照遇有應弁之缺即行拔補以示鼓勵
望切施行
一咨 兩江督院

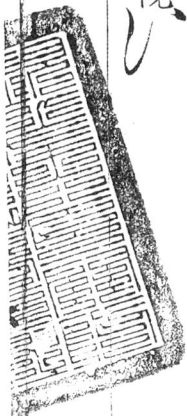

七十六號

道光二十四年五月 十六

聞玉章
李書粟 呈
姚鑫

FO.682/279A/5(38)

竊查

憲節前蒞澳門據咪酋頓聖呈稱二十年有本國商人舍理遭砲打斃

餘人監禁懇為懲辦等情當蒙

行文照復侯田省查明原案再行分別辦理等因在案伏思此案經

前部堂祁　任內既經酌給醫理完案自應移付

總督衙門録付前後原案以便行知該酋知照是否之處擬稿呈請

裁示祗遵謹稟

FO.682/279A/5(38)

為移付事案據咪酋頓聖呈稱道光二十年四月內

有本國商船三板由省回澳埔突遭砲打將商人

舍理打斃反將受傷餘人捉拏監禁懇為按例懲辦

等情前來經本大臣於澳門行轅行知該酋侯田

省查案分別辦理在案相應移付

總督衙門查明原案如何傷斃及作何完結之處

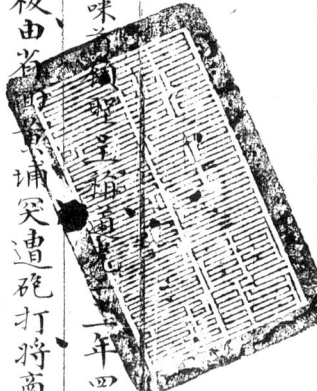

録案移付以憑核辦切切

計抄夷稟一件

一移付總督衙門

道光二十四年六月　日

付移據咪酋舍理傷斃原案

八十號

閏玉章
李書渠呈
姚鑫

初五日

遵經照録會稿同送其咨會　閩浙督院公文請俟咨稿
核判後再行繕送會發理合稟明

1

為照復事項接
貴公使来文内称福州一口係属新港商未熟諳進口船少
未開貿易請飭厦門地方官將公使文書轉寄福州又
請閩省官憲由陸路將李管事官文書交厦門管事官
以便辦事等因本大臣查英國公文應由本國船隻遞
送各口中國地方官向不代為遞送若由本大臣轉飭閩
省地方官代英官遞送公文恐該地方官以有違舊制不肯
依允本大臣亦不便強以必從但兩國既經和好彼此通融託
寄亦事所恒有本大臣詳加酌核嗣後
貴公使如有公文寄送閩省即請送至本大臣衙門加封
遞至
浙閩總督衙門轉交管事官李查收轉該管事官李有

2

公文寄交香港或就近申請
浙閩總督衙門加封遞至本大臣衙門轉送
貴公使查收或託閩省地方官就近加封遞至厦門交駐
厦管事官轉寄均無不可此乃兩國和好暫時通融未
便從此為例一俟開市以後商船流通如有往来文件仍聽
各管事官自行遞送除咨明
浙閩總督部堂外合行照復即頌
福祉無量須至照會者

一照復英國德酋

為咨會事項接英國德公使来文内称云云　嗣後該酋如
有公文寄送閩省即請送本大臣衙門加封遞至
貴部堂衙門轉交管事官李查收轉該管事官李有公

八十四號

文寄交香港或就近申請
貴部堂衙門加封遞至本大臣衙門轉送該酋查收或託
閩省地方官就近加封遞至廈門交駐廈管事官轉寄
均無不可此乃兩國和好暫時通融未便從此為例一俟開
市以後商船流通如有往來文件仍聽各管事官自行遞
送除照復外相應咨會為此合咨
貴部堂請煩查照轉飭遵辦施行

一咨　閩浙督院

道光二十四年六月　初十　日

咨為暫寄夷文

欽差大臣太子少保兵部尚書兩廣總督部堂耆

閩　玉章
李　書粟　呈
姚　鑫

六月初十日[illegible]
六月十五日[illegible]
打封

為咨會事准

軍機大臣 字寄道光二十四年五月初八日奉

上諭據耆 奏行抵粵東接印任事並照會咪唎㗁使臣即赴澳門會晤等語覽奏已悉昨據梁 奏接程 咨稱咪唎㗁領事派有烏兜吉軒理知在寧波港口辦理事務等情該領事迄今並未到浙亦無續到咪夷船隻其英夷貨船火輪船兵船現泊定海洋面共有十三隻人數增多操演稍勤情形尚属馴順等語著該督將該撫片內所稱各節隨時探訪如有應議應辦事件據實具奏原片著鈔給閱看等因欽此遵

旨寄信前來承准此查咪國所派領事烏兜吉軒理知昨經查明已赴舟山當即咨會

貴督撫部堂院查照在案惟英夷現泊定海貨船十三隻其中貨船火輪船兵船各有若干隻及其現到兵船所載夫兵人等計數

2

約有若干本大臣未接浙省咨報無從得悉就情形馴順而論現在人數較增聞得鼓浪嶼前往舟山夷人約有三百餘名今鼓浪嶼僅存夷人二百餘名究係道路傳言必須與因何勤操之處一併探訪明確以便奏慰

聖廑並釋羣疑除徑札寧紹台道密探馳報察核並咨

浙江撫院 閩浙督院 外合亟咨會為此合咨

貴督撫部堂院請煩一体欽遵希即密飭查探先行示覆如有應行議辦事件亦祈隨時飛咨本大臣會核酌辦望切施行

一咨 閩浙督院 浙江撫院

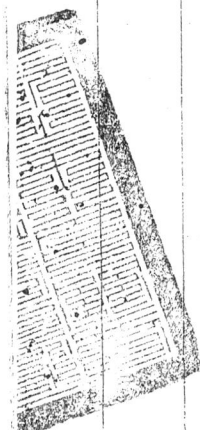

道光二十四年六月十四日

咨會審辦查探英夷情形

3 END

欽差大臣太子少保兵部尚書兩廣總督部堂耆

咨

八十七號

六月十五日發排遞行走五百里

F.O.682/279A/5(35)

為特委密探事照得本大臣現奉
諭旨據梁　奏𠺌夷貨船火輪船兵船現泊定海洋面共有
十三隻人數增多操演稍勤情形尚屬馴順等語着該
督隨時探訪如有應議應辦事件據寔具奏等因欽此
查𠺌夷現泊定海共船十三隻其中貨船火輪船兵船
各有若干隻數其現到兵船所載夷兵火葯計數約
有若干本大臣未接浙江營縣稟報無由得悉現在
人數較增聞得鼓浪嶼前往舟山夷人約有三百餘名
今鼓浪嶼僅存夷人二百餘名究係道路傳言必須與
因何勤操之處一併探訪明確以便奏慰
聖廑並釋羣疑除咨會
閩浙督
浙江撫院外合就特委密探札到該道立即遵照就

近逐一探訪得寔在情形及有無應議應辦事件星馳
密稟本大臣以憑核察辦毋稍率延切切特札

一札浙江寧紹台道

道光二十四年六月　十四

委查定海夷船增多操演情形

欽差大臣太子少保兵部尚書兩廣總督部堂耆

八十八號

六月十五日

為移還事本月十八日准

貴閩部分案咨送閩吏俞聯暫留閩署辦公咨移

部科核覆一案繕備會稿并咨移文諭郵封各件咨

請會行會印移回僉發等因到本大臣准此除將會

回各稿分別書行存案外所有回稿會咨移文諭郵封

各件相應盖印移還為此合咨

貴閩部請煩查收希為歸檔僉發施行

計移還會回稿一件咨移文三件諭帖二件郵封

五個

先已寄閩送回

一咨 粵海関

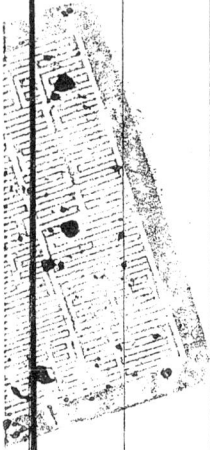

九十二歸

欽差大臣太子少保兵部尚書兩廣總督部堂葉

2 END

道光二十四年六月十九日

移還會咨閩吏俞聯留署辦公文稿各件

閏玉章

李書粟 呈

姚鑫

肯九行

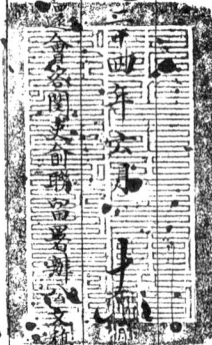

會稿一件請
存案

1

F.O.682/279A/5(57)

欽差大臣太子少保兵部尚書兩廣總督宗室耆
管理粵海關監督事務文　為
咨請事竊照本大臣上年奏
命來粵辦理嘆咭唎通商稅則事宜粵海關衙門書
吏俞聯查辦文案勾稽稅則悉臻妥協曾經會
奏請獎叙奉
恩旨俞聯着以從九品未入流掣選等因欽此隨准
貴吏部咨開俞聯掣定未入流職銜照外省書吏
班次歸於雙月外應班內選用飭取赴選親供
各結咨部核辦等因各在案茲本大臣復奏
諭旨調補兩廣總督

頒發
欽差關防辦理咪唎㗖商稅事宜此次該吏俞聯復經
派令辦理文案勾稽稅則實屬不辭勞瘁現因
着役五年期滿例應遵照赴選惟嘆夷通商稅
則始定而咪夷商稅事宜甫經擬議奏俟
部覆新設五口通商征收稅銀尚未定額前經
奏明俟二三年後統計各口比較征收額數再
行奏請
欽定是夷稅皆係初創必須熟手經理方可不致歧
悞所有關吏俞聯應請暫留關署俟嘆夷咪

2

夷商稅一律蠲事即[illegible]為辦
公赴見理合會咨
貴部請煩查照核覆施行
一咨 吏部 戶部
為移請事云云理合會移
貴科請煩查照核覆施行
一移 戶科
諭廣東提塘官歐龍光等知悉照得本大臣本關部咨移送
吏部 戶部 戶科 公文各一角并飭發駐京提塘諭帖一封
諭到該提塘遵照即將來文星速賫送進京

交駐京提塘投遞毋得稽遲速速特諭
一諭 省塘
諭廣東駐京提塘官章世忠知悉照得本大臣本關部
現有會咨移
吏部 戶部 戶科 公文各一角發交駐省提塘轉發賫送進京
諭到該提塘即速查收投遞毋得稽遲舛錯
仍將投遞日期禀覆查核毋違特諭
一諭 京塘

3END

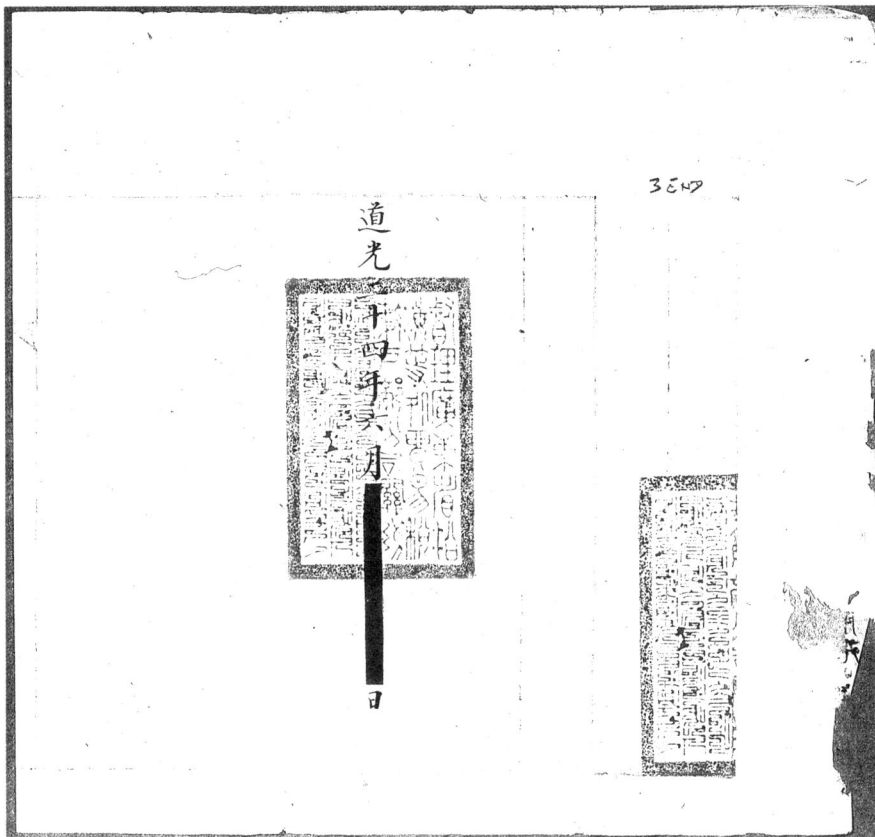

道光二十四年六月[redacted]日

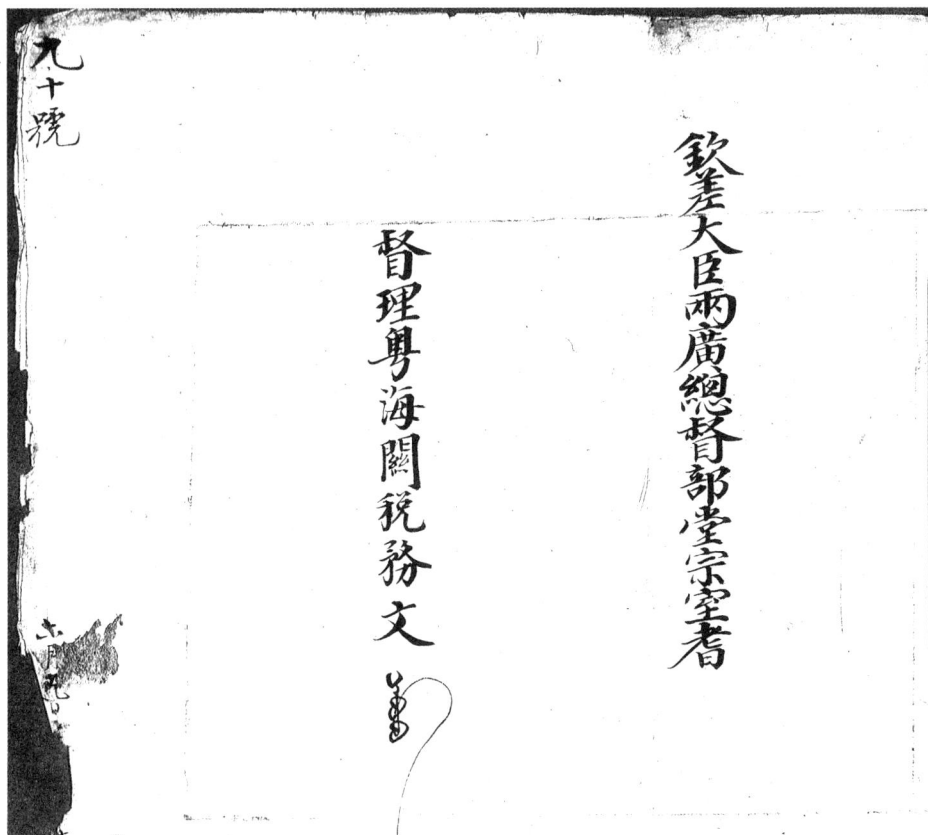

九十號

欽差大臣兩廣總督部堂宗室耆

督理粵海關稅務文

F.O.682/279A/5(60)

為恭録咨會事竊照本大臣隨帶前任肇慶府知
府候選主事趙長齡聽候差遣并飭在籍即補道
潘仕成就近差委及准補同知銅麟効力廢員吳廷
獻均隨同来澳差遣各緣由于本年五月初十日在澳
門行館附片具
奏當經抄片咨會在案今于六月十九日奉到
硃批另有旨欽此同日奉到道光二十四年六月初三日內閣
奉
上諭候選主事趙長齡在籍道員潘仕成均著交耆
差遣委用欽此除札東藩司轉行欽遵外相應恭録
咨會為此合咨
貴部院請煩 查照欽遵施行
監督煩為

一咨 廣東撫院 粵海関部
為恭録移付事為照云云具
奏當經抄片移付在案今于云云外相應恭録移付
總督衙門欽遵須至移付者
一移付 總督衙門
札廣東布政司知悉照得云云具
奏當經抄片札知在案今于云云欽此合行恭録札知札
到該司即便轉行欽遵毋遲
道光二十四年六月 廿 日

隨帶趙長齡差遣 硃批

閻玉章 書 李粟 呈 姚鑫

九十三號

六月廿日發

1

為恭錄咨會事，竊照本大臣接見咪唎㗎夷使嚪𠯈
大概情形，於本年五月初十日在澳門行館恭摺由驛馳
奏，當經抄摺咨會，今於六月十九日奉到
硃批：另有旨。欽此。又道經虎門，據噗嚒二酋迎謁，并探知咈
囒哂有使臣約可來粵，俟到後另行羈縻一片，亦經
抄咨各在案，今日奉到
硃批：另有旨。欽此。又同日准
兵部火票遞到
軍機大臣 字寄
兩廣總督耆 道光二十四年六月初三日奉
上諭：耆 奏接見咪唎㗎使臣大概情形一摺，覽奏均悉。
該夷使等所呈貿易條款，經耆 詳閱，尚與新定章

2

程約畧相仿，無礙通商大局，業經分別准駁，飭令藩司
黃恩彤面與會議，計十日自可議定。至其情詞閃爍，動以
北駛為挾制，殊屬詭詐，該督已剴切曉諭，阻其北行。若
復嘵嘵瀆請，但當諭以北省並無通事，內地官員不能
通曉該夷言語，且彼處並無專司夷務之大臣，必至徒
勞遠涉，仍返廣東等語，切勿過於着迹，致令該夷疑
我畏事，愈生挾制之心，是為至要。一俟如何定議，即行
據實具奏。至該督察看嚍酋為人似尚明白，即諭以
堅守成約，勿稍反覆。其大西洋舊兵頭吐唎嘁啦嚧哆
呈遞公文，亦有北上之請，業經該督曉諭阻止。惟咈囒
哂使臣喇吃呢，據咪夷聲稱約計一月後可以到粵，似
與咪夷通同一氣，俟該夷使到日，如有遞呈求見耆

察看情形，一體設法籌度，毋使別生枝節。將此由四
百里諭令知之。欽此。遵
旨寄信前來，承准此，相應恭録咨會，為此咨會
貴將軍、部堂、院、請煩查照欽遵施行。
監督、煩為
一咨
盛京將軍、福州將軍、閩浙、兩江督院、直隸、浙江、山東、江蘇撫院、廣東、福建、粵海關、
為移付事。云云。除分咨外，相應恭録移付
總督衙門轉行欽遵。
一移付
總督衙門
道光二十四年六月　廿七　日
知照張見、咪、東等帽房　碌把、之論
聞玉章
李書栗　呈
姚鑫
欽差大臣太子少保兵部尚書兩廣總督部堂耆
九十二號
六月廿一日發　馬遞四百里

九十四號

F.O.682/279A/5(62)

札廣東按察司知悉本月十九日接准
兵部于六月初三日未刻填發
軍機處交遞夾板奏票一張並據南海縣投繳限單一紙各到本大
臣准據此合行札發札到該司即便查收分別彙繳存
銷毋違
計發火票一張限單一紙

道光二十四年六月廿一日
發夜火票限單

聞玉章
李書粟
姚鑫
呈

六月廿一日行

為札飭事案據該道來稟三月二十六日有巴領事之弟
帶同醫士等雇坐小船私赴新閘一帶打雀之事當經
該道知會巴領事查覆去後旋據覆稱該領事先
不知情並即交來暎字一紙遣人追至野鷄墩地方
遇見伊等業已折回並用暎字告示禁止該國商梢
人等不得擅入內地一經有犯照章治罪并稱已將
伊弟違約之處稟明暎公使日內即將伊弟遣回
香港聽候處治等情到本大臣據此查該領事能
于伊弟背約之初不為親諱據實稟辦洵屬可嘉
實堪忻慰事事恪守成約人人皆能如此有不共享
萬年和好之美舉耶合行札飭札到該道將此情節
轉行知照寧紹台道興泉永道知之可也須至劄者

札江蘇上海道

道光二十四年六月 廿二

飭將巴領事之弟打雀情由移行知照

欽差大臣太子少保兵部尚書兩廣總督部堂耆

行

九十五號

六月廿二日行

為恭錄咨會事，竊照咪唎㘔夷使呈遞文書，停止
北上，並會議條約相機辦理情形，經本大臣於
本年五月十七日在澳門行館恭摺由驛馳
奏，當經抄摺咨會在案。茲於六月二十四日奉到
硃批：另有旨。欽此。又於欲求一京中部院衙門接收其國中
文書一如俄羅斯等國事例揣其隱衷未必不為進京投
遞國書起見五句旁均奉
硃點。又於堅執不允句旁奉
硃批：是。欽此。又於節應將條約妥與議定句旁奉
硃批：是。欽此。同日准
兵部火票遞到
軍機大臣 字寄

兩廣總督耆 道光二十四年六月初八日奉
上諭：耆 奏咪唎㘔夷使呈遞文書停止北上並會議條
約情形一摺。覽奏俱悉。該夷使於北上一節既已停止，而以
西洋各國為言，豫占地步。天朝撫馭外夷，一視同仁，現既諭
阻該國使臣，自無准令他夷入覲之理。該夷志在通商，惟以
條約為急，自應相度機宜，妥速定議。其無礙新章者，
固不妨稍示優容；其有關定制者，斷不可稍為遷就，
別生枝節。該督總須統籌全局，妥立章程，以期經久無
弊。如各款議定，察看該夷不至妄生希冀，著一面奏聞，
一面鈐印分執，以順夷情。儻尚無把握，亦不可稍有疏
硃添
忽，致墮術中。至該夷所請部院衙門接收伊國文書，向來（不但）
硃添
無此體制，（而京師實無通曉該國語言文字之人[illegible]）該督堅執不允，所辦甚是。仍須詳加曉諭，開

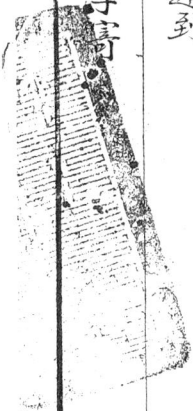

其悔悟之萌，絕其覬覦之念，是為至要。將此由四百里諭

令知之。欽此。遵

旨寄信前來，承准此，相應恭録咨會，為此合咨

貴將軍、部堂、院、監督，請煩欽遵查照施行。

一咨 盛京、福州將軍，閩浙、直隸、兩江督院，浙江、山東、江蘇、福建、廣東撫院，粵海關 四百里

為移付事云云，除恭録分咨外，相應移付

總督衙門轉行欽遵可也

一移付 總督衙門

道光二十四年六月 廿五

知照硃批傳正紅旗上摺 硃批上諭

閏玉章 李書秉 姚鑫 呈

欽差大臣太子少保兵部尚書兩廣總督部堂耆

抄知馬遞四百里

九十九號

札廣東按察司知悉本年六月二十四日准
兵部於六月初八日申刻填發四百里
軍機處交遞夾板火票一張並據南海縣投繳限
單一紙各到本大臣准據此合行札發札到該司即
便查收分別彙繳存銷毋違
計發火票一張限單一紙

道光二十四年六月　日

發交火票限單

欽差大臣太子少保兵部尚書兩廣總督部堂耆

行

閻玉章
李書粟
姚鑫　呈

六月二十　日行

遵奉傳諭敘稿送核

1

為飛咨事本年六月二十九日據英夷德公使照會定于
七月十四日東此西南風駛赴通商各口查看各該領事
能否堅守成約經理貿易事宜往返約期四旬即可乘東
北風回粵所有印務交給副總理大代行管理等情到本
大臣據此相應飛咨為此合咨
貴部院堂（將軍 監督）請煩查照飭知施行再昧酋頓公使前據照會
稱欲分往各口察看通商事宜即經據情飛咨查照在案
茲聞該酋因伊本國有事日內即須返棹回國（不赴各口）此係得自
傳言未識果否定情容俟接到（該酋）知照來文再行飛咨
合併聲明須至咨者

計粘抄

一咨 盛京將軍 福州將軍 閩浙督院 兩江督院 粵海關 直隸督院 江蘇 福建 撫院

本省撫院咨內史即經據情會奏並飛咨沿海督撫院查照在案字樣飛字史咨會此記

2 END

為移付事云云據此相應移付
總督衙門查照須至移付者

計粘抄

一移付 總督衙門

札浙江寧紹台 江蘇蘇松太 道知悉云云據此合行札飭札到該道即便知照再昧云云據情飛行查照云云再行札知可也特札

計粘抄

道光二十四年六月廿九

咨德酋赴各口查看貿易事宜

閏五章 李書粟 姚鑫 呈

一百二號

閏六月廿九發 館呈兩札卅日已刻發五百里排遞付 盛京將軍 直隸督院 本省撫院 另本省印投 各起封遞

該酋赴四口之語[illegible]

內嘆咭唎照會一紙

一百三號

欽差大臣太子少保兵部尚書兩廣總督部堂耆

為照復事，頃接

貴公使照會一件，內稱于七月十四日前往福州、廈門、寧

波、上海四口查察所屬管事官等是否遵照成約辦事，

四旬內可以巡察完竣等因。除知照浙閩等省外，至

貴公使啓程之日，已將香港政務權印交副總理陸路提督大

暫時兼攝，本大臣業經備悉矣。理合照復，順頌

行祺，增勝。須至照會者。

一照會嘆國德酋

道光二十四年六月 卅

照復備悉赴各口查看管事官船事

聞玉章

李書渠 呈

姚鑫

六月卅日

一百九號

F.O.682/279A/5(55)

札廣東按察司知悉本年六月三十日准
兵部於六月十四日未刻塡遞四百里
軍機處交發夾板火票一張並摭南海縣投繳限
单一紙前來准據此合行札發札到該司即便查收
分別彙繳存銷毋違

計發火票一張限单一紙

道光二十四年七月　　日

發投火票限单

聞玉章
李書業　呈
姚鑫

欽差大臣太子少保兵部尚書兩廣總督部堂耆

七月初三日行

F.O. 682/279A/5(18) 1

為恭錄咨會事。竊據咪唎㗂夷使顧𠻗呈出國書、停止北上緣由，經本大臣于本年五月二十四日恭摺馳
奏，當經抄摺咨會。今于六月三十日奉到
硃批：所辦甚好，另有旨。欽此。又探聞咈囒哂使臣喇吃呢帶兵船前來中國，無論駛往何口，必須設法妥為撫馭一片，亦經抄咨各在案。同日奉到
硃批：另有旨。欽此。除分咨外，相應恭錄咨會。為此合咨
貴部院堂，請煩欽遵轉飭知照施行。
將軍 查照
監督 煩為欽遵查照

一咨 盛京將軍 福州將軍 兩江 閩浙督院 直隸 粵海關 浙江 福建 山東 江蘇 廣東 撫院

一百五號

2 END

為恭錄移付事。案據云云，除分咨外，相應恭錄
移付
總督衙門欽遵查照可也。
一移付 總督衙門

欽差大臣太子少保兵部尚書兩廣總督部堂耆

道光二十四年七月 初三 日

咪夷停止北上咈夷使臣帶兵船駛來各摺奉 硃批

行

聞玉章
李書棠 呈
姚鑫

七月初三日送 馬遞四百里 釘封

F.O. 682/279A/5(69)

為恭錄咨會事竊照本大臣在澳議定亞美理駕合衆國貿易條約章程一摺于本年五月二十四日會同 列

廣東撫部院程
粵海關監督文
台銜暨 粵海關監督文 廣東撫部院程 恭摺由驛四百里馳

奏當經抄摺咨會
倫會稿咨送在案今于六月三十日奉到

硃批軍機大臣會同該部速議具奏片一件清單一件併發欽此除分咨外相應恭錄咨會為此合咨

貴部院 將軍堂 請煩欽遵查照施行 轉飭知照施行
監督煩為欽遵查照施行

一咨
福州將軍
兩江 閩浙 督院
江蘇 浙江 福建 廣東 撫院
粵海關

為恭錄移付事為照云云除分咨外相應恭錄移付
總督衙門轉行欽遵可也須至移付者

一移付 總督衙門

欽差大臣太子少保兵部尚書兩廣總督……

道光二十四年七月 初二 日

咨照議定咪國貿易條約章程奉到 硃批

行

閻五章
李書渠
姚鑫
呈

F.O.682/279A/5(69)

為恭録咨會事竊照本大臣在澳議定亞美理駕合
衆國貿易條約章程一摺于本年五月二十四日會同
廣東撫部院程 粵海関監督文 恭摺由驛四百里馳
貴部院暨監督 粵海関監督 廣東撫部院
奏當經抄摺咨會在案今于六月三十日奉到
備會稿咨送
硃批軍機大臣會同該部速議具奏片一件清单一件併發
欽此除分咨外相應恭録咨會為此合咨

貴將軍部堂請煩欽遵查照施行
部院轉飭知照施行
監督請煩為欽遵查照施行

右咨 福州將軍 閩浙督院 兩江督院 福建 浙江 江蘇撫院 廣東 粵海関

為恭録移付事云云除分咨外相應恭録移付
總督衙門轉行欽遵可也須至移付者

右移付 總督衙門

道光二十四年七月 初一 日

咪夷貿易條約章程奏奉 硃批

閩玉章
李書粟 呈
姚鑫